EAGRÁN NUA

Fuinneamh Nua

Cúrsa iomlán le haghaidh na hArdteistiméireachta
Gaeilge gnáthleibhéal

YVONNE O'TOOLE • ELIZABETH WADE •
SARAH MURPHY • AOIFE WADE

An Comhlacht Oideachais

Tháinig an páipéar a úsáideach sa leabhar seo ó fhoraoisí rialaithe i dtuaisceart na hEorpa. In aghaidh gach crann a leagtar, cuirtear crann amháin eile ar a laghad.

An Chéad Chló 2023
An Comhlacht Oideachais
Bóthar Bhaile an Aird
Baile Uailcín
Baile Átha Cliath 12

www.edco.ie

Ball de Smurfit Kappa ctp

ISBN 978-1-80230-045-1

Eagarthóir:	Caitriona Clarke
Léitheoir profaí:	Dorothy Ní Uigín
Clúdach agus leagan amach:	Carole Lynch
Dearadh agus clóchur:	Outburst Design

Grianghraif: Táimid faoi chomaoin ag na daoine seo a leanas a thug cead dúinn grianghraif dá gcuid a atáirgeadh: Alamy, Bord Scannán na hÉireann, Breakout Pictures, Cló Iar-Chonnacht, Comhaltas Ceoltóirí Éireann, Conradh na Gaeilge, Eastát Chaitlín Maude/Caomhán Ó Luain, Eastát Phádraig Mhic Suibhne/Róisín Sweeney, Foras na Gaeilge, Freepik, Gill, Igloo Productions, *Irish Independent*, iStockPhoto, Portráidí na Scríbhneoirí Gaeilge, Raidió Fáilte, RTÉ, RTÉ Photographic archive, Shutterstock, Steve O'Connor, TG4. Tá níos mó eolais ar an leathanach deireanach.

Cóipcheart

Gabhaimid buíochas leo seo a leanas a thug cead dúinn ábhar dá gcuid a úsáid sa leabhar seo: Eastát Chaitlín Maude/Caomhán Ó Luain as *Géibheann* le Caitlín Maude (lch 4); An Sagart/Gallery Press/ Eastát Phádraig Mhic Suibhne/Róisín Sweeney as *Colscaradh* le Pádraig Mac Suibhne (lch 12);Cló Iar-Chonnacht as *Mo Ghrá-sa (idir lúibíní)* le Nuala Ní Dhomhnaill (lch 20) *An tEarrach Thiar* le Máirtín Ó Direáin (lch 38), sliocht as Seal i Neipeal le Cathal Ó Searcaigh (lch 59), *Dís* le Siobhán Ní Shuilleabháin (lch 96); caibidil as *Hurlamaboc* le hÉilís Ní Dhuibhne (lch 48); Déirdre Ní Ghrianna as *An Gnáthrud* (lch 72); An Gúm/Foras na Gaeilge as *Oisín i dTír na nÓg* as *Seanchas na Féinne* le Niall Ó Dónaill (lch 84);Igloo Productions as *Cáca Milis* (lch 135); *An Lasair Choille* le Caitlín Maude agus Mícheál Ó hAirtnéide le caoinchead Eastát Chaitlín Maude/Caomhán Ó'Luain agus le caoinchead Eastát Mhíchíl Uí Airtnéide f/ch The Gallery Press, Loch Craobh, An Seanchaisleáin, Co. na Mí (lch 110).

Rinne na foilsitheoirí a ndícheall teacht ar úinéirí cóipchirt; beidh siad sásta na gnáthshocruithe a dhéanamh le haon duine eile acu a dhéanann teagmháil leo.

05M24

Clár

🖥️ Acmhainní digiteacha

Cuirfidh acmhainní digiteacha *Fuinneamh Nua* go mór le foghlaim sa rang trí na daltaí a spreagadh chun páirt a thógáil agus chun a bheith gníomhach. **Déantar tagairt do na hacmhainní digiteacha ar fud an téacsleabhair.** Tugann na tagairtí seo treoir don mhúinteoir chun iad a úsáid sa seomra ranga, agus chun pleanáil ceachta a dhéanamh. Úsáidtear na deilbhíní seo a leanas:

Físeán: Míreanna físeáin a chuireann agallaimh i láthair atá bunaithe ar cheisteanna sna haonaid éagsúla

An gearrscannán *Cáca Milis*

PowerPoint Cuir i láthair PowerPoint réamhdhéanta (gur féidir a athrú), a chlúdaíonn eochairphointí **gramadaí, filíochta** agus **próis**

Oisín i dTír na nÓg

Téama an scéil – Is scéal Fiannaíochta é

- Tá Fionn Mac Cumhaill agus na Fianna sa scéal.
- Tá **draíocht** sa scéal – an capall, an fathach, Tír na nÓg.
- Tá **laochas** sa scéal – tá Oisín cróga. Throid sé an Fómhair Builleach agus chabhraigh sé leis na fir oibre.

Acmhainní fuaime

Rian 1.00 **Fuaim:** Ábhar filíochta, cluastuisceana, míreanna ón aonad faoin scrúdú cainte, Sraitheanna Pictiúr agus an t-ábhar próis (atá ar Edco Audio App)

Leis an **Edco Audio App nua**, atá saor in aisce, is féidir leat éisteacht le **tascanna éisteachta agus cluastuiscintí ón téacsleabhar** agus tú ag taisteal. Is féidir an aip a íoslódáil saor in aisce ó **Google Play** agus **Apple App Store** ar do ghléas móibíleach nó do ríomhaire deisce, nó is féidir éisteacht ar líne tríd an **Web App** ag **www.edco.ie/audio**. Nuair a osclaíonn tú an Edco Audio App, beidh rochtain agat ar na taifeadtaí seo a leanas, chun gníomhaíochtaí éisteachta agus cluastuisceana a dhéanamh i ngach aonad.

Aonad	Rianta
1 Filíocht	1.01–1.05
2 Prós	2.01–2.06
3 An Dalta agus a Thimpeallacht	3.01–3.10
4 Cúrsaí Scoile agus Oibre	4.01–4.11
5 Saol an Duine Óig	5.01–5.11
6 An Ghaeilge Timpeall Orainn	6.01–6.11
7 Na Meáin Chumarsáide	7.01–7.09
8 Ábhair eile a gCuirim Spéis Iontu	8.01–8.09
11 Cluastuiscint	11.01–11.54

Is féidir leat rochtain a fháil ar acmhainní digiteacha *Fuinneamh Nua* tríd an ríomhleabhar idirghníomhach, atá ar fáil ag **www.edcolearning.ie**.

Réamhrá

Leabhar nuashonraithe atá anseo atá in oiriúint do scrúdú na hArdteistiméireachta, Gnáthleibhéal:

Is é aidhm an leabhair nua ná go mbeidh na daltaí ar a suaimhneas agus muiníneach ag tabhairt faoi scrúdú na hArdteistiméireachta.

Cur chuige nua-aimseartha beoga de réir téamaí atá sa leabhar nua seo.

Pléann an leabhar le gach ceann de na sé shnáithe atá i gcuraclam na hArdteistiméireachta agus tugann sé na scileanna agus an foclóir don dalta chun na hábhair a chleachtadh.

Is iad na sé shnáithe ná:

- An dalta agus a thimpeallacht
- Ábhair eile a gcuireann an scoláire spéis iontu
- Na meáin chumarsáide
- Cúrsaí scoile agus oibre
- An Ghaeilge timpeall orainn
- Saol an duine óig

Forbraíonn an dalta a scileanna léamhthuisceana, scríofa, éisteachta agus cainte i ngach aonad.

Tá rannóg ar leith ann atá dírithe ar an léamhthuiscint freisin.

Tá rannóg ar leith ann atá dírithe ar an gcluastuiscint a chabhróidh go mór leis an dalta labhairt agus scríobh faoi ábhar an aonaid.

Tá gach ábhar a bheidh ag teastáil ón dalta don scrúdú cainte ann. Tá cur síos cuimsitheach ar na hábhair éagsúla le neart ceisteanna agus freagraí a chuirfidh ar chumas an dalta tabhairt faoin scrúdú cainte go muiníneach. Tá rannóg ar leith dírithe ar an scrúdú cainte freisin.

Tá Edco Audio App ar fáil in aisce do dhaltaí agus do mhúinteoirí ar a bhfuil ceisteanna agus freagraí samplacha don scrúdú cainte agus do chuid de na sraitheanna pictiúr. Tá an fhilíocht atá le léamh ag an scrúdú cainte le fáil ar Edco Audio App.

Tá nasc idir an fhilíocht agus an prós i ngach aonad ach tá siad in aonad ar leith freisin. Tá achoimrí soiléire ar na scéalta agus ar na dánta ann.

Tá ceisteanna scrúdaithe samplacha ann, chomh maith le freagraí samplacha a threisíonn na príomhphointí agus na nathanna cainte.

Tá scannán ainmnithe *Cáca Milis* le fáil ar an ríomhleabhar idirghníomhach atá ar fáil ag www.edcolearning.ie.

Faigheann an múinteoir Edco Audio App saor in aisce ar a bhfuil na sleachta próis ar fad mar aon leis an bhfilíocht.

Chomh maith leis an Edco Audio App ar an scrúdú cainte gheobhaidh gach dalta leabhrán *Cleachtadh don Scrúdú* ina bhfuil breis cluastuiscintí agus ábhair chainte.

Beidh breis ábhar in *Leabhar an Mhúinteora* don léamhthuiscint, don cheapadóireacht, don litríocht ainmnithe agus do na scrúduithe cainte agus scríofa.

Tá acmhainní ar fáil ar www.edcolearning.ie freisin.

Fuinneamh Nua

Cúrsa iomlán le haghaidh na hArdteistiméireachta Gaeilge gnáthleibhéal

An Scrúdú Cainte	40% de Scrúdú iomlán na Gaeilge	

An Scrúdú Cainte	240 marc	13 – 15 nóiméad
Beannú	5 marc	
Léamh Filíochta	35 marc	
Comhrá	120 marc	
Sraith Pictiúr	80 marc	

Páipéar 1	160 marc	1 uair 50 nóiméad
An Chluastuiscint	60 marc	20 nóiméad
Ceapadóireacht	100 marc	1 uair 30 nóiméad

(alt/blag/scéal/comhrá/ríomhphost) (2 le déanamh: 50 marc x 2)

Páipéar 2	200 marc	2 uair 20 nóiméad
Dhá léamhthuiscint	50 marc x 2	1 uair 10 nóiméad
Dhá cheist ar an bprós	25 marc x 2	35 nóiméad
Dhá cheist ar an bhfilíocht	25 marc x 2	35 nóiméad

Níl aon rogha leis na ceisteanna próis agus filíochta

Aonad a hAon
Filíocht

Clár

Téarmaí filíochta

an fhilíocht	poetry
an file	the poet
an dán	the poem
scéal an dáin	the story of the poem
téama an dáin	the theme of the poem
teachtaireacht an dáin	the message of the poem
véarsa	verse
íomhá	image
íomhánna/pictiú(i)r	images/picture(s)
mothúchá(i)n	emotion(s)
codarsnacht	contrast
athrá	repetition
meafa(i)r	metaphor(s)

Foirmeacha ceiste agus téarmaí a úsáidtear sna ceisteanna scrúdaithe

Déan cur síos ar X	Describe X
Tabhair dhá fháth/dhá phíosa eolais/dhá shampla	Give two reasons/two pieces of information/ two examples
Cad a deir an file?	What does the poet say?
Cén t-eolas a fhaighimid/a thugtar dúinn?	What information do we get/are we given?
Cad é téama an dáin?	What is the theme of the poem?
An maith leat an dán?	Do you like the poem?
Ar thaitin an dán leat?	Did you enjoy the poem?
Scríobh síos	Write down
Inis	Tell
Luaigh	Mention
na príomhsmaointe	the main thoughts
sna línte X-Y	in lines X-Y
i d'fhocail féin	in your own words
Is leor dhá phíosa eolais	Two pieces of information will suffice
mar thacaíocht le do fhreagra	to support your answer

Briathra agus frásaí úsáideacha don fhilíocht

Baineann an dán seo le ...	*This poem is about ...*
Pléann an file ...	*The poet discusses ...*
Luann an file ...	*The poet mentions ...*
Léiríonn an file ...	*The poet shows/illustrates ...*
Léiríonn an íomhá seo ...	*This image shows ...*
Taispeánann an file ...	*The poet shows ...*
Úsáideann an file ...	*The poet uses ...*
Úsáideann an file meafar sa dán seo.	*The poet uses a metaphor in this poem.*
Mothaíonn/Mhothaigh an file ...	*The poet feels/felt ...*
Mothaíonn/Mhothaigh an t-ainmhí ...	*The animal feels/felt ...*
Déanann an file cur síos ar ...	*The poet describes ...*
Seasann X do ...	*X stands for ...*
Is é _____ téama an dáin.	*_____ is the theme of the poem.*
Is é _____ an mothúchán is láidre sa dán.	*_____ is the main emotion in the poem.*
Tá _____(mothúchán) le mothú anseo.	*_____ (emotion) can be felt here.*
Chuir an dán _____ (mothúchán) orm.	*The poem made me feel _____ (emotion).*
Cuireann an dán _____ (mothúchán) orm.	*The poem makes me feel _____ (emotion).*
Taitníonn/Thaitin an dán liom.	*I like/liked the poem.*
Thaitin na híomhánna liom.	*I liked/enjoyed the images.*
Thaitin an téama liom.	*I liked the theme.*
Níor thaitin an dán liom.	*I didn't enjoy the poem.*
Tá trua agam do ...	*I have pity for ...*
Tá na híomhánna an-soiléir sa dán seo.	*The images are very clear in this poem.*
Cruthaíonn an file íomhá de ...	*The poet creates an image of ...*
Cruthaíonn an file íomhánna soiléire de ...	*The poet creates clear images of ...*
Cruthaíonn an file íomhánna éifeachtacha de ...	*The poet creates effective images of ...*
Seasann an íomhá seo do ...	*This image stands for ...*
Tá _____ le feiceáil anseo.	*_____ can be seen here.*
Tá teachtaireacht an dáin le feiceáil anseo.	*The message of the poem can be seen here.*
Tá codarsnacht le feiceáil sa dán seo.	*Contrast can be seen in this poem.*
Is teicníc an-éifeachtach í seo.	*This is a very effective technique.*
Cuireann an file béim ar ...	*The poet puts emphasis on ...*
San íomhá seo	*In this image*
Sa chéad íomhá	*In the first image*
Sa dara híomhá	*In the second image*
Sa líne seo	*In this line*
Sa véarsa seo	*In this verse*
Sa chéad véarsa/i véarsa a haon	*In the first verse*
Sa dara véarsa/i véarsa a dó	*In the second verse*
Sa tríú véarsa/i véarsa a trí	*In the third verse*
Sa cheathrú véarsa/i véarsa a ceathair	*In the fourth verse*
Sa chúigiú véarsa/i véarsa a cúig	*In the fifth verse*

GÉIBHEANN

le Caitlín Maude

Ainmhí mé

ainmhí *allta*	*wild*
as na *teochreasa*	*tropics*
a bhfuil *cliú agus cáil*	*fame*
ar mo *scéimh*	*beauty*

chroithfinn crainnte na coille	*I would shake*
tráth	*once*
le mo *gháir*	*roar*

ach anois
luím síos

agus *breathnaím trí leathshúil*	*I look through one eye*
ar an gcrann *aonraic* sin thall	*lone*

tagann na céadta daoine
chuile lá

a dhéanfadh rud ar bith
dom
ach mé a ligean amach

Leagan próis

Príosún

Is ainmhí mé

ainmhí fiáin
as ceann de na tíortha atá in aice
leis an Meánchiorcal
tá clú agus cáil
ar m'áilleacht mar ainmhí.
Bhí uair ann
agus chuir mé na crainn sa choill
ag crith
le mo bhúir
Ach anois
caithim mo chuid ama i mo luí
ag féachaint trí leathshúil
ar an aon chrann amháin atá in
aice liom
Tagann a lán daoine
gach aon lá

agus tá siad sásta aon rud a
dhéanamh dom
ach mo shaoirse a thabhairt dom.

Rian 1.01

PowerPoint

An File

Caitlín Maude (1941-1982)

- Rugadh i Ros Muc i gCo. na Gaillimhe í.
- Múinteoir scoile, ceoltóir, drámadóir, iriseoir agus file ab ea í.
- Throid sí chun cearta a fháil do chainteoirí Gaeilge.

Scéal an dáin

- Tá ainmhí fiáin[1], leon nó tíogar b'fhéidir, ag caint sa dán seo.
- Tá sé ina chónaí sa zú anois agus tá brón agus uaigneas an domhain air.
- Caitheann sé gach lá ina luí ar an talamh mar níl suim aige i rud ar bith anois.
- Fadó bhí sé ina chónaí sna teochreasa agus bhí sé saor.
- Bhí áthas air nuair a bhí sé saor.
- Bhí sé ag búiríl[2] agus ag rith timpeall.
- Ba mhaith leis a bheith saor arís.

Buntuiscint: Ceisteanna agus freagraí

1. Cé atá ag caint sa dán?
   Tá ainmhí ag caint sa dán.
2. Cad as don ainmhí seo?
   Is as na teochreasa don ainmhí.
3. Cá bhfuil an t-ainmhí ina chónaí anois?
   Tá sé ina chónaí sa zú.
4. Cén fáth a bhfuil cáil air?
   Tá cáil air as a scéimh, tá sé go hálainn.
5. Cad a rinne sé nuair a bhí sé sna teochreasa?
   Bhí sé ag búiríl agus chroith sé na crainn.
6. Cad a dhéanann sé anois?
   Luíonn sé ar an talamh sa zú.
7. Cad a fheiceann an t-ainmhí trí leathshúil?
   Feiceann sé crann amháin.
8. Cé a thagann ag féachaint ar an ainmhí anois?
   Tagann na céadta duine ag féachaint air anois.
9. Cad a theastaíonn ón ainmhí?
   Teastaíonn ón ainmhí a bheith saor nó ba mhaith leis an ainmhí a bheith ar ais sna teochreasa.
10. Cad is brí le teideal an dáin?
    Príosún.

1 wild   2 roaring

Cleachtadh: Meaitseáil na ceisteanna agus na freagraí ó A agus B

A	B
1 Cé a scríobh an dán?	a Bhí sé ina chónaí sna teochreasa.
2 Cé atá ag caint sa dán?	b Bhí sé ag búiríl agus chroith sé na crainn.
3 Cá bhfuil an t-ainmhí ina chónaí anois?	c Na céadta duine.
4 Cá raibh an t-ainmhí ina chónaí?	d Luíonn sé ar an talamh.
5 Cad a rinne an t-ainmhí nuair a bhí sé saor sna teochreasa?	e Ba mhaith leis a bheith ar ais sna teochreasa.
6 Cad a dhéanann an t-ainmhí gach lá anois?	f Caitlín Maude.
7 Cad a fheiceann an t-ainmhí gach lá?	g Tá brón agus uaigneas air.
8 Cé a thagann ag féachaint ar an ainmhí?	h Feiceann sé crann amháin.
9 Céard ba mhaith leis an ainmhí?	i Tá ainmhí ag caint sa dán.
10 Cén chaoi a mothaíonn an t-ainmhí anois?	j Tá sé ina chónaí sa zú.

1	2	3	4	5	6	7	8	9	10

Eochairfhocail an dáin

Roghnaigh na deich bhfocal is tábhachtaí sa dán, dar leat. Scríobh i do chóipleabhar iad agus cuir in abairtí iad.

Obair bheirte

Cad iad (i) na téamaí agus (ii) na mothúcháin is láidre sa dán seo, dar leat? Déan plé orthu leis an duine atá in aice leat.

Téama an dáin

Is é an daoirse[1] téama an dáin seo nó is é an t-uaigneas[2] téama an dáin seo.

Uair amháin bhí an t-ainmhí fiáin seo ina chónaí sna teochreasa[3]. Bhí sé saor agus bhí áthas an domhain air. Chaith sé na laethanta ag búiríl agus ag rith timpeall. Bhí sé láidir agus chroith sé na crainn nuair a bhí sé ag búiríl. Bhí sé cáiliúil[4] toisc go raibh sé dathúil[5] agus láidir.

chroithfinn crainnte na coille / tráth / le mo gháir

Ach níl an t-ainmhí saor anois. Tá sé sa zú, agus tá an zú cosúil le príosún. Níl suim ag an ainmhí i rud ar bith. Ní bhíonn sé ag rith timpeall ná ag búiríl anois. Caitheann sé gach lá ina luí ar an talamh. Ní osclaíonn sé ach leathshúil. Tá crann amháin in aice leis sa zú agus féachann sé air gach lá.

luím síos / agus breathnaím trí leathshúil / ar an gcrann aonraic sin thall

Tá uaigneas an domhain air mar nach bhfuil sé amuigh sna teochreasa leis na hainmhithe eile. Tagann daoine ag féachaint air gach lá. Is fuath leis é sin.
Ba mhaith leis a bheith saor, a bheith ar ais sna teochreasa.

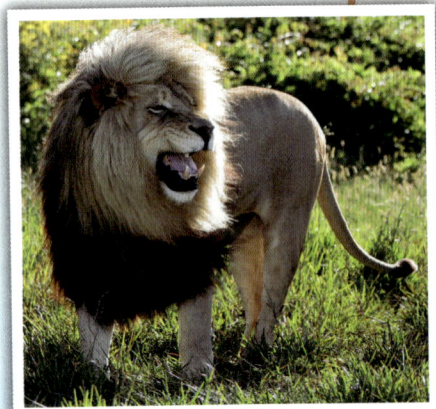

1 oppression   2 loneliness   3 living in the tropics   4 he was well known   5 good-looking

Cleachtadh: Líon na bearnaí

Líon na bearnaí leis na focail ón liosta thíos:

uaigneas   saor   príosún   láidir   cáiliúil   dathúil   na hainmhithe
leathshúil   fuath   teochreasa   an daoirse

1. Ba mhaith leis an ainmhí a bheith _____ sna teochreasa.
2. Bhí an t-ainmhí _____ agus _____ uair amháin.
3. Is é ___ _____ téama an dáin seo.
4. Tá _____ an domhain ar an ainmhí anois mar go bhfuil sé ina chónaí sa zú.
5. Is _____ leis an ainmhí an zú.
6. Bhí an t-ainmhí _____ toisc go raibh sé dathúil agus láidir.
7. Bhí áthas ar an ainmhí nuair a bhí sé saor agus ina chónaí sna _____.
8. Tá an zú cosúil le _____.
9. Ní osclaíonn sé ach _____.
10. Tá uaigneas ar an ainmhí mar níl sé leis ___ _____ eile anois.

Na híomhánna/na pictiúir sa dán

Tá dhá íomhá sa dán seo

Sa chéad íomhá bhí an t-ainmhí saor sna teochreasa. Bhí áthas agus bród[1] air. Bhí áthas air mar bhí sé saor, ag rith timpeall agus ag búiríl. Chroith sé na crainn. Bhí bród air mar bhí sé dathúil. Bhí sé sona sásta mar bhí sé saor sna teochreasa.

a bhfuil cliú agus cáil
ar mo scéimh

Sa dara híomhá tá an t-ainmhí bocht sa zú, agus tá an zú cosúil le príosún. Níl aon ainmhí eile in aice leis agus níl ach crann amháin ann. Níl suim ag an ainmhí i rud ar bith. Ní bhíonn sé ag rith timpeall ná ag búiríl anois. Caitheann sé gach lá ina luí ar an talamh. Tá tuirse air agus ní osclaíonn sé ach leathshúil.

ach anois
luím síos

Tá uaigneas agus brón an domhain air mar níl sé saor.

Tagann daoine ag féachaint air gach lá agus is fuath leis é sin. Ba mhaith leis a bheith saor, a bheith ar ais sna teochreasa.

Tá codarsnacht[2] nó difríocht an-mhór idir an dá íomhá sa dán.

1 pride   2 contrast

Cleachtadh: Fíor nó bréagach?

Cuir tic sa bhosca F nó B i gcás gach abairte agus ansin scríobh i do chóipleabhar na habairtí go léir atá fíor agus ceartaigh na cinn atá mícheart.

		Fíor	Bréagach
1	Tá dhá íomhá sa dán.	☐	☐
2	In íomhá amháin tá an t-ainmhí saor sna teochreasa.	☐	☐
3	Is fuath leis an ainmhí a shaol sna teochreasa.	☐	☐
4	Nuair a bhí an t-ainmhí saor sna teochreasa bhí sé ag rith timpeall agus ag búiríl.	☐	☐
5	Bhí uaigneas ar an ainmhí nuair a bhí sé sna teochreasa.	☐	☐
6	Is fuath leis an ainmhí a shaol sa zú.	☐	☐
7	Tá tuirse agus uaigneas ar an ainmhí agus é sa zú.	☐	☐
8	Caitheann an t-ainmhí a chuid laethanta sa zú ina luí ar an talamh.	☐	☐
9	Tá difríocht an-mhór idir na híomhánna sa dán.	☐	☐
10	Is fuath leis an ainmhí nuair a thagann daoine ag féachaint air sa zú.	☐	☐

Ceist agus freagra samplach

Ceist: Cén cineál saoil atá ag an ainmhí?

Freagra: Bhí saol deas ag an ainmhí nuair a bhí sé saor sna teochreasa. Bhí sé sásta, ag rith timpeall agus chroith sé na crainn. Bhí áthas agus bród air.

chroithfinn crainnte na coille
tráth
le mo gháir

Anois tá an t-ainmhí sa zú agus tá saol an-uaigneach agus an-bhrónach aige. Caitheann sé gach lá ina luí ar an talamh agus ní osclaíonn sé ach súil amháin. Ní bhíonn sé ag rith timpeall ná ag búiríl anois. Is fuath leis an saol atá aige. Níl ach crann amháin in aice leis.

ach anois
luím síos

Cleachtadh: Ullmhaigh an freagra thuas le haghaidh deachtaithe.

Na mothúcháin sa dán

Tá brón agus uaigneas sa dán seo. Tá brón agus uaigneas ar an ainmhí toisc nach bhfuil sé saor. Tá sé i bpríosún sa zú. Caitheann sé gach lá ina luí ar an talamh. Ní bhíonn sé ag rith timpeall sna teochreasa ná ag búiríl agus níl suim aige i rud ar bith anois. Níl a chairde in aice leis, tá strainséirí[1] timpeall air.

Bhí áthas ar an ainmhí nuair a bhí sé saor sna teochreasa. Bhain sé taitneamh as an saol, ag rith timpeall agus ag búiríl. Bhí sé láidir agus chroith sé[2] na crainn. Bhí sé bródúil as féin.

❶ Ceist: **Cad é an mothúchán is láidre sa dán?**
Freagra: Is é an brón an mothúchán is láidre/is treise sa dán. Feicimid an t-ainmhí i bpríosún sa zú, ina luí ar an talamh, ní dhéanann sé aon rud, ní osclaíonn sé ach súil amháin mar níl suim aige i rud ar bith.

ach anois
luím síos

❷ Ceist: **Cad iad na mothúcháin a mhúscail an dán ionat féin?[3]**
Freagra: Cuireann an dán brón agus fearg[4] orm. Tá trua[5] agam don ainmhí toisc nach bhfuil sé saor sna teochreasa anois. Tá sé i bpríosún sa zú. Níl cead aige dul amach as an zú. Caitheann sé gach lá ina luí ar an talamh. Níl sé saor agus níl sé sin ceart.

Cuireann an dán fearg orm freisin. Tá fearg orm go bhfuil an t-ainmhí i bpríosún sa zú. Tá fearg orm nach bhfuil sé lena chairde sna teochreasa. Tá fearg orm go bhfuil an t-ainmhí míshona[6] agus uaigneach sa zú.

Cleachtadh: Líon na bearnaí san alt seo

Tá brón agus _____ ar an ainmhí mar níl sé saor sna _____. Tá sé i _____ sa zú agus níl sé ag rith timpeall ná ag _____ anois. Ní chuireann sé _____ in aon rud. Nuair a bhí an t-ainmhí saor bhí sé _____ as féin. Caitheann sé na laethanta anois ina _____ ar an talamh agus ní _____ sé ach súil amháin. Tá _____ agam don ainmhí. Cuireann an dán _____ orm freisin toisc nach bhfuil an t-ainmhí saor sna teochreasa leis na hainmhithe eile.

1 strangers   2 he shook   3 What emotions has this poem stirred in you?   4 anger   5 pity   6 unhappy

FACSS: Féach, Abair, Clúdaigh, Scríobh, Seiceáil

Ullmhaigh na habairtí seo thíos agus scríobh amach iad. Ansin beidh an dán ar fad ar eolas agat!

Féach Abair Clúdaigh	Scríobh	Seiceáil
1 Is é an t-uaigneas téama an dáin seo.		
2 Tá uaigneas an domhain ar an ainmhí.		
3 Sa dara híomhá tá an t-ainmhí i bpríosún sa zú.		
4 Tá an zú cosúil le príosún.		
5 Níl suim ag an ainmhí i rud ar bith.		
6 Ní osclaíonn sé ach leathshúil.		
7 Tá strainséirí timpeall air.		
8 Tá trua agam don ainmhí bocht.		
9 Sa chéad íomhá tá an t-ainmhí saor sna teochreasa.		
10 Chroith an t-ainmhí na crainn nuair a bhí sé sna teochreasa.		
11 Bhí áthas ar an ainmhí nuair a bhí sé saor sna teochreasa.		
12 Bhí an t-ainmhí cáiliúil toisc go raibh sé láidir agus dathúil.		
13 Bhí sé ag búiríl agus ag rith timpeall nuair a bhí sé saor.		
14 Tá bród ar an ainmhí toisc go bhfuil sé dathúil.		
15 Is é an brón an mothúchán is láidre sa dán.		
16 Ba mhaith leis an ainmhí a bheith saor.		
17 Tá codarsnacht idir an dá íomhá.		
18 Cuireann an dán fearg orm.		

Ceisteanna agus freagraí samplacha

1 **Ceist: Ar thaitin an dán leat?**

Freagra: Thaitin an dán go mór liom ach bhí sé brónach.

Is maith liom na híomhánna agus na mothúcháin atá sa dán.

Is maith liom an íomhá den ainmhí nuair a bhí sé saor sna teochreasa, ag rith timpeall agus ag búiríl. Thaitin sé liom toisc go raibh áthas ar an ainmhí nuair a bhí sé saor sna teochreasa.

chroithfinn crainnte na coille   *tráth*   *le mo gháir*

Tá íomhá an-láidir sa dán den ainmhí nuair a bhí brón agus uaigneas air. Caitheann sé gach lá ina luí ar an talamh. Ní bhíonn sé ag rith timpeall sna teochreasa ná ag búiríl agus níl suim aige i rud ar bith anois. Tá trua agam don ainmhí bocht atá i bpríosún sa zú. Tagann daoine ag féachaint air gach lá agus is fuath leis é sin[1].

tagann na céadta daoine   *chuile lá*

2 **Ceist: Luaigh rud amháin faoin dán nár thaitin leat.**

Freagra: Níor thaitin an íomhá den ainmhí sa zú liom. Tá saol an-bhrónach ag an ainmhí. Caitheann sé gach lá ina luí ar an talamh. Ní bhíonn sé ag rith timpeall sna teochreasa ná ag búiríl agus níl suim aige i rud ar bith. Tá uaigneas an domhain air toisc nach bhfuil sé leis na hainmhithe eile sna teochreasa.

agus breathnaím trí leathshúil   *ar an gcrann aonraic sin thall*

Ceisteanna scrúdaithe

Déan cleachtadh ar na ceisteanna scrúdaithe seo a leanas. Bain úsáid as na frásaí agus na nathanna ag tús an aonaid mar chabhair duit.

1 Cén sórt saoil atá ag an ainmhí i véarsa a haon den dán? (Is leor **dhá** phointe eolais, **i d'fhocail féin**.)

2 Cén t-eolas a thugtar dúinn faoin ainmhí sna línte 9–12 den dán? (Is leor **dhá** phointe eolais, **i d'fhocail féin**.)

3 Cad é téama an dáin? (Is leor **dhá** phointe eolais, **i d'fhocail féin**.)

4 Scríobh síos an mothúchán is treise is láidre sa dán seo, dar leat. Tabhair **dhá** shampla den mhothúchán sin sa dán.

5 An maith leat an dán seo? Tabhair **dhá fháth**, **i d'fhocail féin**, le do fhreagra.

[1] he hates that

An Scrúdú Cainte

🔊 **Rian 1.01**

Ullmhaigh an dán le léamh ag an scrúdú cainte. Bíodh an t-áthas, an bród agus an neart le cloisteáil i do ghlór agus tú ag léamh an chéad chuid den dán. Bíodh an brón, an t-uaigneas agus an neamhshuim le cloisteáil agus tú ag léamh an dara cuid.

Colscaradh

le Pádraig Mac Suibhne

Rian 1.02

PowerPoint

Shantaigh sé bean	*desired*
i *nead a chine*,	*family home*
faoiseamh is gean	*comfort and love*
ar leac a thine,	
aiteas is greann	*fun*
i dtógáil chlainne.	

Shantaigh sí fear
is taobh den bhríste,
dídean is searc   *shelter and love*
is leath den chíste,
saoire thar lear
is meas na mílte.

Thángthas ar réiteach.
Scaradar.

Leagan próis

Ba mhian leis a bheith pósta le bean
iad ina gcónaí ina aice lena mhuintir féin
compord is grá
i gcroí a thí féin
áthas is spórt
ag tógáil páistí.

Ba mhian léi a bheith pósta le fear
is leath den údarás aici
teach is grá
is leath den airgead
dul ar laethanta saoire thar lear
agus meas a fháil ó dhaoine eile.

Fuarthas socrú – d'fhág siad a chéile.

An File

Pádraig Mac Suibhne (1942–2020)

- Rugadh ar Ard an Rátha, Co. Dhún na nGall, in 1942 é.
- Bhain sé céim amach sa Ghaeilge agus sa stair.
- Ba mhúinteoir meánscoile é.
- Tá dánta agus gearrscéalta scríofa aige.
- Fuair sé bás in 2020.

Scéal an dáin

- Bhí fear ann agus ba mhian leis a bheith pósta[1].
- Theastaigh[2] bean chéile agus páistí uaidh.
- Theastaigh uaidh a bheith ina chónaí ina bhaile dúchais[3] féin.
- Ba mhaith leis go mbeadh a bhean chéile ag tabhairt aire do na páistí[4].
- Ba mhian leis a bheith sona sásta.
- Bhí bean ann agus ba mhian léi a bheith pósta.
- Theastaigh fear céile uaithi.
- Ba mhaith léi go mbeadh a cuid airgid féin[5] aici.
- Theastaigh uaithi dul ag taisteal thar lear[6].
- Ba mhaith léi a bheith ag obair.
- Ba mhian léi a bheith sona sásta.
- Bhí mianta[7] difriúla ag an bhfear agus ag an mbean.
- Ní raibh an fear agus an bhean ag réiteach[8] lena chéile.
- D'fhág siad a chéile.

Buntuiscint: Ceisteanna agus freagraí

1 Cad a theastaigh ón bhfear?

Theastaigh bean chéile uaidh.

2 Cár mhaith leis an bhfear cónaí?

Ba mhaith leis an bhfear a bheith ina chónaí ina bhaile dúchais féin.

3 Céard eile ba mhian leis?

Ba mhian leis go mbeadh grá agus greann ina bhaile aige.

4 Ar mhaith leis páistí a bheith aige?

Ba mhaith leis clann a bheith aige.

5 Cad a theastaigh ón mbean?

Theastaigh fear céile uaithi.

6 An raibh an bhean sásta fanacht sa bhaile?

Ní raibh. Ba mhaith léi dul amach ag obair. Bhí sí neamhspleách.

7 Ar mhaith leis an mbean fanacht in Éirinn?

Ba mhaith leis an mbean dul ag taisteal thar lear.

8 An raibh páistí ag teastáil ón mbean?

Níl a fhios agam ach bhí cairde agus saol taobh amuigh den bhaile ag teastáil uaithi.

9 An raibh an fear agus an bhean sásta lena chéile?

Ní raibh siad sásta lena chéile.

10 Cén fáth nár fhan an fear agus an bhean le chéile?

Bhí siad ródhifriúil lena chéile. Bhí mianta difriúla acu. Chuir siad béim ar rudaí difriúla. Theastaigh rudaí difriúla uathu.

---

1 he wanted to be married   2 he wanted   3 his home town   4 minding the children
5 her own money   6 abroad   7 desires   8 getting along

Cleachtadh: Meaitseáil na ceisteanna agus na freagraí

1	Cé a scríobh an dán?	a	Ba mhian leis an bhfear go mbeadh clann aige.
2	Cad a theastaigh ón bhfear?	b	Is duine neamhspleách í.
3	Ar mhian leis an bhfear clann a bheith aige?	c	Theastaigh fear céile uaithi.
4	Cén áit ar mhaith leis an bhfear cónaí?	d	Theastaigh airgead agus taisteal uaithi.
5	Cad a theastaigh ón mbean?	e	Pádraig Mac Suibhne.
6	Cén cineál duine í an bhean?	f	Bhí clann ag teastáil ón bhfear ach ní luann an bhean cúrsaí clainne.
7	Cad iad na rudaí a theastaigh ón mbean?	g	Ba mhaith leis an bhfear a bheith ina chónaí ina bhaile dúchais féin.
8	Luaigh difríocht idir an bhean agus an fear.	h	Scar an fear agus an bhean óna chéile.
9	Ar fhan siad le chéile?	i	Theastaigh bean chéile uaidh.
10	Cad a tharla don phósadh?	j	Níor fhan siad le chéile.

1	2	3	4	5	6	7	8	9	10

Eochairfhocail an dáin

Roghnaigh na deich bhfocal is tábhachtaí sa dán, dar leat. Scríobh i do chóipleabhar iad agus cuir in abairtí iad.

Obair bheirte

Cad iad (i) na téamaí agus (ii) na mothúcháin is láidre sa dán seo, dar leat? Déan plé orthu leis an duine atá in aice leat.

Téama an dáin

Is é an brón téama an dáin seo. Tá brón sa dán mar gur scar[1] an fear agus an bhean lena chéile, níor fhan siad lena chéile. Tá brón sa dán mar gur theastaigh ón bhfear a bheith pósta. Ba mhian leis go mbeadh páistí aige agus go mbeadh sé féin, a bhean chéile agus na páistí sona[2] lena chéile.

Shantaigh sé bean / aiteas is greann / i dtógáil chlainne.

Tá brón ar an mbean freisin. Theastaigh ón mbean a bheith pósta agus a bheith sona.

Shantaigh sí fear / dídean is searc

Níor fhan an bhean agus an fear lena chéile mar bhí mianta difriúla acu. Phós siad a chéile mar cheap siad go mbeidís sona sásta lena chéile ach d'fhág siad a chéile nuair a thuig siad go raibh mianta difriúla acu agus nach mbeidís sona lena chéile.

Thángthas ar réiteach. / Scaradar.

Bhí díomá orthu[3] freisin mar nár éirigh leis an bpósadh[4], ní raibh siad sona lena chéile agus níor fhan siad lena chéile.

1 separated   2 happy   3 they were disappointed   4 the marriage didn't work out

Cleachtadh: Líon na bearnaí

Líon na bearnaí leis na focail ón liosta thíos:

mianta   meas   téama   d'fhág   mhian   ag tógáil   a bheith   scar   sona   laethanta saoire

1. Ba _____ leis an bhfear agus leis an mbean a bheith pósta.
2. Ba mhaith leis an bhfear go mbeadh a bhean chéile ___ _____ páistí sa bhaile.
3. Theastaigh ón mbean chéile dul ar _____ _____.
4. Ba mhaith leis an mbean chéile _____ a fháil óna lán daoine.
5. _____ an bhean agus an fear lena chéile agus bhí brón orthu.
6. _____ an fear agus an bhean a chéile.
7. Is é an brón _____ an dáin seo.
8. Ba mhian leis an bhfear agus leis an mbean ___ _____ pósta.
9. Bhí _____ difriúla ag an mbean agus ag an bhfear.
10. Theastaigh ón bhfear agus ón mbean a bheith _____.

Na híomhánna/na pictiúir sa dán

An cineál duine é an fear

Tá íomhá[1] de ghnáthfhear traidisiúnta[2] sa dán. Ba mhian leis a bheith pósta agus clann a bheith aige. Ba mhaith leis a bheith ina chónaí ina bhaile dúchais féin, in aice lena mhuintir[3] féin. Ba chuma leis faoi airgead nó faoi dhaoine eile. Ní raibh suim aige in aon rud ach ina bhean chéile agus ina pháistí.

Shantaigh sé bean
i nead a chine,

Cheap sé go mbeadh sé sásta dá mbeadh bean chéile agus páistí aige.

aiteas is greann
i dtógáil chlainne.

Úsáideann an file meafair[4] nuair atá sé ag caint faoi mhianta an fhir. Seasann *nead a chine* don bhaile, don teach agus don chlann agus seasann *leac a thine* don atmaisféar deas sona a bheadh sa teach.

---

1 image   2 traditional   3 family   4 metaphors

An cineál duine í an bhean

Tá íomhá de ghnáthbhean nua-aimseartha[1] sa dán. Ba mhaith léi a bheith pósta ach níor mhaith léi a bheith ag brath[2] ar a fear céile. Ba mhaith léi a bheith ag obair agus dul ag taisteal[3] thar lear.

is leath den chíste,
saoire thar lear

Úsáideann an file meafair nuair atá sé ag caint faoi mhianta na mná. Seasann *leath den chíste* d'airgead. Ba mhaith leis an mbean go mbeadh a cuid airgid féin aici. Níor mhaith léi a bheith ag brath ar a fear. Ba mhaith leis an mbean a bheith cothrom, agus cuireann an meafar *taobh den bhríste* é sin in iúl.

Níl a fhios againn ar theastaigh páistí uaithi ach bhí mianta difriúla aici.

Scar an bheirt lena chéile mar nach raibh siad sona lena chéile.

Cleachtadh: Fíor nó bréagach?

Cuir tic sa bhosca F nó B i gcás gach abairte agus ansin scríobh i do chóipleabhar na habairtí go léir atá fíor agus ceartaigh na cinn atá mícheart.

	Fíor	Bréagach
1 Tá íomhá d'fhear nua-aimseartha sa dán seo.	☐	☐
2 Tá íomhá de bhean nua-aimseartha sa dán seo.	☐	☐
3 Níor mhian leis an bhfear páistí a bheith aige.	☐	☐
4 Ba mhian leis an mbean taisteal.	☐	☐
5 Ba mhaith leis an bhfear cónaí in aice lena mhuintir féin.	☐	☐
6 Níor mhaith leis an mbean a bheith ag brath ar a fear céile.	☐	☐
7 Theastaigh ón mbean dul ag taisteal.	☐	☐
8 Bhí na mianta céanna ag an bhfear agus ag an mbean.	☐	☐
9 Bhí mianta an-difriúil ag an bhfear agus ag an mbean.	☐	☐
10 Scar an fear agus an bhean lena chéile toisc nach raibh siad sona lena chéile.	☐	☐

1 modern   2 relying on   3 travelling

Na mothúcháin sa dán

Is iad an brón[1] agus an díomá[2] na mothúcháin sa dán seo. Ba mhaith leis an bhfear agus leis an mbean a bheith sona ach ní raibh siad agus mar sin níl sonas sa dán.

Tá brón agus díomá ar an bhfear sa dán. Ba mhaith leis a bheith pósta agus clann a bheith aige. Bhí sé ag súil go mór le saol deas lena bhean chéile, lena chlann agus iad ina gcónaí ina bhaile dúchais féin in aice lena mhuintir féin.

Shantaigh sé bean
i nead a chine,
aiteas is greann
i dtógáil chlainne.

Tá brón agus díomá ar an mbean sa dán seo. Ba mhaith léi a bheith pósta agus dul ag taisteal lena fear céile. Ba mhaith léi a bheith ag obair. Ach bhí mianta difriúla ag an bhfear. Níor mhaith leis dul ag taisteal. Ní raibh sí sásta lena fear céile.

Shantaigh sí fear
saoire thar lear

① **Ceist: Cad é an mothúchán is láidre sa dán?**
Freagra: Is é an brón an mothúchán is láidre sa dán. Phós an fear agus an bhean a chéile agus ba mhian leo a bheith sona le chéile. Ach níor éirigh leis an bpósadh. Bhí mianta difriúla acu. Bhí aisling[3] ag an bhfear go mbeadh sé féin, a bhean agus a bpáistí le chéile sa bhaile.

ar leac a thine,
i dtógáil chlainne.

Bhí aisling ag an mbean go rachadh sí féin agus a fear céile ag taisteal. Bheadh a post[4] féin aici.

is leath den chíste,
saoire thar lear

Bhí mianta difriúla ag an bhfear agus ag an mbean agus d'fhág siad a chéile. Bhí brón orthu nuair a scar siad lena chéile.

Thángthas ar réiteach.
Scaradar.

② **Ceist: Cad iad na mothúcháin a mhúscail an dán ionat féin?[5]**
Freagra: Mhúscail an dán trua[6] don fhear agus don bhean ionam. Bhí siad i ngrá lena chéile uair. Ba mhaith leo a bheith pósta ach bhí mianta difriúla acu. Ba mhian leis an bhfear páistí a bheith aige.

i dtógáil chlainne.

Ba mhian leis an mbean a bheith ag obair agus dul ag taisteal thar lear.

saoire thar lear

Tá trua agam don bheirt mar nach raibh siad sona lena chéile agus scar siad lena chéile.

Cleachtadh: Ullmhaigh an freagra thuas le haghaidh deachtaithe.

---

1 sadness   2 disappointment   3 dream   4 job
5 What emotions has this poem stirred in you?   6 pity

Cleachtadh: Líon na bearnaí san alt seo

Is iad an _____ agus an _____ na mothúcháin sa dán seo. Ba mhaith leis an bhfear agus leis an _____ a bheith _____ sa dán ach ní raibh siad. Bhí _____ difriúla acu. Theastaigh _____ ón bhfear ach theastaigh _____ saoire ón mbean. Níor _____ an fear agus an bhean le chéile. _____ siad agus chuir sé sin brón agus _____ orthu.

FACSS

Ullmhaigh na habairtí seo thíos agus scríobh amach iad. Ansin beidh an dán ar fad ar eolas agat!

Féach Abair Clúdaigh	Scríobh	Seiceáil
1 Ba mhian leis an bhfear a bheith pósta.		
2 Ba mhian leis an mbean a bheith pósta.		
3 Ba mhian leis a bheith sona.		
4 Ba mhian léi a bheith sona.		
5 Bhí mianta difriúla ag an bhfear agus ag an mbean.		
6 Ní raibh an fear agus an bhean ag réiteach lena chéile.		
7 D'fhág siad a chéile.		
8 Is é an brón téama an dáin seo.		
9 Níor fhan an fear agus an bhean lena chéile.		
10 Ní raibh an fear agus an bhean sona lena chéile.		
11 Tá íomhá sa dán de ghnáthfhear traidisiúnta.		
12 Tá íomhá sa dán de ghnáthbhean nua-aimseartha.		
13 Níor mhaith léi a bheith ag brath ar a fear céile.		
14 Ba mhaith leis an mbean dul ag taisteal.		
15 Ba mhaith leis an mbean a bheith ar comhchéim lena fear.		
16 Níl sonas sa dán.		
17 Is é an brón an mothúchán is láidre sa dán.		

Ceisteanna agus freagraí samplacha

1 **Ceist: Luaigh na fáthanna ar thaitin an dán leat.**

Freagra: Thaitin an dán liom mar tá na híomhánna den fhear agus den bhean an-éifeachtach. Tá íomhá ann de ghnáthfhear traidisiúnta. Ba mhian leis a bheith pósta agus go mbeadh páistí aige. Tá íomhá de ghnáthbhean nua-aimseartha ann. Ba mhaith léi a bheith ag obair agus ag taisteal thar lear.

Taispeánann an file na mianta difriúla agus an fhadhb a bhí acu go simplí ach go héifeachtach. Bhí an fear ag caint faoi pháistí ach bhí an bhean ag caint faoi thaisteal agus faoi airgead.

2 **Ceist: Luaigh rud amháin faoin dán nár thaitin leat.**

Freagra: Níl aon sonas sa dán seo agus níor thaitin sé sin liom. Bhí aisling ag an bhfear go mbeadh sé féin, a bhean agus a bpáistí le chéile sa bhaile. Bhí aisling ag an bhfear dá bhean agus dá pháistí ag fanacht leis sa bhaile. Bhí aisling ag an mbean go rachadh sí féin agus a fear céile ag taisteal thar lear. Bhí mianta difriúla acu.

Tá trua agam don fhear agus don bhean mar ní raibh siad sona lena chéile agus scar siad lena chéile.

Ceisteanna scrúdaithe

Déan cleachtadh ar na ceisteanna scrúdaithe seo a leanas. Bain úsáid as na frásaí agus na nathanna ag tús an aonaid mar chabhair duit.

1 Scríobh síos, **i d'fhocail féin**, **dhá** rud a bhí ag teastáil ón bhfear ina shaol i véarsa a haon.

2 Inis, **i d'fhocail féin**, cén saghas duine í an bhean sa dán seo. (Is leor **dhá** phointe eolais.)

3 Cad é téama an dáin seo? (Is leor **dhá** phíosa eolais.)

4 Cén réiteach a bhí ag an mbeirt ar an bhfadhb? Cuir fáthanna le do fhreagra. (Is leor **dhá** fháth.)

5 Cad é an mothúchán is mó a mhúscail an dán seo ionat féin? Tabhair **dhá** phíosa eolais **i d'fhocail féin** mar thacaíocht le do fhreagra.

An Scrúdú Cainte

Rian 1.02

Ullmhaigh an dán le léamh ag an scrúdú cainte. Bíodh an dóchas agus an sonas i do ghlór agus tú ag léamh an chéad dá véarsa agus ansin bíodh an brón agus an díomá i do ghlór agus tú ag léamh an dá líne dheireanacha.

Rian 1.03 · PowerPoint

Mo Ghrá-sa (idir lúibíní)
le Nuala Ní Dhomhnaill

Níl mo ghrá-sa	
mar bhláth na *n-airní*	*sloes*
a bhíonn i ngairdín	
(nó ar chrann ar bith)	
is má tá aon ghaol aige	
le *nóiníní*	*daisies*
is as a chluasa a fhásfaidh siad	
(nuair a bheidh sé ocht dtroigh síos)	
ní haon *ghlaise cheolmhar*	*musical greenness*
iad a shúile	
(táid *róchóngarach* dá chéile	*too close*
ar an gcéad dul síos)	
is *más slim é síoda*	*if silk is smooth*
tá ribí a ghruaige	
(mar bhean dhubh Shakespeare)	
ina *wire deilgní*.	*barbed wire*
Ach is cuma sin.	
Tugann sé dom	
úlla	
(is nuair a bhíonn sé i ndea-ghiúmar	
caora fíniúna).	*grapes*

Leagan próis

Níl mo stór
Chomh hálainn le bláthanna na n-airní
A bhíonn ag fás i ngairdín
Nó a fhásann in áit ar bith

Agus má tá aon bhaint aige le nóiníní
Fásfaidh siad as a chorp
Nuair a bheidh sé marbh sa talamh

Agus níl a shúile glas agus ceolmhar
Tá siad róghar dá chéile ar aon nós
Agus níl a chuid gruaige cosúil le síoda

Tá a chuid gruaige cosúil le sreang dheilgneach
Cosúil leis an mbean sa dán ag Shakespeare

Ach níl sé sin tábhachtach.
Tugann sé úlla dom agus
tugann sé caora fíniúna dom
nuair a bhíonn aoibh mhaith air.

An File

Nuala Ní Dhomhnaill

- Rugadh sa bhliain 1952 i Sasana í ach tógadh le Gaeilge i gCo. Thiobraid Árann í.
- Rinne sí staidéar ar an nGaeilge agus ar an mBéarla i gColáiste na hOllscoile Corcaigh.
- Is ball d'Aosdána í.

Le caoinchead thogra Phortráidí na Scríbhneoirí Gaeilge

Scéal an dáin

- Is dán grá é an dán seo ach tá sé difriúil.
- Tá an file ag caint faoina leannán[1] sa dán.
- Níl an fear dathúil[2] – a mhalairt[3] atá fíor.
- Tá an file ag rá anseo nach bhfuil a grá cosúil[4] le bláthanna.
- Níl sé cosúil le bláth na n-airní ná le nóiníní[5].
- Níl a shúile ná a chuid gruaige go deas in aon chor.
- Tá a shúile róghar[6] dá chéile.
- Tá a chuid gruaige cosúil le sreang dheilgneach[7].
- Ach tá sé fial flaithiúil[8] agus cneasta[9] leis an bhfile.
- Tugann sé aire mhaith di.
- Tugann sé úlla agus caora fíniúna di.
- Sna seandánta grá mhol[10] na filí na leannáin go hard na spéire.
- Tá an file ag magadh[11] faoi na seandánta grá a chuir béim[12] ar chuma[13] an duine.
- Ceapann an file go bhfuil tréithe an duine níos tábhachtaí ná cuma an duine.

| 1 lover | 2 good-looking | 3 the opposite | 4 similar (to) | 5 daisies | 6 too close | 7 barbed wire |
| 8 generous | 9 kind | 10 complimented | 11 making fun of | 12 emphasised | 13 appearance | |

Buntuiscint: Ceisteanna agus freagraí

1 Cé atá ag caint sa dán?

Tá an file Nuala Ní Dhomhnaill ag caint sa dán seo.

2 An bhfuil an leannán dathúil?

Níl sé dathúil.

3 Cá bhfásann bláth na n-airní?

Fásann sé i ngairdín.

4 Cad a deir an file faoi bhláth na n-airní?

Deir sí nach bhfuil a grá cosúil leis.

5 Cá bhfásfaidh na nóiníní?

Fásfaidh siad as cluasa an leannáin (nuair a bheidh sé marbh).

6 Cad atá cearr le súile an fhir?

Tá siad róghar dá chéile.

7 Cén chaoi a mbíonn síoda?

Bíonn sé slim.

8 Cad a deir an file faoi ghruaig a leannáin?

Tá sé cosúil le deilgneach.

9 Céard iad na torthaí a thugann an fear don fhile?

Tugann sé úlla agus caora fíniúna di.

10 Cén cineál duine é an fear?

Níl sé dathúil ach tá sé fial flaithiúil agus cneasta leis an bhfile.

Cleachtadh: Meaitseáil na ceisteanna agus na freagraí

1	Cé a scríobh an dán?	a	Tá sé fial flaithiúil agus cneasta.
2	Cad a deir an file faoi bhláth na n-airní?	b	Tá sí ag magadh fúthu.
3	Cathain a bheidh baint ag an bhfear le nóiníní?	c	Tugann sé úlla agus caora fíniúna di.
4	Cad a deir an file faoi shúile an leannáin?	d	Nuala Ní Dhomhnaill.
5	Cé hiad na daoine a bhfuil gruaig dheilgní orthu?	e	Níl sé dathúil in aon chor.
6	Céard iad na torthaí a thugann an fear don fhile?	f	Bean dhubh Shakespeare agus an fear.
7	An bhfuil an leannán dathúil?	g	Bíonn sé ag fás i ngairdín agus níl a leannán cosúil leis.
8	Cén cineál duine é an fear?	h	Deir sí nach glaise cheolmhar iad agus go bhfuil siad róghar dá chéile.
9	Cad a rinne na filí sna seandánta grá?	i	Nuair a bheidh sé marbh.
10	Cad a cheapann an file faoi na seandánta grá?	j	Mhol siad na leannáin go hard na spéire.

1	2	3	4	5	6	7	8	9	10

Eochairfhocail an dáin

Roghnaigh na deich bhfocal is tábhachtaí sa dán, dar leat. Scríobh i do chóipleabhar iad agus cuir in abairtí iad.

Obair bheirte

Cad iad (i) na téamaí agus (ii) na mothúcháin is láidre sa dán seo, dar leat? Déan plé orthu leis an duine atá in aice leat.

Téama an dáin

Is é an grá téama an dáin seo. Tá an file i ngrá lena fear ach tá sí an-mhacánta[1] faoi. Níl a fear dathúil.

Níl mo ghrá-sa
Mar bhláth na n-airní

Ach tá a fear deas agus cneasta. Tugann sé aire mhaith don fhile.[2]

Tugann sé dom
úlla

Bhí dánta grá ann fadó agus sna dánta seo dúirt na filí go raibh a leannán cosúil le bláthanna agus rudaí eile ón dúlra[3]. Chuir na seandánta grá béim mhór ar chuma an duine.

Ní haon ghlaise cheolmhar
iad a shúile

Tá an file ag magadh faoi na seandánta grá. Ceapann an file nach bhfuil cuma an duine tábhachtach, ceapann sí go bhfuil tréithe[4] an duine (an cineál duine atá ann) níos tábhachtaí ná a chuma.

Ach is cuma sin.

Cleachtadh: Líon na bearnaí

Líon na bearnaí leis na focail ón liosta thíos:

an-mhacánta   dathúil   fial flaithiúil   cneasta   caora fíniúna
cuma   tréithe   tábhachtaí   seandánta   aire

1. Ceapann an file go bhfuil tréithe an duine níos _____ ná aon rud eile.
2. Nuair a bhíonn an fear i ndea-ghiúmar tugann sé _____ _____ don fhile.
3. Níl an fear sa dán seo _____ ach tá sé an-deas.
4. Chuir na _____ grá béim mhór ar chuma an duine.
5. Is duine _____ _____ é an fear sa dán seo agus tugann sé úlla don fhile.
6. Sna seandánta grá, ceapadh go raibh cuma an duine níos tábhachtaí ná na _____.
7. Tá an file _____ faoina fear.
8. Tugann an fear _____ mhaith don fhile.
9. Is duine _____ agus deas é an fear.
10. Ceapann an file nach bhfuil _____ an duine tábhachtach.

1 very honest   2 he minds the poet well   3 nature   4 traits

Na híomhánna/na pictiúir sa dán

An cineál duine é fear/an leannán

Cruthaíonn an file pictiúr an-mhacánta den fhear. Níl sé dathúil. Níl sé cosúil leis na bláthanna agus níl a shúile go deas, tá siad róghar dá chéile. Tá a chuid gruaige cosúil le deilgneach.

*tá ribí a ghruaige
ina wire deilgní.*

Ach is duine cneasta agus fial é. Tá grá aige don fhile. Tugann sé aire mhaith don fhile. Seasann na húlla agus na caora fíniúna don aire a thugann an fear don fhile. Tá tréithe maithe aige agus tá na tréithe sin níos tábhachtaí ná a shúile agus a chuid gruaige.

*Tugann sé dom
úlla
(is nuair a bhíonn sé i ndea-ghiúmar caora fíniúna).*

An cineál duine í an file

Tá an file an-mhacánta faoina fear sa dán. Tá a fhios aici nach bhfuil sé dathúil.

*ní haon ghlaise cheolmhar
iad a shúile*

Ach tuigeann sí go bhfuil tréithe maithe aige. Tá sé cneasta agus fial agus tugann sé aire mhaith don fhile. Tá an file stuama[1] mar tuigeann sí go bhfuil tréithe an duine níos tábhachtaí ná cuma an duine.

Tá grá agus meas aici ar a fear.

Ach is cuma sin.

Cleachtadh: Fíor nó bréagach?

Cuir tic sa bhosca F nó B i gcás gach abairte agus ansin scríobh i do chóipleabhar na habairtí go léir atá fíor agus ceartaigh na cinn atá mícheart.

		Fíor	Bréagach
1	Tá an fear sa dán seo an-dathúil.	☐	☐
2	Níl an fear cosúil leis na bláthanna.	☐	☐
3	Tá súile an fhir róghar dá chéile.	☐	☐
4	Is duine macánta stuama í an file.	☐	☐
5	Tugann an fear aire mhaith don fhile.	☐	☐
6	Níl an fear cneasta.	☐	☐
7	Is duine fial flaithiúil é an fear.	☐	☐
8	Ceapann an file go bhfuil tréithe an duine níos tábhachtaí ná cuma an duine.	☐	☐
9	Tá grá ag an bhfile dá fear.	☐	☐
10	Níor chuir na seandánta grá béim ar chuma an duine.	☐	☐

1 sensible

Na mothúcháin sa dán

Is é an grá an mothúchán is láidre sa dán. Tá grá ag an bhfile dá fear agus tá grá aige don fhile. Tá a fhios ag an bhfile nach bhfuil a fear dathúil – tá a shúile róghar dá chéile agus tá a chuid gruaige cosúil le deilgneach. Ach is cuma léi faoi na rudaí sin. Tá an fear deas agus cneasta. Tá grá ag an bhfear don fhile agus tugann sé aire mhaith di. Tugann sé úlla agus caora fíniúna di.

Tá meas[1] le feiceáil sa dán seo freisin. Tá meas ag an bhfile ar a fear. Tuigeann sí go bhfuil tréithe maithe aige. Tugann sé aire mhaith di i gcónaí. Tá áthas uirthi go bhfuil sí pósta leis an bhfear seo.

1 Ceist: Cad iad na mothúcháin a mhúscail an dán ionat féin?[2]

Freagra: Chuir an dán áthas orm mar tá sé macánta faoin ngrá. Ceapann an file nach bhfuil cuma an duine tábhachtach agus aontaím léi. Ní maith liom an bhéim a chuireann daoine ar chuma an duine. Tá tréithe an duine níos tábhachtaí. Tá an fear sa dán seo cneasta agus fial flaithiúil. Tugann sé aire mhaith don fhile. Bhí mé ag gáire[3] nuair a léigh mé an dán mar tá an cur síos[4] ar an bhfear greannmhar[5] – tá a shúile róghar dá chéile agus tá a chuid gruaige cosúil le deilgneach.

Cleachtadh: Ullmhaigh an freagra thuas le haghaidh deachtaithe.

Cleachtadh: Líon na bearnaí san alt seo

Is é an grá an _____ is _____ sa dán. Is _____ leis an bhfile go bhfuil súile a fir _____ dá chéile nó go bhfuil a chuid _____ cosúil le deilgneach. Tá _____ maithe aige. Tá sé cneasta agus fial _____. Tugann sé _____ mhaith don fhile i gcónaí. Tá _____ ag an bhfile ar a fear agus tá _____ an domhain uirthi go bhfuil sí pósta leis.

1 respect   2 What emotions has this poem stirred in you?   3 laughing   4 description   5 funny

FACSS

Ullmhaigh na habairtí seo thíos agus scríobh amach iad. Ansin beidh an dán ar fad ar eolas agat!

Féach Abair Clúdaigh	Scríobh	Seiceáil
1 Níl an fear dathúil.		
2 Tá a shúile róghar dá chéile.		
3 Tá a chuid gruaige cosúil le deilgneach.		
4 Tá an fear deas agus cneasta.		
5 Tá an fear fial flaithiúil.		
6 Tugann an fear aire mhaith don fhile.		
7 Tá an file ag magadh faoi na seandánta grá.		
8 Chuir na seandánta grá béim ar chuma an duine.		
9 Tá tréithe an duine níos tábhachtaí ná cuma an duine.		
10 Is é an grá téama an dáin seo.		
11 Tá an file macánta faoina grá.		
12 Tá an file stuama.		
13 Is é an grá an mothúchán is láidre sa dán.		
14 Tá meas ag an bhfile ar a fear.		
15 Aontaím leis an bhfile.		
16 Tá an file ag magadh faoina fear.		
17 Tá an file dian ar a fear.		

Ceisteanna agus freagraí samplacha

1 **Ceist: Luaigh na fáthanna ar thaitin an dán leat.**

Freagra: Thaitin an dán liom mar gur maith liom an pictiúr atá ann den fhear. Níl sé dathúil, níl a shúile ná a chuid gruaige go deas ach is cuma faoi rudaí mar sin. Tá tréithe maithe ag an bhfear. Tá sé cneasta agus fial flaithiúil agus tugann sé aire mhaith don fhile.

Ceapann an file go bhfuil tréithe an duine níos tábhachtaí ná a chuma agus aontaím léi.

2 **Ceist: Luaigh rud amháin faoin dán nár thaitin leat.**

Freagra: Tá an file ag magadh faoina fear agus ní maith liom é sin. Deir sí nach bhfuil sé dathúil.

Níl mo ghrá-sa
Mar bhláth na n-airní

Tá sí ag magadh faoina shúile agus faoina chuid gruaige.

ní haon ghlaise cheolmhar
iad a shúile

Ceapaim go bhfuil sí dian ar a fear.

Ceisteanna scrúdaithe

Déan cleachtadh ar na ceisteanna scrúdaithe seo a leanas. Bain úsáid as na frásaí agus na nathanna ag tús an aonaid mar chabhair duit.

1 Cad a deir an file faoi shúile an fhir sna línte 9–12 den dán? (Is leor **dhá** phointe eolais, **i d'fhocail féin.**)

2 Scríobh síos an mothúchán is láidre sa dán, dar leat. Tabhair **dhá** shampla, **i d'fhocail féin**, den mhothúchán sin sa dán.

3 Inis, **i d'fhocail féin**, cén saghas duine é an fear. Is leor **dhá** phointe eolais.

4 Cad í teachtaireacht an dáin seo, dar leat? Is leor **dhá** phíosa eolais mar thacaíocht le do fhreagra.

5 Ar thaitin an dán seo leat? Cuir fáthanna le do fhreagra, **i d'fhocail féin**. (Is leor **dhá** fháth.)

An Scrúdú Cainte

🔊 **Rian 1.03**

Ullmhaigh an dán le léamh ag an scrúdú cainte. Bíodh an grá agus an magadh le cloisteáil i do ghlór agus tú ag léamh an dáin.

An Spailpín Fánach

Rian 1.04 PowerPoint

Leagan próis

Ní fios cé a chum

Im spailpín fánach atáim le fada
ag seasamh ar mo shláinte,   *depending*
ag siúl an *drúchta* go moch ar maidin   *dew*
's ag bailiú *galair ráithe*;   *three-month illness*
ach glacfad *fees* ó rí na *gcroppies*,
cleith is píc chun sáite   *stick and pike to stab*
's go brách arís ní ghlaofar m'ainm
 sa tír seo, an spailpín fánach.

Ba mhinic mo *thriall* go Cluain gheal Meala   *journey*
's as sin go Tiobraid Árann;
i gCarraig na Siúire thíos do *ghearrainn*
cúrsa leathan láidir;   *I would cut grass or corn*
i gCallainn go dlúth 's mo *shúiste* im *ghlaic*   *flail, hand*
ag dul *chun tosaigh ceard leo*   *better at work than them*
's nuair théim go Durlas 's é siúd bhíonn agam –
'Sin chú'ibh an spailpín fánach!'

Go deo deo arís ní raghad go Caiseal
ag díol ná *ag reic* mo shláinte   *injuring*
ná ar *mhargadh na saoire* im shuí cois balla,   *hiring fair*
im *scaoinse* ar *leataoibh sráide*,   *tall, thin person*
bodairí na tíre ag tíocht ar a gcapaill   *louts*
á fhiafraí an bhfuilim hireálta:
'téanam chun siúil, tá an cúrsa fada' –
siúd siúl ar an spailpín fánach.

Is oibrí mé le fada an lá ag dul ó áit go háit
Ag brath ar mo shláinte
Bím amuigh ag siúl ar an bhféar fliuch ar maidin
Agus tolgaim galair a leanann trí mhí;
Ach táim sásta dul ag obair do na croppies
Beidh píc is bata agam chun daoine a shá
Agus ní thabharfaidh éinne spailpín fánach orm
go deo arís sa tír seo.

Chuaigh mé go dtí Cluain Meala go minic
agus ansin go dtí Tiobraid Árann;
bhain mé féar nó arbhar i gCarraig na Siúire.
Bhí mé ag obair go dian i gCallainn le mo shúiste.
Bhí mé níos fearr ag obair ná na spailpíní eile
Agus aon uair a théim go dtí Durlas
bíonn na daoine ag rá go bhfuil an spailpín ag teacht

Ní rachaidh mé go dtí Caiseal arís choíche
Ag cur mo shláinte i mbaol
Agus ní bheidh mé ag an margadh híreála
Fear ard tanaí i mo shuí ar thaobh na sráide
Bithiúnaigh na tíre ag teacht ar a gcapaill ag lorg oibre
'ar aghaidh leat, tá an turas fada'
agus téann an spailpín ag siúl arís.

An File

- Ní fios cé a chum an dán seo ach is léir go raibh an file feargach agus brónach faoi shaol na spailpíní[1] in Éirinn.

Buntuiscint: Ceisteanna agus freagraí

1 Cad a dhéanann an spailpín 'go moch ar maidin'[2]?

Bíonn sé amuigh ag siúl ar an bhféar fliuch.

2 Cén chaoi a bhfuil sláinte an spailpín?

Bíonn an spailpín tinn ar feadh trí mhí go minic.

3 Cad a ghlacfaidh an spailpín ó na Croppies[3]?

Glacfaidh sé airgead agus airm ó na Croppies.

4 Luaigh dhá áit a raibh an spailpín.

Bhí an spailpín ag obair i nDurlas agus i gCaiseal.

5 Cad a rinne an spailpín i gCarraig na Siúire?

Bhain an spailpín féar agus arbhar i gCarraig na Siúire.

6 Cad a rinne an spailpín i gCallainn?

Bhí sé ag obair níos déine[4] ná na spailpíní eile.

7 Cad a chloiseann an spailpín i nDurlas?

Cloiseann sé daoine ag tabhairt 'spailpín fánach' air.

8 Cad a bhí ar siúl i gCaiseal?

Bhí margadh hireála[5] ar siúl ann.

9 Cén fáth nach rachaidh an spailpín go dtí Caiseal arís?

Mar is fuath leis an margadh hireála agus na bodairí[6] ag féachaint air.

10 Cad a dhéanann na bodairí?

Tagann siad ar a gcapaill agus féachann siad ar na spailpíní.

Scéal an dáin

- Cumadh an dán seo ag deireadh an 18ú haois.
- Ag an am sin bhí na Sasanaigh i réim[7] in Éirinn.
- Bhí na Gaeil beo bocht[8] agus míshásta leis an saol.
- Bhí na Gaeil (na Croppies) ag súil le cabhair[9] ó na Francaigh chun an ruaig[10] a chur ar na Sasanaigh as an tír.
- Ciallaíonn 'spailpín fánach' duine bocht a bhíodh ag taisteal timpeall na tíre ag lorg oibre.
- Bhí an saol an-dian[11] ag na spailpíní. Rinne na spailpíní obair feirme.
- Bhí na spailpíní tinn go minic toisc go raibh siad amuigh ag obair nuair a bhí sé ag cur báistí agus nuair a bhí sé fliuch.
- Tá an spailpín atá ag caint sa dán seo tinn tuirseach[12] den saol.
- Tá sé ag súil go mbeidh saol nua aige nuair a chaithfidh na Croppies agus na Francaigh na Sasanaigh amach as Éirinn.
- Ní bheidh sé ag obair do 'bhodairí na tíre' agus ní bheidh sé tinn an t-am ar fad.

1 migrant workers 2 very early in the morning 3 United Irishmen
4 harder 5 hiring market 6 louts 7 in power 8 extremely poor
9 help 10 banish 11 very difficult 12 sick and tired

Buntuiscint: Breis ceisteanna agus freagraí

1 Cén uair a cumadh an dán?

Cumadh an dán seo ag deireadh an 18ú haois.

2 Cé a bhí i réim in Éirinn ag deireadh an 18ú haois?

Bhí na Sasanaigh i réim in Éirinn ag deireadh an 18ú haois.

3 Cé a thabharfadh cabhair do na Gaeil?

Bhí na Gaeil (na Croppies) ag súil le cabhair ó na Francaigh chun dul ag troid agus an ruaig a chur ar na Sasanaigh as an tír.

4 Cad a bhí ar siúl ag na spailpíní?

Bhí na spailpíní ag taisteal timpeall na tíre ag lorg oibre.

5 Cén fáth a raibh na spailpíní tinn go minic?

Bhí na spailpíní tinn go minic toisc go raibh siad amuigh ag obair nuair a bhí sé ag cur báistí agus fliuchadh iad nuair a bhí sé fliuch.

6 An raibh an spailpín sásta leis an saol seo?

Ní raibh. Tá an spailpín atá ag caint sa dán seo tinn tuirseach den saol a bhí aige.

7 Cad a tharlóidh nuair a thiocfaidh na Francaigh?

Tá an spailpín ag súil go mbeidh saol nua aige nuair a chaithfidh na Croppies agus na Francaigh na Sasanaigh amach as Éirinn.

8 Cén t-athrú a bheidh ann i saol an spailpín nuair a thiocfaidh cabhair ó na Francaigh?

Ní bheidh an spailpín ag obair do 'bhodairí na tíre' agus ní bheidh sé tinn an t-am ar fad.

Cleachtadh: Meaitseáil na ceisteanna agus na freagraí

1	Cé atá ag caint sa dán?	a	Cumadh an dán seo ag deireadh an 18ú haois.
2	Cén chaoi ar mhothaigh an spailpín?	b	Bhí na Gaeil ag súil le cabhair ó na Francaigh.
3	Cathain a cumadh an dán seo?	c	Bhí siad amuigh ag obair nuair a bhí sé ag cur báistí.
4	Cé a bhí i réim in Éirinn san 18ú haois?	d	Bhí náire agus fearg ar an spailpín.
5	Cé a bhí chun cabhair a thabhairt do na Gaeil?	e	Ní raibh. Bhí sé tinn tuirseach den saol a bhí aige.
6	Cad a rinne spailpíní?	f	Na Gaeil a bheadh ag troid leis na Francaigh.
7	Cén fáth a raibh na spailpíní tinn go minic?	g	Tá spailpín ag caint sa dán.
8	An raibh an spailpín sásta lena shaol?	h	Ní bheidh sé ag obair do bhodairí na tíre agus beidh sé sona.
9	Cérbh iad na Croppies?	i	Bhí na Sasanaigh i réim in Éirinn san 18ú haois.
10	Cén t-athrú a bheidh ar shaol an spailpín nuair a imeoidh na Sasanaigh?	j	Bhí siad ag taisteal timpeall na tíre ag lorg oibre.

1	2	3	4	5	6	7	8	9	10

Eochairfhocail an dáin

Roghnaigh na deich bhfocal is tábhachtaí sa dán, dar leat. Scríobh i do chóipleabhar iad agus cuir in abairtí iad.

Obair bheirte

Cad iad (i) na téamaí agus (ii) na mothúcháin is láidre sa dán seo, dar leat? Déan plé orthu leis an duine atá in aice leat.

Téama an dáin

Is é saol brónach an spailpín téama an dáin seo. Bhí saol an-dian ag na spailpíní nuair a bhí na Sasanaigh i réim sa tír. Bhí na spailpíní beo bocht agus ag obair an t-am ar fad. Rinne siad obair feirme. Bhí siad tinn go minic. Ní raibh meas madra[1] ag na Sasanaigh ar na spailpíní. Bhí na spailpíní amuigh ag obair nuair a bhí sé ag cur báistí agus nuair a bhí sé fuar. Bhí siad tinn go minic mar gheall air sin.

ag siúl an drúchta go moch ar maidin
's ag bailiú galair ráithe

Bhí saol an-dian ag an spailpín agus bhí sé tinn tuirseach den saol seo agus bhí sé sásta dul ag troid leis na Croppies agus na Francaigh chun an ruaig a chur ar na Sasanaigh. Cheap sé go mbeadh a shaol ní b'fhearr nuair a bheadh na Sasanaigh imithe.

ach glacfad fees ó rí na gcroppies,
cleith is píc chun sáite

Ní raibh meas madra ag na Sasanaigh ar an spailpín agus chuir sé sin fearg air. Bhí air dul go dtí an margadh hireála, nuair a bhí na feirmeoirí ar a gcapaill ag féachaint anuas ar[2] na spailpíní. Bhí ar an spailpín turas fada a shiúl go dtí an fheirm. B'fhuath leis an spailpín na feirmeoirí agus na Sasanaigh.

bodairí na tíre ag tíocht ar a gcapaill
á fhiafraí an bhfuilim hireálta:

Cleachtadh: Líon na bearnaí

Líon na bearnaí leis na focail ón liosta thíos:

i réim   meas madra   margadh hireála   beo bocht   tinn tuirseach
ag troid   ruaig   obair feirme   na Sasanaigh   na Francaigh

1. Ní raibh an spailpín sásta toisc go raibh __ _____ i réim in Éirinn.
2. Ní raibh _____ _____ ag na Sasanaigh ar na spailpíní.
3. Ba mhaith leis an spailpín dul __ _____ leis na Croppies chun na Sasanaigh a chur amach as an tír.
4. B'fhuath leis an spailpín dul go dtí an _____ _____.
5. Ba mhaith leis an spailpín an _____ a chur ar na Sasanaigh.
6. Bhí an spailpín ag súil go dtiocfaidh ___ _____ chun cabhrú leis na Gaeil.
7. Bhí na spailpíní ____ _____ agus ní raibh aon airgead acu.
8. Rinne na spailpíní _____ _____ ar fud na tíre.
9. Ní raibh na Gaeil sásta nuair a bhí na Sasanaigh __ _____.
10. Bhí an spailpín _____ _____ den saol a bhí aige.

1 no respect   2 looking down on (them)

Na híomhánna/na pictiúir sa dán

An chéad véarsa

Tá an spailpín feargach sa chéad véarsa. Tá saol an-dian aige, amuigh ag obair nuair a bhíonn sé fliuch agus fuar. D'éirigh an spailpín tinn go minic.

*ag siúl an drúchta go moch ar maidin
's ag bailiú galair ráithe:*

Tá fearg an domhain air leis na Sasanaigh agus tá sé sásta dul ag troid chun an ruaig a chur ar na Sasanaigh.

*ach glacfad fees ó rí na gcroppies,
cleith is píc chun sáite*

Tá náire[1] ar an spailpín go bhfuil saol mar seo aige. Tá náire air go bhfuil sé beo bocht.

An dara véarsa

Bhí an spailpín ag taisteal timpeall na tíre ag lorg oibre. Bhí sé ag obair i gCluain Meala, Tiobraid Árann, Carraig na Siúire, Callainn, Durlas agus Caiseal.

Bhí an spailpín bródúil. Bhí sé go maith ag an obair feirme agus bhí sé bródúil as an obair sin. Bhí sé bródúil toisc go raibh sé níos fearr ná na spailpíní eile ag an obair.

*i gCallainn go dlúth 's mo shúiste im ghlaic
ag dul chun tosaigh ceard leo*

An tríú véarsa

Tá náire an domhain ar an spailpín sa tríú véarsa. Is fuath leis dul go dtí an margadh híreála. Tagann na feirmeoirí móra ar a gcapaill ag féachaint anuas ar na spailpíní. Níl meas madra ag na feirmeoirí ar na spailpíní.

*bodairí na tíre ag tíocht ar a gcapaill
á fhiafraí an bhfuilim híreálta:*

Bhí ar na spailpíní bochta siúl go dtí an fheirm ach bhí na feirmeoirí thuas ar a gcapaill. Mhothaigh na spailpíní an-íseal agus an-bhocht. Gan amhras[2], bhí saol an-dian ag na spailpíní.

1 embarrassment   2 without a doubt

Cleachtadh: Fíor nó bréagach?

Cuir tic sa bhosca F nó B i gcás gach abairte agus ansin scríobh i do chóipleabhar na habairtí go léir atá fíor agus ceartaigh na cinn atá mícheart.

	Fíor	Bréagach
1 Tá an spailpín an-fheargach sa dán seo.	☐	☐
2 Tá áthas an domhain ar an spailpín lena shaol.	☐	☐
3 Ba mhaith leis an spailpín an ruaig a chur ar na Sasanaigh.	☐	☐
4 Níl an spailpín sásta dul ag troid chun an ruaig a chur ar na Sasanaigh.	☐	☐
5 Bíonn náire ar an spailpín nuair a thugann daoine 'spailpín' air.	☐	☐
6 Bhí an spailpín ag taisteal timpeall na tíre ag lorg oibre.	☐	☐
7 Bhí an spailpín leisciúil.	☐	☐
8 Bhí an spailpín an-bhródúil as an obair a rinne sé.	☐	☐
9 Bhí fearg agus náire an domhain ar an spailpín nuair a bhí sé ag an margadh hireála.	☐	☐
10 B'fhuath leis an spailpín na feirmeoirí móra ar a gcapaill.	☐	☐

Ceist agus freagra samplach

Ceist: Cén cineál duine é an spailpín?

Freagra: Is duine feargach é an spailpín. Tá fearg air go bhfuil sé ina spailpín agus go bhfuil sé amuigh ag obair nuair a bhíonn an aimsir fuar agus fliuch. Tá fearg[1] air go bhfuil na Sasanaigh i réim in Éirinn agus go bhfuil sé féin beo bocht agus tinn.

ag siúl an drúchta go moch ar maidin
's ag bailiú galair ráithe

Tá náire ar an spailpín go bhfuil sé beo bocht. Tá náire air go mbíonn sé ag dul go dtí an margadh hireála agus go mbíonn na bodairí ag féachaint anuas air óna gcapaill mhóra.

bodairí na tíre ag tíocht ar a gcapaill
á fhiafraí an bhfuilim hireálta:

Cleachtadh: Ullmhaigh an freagra thuas le haghaidh deachtaithe.

1 anger

Na mothúcháin sa dán

Tá brón, náire agus fearg sa dán seo.

Tá brón ar an spailpín toisc go bhfuil sé beo bocht agus go mbíonn sé tinn go minic. Bíonn sé amuigh ag obair nuair a bhíonn sé ag cur báistí.

ag siúl an drúchta go moch ar maidin
's ag bailiú galair ráithe:

Tá fearg agus náire an domhain ar an spailpín sa dán. Is fuath leis[1] go bhfuil na Sasanaigh i réim in Éirinn. Is fuath leis go bhfuil sé beo bocht, ag obair go moch ar maidin agus nuair a bhíonn sé ag cur báistí. Tá fearg agus náire air nuair a théann sé go dtí an margadh hireála agus nuair a bhíonn na feirmeoirí móra ag féachaint anuas air. Tá fearg agus náire air go mbíonn daoine ag tabhairt 'spailpín' air.

's go brách arís ní ghlaofar m'ainm
sa tír seo, an spailpín fánach.

1 **Ceist: Cad é an mothúchán is láidre sa dán?**

Freagra: Is é an náire an mothúchán is láidre sa dán. Tá náire ar an spailpín go bhfuil sé beo bocht agus ag taisteal timpeall na tíre ag déanamh obair feirme. Níl meas madra ag daoine ar na spailpíní agus cuireann sé seo náire ar an spailpín.

's go brách arís ní ghlaofar m'ainm
sa tír seo, an spailpín fánach

2 **Ceist: Cad iad na mothúcháin a mhúscail an dán ionat féin?[2]**

Freagra: Mhúscail an dán trua agus fearg ionam.

Bhí trua agam don spailpín bocht sa dán. Bhí sé beo bocht, bhí sé ag taisteal na tíre ag lorg obair feirme. Bhí sé tinn go minic toisc go raibh siad amuigh ag obair nuair a bhí sé ag cur báistí agus nuair a bhí sé fuar. Bhí trua agam dó nuair a bhí sé ag an margadh hireála agus nuair a bhí na feirmeoirí ag féachaint anuas air.

Bhí fearg orm freisin nuair a léigh mé an dán. Bhí fearg orm go raibh saol dian mar sin ag an spailpín.

Im spailpín fánach atáim le fada
ag seasamh ar mo shláinte,

Ní raibh meas madra ag na Sasanaigh ar an spailpín. Bhí an spailpín beo bocht agus bhí sé tinn go minic toisc go raibh na Sasanaigh i réim in Éirinn, agus chuir sé sin fearg orm.

1 he hates   2 What emotions has this poem stirred in you?

Cleachtadh: Líon na bearnaí

Líon na bearnaí leis na focail ón liosta thíos:

náire   oibrí maith   fearg   dhícheall   fuath   ag féachaint anuas
timpeall na tíre   trua   beo bocht   meas madra

1. Chuir an dán _____ orm mar ní raibh meas madra ag na feirmeoirí ar an spailpín.
2. Is _____ leis an spailpín na Sasanaigh.
3. Bhí an spailpín ag taisteal _____ __ _____ ag lorg oibre.
4. _____ _____ ab ea an spailpín agus d'oibrigh sé go dian.
5. Bhí na spailpíní ____ _____ nuair a bhí na Sasanaigh i réim.
6. Rinne an spailpín a _____ i gcónaí agus bhí sé bródúil as an obair feirme a rinne sé.
7. Bhí _____ ar an spailpín nuair a bhí daoine ag tabhairt 'spailpín' air.
8. Bhí fearg ar an spailpín nuair a bhí na feirmeoirí __ _____ _____ air agus iad ina suí ar a gcapaill.
9. Ní raibh _____ _____ ag na Sasanaigh ar na spailpíní.
10. Tá _____ agam don spailpín toisc go raibh saol dian aige.

FACSS

Ullmhaigh na habairtí seo thíos agus scríobh amach iad. Ansin beidh an dán ar fad ar eolas agat!

Féach Abair Clúdaigh	Scríobh	Seiceáil
1 Is é saol brónach an spailpín téama an dáin seo.		
2 Cumadh an dán seo san 18ú haois.		
3 Bhí na Sasanaigh i réim in Éirinn.		
4 Bhí na Gaeil beo bocht.		
5 Bhí na spailpíní ag taisteal timpeall na tíre ag lorg oibre.		
6 Bhí saol an-dian ag na spailpíní.		
7 Ní raibh meas madra ag na Sasanaigh ar na spailpíní.		
8 Bhí an spailpín bródúil as an obair a rinne sé.		
9 Rinne an spailpín a dhícheall.		
10 Bhí náire agus fearg ar an spailpín nuair a bhí sé ag an margadh hireála.		
11 B'fhuath leis an spailpín na feirmeoirí agus na Sasanaigh.		
12 Bhí an spailpín tinn tuirseach den saol a bhí aige.		
13 Tá trua agam don spailpín.		
14 Chuir saol an spailpín fearg orm.		

Ceisteanna agus freagraí samplacha

① **Ceist: Luaigh na fáthanna ar thaitin an dán leat.**

Freagra: Thaitin an dán go mór liom ach bhí sé brónach.

Thug an dán íomhá[1]/pictiúr an-mhaith dúinn de shaol an spailpín. Bhí sé beo bocht agus bhí sé ag taisteal timpeall na tíre ag lorg oibre. Bhí sé tinn go minic mar bhí sé amuigh ag obair nuair a bhí sé fuar agus ag cur báistí.

Ní raibh meas madra ag na Sasanaigh ar an spailpín ach bhí meas ag an spailpín air féin agus bhí sé bródúil as an obair a rinne sé agus thaitin sé sin liom. Thaitin an spailpín liom.

1 image

2 **Ceist: Luaigh rud amháin faoin dán nár thaitin leat.**

Freagra: Níor thaitin an chéad véarsa liom. Níor thaitin an íomhá den spailpín amuigh ag obair nuair a bhí sé fliuch agus fuar liom. D'éirigh an spailpín tinn go minic agus bhí trua[1] agam don spailpín bocht.

ag siúl an drúchta go moch ar maidin
's ag bailiú galair ráithe:

Ceisteanna scrúdaithe

Déan cleachtadh ar na ceisteanna scrúdaithe seo a leanas. Bain úsáid as na frásaí agus na nathanna ag tús an aonaid mar chabhair duit.

1 An maith leat an dán seo? Tabhair **dhá** fháth, **i d'fhocail féin**, le do fhreagra.

2 Luaigh **dhá** íomhá (phictiúr) atá sa dán. Déan cur síos, **i d'fhocail féin**, ar an dá íomhá sin sa dán.

3 An bhfuil trua agat don spailpín sa dán seo? Cuir fáthanna le do fhreagra, **i d'fhocail féin**. (Is leor **dhá** fháth.)

4 Cad é an mothúchán is láidre sa dán, dar leat? Tabhair **dhá** shampla, **i d'fhocail féin**, den mhothúchán sin sa dán.

5 Cén sórt saoil a bhí ag an spailpín, dar leat? Is leor **dhá** phointe eolais, **i d'fhocail féin**.

1 pity

An Scrúdú Cainte

Rian 1.04

Ullmhaigh an dán le léamh ag an scrúdú cainte. Bíodh an brón, an bród, an náire agus an fhearg le cloisteáil i do ghlór agus tú ag léamh smaointe an spailpín.

An tEarrach Thiar

le Máirtín Ó Direáin

Rian 1.05

PowerPoint

Fear ag glanadh *cré*   *clay*
De *ghimseán spáide*   *spade*
Sa gciúnas *shéimh*   *gentle*
I mbrothall lae: *in the heat of the day*
   Binn an fhuaim
   San Earrach thiar.

Fear ag caitheadh
Cliabh dhá dhroim   *basket*
Is an *fheamainn dhearg*   *seaweed*
Ag lonrú   *shining*
I dtaitneamh gréine
Ar *dhuirling bháin:*   *stony beach*
   Niamhrach an radharc   *bright the sight*
   San Earrach thiar.

Mná i *locháin*   *pools*
In íochtar diaidh-thrá,   *on the lower shore at low tide*
A gcótaí *craptha,*   *tucked up*
Scáilí thíos fúthu: *reflections*
   Támh-radharc síothach   *silent, peaceful sight*
   San Earrach thiar.

Toll-bhuillí fanna   *the hollow, gentle strokes*
Ag *maidí rámha,*   *of the oars*
Currach lán d'éisc
Ag teacht *chun cladaigh*   *ashore*
Ar ór-mhuir mhall   *on golden sea*
   I ndeireadh lae;
   San Earrach thiar.

Leagan próis

Tá fear ag glanadh cré dá spád
Tá sé ciúin agus te ar an oileán,
Tá an fhuaim sin go hálainn
San earrach san iarthar.

Tá fear ag baint cliabh dá dhroim
Agus tá an fheamainn
Ag soilsiú faoin ngrian
Ar chladach bán
Is radharc lonrach é
San earrach san iarthar.

Tá mná ina seasamh i bpoill uisce
Ar an trá
Tá a gcótaí fillte suas acu
agus a scáilí le feiceáil san uisce
Is radharc ciúin síochánta é
San earrach san iarthar.

Tá buillí ciúine
Ó na maidí rámha
Tá na báid bheaga lán d'éisc
Ag teacht i dtír ar an bhfarraige órga
Ag deireadh an lae
San earrach san iarthar.

An File
Máirtín Ó Direáin (1910–1988)

- Rugadh ar Oileáin Árann sa bhliain 1910 é.
- D'fhág sé an t-oileán chun dul ag obair in Oifig an Phoist i nGaillimh sa bhliain 1928.
- Chuaigh sé ag obair i mBaile Átha Cliath ina dhiaidh sin.
- Fuair sé bás i mBaile Átha Cliath sa bhliain 1988.

RTÉ Photographic Archive

Scéal an dáin

- Tá an file ag scríobh faoina bhaile, Inis Mór, Árainn.
- Tá grá mór aige don oileán.
- Tá an file ag cuimhneamh[1] ar an saol a bhí ar an oileán nuair a bhí sé óg.
- Tá ceithre íomhá sa dán seo.
- Baineann na híomhánna leis an saol ar Inis Mór san earrach[2].
- Tosaíonn gach rud ag fás san earrach agus bíonn na feirmeoirí ag cur fataí[3] agus glasraí[4] eile.
- Taispeánann gach íomhá an saol álainn, ciúin, síochánta atá ar an oileán.
- Tá feirmeoir amuigh ag obair le spád i ngarraí[5].
- Tá an lá go hálainn, tá sé te agus ciúin. Tagann fuaim bhinn álainn ón spád.
- Tá fear/feirmeoir ag bailiú feamainne[6] ar an trá bhán.
- Tá dath dearg ar an bhfeamainn agus bíonn sé ag lonrú faoin ngrian. Is radharc[7] álainn[8] geal[9] é an radharc seo.
- Tá na mná ag obair le chéile ar an trá. Tá siad ina seasamh i bpoill uisce.
- Tá siad ag baint feamainne. Tá áthas orthu a bheith le chéile.
- Is radharc álainn síochánta[10] é an radharc seo.
- Tá na báid ag filleadh abhaile[11] ar fharraige órga.
- Tá na báid lán le héisc.
- Tá fuaim[12] álainn shíochánta ag teacht ó na báid agus ó na maidí rámha[13].

1 remembering	2 spring	3 potatoes	4 vegetables	5 field
6 collecting seaweed	7 view/scene	8 beautiful	9 bright	
10 peaceful	11 coming home	12 sound	13 oars	

Buntuiscint: Ceisteanna agus freagraí

1 Cén áit atá i gceist sa dán seo?

Tá Inis Mór, Árainn, i gceist sa dán.

2 Cad atá ar siúl ag an bhfear sa chéad véarsa?

Tá sé ag glanadh cré den spád.

3 Cén fhuaim atá le cloisteáil sa chéad véarsa?

Tá fuaim bhinn álainn le cloisteáil.

4 Cén sórt aimsire atá ann san earrach thiar?

Tá aimsir álainn the ann.

5 Cad atá le feiceáil ar an trá bhán?

Tá feamainn dhearg le feiceáil ar an trá bhán.

6 Cá bhfuil na mná?

Tá na mná ina seasamh i bpoill uisce ar an trá.

7 Cén cineál radhairc atá le feiceáil ar an trá?

Tá radharc álainn síochánta le feiceáil.

8 Cad atá ar siúl ag na hiascairí?

Tá siad ag filleadh abhaile agus tá na báid lán le héisc.

9 Cathain a fhilleann na hiascairí?

Filleann siad san oíche.

10 Cén cineál fuaime atá le cloisteáil ó na báid?

Tá fuaim álainn síochánta le cloisteáil.

Cleachtadh: Meaitseáil na ceisteanna agus na freagraí

1	Cé a scríobh an dán?	a	Tá an aimsir álainn agus te.
2	Cá bhfuil an dán suite?	b	Toisc go bhfuil na mná ina seasamh i bpoill uisce agus bhí na cótaí fada.
3	Cad a dhéanann fuaim bhinn?	c	Déanann siad fuaim chiúin.
4	Cén chaoi a bhfuil an aimsir sa dán?	d	Tá siad ina seasamh i bpoill uisce ar an trá.
5	Cá bhfuil an fheamainn dhearg?	e	Tá atmaisféar ciúin síochánta sa dán.
6	Cá bhfuil na mná?	f	Fear ag glanadh cré de spád.
7	Cén fáth a bhfuil na cótaí craptha?	g	Bhí, toisc go raibh na báid lán le héisc.
8	Cén fhuaim a dhéanann na maidí rámha?	h	Máirtín Ó Direáin.
9	An raibh an t-iascach go maith?	i	Tá sé suite ar Inis Mór, Árainn.
10	Cén cineál atmaisféir atá sa dán seo?	j	Tá sí ar an trá bhán.

1	2	3	4	5	6	7	8	9	10

Eochairfhocail an dáin

Roghnaigh na deich bhfocal is tábhachtaí sa dán, dar leat. Scríobh i do chóipleabhar iad agus cuir in abairtí iad.

Obair bheirte

Cad iad (i) na téamaí agus (ii) na mothúcháin is láidre sa dán seo, dar leat? Déan plé orthu leis an duine atá in aice leat.

Téama an dáin

Is é an grá áite téama an dáin seo. Tá grá mór ag an bhfile dá áit dúchais[1], Inis Mór, Árainn. Tá an file ag cuimhneamh ar an saol a bhí ar an oileán nuair a bhí sé óg. Bhí Inis Mór foirfe[2], dar leis. Bhí an aimsir go hálainn san earrach nuair a bhí sé óg.

Sa gciúnas shéimh / I mbrothall lae:

Bhí saol álainn síochánta ar an oileán. Bhí dathanna[3] geala le feiceáil.

Is an fheamainn dhearg / Ag lonrú / I dtaitneamh gréine

Bhí fuaimeanna áille binne[4] le cloisteáil ar an oileán.

Toll-bhuillí fanna / Ag maidí rámha,

Ní raibh aon bhrú[5] ar na daoine ar an oileán. Bhí siad ag obair amuigh faoin aer, ag cur glasraí agus ag baint feamainne. Bhí na daoine sona sásta.

Mná i locháin / In íochtar diaidh-thrá,

Molann an file an t-oileán sa dán. Tá grá mór aige don áit. Ní fhaigheann an file aon locht[6] ar an oileán, tá sé foirfe.

Ag teacht chun cladaigh / Ar ór-mhuir mhall / I ndeireadh lae; / San Earrach thiar.

Cleachtadh: Líon na bearnaí

Líon na bearnaí leis na focail ón liosta thíos:

sona sásta   dathanna   grá áite   síochánta   fuaimeanna
Inis Mór   bhrú   locht   cuimhneamh   foirfe

1. Is é an ____ _____ téama an dáin seo.
2. Bhí an file ina chónaí ar _____ _____ nuair a bhí sé óg.
3. Tá a lán _____ áille le feiceáil ar an oileán.
4. Tá ag file ag _____ ar a óige sa dán seo.
5. Ceapann an file go raibh an t-oileán _____.
6. Tá a lán _____ binne le cloisteáil ar an oileán.
7. Tá Inis Mór ciúin agus _____.
8. Níl aon _____ ar na daoine ar an oileán.
9. Tá na daoine in Inis Mór _____ _____.
10. Ní fhaigheann an file aon _____ ar an oileán; ceapann sé go raibh sé foirfe.

---

1 homeland	2 perfect	3 colours	4 sweet sounds	5 pressure	6 fault/flaw

Na híomhánna/na pictiúir sa dán

Tá íomhá sa dán d'fhear amuigh ag obair sa gharraí. Tá sé ag rómhar[1] le spád[2] ar lá álainn te. Tá sé sona sásta ag obair amuigh faoin aer agus tá fuaim bhinn ón spád. Is íomhá chiúin shíochánta í an íomhá seo.

Fear ag glanadh cré
De ghimseán spáide
Sa gciúnas shéimh

Tá íomhá sa dán d'fheirmeoir ag bailiú feamainne ar an trá. Tá dath bán ar an trá agus tá dath dearg ar an bhfeamainn atá ag taitneamh faoin ngrian. Tá an ghrian ag taitneamh anseo freisin. Ceapann an file go bhfuil an radharc seo go hálainn.

Is an fheamainn dhearg
Ag lonrú
I dtaitneamh gréine
Ar dhuirling bháin:

Tá íomhá álainn sa dán de na mná ag bailiú feamainne le chéile thíos ar an trá. Tá siad sona sásta. Tá an ghrian ag taitneamh agus is íomhá chiúin[3] shíochánta atá ann.

Mná i locháin
In íochtar diaidh-thrá,

Ceapaim go bhfuil an íomhá is áille sa véarsa deireanach. Tá íomhá ann de na hiascairí ag filleadh abhaile san oíche tar éis lá fada amuigh ag iascach[4]. Bhí lá maith acu mar tá a lán iasc acu. Tá an ghrian ag dul faoi agus tá dath órga ar an bhfarraige. Déanann an bád fuaim chiúin shíochánta. Tá na hiascairí sona sásta mar tá an t-earrach ann agus tá a lán iasc acu.

Currach lán d'éisc
Ag teacht chun cladaigh
Ar ór-mhuir mhall

An cineál áite é Inis Mór agus an cineál saoil a bhí ann

Is áit chiúin shíochánta é Inis Mór agus chaith na daoine saol ciúin síochánta ann. Bhí na daoine ag obair mar fheirmeoirí agus chuir siad glasraí san earrach. Bhailigh siad feamainn agus chuir siad an fheamainn dhearg ar an talamh agus d'fhás na glasraí.

Uaireanta bhí na daoine ag obair leo féin agus uaireanta eile bhí siad ag obair le chéile. Bhí na mná ag obair le chéile ag bailiú feamainne agus bhí na hiascairí ag iascach le chéile sna báid bheaga.

1 digging   2 spade   3 quiet   4 fishing

Cleachtadh: Fíor nó bréagach?

Cuir tic sa bhosca F nó B i gcás gach abairte agus ansin scríobh i do chóipleabhar na habairtí go léir atá fíor agus ceartaigh na cinn atá mícheart.

		Fíor	Bréagach
1	Tá íomhá sa dán d'fhear istigh sa teach sa chéad véarsa.	☐	☐
2	Tá an feirmeoir amuigh ina gharraí ag rómhar.	☐	☐
3	Tá an aimsir go hálainn san earrach ar Inis Mór.	☐	☐
4	Tá sé ag cur báistí i ngach véarsa sa dán seo.	☐	☐
5	Tá an ghrian ag taitneamh i ngach véarsa sa dán.	☐	☐
6	Bhí na mná sona sásta ag baint feamainne le chéile.	☐	☐
7	Bhí lá maith iascaigh ag na hiascairí mar tá na báid lán le héisc.	☐	☐
8	Rinne an bád fuaim ghránna.	☐	☐
9	Tá saol ciúin síochánta le fáil ar Inis Mór.	☐	☐
10	Tá dathanna geala le feiceáil ar an oileán.	☐	☐

Na mothúcháin sa dán

Is iad an grá agus an t-áthas na mothúcháin is láidre sa dán seo. Tá grá ag an bhfile dá bhaile, Inis Mór, Árainn. Tá an file lán le grá ag cuimhneamh siar ar a shaol ar an oileán. Is cuimhin leis na feirmeoirí ag obair sa gharraí le spád. Ina intinn, cloiseann an file an fhuaim bhinn shíochánta a rinne an spád.

Binn an fhuaim
San Earrach thiar.

Tá an file lán le grá ag cuimhneamh ar na mná ag bailiú feamainne le chéile ar an trá. Bhí an ghrian ag taitneamh agus bhí an lá foirfe. Ina intinn, feiceann an file na mná ar an trá.

A gcótaí craptha,
Scáilí thíos fúthu:

Tá áthas sa dán freisin. Tá an dán lán le háthas. Bhí na daoine sona sásta leis an saol san earrach in Inis Mór. Bhí áthas ar na mná ag bailiú feamainne le chéile ar an trá. Bhí na hiascairí lánsásta tar éis lá fada amuigh ag iascach. Bhí an bád beag lán le héisc agus mar sin bhí áthas orthu ag filleadh abhaile ar an bhfarraige órga.

Currach lán d'éisc
Ag teacht chun cladaigh
Ar ór-mhuir mhall

Tá an ghrian ag taitneamh i ngach véarsa sa dán toisc go raibh na daoine sona sásta.

❶ Ceist: **Cad é an mothúchán a mhúscail an dán ionat féin?**[1]

Freagra: Chuir an dán áthas orm. Bhí an saol ar an oileán go hálainn agus bhí sé síochánta. Bhí áthas orm ag léamh faoi na mná ag baint feamainne le chéile ar an trá. Bhí an ghrian ag taitneamh agus bhí na mná sona sásta.

A gcótaí craptha,
Scáilí thíos fúthu:

Tá an íomhá de na hiascairí ag filleadh abhaile san oíche ar an bhfarraige órga go hálainn agus chuir sé áthas orm. Bhí siad sona sásta freisin mar bhí an churach lán le héisc.

Cleachtadh: Ullmhaigh an freagra thuas le haghaidh deachtaithe.

1 What emotion has this poem stirred in you?

Cleachtadh: Líon na bearnaí san alt seo

Is iad an _____ agus an t-áthas na _____ is láidre sa dán seo. Tá an dán _____ le háthas. Tá an file ag _____ siar ar a óige ar Inis Mór san _____. Is cuimhin leis an feirmeoir ag rómhar le _____ sa pháirc. Bhí fuaim _____ le cloisteáil. Is cuimhin leis an fear ag baint _____ ar an trá bhán agus an _____ ag taitneamh. Tá áthas ar an bhfile ag _____ ar na mná lena chéile ar an trá ag baint feamainne. Bhí na hiascairí _____ sásta ag filleadh abhaile ar an bhfarraige _____ ag deireadh an lae toisc go raibh an bád lán le héisc. Tá an ghrian ag _____ i ngach véarsa mar bhí _____ ar na daoine.

FACSS

Ullmhaigh na habairtí seo thíos agus scríobh amach iad. Ansin beidh an dán ar fad ar eolas agat!

Féach Abair Clúdaigh	Scríobh	Seiceáil
1 Tá an file ag cuimhneamh ar a óige.		
2 Bhí saol álainn síochánta ar an oileán.		
3 Is é an grá áite téama an dáin seo.		
4 Bhí Inis Mór foirfe.		
5 Bhí dathanna geala le feiceáil.		
6 Bhí fuaimeanna áille binne le cloisteáil.		
7 Bhí na daoine sona sásta.		
8 Ní fhaigheann an file aon locht ar an oileán.		
9 Tá fear amháin ag rómhar le spád.		
10 Tá na mná ag baint feamainne le chéile.		
11 Tá na hiascairí sona sásta mar bhí lá maith acu ag iascach.		
12 Is iad an grá agus an t-áthas na mothúcháin is láidre sa dán seo.		
13 Ina intinn feiceann an file na mná ar an trá.		
14 Tá an dán lán le háthas.		
15 Tá an ghrian ag taitneamh i ngach véarsa.		
16 Is maith liom na híomhánna atá sa dán.		

Ceisteanna agus freagraí samplacha

1 **Ceist: Luaigh na fáthanna ar thaitin an dán leat.**

Freagra: Thaitin an dán liom mar gur maith liom na híomhánna agus na mothúcháin atá ann. Is maith liom an íomhá den fhear ag obair go ciúin ina gharraí. Bhí sé ag rómhar agus rinne sé fuaim bhinn álainn.

Binn an fhuaim
San Earrach thiar.

Tá an dán lán le háthas agus is maith liom é sin. Bhí áthas ar na mná nuair a bhí siad ag bailiú feamainne le chéile ar an trá agus bhí áthas ar na hiascairí[1] ag filleadh abhaile ar fharraige órga agus an bád lán le héisc.

Currach lán d'éisc
Ag teacht chun cladaigh
Ar ór-mhuir mhall

2 **Ceist: Luaigh rud amháin faoin dán nár thaitin leat.**

Freagra: Níor thuig mé a lán de na focail sa dán agus mar sin cheap mé go raibh an dán deacair. Bhí focail cosúil le *niamhrach*, *támh-radharc síothach* agus *toll-bhuillí fanna* deacair.

Ceisteanna scrúdaithe

Déan cleachtadh ar na ceisteanna scrúdaithe seo a leanas. Bain úsáid as na frásaí agus na nathanna ag tús an aonaid mar chabhair duit.

1 Déan cur síos ar na dathanna agus ar na fuaimeanna atá sa dán seo. Is leor **dhá** phointe, **i d'fhocail féin**.

2 Conas a mhothaíonn an file sa dán seo, dar leat? Tabhair dhá fháth, **i d'fhocail féin**, le do fhreagra.

3 An maith leat an dán seo? Tabhair **dhá** fháth, **i d'fhocail féin**, le do fhreagra.

4 Cad é téama an dáin? Is leor **dhá** phointe eolais, **i d'fhocail féin**.

5 Déan cur síos ar **dhá** íomhá (phictiúr) atá sa dán, **i d'fhocail féin**.

1 fishermen

An Scrúdú Cainte

Rian 1.05

Ullmhaigh an dán le léamh ag an scrúdú cainte. Bíodh an grá agus an t-áthas, chomh leis an tsíocháin agus an ciúnas, le cloisteáil i do ghlór agus tú ag léamh an dáin.

Aonad a Dó

Prós

Clár

Ag Déanamh Staidéir ar an bPrós

- Léigh giota beag den scéal ar dtús agus scríobh na focail is tábhachtaí (*most important*) i do chóipleabhar.
- Cuir scrúdú ort féin go rialta ar na focail seo.
- Scríobh príomhthréithe (*main traits*) na gcarachtar agus foghlaim iad.
- Bí ag smaoineamh i gcónaí: An maith liom an carachtar seo? Cén fáth? Céard iad na rudaí a léiríonn an tréith sin sa charachtar?
- Scríobh achoimre bheag duit féin den scéal – tús, lár agus deireadh.
- Ansin téigh siar ar an scéal ar fad, ag díriú ar na focail nua agus ar na carachtair arís.

Frásaí Breise don Phrós Ainmnithe

Déan staidéar ar na frásaí breise thíos don phrós.

NB: Beidh an-chuid de na briathra agus frásaí úsáideacha don fhilíocht (ar leathanaigh 2 agus 3) áisiúil don phrós chomh maith.

An scéal/an gearrscéal	*The story/the short story*
An sliocht	*The excerpt/passage*
An t-údar	*The author*
An scannán	*The film*
Tús an ghearrscéil Tús an tsleachta Tús an scannáin	*The beginning of the short story* *The beginning of the passage* *The beginning of the film*
Críoch an ghearrscéil Críoch an tsleachta Críoch an scannáin	*The end of the short story* *The end of the passage* *The end of the film*
Achoimre ar an scéal	*A summary of the story*
Téama an ghearrscéil Téama an tsleachta Téama an scannáin	*The theme of the short story* *The theme of the passage* *The theme of the film*
An príomhcharachtar Na príomhcharachtair	*The main character* *The main characters*
An caidreamh idir na carachtair	*The relationship between the characters*
Tréithe Tréithe an phríomhcharachtair Tréithe na bpríomhcharachtar	*Traits/characteristics* *The traits of the main character* *The traits of the main characters*
Is duine _____ (aidiacht) é/í. Is fear _____ é. Is bean _____ í.	*He/she is a _____ (adjective) person.* *He is a _____ man.* *She is a _____ woman.*
Is daoine _____ iad. Is mná _____ iad. Is fir _____ iad.	*They are _____ people.* *They are _____ women.* *They are _____ men.*
Tá ról lárnach/tábhachtach ag _____ sa scéal/scannán seo.	*_____ has a central/important role in this story/film.*

Hurlamaboc 🔊 Rian 2.01

📊 PowerPoint

le hÉilís Ní Dhuibhne

Caibidil a hAon—Fiche bliain faoi bhláth

RUÁN

Fiche bliain ó shin a pósadh Lisín agus Pól.
Bheadh an **ócáid** iontach á **ceiliúradh** acu i
gceann seachtaine. Bhí an teaghlach ar fad
ag tnúth leis. Sin a dúirt siad, **pé scéal é**.
'Beidh an-lá go deo againn!' a dúirt Cú,
an mac ab óige. Cuán a bhí air, i ndáiríre,
ach Cú a thugadar air **go hiondúil**. Bhí trí bliana
déag slánaithe aige.

Beidh an-lá go deo againn!

'Beidh sé *cool*,' arsa Ruán, an mac ba shine.
Ocht mbliana déag a bhí aige siúd. Níor chreid sé go mbeadh an chóisir *cool*,
chreid sé go mbeadh sé *crap*. Ach bhí sé de **nós** aige an rud a bhí
a mháthair ag iarraidh a chloisint a rá léi. Bhí an
nós sin ag gach duine.

Beidh sé cool.

Agus bhí Lisín sásta. Bhí a fhios aici go
mbeadh an ceiliúradh go haoibhinn, an fhéile
caithréimeach, mar ba chóir di a bheith. **Caithréim** a
bhí bainte amach aici, dar léi. Phós sí Pól nuair nach raibh
ann ach **óganach anabaí**, gan maoin ná **uaillmhian**. Ag obair
i siopa a bhí sé ag an am. Ise a d'aithin na **féidearthachtaí**
a bhí sa bhuachaill **aineolach** seo. Agus anois fear saibhir,
léannta a bhí ann, fear a raibh meas ag cách air, ardfhear.
Teach breá aige, clann mhac, iad cliste agus dathúil.

Bhí a lán le ceiliúradh acu.

Maidir leis an gcóisir féin, bhí gach rud idir lámha aici – bhí
sí tar éis gloiní agus fíon a chur ar ordú sa siopa fíona; bhí an
reoiteoir lán le píóga agus ispíní agus **bradán** agus arán
lámhdhéanta den uile shórt. Bhí an dara reoiteoir tógtha
ar cíos aici – is féidir é seo a dhéanamh, ní thuigfeadh
a lán daoine é ach thuig Lisín, b'in an saghas í –
agus bhí an ceann sin líonta freisin, le rudaí deasa
le hithe. Rudaí milse den chuid is mó de, agus rudaí nach raibh milis
ach nach raibh i Reoiteoir a hAon. Dá mbeadh an lá go breá bheadh an
chóisir acu amuigh sa ghairdín, agus bhí boird agus cathaoireacha
le fáil **ar iasacht** aici ó na comharsana. Agus mura mbeadh an lá go
breá bhí an teach mór go leor do **na haíonna** ar fad. Bhí
gach rud ann glan agus néata agus álainn: péint nua ar
na ballaí, snas ar na hurláir, bláthanna sna **prócaí**.
Mar sin a bhí i gcónaí, sa teach seo.
Teach Mhuintir Albright. Teach Lisín.

occasion; celebrated

looking forward to
anyway

usually

custom

victorious; victory

immature youth; ambition
possibilities
ignorant

freezer; salmon
handmade/homemade
rented

on loan
the guests

vases

Bean tí **den scoth** a bhí i Lisín. Bhí an teach i gcónaí néata agus álainn, agus ag an am céanna bhí sí féin néata agus álainn. De ghnáth is rud amháin nó rud eile a bhíonn i gceist ach **níorbh amhlaidh** a bhí i gcás Lisín.

'Ní chreidfeá go raibh do mháthair pósta le fiche bliain,' a dúirt an tUasal Mac Gabhann, duine de na comharsana, le Ruán, nuair a tháinig sé go dtí an doras lá amháin chun glacadh leis an gcuireadh chuig an chóisir. 'Agus go bhfuil **stócach** mór ar do nós féinig aici mar mhac! Tá an chuma uirthi gur cailín óg í.'

'Yeah,' arsa Ruán, gan mórán **díograise**. Ach d'fhíor dó. Bhí an chuma ar Lisín go raibh sí ina hógbhean fós. Bhí sí tanaí agus bhí gruaig fhada fhionn uirthi. Bhuel, bhí an saghas sin gruaige ar na máithreacha go léir ar an mbóthar seo, Ascaill na Fuinseoige. Bóthar **fionn** a bhí ann, cé go raibh na fir dorcha: dubh nó donn, agus, a bhformhór, liath. Ach ní raibh gruaig liath ar bhean ar bith, agus rud ab iontaí fós ná sin ní raibh ach bean amháin dorcha ar an mbóthar – Eibhlín, máthair Emma Ní Loingsigh. Ach bhí sise **aisteach** ar mhórán bealaí. Ní raibh a fhios ag aon duine conas a d'éirigh léi teach a fháil ar an mbóthar. Bhí na mná eile go léir fionn, agus dathúil agus faiseanta, b'in mar a bhí, bhí **caighdeán** ard ar an mbóthar maidir leis na cúrsaí seo, ní bheadh sé **de mhisneach** ag bean ar bith dul amach gan **smidiú** ar a haghaidh, agus éadaí deasa uirthi. Fiú amháin agus iad ag rith amach leis an mbruscar bhíodh gúnaí oíche deasa orthu, agus an ghruaig **cíortha** go néata acu, ionas go dtuigfeadh na fir a bhailigh an bruscar gur daoine deasa iad, cé nár éirigh siad in am don bhailiúchán uaireanta. Ach bhí rud éigin **sa bhreis** ag Lisín orthu ar fad. Bhí sí níos faiseanta agus níos néata ná aon duine eile. I mbeagán focal, bhí sí **foirfe**.

Lig Ruán osna ag smaoineamh uirthi. Bhí grá aige dá mháthair. Níor thuig sé cén fáth gur chuir sé **lagmhisneach** air an t-am ar fad, nuair nár thug sí dó ach moladh. **Moladh agus spreagadh.**

'Inseoidh mé di go mbeidh tú ag teacht. Beidh áthas uirthi é sin a chloisint.' Dhún sé an doras, **cuibheasach** tapa. Bhí rud éigin faoin uasal Mac Gabhann a chuir isteach air. Bhí sé cairdiúil agus **gealgháireach**, agus ba mhinic **grinnscéal** de shaghas éigin aige.

the best
it wasn't the case
young man
enthusiasm
blonde
strange
standard
courage
make-up
combed
extra
perfect
low spirits
Praise and encouragement.
quite
cheerful; funny story

Ach bhí **súile géara** aige, ar nós na súl a bhíonn ag múinteoirí. Fiú amháin agus é ag caint ag an doras bhí na súile sin **ag stánadh** ar Ruán, agus an chuma orthu go raibh x-ghathú á dhéanamh acu ar a raibh **laistigh** dá intinn agus ina chroí.

Bean thanaí, dhathúil, ghealgháireach, bean tí iontach agus ag an am céanna bhí a lán rudaí eile ar siúl ag Lisín. Ní raibh post aici. Cén fáth go mbeadh? Bhí ag éirí go sármhaith le Pól; bhí sé ina **léachtóir** san ollscoil, i gcúrsaí gnó, ach ní sa **chomhthéacs** sin a rinne sé a chuid airgid, ach ag ceannach stoc ar an Idirlíon. Bhí sé **eolach** agus cliste agus ciallmhar, agus bhí **raidhse** mór airgid aige um an dtaca seo, agus é go léir **infheistithe** sa chaoi is nach raibh air **mórán cánach** a íoc. Bhí árasáin agus tithe aige freisin, anseo is ansiúd ar fud na hEorpa, agus cíos á bhailiú aige uathu.

Ní raibh gá ar bith go mbeadh Lisín ag dul amach ag obair. Mar sin d'fhan sí sa bhaile, ach bhí sí **gnóthach**, ina **ball** de mhórán **eagraíochtaí** agus clubanna: clubanna a léigh leabhair, clubanna a rinne dea-obair ar son daoine bochta, clubanna a **d'eagraigh léachtaí** ar stair **áitiúil** agus **geolaíocht** áitiúil agus litríocht áitiúil, agus faoi conas do ghairdín a leagan amach ionas go mbeadh sé níos deise ná gairdíní na gcomharsan nó do theach **a mhaisiú** ionas go mbeadh do chairde go léir **ite le formad. Murar leor sin**, d'fhreastail sí ar ranganna teanga – Spáinnis, Rúisis, Sínis, Seapáinis. Bhí suim aici i scannáin agus i ndrámaí. Ní raibh sí riamh **díomhaoin** agus ba bhean spéisiúil í, a d'fhéadfadh labhairt ar aon ábhar ar bith faoin ngrian.

Dáiríre.

Glossary (margin):

- sharp eyes
- staring
- inside
- lecturer
- context
- knowledgeable
- plenty
- invested
- much tax
- busy
- member; organisations
- organised lectures; local;
- geology
- decorate
- consumed with envy; If that wasn't enough
- idle

Achoimre ar an scéal

Cuid 1

Tá Lisín agus Pól pósta[1] ar feadh fiche bliain agus beidh cóisir mhór acu. Tá Lisín an-mhaith ag eagrú rudaí. Fuair sí gloiní agus fíon ar iasacht[2] ón siopa.

Maidir leis an gcóisir féin, bhí gach rud idir lámha aici[3] – bhí sí tar éis gloiní agus fíon a chur ar ordú sa siopa fíona; bhí an reoiteoir[4] lán le pióga[5] agus ispiní[6] agus bradán[7] agus arán lámhdhéanta den uile shórt.

Tá reoiteoir amháin atá lán le bia agus fuair sí an dara reoiteoir ar cíos[8] agus tá sé sin lán le bia milis. Má bhíonn an aimsir go maith beidh an chóisir sa ghairdín agus gheobhaidh sí boird agus cathaoireacha ar iasacht ó na comharsana. Má bhíonn sé ag cur báistí tá an teach mór go leor do gach duine. Tá gach rud glan agus néata agus álainn mar atá Lisín féin.

Buntuiscint – Cuid 1

1. Cé mhéad bliain atá Lisín agus Pól pósta?
2. Cad a bheidh acu chun an ócáid sin a cheiliúradh?
3. Cé atá ag eagrú an cheiliúrtha?
4. Luaigh na hullmhúcháin atá déanta ag Lisín don cheiliúradh.
5. Cá mbeidh an ceiliúradh ar siúl má bhíonn an aimsir go deas?
6. Cá mbeidh an ceiliúradh ar siúl má bhíonn sé ag cur báistí?
7. Cén chaoi a bhfuil Lisín í féin?

Cuid 2

Phós sí Pól nuair nach raibh ann ach ógánach anabaí[9], gan maoin[10] ná uaillmhian[11]. Ag obair i siopa a bhí sé ag an am. Ise a d'aithin na féidearthachtaí a bhí sa bhuachaill aineolach[12] seo.

Nuair a bhuail Lisín agus Pól le chéile bhí Pól ag obair i siopa. Ní raibh sé saibhir ach chonaic Lisín go mbeadh sé saibhir lá amháin agus bhí an ceart aici. Is léachtóir san ollscoil anois é. Déanann sé a lán airgid ar an Idirlíon agus ceannaíonn sé tithe agus árasáin leis an airgead agus faigheann sé cíos ar na tithe sin. Tá siad an-saibhir anois.

Buntuiscint – Cuid 2

1. Déan cur síos ar Phól nuair a bhí sé ina fhear óg.
2. Cén post atá ag Pól anois?
3. Conas a dhéanann Pól a chuid airgid?
4. An bhfuil Pól agus Lisín bocht nó saibhir?

1 married	2 on loan	3 she was handling everything	4 freezer
5 pies	6 sausages	7 salmon	8 hire/rent 9 immature/adolescent
10 means/possessions	11 ambition	12 ignorant	

Cuid 3

Bhí na mná eile go léir fionn, agus dathúil[1] agus faiseanta, b'in mar a bhí, bhí caighdeán ard[2] ar an mbóthar maidir leis na cúrsaí seo, ní bheadh sé de mhisneach ag bean ar bith dul amach gan smideadh ar a haghaidh, agus éadaí deasa uirthi.

Tá Lisín agus Pól ina gcónaí ar Ascaill na Fuinseoige lena mbeirt mhac, Cuán atá trí bliana déag d'aois agus Ruán atá ocht mbliana déag d'aois. Tá na daoine ar an mbóthar sin go léir saibhir. Tá gruaig fhionn ar na máithreacha go léir agus ní théann siad amach gan smideadh agus éadaí deasa orthu, fiú nuair atá siad ag cur na mboscaí bruscair amach.

Tá Lisín foirfe[3]. Tá gruaig fhionn uirthi agus tá sí tanaí, dathúil agus sona. Féachann sí cosúil le bean óg. Tá teach deas néata aici agus tá sí féin deas néata. Tá sí níos faiseanta agus níos néata ná aon duine eile ar an Ascaill.

Buntuiscint – Cuid 3

1. Cá bhfuil cónaí ar Lisín agus Pól?
2. Déan cur síos ar pháistí Lisín.
3. Déan cur síos ar na mná ar an mbóthar sin.
4. Cén chaoi a mbreathnaíonn Lisín?
5. Cad a deirtear faoi theach Lisín?
6. Cad atá difriúil faoi Lisín?

Cuid 4

Ní raibh sí riamh díomhaoin[4] agus ba bhean spéisiúil í, a d'fhéadfadh labhairt ar aon ábhar ar bith faoin ngrian.

Dáiríre.

Níl aon phost ag Lisín ach tá sí gnóthach lena saol. Tá sí ina ball de mhórán clubanna – clubanna leabhar, clubanna staire, clubanna a dhéanann obair ar son daoine bochta agus clubanna a thugann daoine isteach ag labhairt faoi ghairdíní deasa agus faoi thithe deasa. Téann sí go dtí ranganna teanga – Spáinnis, Rúisis, Sínis, Seapáinis. Is maith léi scannáin agus drámaí freisin. Tá sí an-suimiúil.

Buntuiscint – Cuid 4

1. An dtéann Lisín amach ag obair?
2. Conas a chaitheann sí a cuid laethanta?
3. Céard iad na teangacha a fhoghlaimíonn Lisín?
4. Cén caitheamh aimsire eile atá aici?
5. Cad a cheapann Lisín fúithi féin?

---

1 good-looking   2 high standard   3 perfect   4 idle

Cuid 5

Lig Ruán osna[1] ag smaoineamh uirthi. Bhí grá aige dá mháthair. Níor thuig sé cén fáth gur chuir sé lagmhisneach[2] air an t-am ar fad, nuair nár thug sí dó ach moladh.

Níl Ruán ag súil leis an gcóisir mhór. Ceapann sé go mbeidh sé go dona. Tá grá ag Ruán dá mháthair ach ní maith leis í. Bíonn sé in ísle brí[3] ag smaoineamh uirthi. Molann agus spreagann Lisín Ruán an t-am ar fad ach fós bíonn sé in ísle brí. Ní thuigeann Lisín a mac mar ní éisteann sí leis.

Buntuiscint – Cuid 5

1. Cé hé Ruán?
2. Cad a cheapann sé faoin gcóisir?
3. An bhfuil gaol maith idir Ruán agus Lisín?
4. Conas a mhothaíonn Ruán faoi Lisín?
5. Cén chaoi a mbíonn Lisín agus í ag plé le Ruán?
6. Cén fáth nach dtuigeann Lisín a mac Ruán?

Téama/Príomhsmaointe an tSleachta

- Baineann an sliocht seo as an úrscéal *Hurlamaboc* le cur síos ar bhean chéile darb ainm Lisín.
- Tá Lisín ina cónaí lena fear céile Pól agus lena mbeirt mhac, Ruán agus Cuán, ar Ascaill na Fuinseoige.
- Tá an saol atá ag na mná saibhre[4] mar théama ann.
- Tá cuma agus airgead an-tábhachtach di.
- Tá sí gafa le[5] hairgead.
- Leagann sí a saol ar fad amach, a teach, a fear céile, a páistí agus anois an chóisir.
- Tá a saol foirfe.

- Tá sí níos néata agus níos faiseanta ná aon bhean eile ar an mbóthar cé go bhfuil na mná eile go léir néata agus faiseanta.
- Phós sí a fear céile Pól mar thuig sí go mbeadh sé saibhir lá amháin.
- Tá teach foirfe aici, tá corp foirfe aici, tá an chuma ar an scéal go bhfuil saol foirfe aici.
- Ach níl a mac Ruán sásta.
- Cuireann a mháthair lagmhisneach air.
- Níl gaol macánta[6] ag Ruán ná ag aon duine eile léi.
- Ní réitíonn Ruán lena mháthair.
- Tá Lisín an-ghnóthach lena saol.
- Tá Lisín agus Pól pósta ar feadh fiche bliain agus tá sí ag eagrú cóisir mhór.
- Bíonn sí ag coinneáil an tí glan néata an t-am ar fad.
- Tá sí ina ball de mhórán clubanna.
- Foghlaimíonn sí a lán teangacha.
- Téann sí go dtí scannáin agus drámaí.
- Ach ní fheiceann sí go bhfuil Ruán míshona.

---

1 sigh   2 lowness of spirit   3 feeling down   4 wealthy (pl.)   5 taken/obsessed with   6 honest

Eochairfhocail an scéil

Roghnaigh na deich bhfocal is tábhachtaí sa scéal, dar leat. Scríobh i do chóipleabhar iad agus cuir in abairtí iad.

Cleachtadh: Fíor nó bréagach?

Cuir tic sa bhosca F nó B i gcás gach abairte agus ansin scríobh i do chóipleabhar na habairtí go léir atá fíor agus ceartaigh na cinn atá mícheart.

	Fíor	Bréagach
1 Tá Lisín agus Pól pósta ar feadh fiche bliain anois.	☐	☐
2 Tá triúr páistí acu.	☐	☐
3 Tá Ruán ag súil go mór leis an gcóisir mhór.	☐	☐
4 Tá clann Lisín beo bocht.	☐	☐
5 Tá teach álainn néata ag Lisín.	☐	☐
6 Is bean thanaí dhathúil í Lisín agus tá sí níos faiseanta ná na mná eile.	☐	☐
7 Déanann Pól a chuid airgid as stoc, tithe agus árasáin a cheannach.	☐	☐
8 Cónaíonn an chlann ar Ascaill na Fuinseoige.	☐	☐
9 Tá gaol oscailte macánta idir Lisín agus Ruán.	☐	☐
10 Is duine an-suimiúil í Lisín.	☐	☐

Cleachtadh: Líon na bearnaí

Líon na bearnaí leis na focail ón liosta thíos:

gnóthach   macánta   saibhir   ag eagrú   teangacha
foirfe   faiseanta   lagmhisneach   réitíonn   clubanna

1 Tá an chuma ar an scéal go bhfuil saol _____ ag Lisín agus Pól.

2 Tá Lisín agus Pól fiche bliain pósta agus tá Lisín _____ _____ cóisir mhór.

3 Ní _____ Ruán go rómhaith lena mháthair.

4 Is í Lisín an bhean is _____ ar an mbóthar.

5 Níl gaol oscailte, _____ idir Lisín agus Ruán.

6 Foghlaimíonn Lisín a lán _____, Rúisis agus Sínis ina measc.

7 Cuireann Lisín _____ ar a mac Ruán.

8 Tá Lisín ina ball de mhórán _____.

9 Is teaghlach _____ iad teaghlach Albright.

10 Caitheann Lisín saol _____.

Obair bheirte

Ainmnigh beirt charachtar sa scéal agus pléigh na príomhthréithe atá acu leis an duine atá in aice leat.

Staidéar ar an scéal

An cineál duine í Lisín

- Uaillmhianach – tá airgead an-tábhachtach do Lisín. Tá sí gafa le hairgead. Ní raibh Pól saibhir nuair a bhuail sí leis ach tá sé anois. Tá teach mór foirfe aici anois, féachann sí óg agus álainn, tá sí ina cónaí ar bhóthar faiseanta, Ascaill na Fuinseoige, agus tá sí ina ball de mhórán clubanna.

- Foirfe – tá Lisín foirfe. Féachann sí óg agus tanaí. Tá Lisín níos faiseanta agus níos néata ná aon bhean eile ar an mbóthar. Tá a teach níos áille ná aon teach eile ar an mbóthar. Beidh an chóisir foirfe freisin. Tá pósadh foirfe agus clann fhoirfe aici.

- Gnóthach[1] – is bean an-ghnóthach í Lisín. Tá sí gnóthach lena saol agus lena clann. Tá a fear céile saibhir mar spreag sí é, agus spreagann sí na buachaillí. Tá sí ina ball de mhórán clubanna agus téann sí go dtí a lán ranganna.

An cineál duine é Pól

- Saibhir agus rathúil[2] – ní raibh Pól i gcónaí saibhir ach bhí sé cliste. Is léachtóir san ollscoil anois é agus déanann sé a lán airgid ar an Idirlíon. Tá sé rathúil anois. Ceannaíonn sé tithe agus árasáin leis an airgead agus faigheann sé cíos ar na tithe sin. Tá sé cosúil le Lisín, tá an t-airgead an-tábhachtach dó. Tá sé gafa le hairgead. Tá sé pósta le Lisín agus tá beirt mhac aige chomh maith le teach mór.

An cineál duine é Ruán

- Is é Ruán an mac is sine ag Lisín agus Pól. Tá sé ocht mbliana déag d'aois.

- Tá Ruán míshona.

- Níl sé ag súil leis an gcóisir seo ach deir sé lena mháthair go bhfuil.

- Tá grá aige dá mháthair ach níl gaol macánta aige le Lisín. Cuireann a mháthair brú agus lagmhisneach air, rud a chuireann brón agus gruaim[3] air.

- Níl sé macánta lena mháthair faoina chuid mothúchán. Ní réitíonn sé léi.

---

1 busy   2 successful   3 sadness/gloominess

Cleachtadh: Meaitseáil na ceisteanna agus na freagraí ó A agus B

A	B
1 Cad atá tábhachtach do Lisín agus do Phól?	a Mar spreag Lisín é nuair a bhí sé ní b'óige.
2 Cad a cheapann Ruán faoin gcóisir a bheidh ag a thuismitheoirí?	b Uaillmhianach, gnóthach agus tanaí.
3 Conas a dhéanann Pól a chuid airgid?	c Cuireann sí lagmhisneach air.
4 Cén cineál tí atá ag Lisín?	d Ag foghlaim teangacha agus ag eagrú rudaí.
5 Cén aois é Ruán?	e Féachann sí níos óige agus níos faiseanta ná aon bhean eile ar Ascaill na Fuinseoige.
6 Cad a cheapann Ruán faoina mháthair?	f Ocht mbliana déag d'aois.
7 Cén cineál duine í Lisín?	g Ceapann sé go mbeidh sé go dona.
8 Cén fáth a bhfuil Pól saibhir anois?	h Tá teach deas néata aici.
9 Cén chuma atá ar Lisín?	i Ceannaíonn sé stoc ar an Idirlíon, árasáin agus tithe.
10 Conas a chaitheann Lisín a cuid ama de ghnáth?	j Tá airgead tábhachtach dóibh.

1	2	3	4	5	6	7	8	9	10

Ceisteanna agus freagraí samplacha

1 Ceist: Tabhair cuntas gairid ar rud amháin a thaitin leat agus ar rud amháin nár thaitin leat faoin sliocht seo as *Hurlamaboc*.

Freagra: **Is maith liom Ruán.** Tá sé ocht mbliana déag d'aois. Tá grá aige dá mháthair ach tá sé míshona. Tá grá ag a mháthair dó ach ní thuigeann sí Ruán. Cuireann sí brú agus lagmhisneach air. Tá a thuismitheoirí gnóthach ag déanamh airgid agus ag eagrú cóisir mhór don cheiliúradh fiche bliain. Níl sé ag súil leis an gcóisir ach deir sé lena mháthair go bhfuil. Níl gaol macánta aige le Lisín. Tá trua agam do Ruán bocht.

Ní maith liom Lisín. Tá airgead an-tábhachtach di. Tá sí gafa le hairgead. Tá cuma agus foirfeacht tábhachtach di freisin. Tá sí níos néata agus níos faiseanta ná aon bhean eile ar an mbóthar. Tá sí an-uaillmhianach. Tá gach rud foirfe ina saol, ceapann sí, ach ní fheiceann sí go bhfuil a mac Ruán míshona. Níl gaol macánta ag Ruán ná ag aon duine eile léi. Caitheann sí a cuid ama ag dul go dtí ranganna agus go dtí scannáin agus drámaí ach níl aon am aici dá cuid páistí.

❷ Ceist: Déan cur síos ar na hullmhúcháin atá á ndéanamh ag Lisín don chóisir.

Freagra: Tá Lisín agus Pól pósta ar feadh fiche bliain agus tá Lisín ag eagrú cóisir mhór. Fuair Lisín gloiní ar iasacht ón siopa agus d'ordaigh sí fíon ón siopa fíona. Tá reoiteoir amháin líonta le bia agus fuair sí an dara reoiteoir ar cíos agus tá sé sin lán le bia milis. Tá bláthanna ar fud an tí. Tá an teach réidh agus glan don chóisir – tá péint nua ar na ballaí.

Má bhíonn an chóisir sa ghairdín gheobhaidh sí boird agus cathaoireacha ó na comharsana. Má bhíonn sé ag cur báistí beidh an chóisir ar siúl sa teach, mar tá an teach mór go leor do gach duine.

Cleachtadh: Athscríobh an freagra thuas mar chleachtadh.

Cleachtadh: Líon na bearnaí

Líon na bearnaí san alt seo.

Tá _____ ag Ruán dá mháthair ach tá sé _____. Ceapann sé nach bhfuil aon am ag a _____ dó agus cuireann Lisín _____ air. Tá Pól agus Lisín _____ le hairgead. Caitheann siad saol _____ ag déanamh airgid agus ag freastal ar chlubanna. Tá Lisín níos _____ agus níos _____ ná aon bhean eile ar Ascaill na _____. Tá sí _____, ba mhaith léi go mbeadh sí agus a clann saibhir. Tá an chuma ar an scéal go bhfuil saol _____ aici.

Tá a lán ullmhúchán déanta ag Lisín don chóisir. Tá gloiní ar _____ aici ón siopa. Tá _____ amháin lán le bia agus tá reoiteoir eile ar _____ aici agus é lán le bia _____. Tá an teach ag breathnú go hálainn. Tá _____ nua ar na ballaí.

Ceisteanna scrúdaithe

Déan cleachtadh ar na ceisteanna scrúdaithe seo a leanas. Bain úsáid as na frásaí agus na nathanna ag tús an aonaid mar chabhair duit.

❶ Cén sórt duine í Lisín? Is leor **dhá** thréith a phlé.

❷ (a) Cén fáth a bhfuil cóisir mhór á heagrú ag Lisín?

 (b) Déan plé ar na hullmhúcháin atá déanta aici don chóisir.

❸ Déan cur síos ar an saghas duine é Pól, fear céile Lisín. Is leor **dhá** phointe eolais.

❹ Ainmnigh carachtar sa scéal a bhfuil trua agat dó/di agus mínigh an fáth a bhfuil trua agat don duine sin. Is leor **dhá** phointe eolais.

❺ Scríobh achoimre ghairid ar an scéal.

FACSS

Ullmhaigh na habairtí seo thíos agus scríobh i do chóipleabhar iad.

Féach Abair Clúdaigh	Scríobh	Seiceáil
1 Tá Lisín agus Pól pósta ar feadh fiche bliain.		
2 Tá Lisín gafa le hairgead.		
3 Tá airgead an-tábhachtach do Lisín.		
4 Tá Lisín an-uaillmhianach.		
5 Tá siad an-saibhir anois.		
6 Tá siad ina gcónaí ar Ascaill na Fuinseoige.		
7 Tá Lisín foirfe.		
8 Tá Lisín níos faiseanta agus níos néata ná aon bhean eile.		
9 Tá teach deas néata ag Lisín.		
10 Tá Lisín an-ghnóthach lena saol.		
11 Tá Lisín ina ball de mhórán clubanna.		
12 Téann Lisín go dtí a lán ranganna teanga.		
13 Tá Pól rathúil anois.		
14 Tá airgead an-tábhachtach dó.		
15 Déanann Pól a lán airgid ar an Idirlíon.		
16 Ceannaíonn sé tithe leis an airgead.		
17 Faigheann sé cíos ar na tithe sin.		
18 Tá grá ag Ruán dá mháthair.		
19 Tá Ruán míshona.		
20 Cuireann a mháthair lagmhisneach air.		
21 Níl gaol macánta ag Ruán le Lisín.		
22 Ní réitíonn Ruán lena mháthair.		
23 Tá Lisín ag eagrú cóisir mhór.		
24 Fuair sí gloiní ar iasacht ón siopa.		
25 Fuair sí reoiteoir ar cíos.		
26 Tá an dá reoiteoir lán le bia.		
27 Tá péint nua ar na ballaí.		
28 Tá bláthanna ar fud an tí.		
29 Beidh an chóisir foirfe.		

Seal i Neipeal
le Cathal Ó Searcaigh

Rian 2.02

PowerPoint

Le caoinchead thogra Phortráidí na Scríbhneoirí Gaeilge

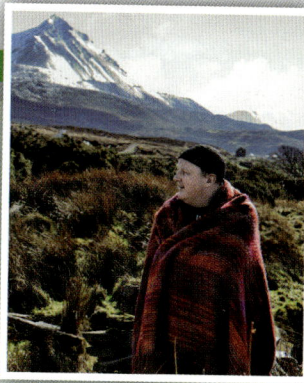

(Sliocht as Dírbheathaisnéis/Leabhar Taistil)

I ndiaidh domh an dinnéar a chríochnú agus mé ar tí babhta léitheoireachta a dhéanamh, tháinig fear beag, **beathaithe** isteach chugam, **gnúis dhaingean** air, a thóin le talamh. Sheas sé, a dheireadh leis an tine, gur thug sé róstadh maith dá mhásaí. Ansin tharraing sé cathaoir chuige féin agus theann isteach leis an tine, a lámha **crágacha** spréite os a choinne, ag ceapadh teasa. Bhí sé **do mo ghrinniú** an t-am ar fad lena shúile beaga **rógánta**. Níl móran le himeacht ar an **diúlach** seo, arsa mise liom féin.

Ansin thosaigh an **cheastóireacht, tiubh agus crua**. Cén tír as a dtáinig mé? Cad é mar a **shaothraigh mé** mo chuid? An raibh bean agam? An raibh **cúram teaghlaigh** orm? An raibh Éire **rachmasach**? An raibh sé éasca cead isteach a fháil chun na tíre? An raibh cairde agam i Neipeal? An Críostaí a bhí ionam? An raibh gnó de mo chuid féin agam sa bhaile? An raibh mé ag tabhairt **urraíochta** d'aon duine i Neipeal? Cad é an méid airgid a chaithfinn sa tír seo? An de bhunadh saibhir mé i mo thír féin? Ós rud é nach **mórán muiníne** agam as cha dtug mé dó ach **breaceolas** agus bréaga, agus tuairimí **leathcheannacha**.

Bhí **gaol gairid** aige le bean an tí agus sin an fáth a raibh sé ag fanacht ansin. Bhí sé ar a bhealach ar ais go Kathmandu, áit a raibh lámh aige i **ngníomhaíochtaí** éagsúla, a dúirt sé: cairpéid, **seálta** pashmina, **earraí páipéir**.

fat
determined face

large
examining me
roguish
boyo
questions; thick and fast
I earned
family responsibility;
wealthy

sponsorship

much trust; limited
information; slanted
closely related

activities; shawls
paper goods

Bhí an tuile **shí** as a bhéal agus
é ag maíomh as a **ghaisce gnó**. Ar
ndóigh, bhí daoine **ceannasacha** ar
a chúl ach sin ráite ní raibh cosc
dár cuireadh ina shlí ariamh nár
sháraigh sé. Duine acu seo a bhí
ann, a dúirt sé, a bhí ábalta rud
ar bith **a chur chun somhaoine
dó féin**. Dá thairbhe sin agus
an dóchas **dochloíte** a bhí ann
ó dhúchas rith an saol leis. Bhí an **dá iarann déag** sa tine aige
i dtólamh, arsa seisean, **mórchúis** ina ghlór, ach bíodh thíos thuas, ar **uair na
cruóige**, arsa seisean cinnte de go ndéantaí cibé obair a bhí le déanamh **ar an
sprioc**. Fear **faobhair** a bhí ann ina óige, arsa seisean, ag ligean **gothaí
troda** air féin go bródúil. Bhí an fuinneamh sin chomh géar agus a bhí ariamh,
a dúirt sé, ach anois, bhí sé **i bhfearas** aige i gcúrsaí gnó. Bhí an-chuid
earraíochta ar siúl aige sna ceantair seo fosta, a dúirt sé. Bhí **fir phaca** aige a
théann thart ag díol éadaigh i mbailte scoite an tsléibhe, bhí mná ag cniotáil dó
cois teallaigh, bhí dream eile ann a dhéanann páipéar dó. Bhí **cuma an ghustail**,
ceart go leor, ar an **chóta** throm **clúimh** agus ar na brogá sléibhe de scoth an
leathair a bhí á gcaitheamh aige. Ligfinn orm féin go raibh mé bog go bhfeicfinn
cad é mar a bhí sé ag brath buntáiste a ghlacadh orm. Thairg mé **buidéal leanna**
a cheannach dó agus ba eisean féin nár dhiúltaigh an deoch. Cha raibh an buidéal
ina lámh aige i gceart gur ól sé a raibh ann d'aon **slog cíocrach** amháin. D'ofráil
mé an dara buidéal dó agus ach oiread leis an chéad cheann char chuir sé
suas dó.

'Nach **ádhúil** gur casadh ar a chéile sinn,' a dúirt sé, agus é ag cothú na tine
le tuilleadh **adhmaid chonnaidh**. 'Seo lá ár leasa,' arsa seisean agus é do **mo
ghrinniú** lena shúile beaga **santacha**. Bhí a fhios aige chomh luath agus a leag
sé súil orm a dúirt sé, gurb é ár **gcinniúint** é a bheith **i mbeartas páirte** lena
chéile. Ba mhór ab fhiú domh suim airgid **a infheistiú** láithreach **sa chomhlacht**
déanta páipéir a raibh dlúthbhaint aige leis. Bheadh **toradh fiúntach** ar an
infheistíocht seo gan aon dabt sa chruth go mbeadh ciste airgid fá mo choinne
i gcónaí nuair a d'fhillfinn ar Neipeal. Dé réir mar a bhí sé **ag téamh leis an
racht ceana** seo, mar dhea, bhí sé ag tarraingt **níos clósáilte** domh ionas go
raibh greim láimhe aige orm faoin tráth seo. Níor ghá, ar ndóigh, an socrú
beag seo a bhí eadrainn a chur **faoi bhráid an dlí**. B'amaideach **baoth** dúinn
airgead a chur amú **ar shéala an dlíodóra**. Conradh an chroí a bheadh ann,
arsa seisean **go dúthrachtach**, ag teannadh a ghreama ar mo lámh. **Gníomh
muiníne**. Ba leor sin agus an trust a bhí eadrainn. Bhí sé ag féachaint orm go
géar go bhfeicfeadh sé an raibh an chaint **leataobhach** seo ag dul i bhfeidhm
orm. Shíl sé go raibh mé **somheallta** agus go dtiocfadh leis **suí i mo bhun** agus
ceann siar a chur orm. Bhí taithí aige, déarfainnm, an ceann is fearr a fháil
ar dhaoine. 'Dá gcreidfeá ann,' mar a deireadh na seanmhná sa bhaile fadó,
'chuirfeadh sé **cosa crainn** faoi do chuid cearc.' Ní raibh smaoineamh dá laghad

rushing/pouring
great business achievement; powerful/important

turn to one's own benefit

invincible
very busy
always; pride; in an emergency
on the dot; sharp
fighting posture
working
trading; packmen

wealth/means
furcoat

bottle of beer

greedy gulp

lucky
firewood
examining; greedy
destiny; joint undertaking
invest; company
worthwhile return

fit of affection
closer

submit to law; foolish
lawyer's seal
earnestly; act of trust

one-sided
easily deceived; take advantage of me

he would work wonders

agam dul i bpáirtíocht leis an **tslíodóir** seo. Ní rachainn fad mo choise leis. Is mairg a thaobhódh lena chomhairle. Ach lena choinneáil ar bís char lig mé a dhath orm féin. Shuigh mé ansin go stuama, smaointeach, amhail is dá mbeadh gach focal dá chuid **ag gabháil i gcion orm**.

I rith an ama seo bhí Ang Wong Chuu agus Pemba ar a gcomhairle féin sa chisteanach, gach scairt cheoil acu féin agus ag bean an tí. Nuair a d'ordaigh mé an tríú buidéal leanna don **tsíogaire** seo – bhí a chuid airgid féin, a dúirt sé, chóir a bheith **reaite** i ndiaidh dó **díolaíocht** a thabhairt dá chuid oibrithe anseo sna cnoic, ach in Kathmandu dhéanfadh sé an **comhar** a íoc liom faoi thrí. Thug Ang Wong Chuu i leathaobh mé agus cuma **an-tógtha** air. Is cosúil gur chuir bean an tí leid ina chluas go raibh an fear istigh do mo dhéanamh go dtí an dá shúil. D'iarr sé orm gan baint ná páirt a bheith agam leis agus ar a bhfaca mé ariamh gan mo shúil a thógáil de mo sparán. Dúirt mé leis nach raibh baol ar bith go nglacfadh an **breallán** seo lámh orm. Sa chluiche seo, gheall mé dó, bheadh an **cúig deireanach** agamsa. Bhí sé **i bhfách** go mór le dul isteach liom chun an tseomra le mé a chosaint **ar chrúba** an fhir istigh ach d'éirigh liom é a chur ar a shuaimhneas agus a sheoladh ar ais chun na cisteanadh. Bhí mise ag gabháil a imirt mo chuid cnaipí **ar mo chonlán féin**.

Ba léir go raibh lúcháir ar an fhear eile mé a fheiceáil ag teacht tar ais. Shocraigh sé mo chathaoir san áit ba theolaí an teas. **Shoiprigh sé na cúisiní** go cúramach.

'Cá mhéad airgid a bheadh i gceist?' arsa mise **go bladarach** nuair a bhí **mo ghoradh** déanta agam.

Tháinig loinnir aoibhnis **ina ghnúis**. Shíl sé go raibh leis. 'Braitheann sin ort féin ach thabharfadh míle dollar seasamh maith duit sa ghnó. I do leith féin atá tú á dhéanamh.'

sneak

influencing me

precocious person
run out/spent; payment

debt
excited

fool; last five
eager to
claws

in my own way

He settled the cushions

flattering
warming
in his appearance

Bhí sé **spreagtha**. Chrom sé síos **le séideog** a chur sa tine. Chuir sé luaith ar fud na háite le méid a dhíograise. Bhí mé ag baint sásaimh as an chluichíocht **chlúide** seo.

'An leor **banna béil**,' arsa mise go ceisteach, amhras i mo ghlór, 'mar **urrús** in aghaidh caillteanais?'

Bhí eagla air go raibh mé ag éirí **doicheallach**, ag tarraingt siar. Phreab sé aniar as an chathaoir agus chaith sé a dhá lámh thart orm **go cosantach**.

'Ná bíodh imní ar bith ort taobhú liom,' arsa seisean go muiníneach. 'Nach bhfuil mé chomh saor ó **smál** le gloine na fuinneoige sin?'

Fráimithe san fhuinneog, bhí ceathrú gealaí **ag glinniúint** i bhfuacht na spéire, í chomh **faobhrach le béal corráin**.

'Féach isteach i mo shúile i leith is gur fuinneoga iad,' arsa seisean, 'agus chífidh tú gur duine nádúrtha mé ó dhúchas. Bí cinnte nach ndéanfainn a dhath ach an t-**ionracas** le duine.'

Bhí **sramaí** lena shúile ar an mhéad is a bhí siad ar leathadh aige os mo chomhair in iúl is go n-amharcfainn síos isteach i n**duibheagán** a dhúchais is go gcreidfinn go raibh sé **gan choir, gan chlaonadh**.

D'amharc mé idir an dá shúil air agus mé ag rá liom féin, 'Ní rachaidh leat, a dhiúlaigh.' Leis an **tsaothar anála** a bhí air bhí **na ribí fionnaidh** ina **ghaosán** ar tinneall. Faoin am seo bhí sé siúráilte go raibh mé faoina anáil aige. 'Tabharfaidh mé suim airgid duit anois,' arsa mise **go saonta**, amhail is dá mbeadh muinín iomlán agam as. 'Agus an chuid eile in Kathmandu má bhíonn obair na comhlachta sásúil.'

Shamhlófá nár tháinig lá dá **leas** ach é. Bhí sé sna **flaithis** bheaga le lúchair. Bhí sé do mo bheannú ionas go mba sheacht bhfearr a bheinn an bhliain seo chugainn. Bhí a fhios agamsa go raibh **slám** de lire **beagluachacha** na hlodáile sáite i leataobh agam le fada i dtóin mo mhála droma. D'aimsigh mé iad láithreach agus chuntas mé amach **lab nótaí** díobh **go mórluachach** go raibh **lán a chráige** aige. Shíl sé go raibh a **shaint de mhaoin** aige ina lámh nuair a chonaic sé na nótaí míle **ag carnadh ina bhois**. Ádhúil go leor, cha raibh a fhios aige, ach oiread lena thóin, cé chomh **beagthairbheach** agus a bhí a stór lire.

Chomh luath agus a bhí an t-airgead istigh i gcúl a dhoirn aige, thosaigh sé ag **méanfach** agus ag ligean air féin go raibh **néal codlata** ag teacht air. Thabharfadh sé a sheoladh in Kathmandu agus **sonraí** iomlána an chomhlachta domh ar maidin ach anois, bhí an codladh ag fáil bua air agus chaithfeadh sé an leabaidh a bhaint amach láithreach. I ndiaidh dó mé **a mholadh is a mhóradh thug** sé na sála leis chun na leapa. Ba seo oíche a bhí chun a shástachta. Chodlódh sé go sámh. Ní sparán trom croí éadrom.

Bhí **aoibh an gháire** orm gur thit mé i mo chodladh. Is fuath liom an **míchothrom a dhéanamh** le duine ar bith ach **d'fhóir sé** i gceart don **chneámhaire** seo. Bhainfí

excited; blowing

fireside
oral agreement; bond

unwilling
protectively

stain/sin
Framed; sparkling
as sharp as the edge of a
hook/sickle

honesty
gum/discharge
depths of his being
without fault

breathlessness; strands
of hair; nose
innocently

benefit; heavens

handful; cheap/of little
value
considerable sum of notes;
very valuable; all the wealth he
wanted; piling in his hand
worthless

yawning; sleep
details

praise; turned on his
heels

smile
deal unfairly
served him
crook

croitheadh ceart as nuair a chuirfí ar a shúile dó i mbanc nó i mbiúro in Kathmandu nach raibh ina charnán lire ach **sop gan luach**. Beidh sé **ag téamh** ina chuid fola agus ag éirí de thalamh le fearg nuair a thuigfear dó gur buaileadh bob air.

Ar ndóigh, bhí sé **ar shiúl** nuair a d'éirigh mé ar maidin. **Bhain sé na bonnaí** as le bánú an lae, a dúirt bean an tí. Bhí **broid** air le bheith ar ais in Kathmandu. Bhí, leoga! Cé go raibh sé gaolta léi, a dúirt sí, is beag **dáimh** a bhí aici leis. Cha raibh ann ach **slíomadóir** agus b'fhearr léi gan é a bheith ag teacht faoin teach ar chor ar bith. Bhí seal i bpríosún déanta aige as a bheith **ag déanamh slad** ar **iarsmaí** beannaithe na dteampall agus á ndíol le turasóirí. Cha raibh fostaíocht ar bith aige, a dúirt sí, agus bhí an t-iomrá amuigh air gur ar bhuirgléireacht a bhí sé **ag teacht i dtír**. Bhí sé tugtha don ól ó bhí sé óg, a dúirt sí, agus **chuir sé críoch fhliuch ar ar shaothraigh sé** ariamh. Tá bean agus páistí aige ach bhí siad scartha óna chéile ón uair ar cúisíodh é as gadaíocht agus ar gearradh téarma príosúin air.

jolt

worthless bundle
warming

gone
he left
hurry
fondness
hypocrite

plundering; relics

making a living
spent all he earned
on drink

Achoimre ar an scéal

Cuid 1

Bhí an t-údar Cathal Ó Searcaigh ag fanacht a lóistín[1] i Neipeal.

Oíche amháin tháinig fear ramhar isteach agus thosaigh sé ag caint leis an údar.

Bhí sé an-fhiosrach[2] agus chuir sé a lán ceisteanna ar an údar.

Ansin thosaigh an cheastóireacht, tiubh agus crua.

An raibh a chlann in Éirinn saibhir? Cé mhéad airgid a bhí aige anois? An raibh a ghnó féin aige?

Ba mhaith leis a fháil amach an raibh Cathal Ó Searcaigh saibhir.

Buntuiscint – Cuid 1

1. Cá raibh an t-údar?
2. Cad a rinne an fear a tháinig isteach?
3. Cén cineál duine a bhí ann?
4. Céard iad na ceisteanna a chuir an fear?
5. Cén fáth ar chuir sé na ceisteanna sin?

1 accommodation   2 inquisitive/nosey

Cuid 2

Thosaigh sé ag maíomh[1] as féin ansin. Dúirt sé go raibh sé an-rathúil[2] i gcúrsaí gnó.

Bhí an-chuid earraíochta ar siúl aige sna ceantair seo fosta, a dúirt sé. Bhí fir phaca aige a théann thart ag díol éadaigh i mbailte scoite an tsléibhe, bhí mná ag cniotáil[3] dó cois teallaigh, bhí dream eile ann a dhéanann páipéar dó.

Dúirt sé go raibh baint aige le cúpla gnó cairpéid, seálta[4] pashmina agus earraí páipéir.

Bhí cuma shaibhir air – bhí sé ag caitheamh cóta trom agus bróga leathair.

Buntuiscint – Cuid 2

1. Cad a dúirt an fear maidir le cúrsaí gnó?
2. Céard iad na gnóthaí a bhí ag an bhfear, dar leis?
3. Cén chaoi ar bhreathnaigh an fear?

Cuid 3

Bhí an t-údar glic[5] agus cliste. Ina intinn ghlaoigh sé slíodóir[6] agus cneámhaire ar an bhfear. Thuig sé gur mhaith leis an bhfear airgead a fháil uaidh. Bhí an t-údar ag imirt cluiche leis an bhfear. Cheannaigh an t-údar cúpla deoch dó agus d'ól an fear iad agus áthas air.

Ligfinn orm féin go raibh mé bog go bhfeicfinn cad é mar a bhí sé ag brath buntáiste a ghlacadh orm.

Cheap an fear go raibh Cathal Ó Searcaigh bog saonta[7] agus cheap sé go mbeadh sé ábalta airgead a fháil uaidh.

Thosaigh sé ag caint ansin faoi chúrsaí airgid. Ba mhaith leis go dtabharfadh an t-údar airgead dó mar bhí comhlacht déanta páipéir aige, a dúirt sé.

Buntuiscint – Cuid 3

1. Cad a thug an t-údar ar an bhfear?
2. An raibh an t-údar bog agus saonta?
3. Cén fáth ar cheap an fear eile go raibh an t-údar bog agus saonta?
4. Cad a theastaigh ón bhfear?

---

1 boasting   2 very successful   3 knitting   4 shawls   5 cunning/clever   6 sneak/sneaky person   7 naïve

Cuid 4

Chuaigh an t-údar amach chun an tríú deoch a cheannach don slíodóir agus dúirt muintir an tí leis a bheith cúramach agus 'gan mo shúil a thógáil de mo sparán'. Lig an t-údar air gur chreid sé an fear. Lig sé air go raibh sé ag smaoineamh faoin infheistíocht[1]. Chuir sé ceist ar an bhfear ansin – 'Cá mhéad airgid a bheadh i gceist?' a d'fhiafraigh sé.

Tháinig loinnir aoibhnis ina ghnúis[2]. Shíl sé go raibh leis.

Bhí áthas an domhain ar an bhfear. Luaigh sé míle dollar. Dúirt sé go raibh sé macánta.

Buntuiscint – Cuid 4

1. Cad a dúirt muintir an tí le Cathal faoin bhfear?
2. Cé mhéad deoch a cheannaigh an t-údar don fhear?
3. Cé mhéad airgid a bhí ag teastáil ón bhfear?
4. Cén fáth a raibh áthas an domhain air?

Cuid 5

Bhuail Ó Searcaigh bob[3] ar an bhfear.

Ádhúil go leor, cha raibh a fhios aige, ach oiread lena thóin, cé chomh beagthairbheach agus a bhí a stór lire.

Thug an t-údar lab nótaí lire don fhear. Níor bhain aon luach leis na nótaí ach cheap an fear go raibh sé saibhir ansin. Bhí áthas an domhain air mar cheap sé go raibh sé tar éis bob a bhualadh ar an údar.

Nuair a fuair an fear an t-airgead chaill sé suim san údar. Thosaigh sé ag méanfach agus bhí ag ligean air go raibh tuirse air. Chuaigh sé a chodladh.

Buntuiscint – Cuid 5

1. Cad a thug an t-údar don fhear?
2. Cén fáth ar thug an t-údar na nótaí sin dó?
3. Cén fáth a raibh áthas ar an bhfear?
4. Cad a tharla nuair a fuair an fear an t-airgead?

1 investment   2 eyes   3 trick

Cuid 6

Bhí aoibh an gháire[1] ar an údar nuair a chuaigh sé a chodladh. Bhí sé ag smaoineamh ar an bhfear ag dul isteach go dtí an banc in Kathmandu agus ag fáil amach nach raibh mórán airgid aige.

Bhainfí croitheadh ceart as nuair a chuirfí ar a shúile dó i mbanc nó i mbiúró in Kathmandu nach raibh ina charnán lire ach sop gan luach. Beidh sé ag téamh ina chuid fola agus ag éirí de thalamh le fearg nuair a thuigfear dó gur buaileadh bob air.

Nuair a d'éirigh an t-údar ar maidin bhí an fear imithe agus níor fhág sé a sheoladh in Kathmandu don údar mar a gheall sé.

Buntuiscint – Cuid 6

1. Cén fáth a raibh an t-údar ag gáire nuair a chuaigh sé a chodladh?
2. Ar fhan an fear chun labhairt leis an údar ar maidin?
3. An bhfuair an t-údar seoladh an fhir in Kathmandu uaidh?

Cuid 7

Cha raibh ann ach slíomadóir

Bhí bean an tí ag labhairt le Cathal Ó Searcaigh ansin. Thug sí cúlra[2] an fhir dó.

Chaith sé tamall i bpríosún mar ghoid sé iarsmaí[3] ó na teampaill agus dhíol sé leis na turasóirí iad.

Ní raibh aon obair aige anois agus bhí sé ag goid i gcónaí.

Bhí sé tugtha don ól ó bhí sé óg, a dúirt sí, agus chuir sé críoch fhliuch ar ar shaothraigh sé ariamh.

Bhí sé tugtha don ól agus chaith sé aon airgead a bhí aige ar an ól. Bhí bean agus páistí aige ach bhí sé scartha uathu. Níor thug sé aon aire dóibh.

Duine mímhacánta a bhí ann a d'inis bréaga an t-am ar fad.

Buntuiscint – Cuid 7

1. An raibh an fear eile macánta, dar le bean an tí?
2. Cén fáth a raibh an fear sa phríosún uair?
3. Cén chaoi a bhfuair an fear airgead anois?
4. Cén fhadhb eile a bhí ag an bhfear?
5. Arbh fhear céile agus athair maith é an fear?

1 beaming   2 background   3 relics

Téama/Príomhsmaointe an tSleachta

- Tá an scéal seo suite i Neipeal.
- Bhí an t-údar, Cathal Ó Searcaigh, ar cuairt ann agus bhí sé ag fanacht ar lóistín ann.
- Oíche amháin tháinig fear beag ramhar isteach.
- Shuigh sé síos os comhair na tine, in aice leis an údar.
- Bhí sé fiosrach agus chuir sé a lán lán ceisteanna faoi chúrsaí airgid ar an údar.
- Thuig an t-údar láithreach[1] go raibh an fear glic agus mímhacánta.
- Bhí a fhios aige gur mhaith leis bob a bhualadh ar an údar; gur mhaith leis airgead a ghoid uaidh.
- Bhí an t-údar glic agus géar é féin agus d'imir sé cluiche leis an bhfear.
- Lig an t-údar air go raibh sé bog agus saonta.
- Lig an t-údar air gur chreid sé an fear nuair a dúirt sé go raibh sé rathúil agus go raibh a lán gnóthaí aige.
- Cheannaigh an t-údar cúpla deoch don fhear agus cheap sé ansin go raibh an t-údar bog agus saonta.
- Dúirt an fear go raibh gnó aige a bhain le páipéar agus gur theastaigh airgead don ghnó.
- Dúirt an fear go raibh sé macánta agus mar sin nach mbeadh orthu dul go dtí dlíodóir faoin airgead.
- Cheap an fear gurbh amadán[2] é an t-údar agus go raibh sé ag bualadh bob air.
- Dúirt sé go raibh míle dollar ag teastáil uaidh.
- Thug an t-údar lab nótaí lire don fhear. Bhí an fear ar mhuin na muice.
- Níor thuig sé nár bhain luach ar bith leis na nótaí lire sin.
- Cheap an fear gur bhuail sé bob ar an údar. Bhí sé lánsásta leis féin.
- Chomh luath is a fuair an fear an t-airgead chuaigh sé a chodladh.
- Ní fhaca an t-údar an fear arís.

- Bhí an t-údar ag gáire. Ina intinn chonaic sé an fear ag dul isteach sa bhanc agus chonaic sé an fhearg a bheadh air nuair a thuigfeadh sé gur bhuail an t-údar bob air.
- Níorbh fhear deas ná macánta a bhí san fhear in aon chor. Bhí sé i bpríosún uair toisc gur ghoid sé iarsmaí ó na seanteampaill agus dhíol sé leis na turasóirí iad.
- Chaith sé a chuid ama anois ag goid agus aon airgead a fuair sé, chaith sé ar alcól é.
- Bhí bean chéile agus páistí aige ach níor thug sé aon aire dóibh.

1 immediately   2 idiot

Eochairfhocail an scéil

Roghnaigh na deich bhfocal is tábhachtaí sa scéal, dar leat. Scríobh i do chóipleabhar iad agus cuir in abairtí iad.

Cleachtadh: Fíor nó bréagach?

Cuir tic sa bhosca F nó B i gcás gach abairte agus ansin scríobh i do chóipleabhar na habairtí go léir atá fíor agus ceartaigh na cinn atá mícheart.

	Fíor	Bréagach
1 Bhí Cathal Ó Searcaigh ar cuairt ar Neipeal.	☐	☐
2 Ní raibh aon suim ag an bhfear eile in airgead.	☐	☐
3 Dar leis an bhfear eile, bhí baint aige le cairpéid agus páipéar.	☐	☐
4 Cheannaigh an fear eile deochanna do Chathal Ó Searcaigh.	☐	☐
5 Thaitin an fear eile go mór le Cathal Ó Searcaigh.	☐	☐
6 Ghlaoigh an t-údar slíomadóir agus cneámhaire ar an bhfear eile.	☐	☐
7 Fear santach glic ba ea an fear eile.	☐	☐
8 Cheap an fear gurbh amadán é an t-údar.	☐	☐
9 Chaith an fear seal i bpríosún.	☐	☐
10 Thug Cathal Ó Searcaigh a lán lire don fhear.	☐	☐

Cleachtadh: Líon na bearnaí

Líon na bearnaí leis na focail ón liosta thíos:

fiosrach   gadaí   glic   cneámhaire agus slíomadóir
saonta   mímhacánta   bhuail   bob   luach   ghnó   muice

1 Bhuail Cathal Ó Searcaigh le fear beag _____ nuair a bhí sé i Neipeal.
2 Cheap an fear go raibh an t-údar bog agus _____.
3 _____ _____ _____ a bhí san fhear eile, dar leis an údar.
4 Duine _____ a bhí san fhear agus chuir sé a lán ceisteanna.
5 _____ ab ea an duine eile agus bhí sé ag goid iarsmaí na tíre.
6 Ba mhaith leis an bhfear go dtabharfadh Cathal Ó Searcaigh míle dollar dó don _____.
7 Thug Ó Searcaigh slám lire gan aon _____ don fhear eile.
8 Cheap an fear go raibh sé ag bualadh bob ar an údar ach _____ an t-údar _____ air.
9 Cé go ndúirt an fear go raibh sé macánta, duine _____ a bhí ann.
10 Bhí an fear ar mhuin na _____ nuair a fuair sé an t-airgead ón údar.

Obair bheirte

Ainmnigh beirt charachtar sa scéal agus pléigh na príomhthréithe atá acu leis an duine atá in aice leat.

Staidéar ar an scéal

An cineál duine é an fear sa scéal

- Mímhacánta[1] – chum sé scéalta faoi ghnóthaí a bhí aige mar ba mhaith leis airgead a fháil ón údar. D'inis sé a lán bréag. Ní raibh gnó ar bith aige agus bhí sé sa phríosún mar ghoid sé iarsmaí na tíre. D'fhág sé an lóistín chomh luath is a fuair sé an t-airgead ón údar agus níor thug sé seoladh dó. Gadaí a bhí ann i ndáiríre.

- Santach[2] – bhí súile beaga santacha aige agus bhí sé ag iarraidh airgead a fháil gan aon obair a dhéanamh. Bhí sé leisciúil freisin. Chomh luath is a fuair sé an t-airgead ón údar bhailigh sé leis.

An cineál duine é Cathal Ó Searcaigh (an t-údar)

- Glic – bhí an t-údar amhrasach faoin bhfear eile ón tús. Níor chreid sé a chuid scéalta ach lig sé air gur chreid agus bhuail sé bob ar an bhfear eile nuair a thug sé na lire gan luach dó.

- Cliste – bhí Ó Searcaigh an-chliste agus bhuail sé bob ar an bhfear eile. D'éist sé lena scéalta agus lig sé air gur chreid sé na scéalta faoi na gnóthaí a bhí aige. Cheannaigh sé deochanna dó agus cheap an fear go raibh Ó Searcaigh bog agus saonta. Ach thug sé airgead gan luach dó agus bhí sé ag gáire ag smaoineamh ar an bhfear ag dul isteach go dtí an banc in Kathmandu. Bhí a fhios aige go mbeadh fearg an domhain air.

Cleachtadh: Meaitseáil na ceisteanna agus na freagraí ó A agus B

	A		B
1	Céard iad na scéalta a chum an fear beag?	a	Bhí sé santach, mímhacánta agus leisciúil.
2	Cén fáth ar chuir an fear beag na ceisteanna ar fad ar an údar?	b	Thug sé lab lire gan luach dó.
3	Cén fáth a raibh an fear beag sa phríosún?	c	Bhí sé ag gáire ag smaoineamh faoin bhfear ag dul isteach go dtí an banc leis na nótaí lire.
4	Cén cineál duine é an fear beag?	d	Chum sé scéalta faoi na gnóthaí a bhí aige.
5	Cad a cheap an fear beag den údar?	e	Bhí sé an-chliste.
6	Cad a thug an t-údar don fhear beag?	f	Thug sé na lire gan luach dó.
7	Cén fáth a raibh an t-údar ag gáire?	g	Ba mhaith leis a fháil amach an raibh an t-údar saibhir.
8	Cén cineál duine é an t-údar?	h	Chomh luath is a fuair sé an t-airgead d'imigh sé leis agus bhí sé sa phríosún cheana féin.
9	Conas a bhuail an t-údar bob ar an bhfear beag?	i	Cheap sé go raibh sé bog agus saonta.
10	Cá bhfios go raibh an fear beag mímhacánta?	j	Toisc gur ghoid sé iarsmaí ó na teampaill.

1	2	3	4	5	6	7	8	9	10

---

1 dishonest   2 greedy

Ceisteanna agus freagraí samplacha

1 Ceist: Tabhair cuntas gairid ar rud amháin a thaitin leat agus ar rud amháin nár thaitin leat sa scéal *Seal i Neipeal*.

Freagra: Thaitin sé liom nuair a bhuail an t-údar bob ar an bhfear a bhí ag iarraidh airgead a fháil uaidh. Cheap an fear go raibh Cathal Ó Searcaigh bog, saonta. Dúirt sé go raibh gnó aige agus ba mhaith leis airgead a fháil ón údar. Thug Ó Searcaigh a lán lire gan luach dó agus cheap an fear go raibh sé an-saibhir ansin. Chomh luath is a fuair sé an t-airgead bhailigh sé leis ach bhí an t-údar ag gáire ag smaoineamh ar an bhfear ag dul isteach go dtí an banc in Kathmandu agus ag fáil amach nach raibh sé saibhir in aon chor. Bhí sé seo greannmhar.

Níor thaitin an fear beag sa scéal liom. Fear glic santach a bhí ann agus chaith sé a shaol ag goid ó dhaoine. Chaith sé seal sa phríosún mar gur ghoid sé iarsmaí na tíre agus ansin bhí sé ag iarraidh airgead a fháil ón údar. Dúirt sé go raibh gnó aige ach ní raibh.

2 Ceist: 'Tháinig fear beag beathaithe isteach chugam, gnúis dhaingean air, a thóin le talamh.'

Tabhair cuntas ar ar tharla ina dhiaidh sin sa scéal go dtí gur thug an t-údar na lire dó.

Freagra: Shuigh an fear síos in aice leis an údar agus chuir sé a lán ceisteanna air. Ba mhaith leis a fháil amach an raibh an t-údar saibhir. Bhí sé ag maíomh as na gnóthaí go léir a bhí aige. Dúirt sé go raibh daoine ag obair dó. Bhí fir ag díol éadaigh, bhí mná ag cniotáil agus daoine eile ag déanamh páipéir dó. Dúirt sé go raibh sé macánta agus go raibh an t-ádh ar an údar gur bhuail sé leis. Cheannaigh an t-údar cúpla deoch dó agus cheap an fear beag go raibh Cathal Ó Searcaigh bog, saonta agus gur chreid sé gach rud a dúirt sé.

Bhí bean an tí buartha go raibh an t-údar chun a lán airgid a thabhairt don fhear ach ní raibh an t-údar féin buartha. Bhí sé ag bualadh bob ar an bhfear. Bhí áthas an domhain ar an bhfear nuair a thug an t-údar airgead dó ach níor thuig sé nach raibh mórán luacha ag baint leis na lire. Cheap an fear gur bhuail sé bob ar an údar agus go raibh sé saibhir.

Cleachtadh: Athscríobh an freagra thuas mar chleachtadh.

Cleachtadh: Líon na bearnaí

Líon na bearnaí san alt seo.

Bhí a fhios ag an údar chomh luath is a chonaic sé an fear beag go raibh sé glic agus _____. Ba mhaith leis a fháil amach an raibh an t-údar _____ agus chuir sé a lán ceisteanna air. Bhí an fear beag ag _____ as na gnóthaí ar fad a bhí aige ach bhí sé ag insint _____. Ní raibh aon ghnó aige. Duine _____ a bhí ann agus chaith sé tamall sa phríosún toisc gur ghoid sé _____ ó na seanteampaill. Bhí an fear ag iarraidh _____ a bhualadh ar an údar agus cheap sé go raibh an t-údar bog, _____. Níor thuig sé go raibh an t-údar _____. _____ an t-údar bob ar an bhfear. Thug sé lire gan _____ don fhear. Cheap an fear go raibh sé _____ ansin. Chomh luath is a fuair sé an t-airgead chaill sé suim san údar agus d'fhág sé an lóistín. Bhí an t-údar ag _____ nuair a smaoinigh sé ar an bhfear ag dul isteach sa bhanc in _____. Bhí a fhios aige go mbeadh _____ an domhain air.

Ceisteanna scrúdaithe

Déan cleachtadh ar na ceisteanna scrúdaithe seo a leanas. Bain úsáid as na frásaí agus na nathanna ag tús an aonaid mar chabhair duit.

1. Déan cur síos ar an bhfear a tháinig isteach sa lóistín ag tús an scéil. Is leor **dhá** phointe eolais.

2. 'Ansin thosaigh an cheastóireacht, tiubh agus crua.' Luaigh **dhá** cheist a chuir an fear ar an údar.

3. Cén fáth ar lig an t-údar air go raibh sé saibhir? Is leor **dhá** phointe eolais.

4. Ainmnigh tréith **amháin** a bhí ag an údar agus tréith **amháin** a bhí ag an bhfear.

5. Scríobh síos achoimre ghairid ar an scéal.

FACSS

Ullmhaigh na habairtí seo thíos agus scríobh i do chóipleabhar iad.

Féach Abair Clúdaigh	Scríobh	Seiceáil
1 Bhí an t-údar ag fanacht ar lóistín.		
2 Bhí an fear an-fhiosrach.		
3 Chuir an fear a lán ceisteanna.		
4 Cheap an fear go raibh an t-údar saibhir.		
5 Bhí an t-údar glic agus cliste.		
6 Cheap an fear go raibh an t-údar bog agus saonta.		
7 Bhí an fear mímhacánta.		
8 Bhí sé sa phríosún mar ghoid sé iarsmaí.		
9 Bhuail an t-údar bob ar an bhfear.		
10 Cheap an fear gur bhuail sé bob ar an údar.		
11 Thug an t-údar lire gan luach don fhear.		
12 Bhí an fear ar mhuin na muice nuair a fuair sé na lire.		
13 Cheap sé go raibh sé saibhir.		
14 D'inis an fear a lán bréag.		
15 Níor thug an fear aire dá bhean ná dá chlann.		
16 Lig an t-údar air gur chreid sé an fear beag.		
17 Bhí an fear santach agus leisciúil.		
18 Bhí an fear ag maíomh as na gnóthaí a bhí aige, mar dhea.		

An Gnáthrud

Rian 2.03 PowerPoint

le Déirdre Ní Ghrianna

Bhí pictiúir **gan fhuaim** ag teacht ón teilifís i **gcoirnéal** an tseomra sa bheár seo i mBéal Feirste, a bhí lán ó chúl go doras. **D'amharc** Jimmy ar na **teidil** a bhí ag imeacht ón scannán roimh nuacht a naoi a chlog. Bhain sé **súimín** beag as an phionta a bhí roimhe agus smaointigh sé ar an **léirscrios** a bheadh ina dhiaidh sa bhaile.

Bheadh Sarah, a bhean chéile, **ag streachailt** go crua ag iarraidh na páistí a chur a luí. Chuirfeadh John, an duine ba shine acu, gasúr crua **cadránta i gceann a cheithre mbliana, chuirfeadh sé ina héadan** go deireadh, cé go mbeadh fáinní dearga fá na súile aige ar mhéad is a **chuimil sé** leis an tuirse iad. Ach ní raibh **amhras** ar bith ar Jimmy cé aige a bheadh **bua na bruíne. Dá ndearcfadh sé** ar an am a chuaigh thart, déarfadh **geallghlacadóir** ar bith go mbeadh an bua ag Sarah arís eile.

Mhothaigh Jimmy i gcónaí **ciontach** nuair a chuaigh sé a dh'ól lena **chomrádaithe** tráthnóna Dé hAoine nuair a bheadh obair na seachtaine déanta acu; agus ba mhíle ba mheasa é ó tháinig an **cúpla** ar an tsaol sé mhí ó shin. Bhí a **choinsias** ag cur isteach chomh mór sin air is nach raibh pléisiúr dá laghad aige san **oilithreacht sheachtainiúil** go **tobar Bhacais** lena chomrádaithe.

Chan ea gur **fear mór ólacháin** a bhí riamh ann; níorbh ea. Gan fiú a chairde féin nach dtug **'fear ólta sú'** air ar mhéad is a **chloígh sé** leis an **mheasarthacht i ngnoithe ólacháin.** Agus leis an fhírinne a dhéanamh, bhí **oiread dúile** sa chraic agus **sa chuideachta** aige is a bhí aige i gcaitheamh siar piontaí. Ar ndóigh, ba Sarah ba chúis le é **a leanstan** den **chruinniú** sheachtainiúil seo. Ní ligfeadh an **bród** di bheith **ar a athrach de dhóigh**, nó **níor lú uirthi an diabhal** ná a chairde a rá go raibh sé **faoi chrann smola** aici.

Mar sin de, bhí a fhios ag Jimmy **nár bheo dó a bheo** dá dtigeadh sé na bhaile roimh an deich a chlog, nó dá ndéanfadh, **bhéarfadh** Sarah **a sháith dó.** Bhí sé oibrithe amach ina intinn aige go raibh am aige le **cur eile a chur ar clár** agus ansin go dtiocfadh leis slán a fhágáil ag an chuideachta agus a bhealach a dhéanamh a fhad leis an *Jasmine Palace*, áit a dtiocfadh leis curaí a fháil dó féin agus *chop suey* do Sarah, cuid eile de **dheasghnátha** na hAoine.

'Anois, a fheara, an rud céanna arís?'

'Beidh ceann beag agam an t-am seo, murar miste leat, a Jimmy.'

---

soundless; corner
Looked; titles
a sup
devastation/chaos

struggling

stubborn; he was four years of age, he would resist her

he rubbed
no doubt
victory in the fight; If he looked
bookmaker

guilty
companions

twins
conscience
weekly pilgrimage; pub

It wasn't that; big drinker
juice drinker; he stuck to
moderation; in matters of drink as
much interest; company
his continuing; meeting
pride; change his habits
she'd prefer the devil; under
her thumb
wouldn't be worth living
she'd give out to him

buying a round (of drinks)

rituals

Tháinig **aoibh** ar bhéal Jimmy agus **chlaon** sé a cheann mar fhreagra. Bhí a fhios aige go mbeadh Billy sa bheár go gcaithfí amach é nó bhí a bhean **ar shiúl** go Sasain a dh'amharc ar an **ua da deireanaí** dá gcuid. Ar ndóigh, bhí Billy **ag ceiliúradh** an **linbh úir** i rith na seachtaine. Tháinig an gaffer air le **casoid chrua fán dóigh** a raibh sé **ag leagan na mbrící**. B'éigean do Jimmy **tarrtháil** a tabhairt air agus **geallstan** don gaffer go gcoinneodh sé **ag gabháil** mar ba cheart é.

smile; nodded

gone
latest grandson
celebrating; new child;
harsh complaint about the way;
laying the bricks; help;
promise; working

Rinne Jimmy **cuntas** ina intinn ar an deoch a bhí le fáil aige agus tharraing sé ar an bheár. Bhí Micí, an **freastalaí**, ansin roimhe agus é ag éisteacht leis **na pótairí** a bhí ina suí ag an bheár, má b'fhíor dó. **Chonacthas** do Jimmy go raibh na pótairí céanna seo **greamaithe** do na stóla. D'aithin sé na haghaidheanna uilig agus thug sé **fá dear** go suíodh **achan mhac máthar** acu ar an stól chéanna gan teip. Chuaigh sé **a smaointiú** ar an tsaol a chaithfeadh bheith acu sa bhaile; ní raibh a fhios aige **cad é mar a thiocfadh leo** suí ansin uair i ndiaidh uaire is gan **scrupall coinsiasa** ar bith orthu.

account
server
the drinkers
It seemed to; stuck
notice
every single one
thinking
how they could; regret

Níor thuig Jimmy **cad chuige** nach raibh na fir seo ag iarraidh gabháil na bhaile. B'fhéidir gurbh airsean a bhí an t-ádh. Bhí Sarah agus na páistí aige; bhí, agus teach deas **seascair**. **Ina dhaidh sin**, ní raibh an teach chomh maith sin nuair a cheannaigh siad é; ceithre mhíle punt a thug siad don *Housing Executive* **ar son ballóige**, féadaim a rá, a raibh brící sna fuinneoga ann. Bhain sé **bunús bliana** as **deis** a chur ar a theach, ag obair ag deireadh na seachtaine agus **achan** oíche, amach ó oíche Aoine, ar ndóigh.

why

comfortable; even still

for a ruin
almost a year; fix
every

Ach ba í Sarah a rinne baile de, na cuirtíní a rinne sí as **fuílleach éadaigh** a cheannaigh sí ag **aonach na hAoine**, nó na cathaoireacha nach dtug sí ach deich bpunt orthu i *jumble* agus a chuir sí **snas úr** orthu. Ní raibh aon tseomra sa teach nár **chóirigh sí** go raibh siad cosúil leis na pictiúir **a tchífeá** ar na h**irisí loinnireacha ardnósacha**. Anois, agus é ag fanacht **lena sheal** ag an bheár, **b'fhada le** Jimmy **go dtaradh** oíche Shathairn nuair a bheadh sé féin agus Sarah ábalta **teannadh** lena chéile ar an **tolg** ag amharc ar *video* agus buidéal beag fíona acu.

surplus cloth
Friday market
new appearance
prepared
you would see; posh glossy
magazines; his turn; couldn't wait;
would come; sit close together
couch

'Seacht bpionta Guinness agus ceann beag, le do thoil, a Mhicí.'

'Cad é mar atá na **girseacha** beaga, a Jimmy? Is dóiche nach bhfuil tú ag fáil mórán codlata ar an aimsir seo …'

girls

'Gabh mo leithscéal, a Mhicí, déan sé phionta agus ceann beag de sin, murar, miste leat.'

Thug caint Mhicí **mothú ciontach** chun tosaigh in intinn Jimmy, cé gur mhaith a bhí a fhios aige gurbh iad Elizabeth agus Margaret na páistí ab fhearr a cuireadh chun tsaoil riamh. Anois, b'fhada le Jimmy go dtógadh sé iad, duine ar achan lámh, agus **go dteannadh sé** lena chroí iad agus **go dtéadh sé a cheol daofa** agus éisteacht leo **ag plobaireacht**.

a guilty feeling

that he would hug them; he
would sing for them; prattling

Chuir Micí dhá **losaid** fána lán gloiní ar an chuntar agus thug Jimmy chun tábla **fá dheifir** iad. Chaith sé siar deireadh a phionta, d'fhág sé slán ag an **chuideachta** agus rinne a bhealach a fhad le **biatheach** na Síneach.

Amuigh ar an tsráid, agus ceo na Samhna thart air, ní raibh in Jimmy ach duine gan ainm. **Thiontaigh sé** aníos **coiléar a chasóige** agus shiúil na cúpla céad slat a thug a fhad leis an *Jasmine Palace* é. Istigh ansin bhí an t-aer trom le **boladh spíosraí** agus **teas bealaithe**.

Bhí triúr nó ceathrar de dhéagóirí istigh roimhe agus iad ar meisce ar **fíon úll**. Bhí a n-**aird** ar an **bhiachlár ghealbhuí** fána lán mílitriú agus bhí siad **ag cur is ag cúiteamh** eatarthu féin fá cad é a cheannódh siad ar na pinginí a bhí fágtha acu.

Bhí Liz, mar a thug achan chustaiméir uirthi, ag freastal – **girseach scór mbliain**, í **díomhaoin**, cé go raibh iníon bheag ceithre bliana aici, rud a d'inis sí do Jimmy **i modh rúin**.

'An gnáthrud, a Jimmy. Tá tú rud beag luath anocht, nach bhfuil?'

'Tá, nó ba mhaith liom gabháil na bhaile go bhfeice mé cad é mar atá na páistí.'

'Níl mórán de **do mhacasamhail** ag gabháil ar an aimsir seo. **Bunús na bhfear**, ní bhíonn **ag cur bhuartha orthu** ach iad féin agus na cairde agus a gcuid piontaí.'

Tháinig **an deargnáire** ar Jimmy. Ní raibh **lá rúin** aige an **tseanchuimhne nimhneach** sin a mhuscailt i gceann Liz – an **stócach** a bhí **seal** i ngrá léi agus a d'fhág ina dhiaidh sin í nuair **a theann an saol go crua** orthu. Bhí **tost míshuaimhneach** eatarthu agus bhí Jimmy sásta nuair a tháinig duine de na stócaigh óga chuige ag iarraidh **mionairgead briste** ar bith a bheadh fá na pócaí aige. Thug Jimmy **traidhfil airgead rua** agus **boinn** chúig pingine dó. Rinne sé **gnúsachtach** mar bhuíochas, phill ar a chairde agus **d'fhógair daofa** go raibh **a sáith** airgid anois acu le hiasc agus sceallóga a cheannach, agus **tobán** beag curaí **lena chois**.

tray; in a hurry
company
restaurant

He turned;
collar of his coat

smell of spices; rich,
greasy heat
cider; attention; bright
yellow menu; debating

20-year-old girl
unmarried
in confidence

like you; Most of the men;
worrying them

embarrassment; no intention;
old memory; painful; young
man; once; when life got hard;
uncomfortable silence;
loose change;
few pence; coins
grunt; announced to them
enough
tub; as well

Rinne Jimmy staidéar ar na stócaigh seo. Shílfeadh duine gur **bhaill** iad de **chumann rúnda inteacht** ina raibh sé de **dhualgas** ar gach ball **beannú dá chéile** sa chuid **ba ghairbhe** de chaint **ghraosta, ghraifleach, ghnéasach** na Sacsanach. **D'fhéach** Jimmy **lena chluasa a dhruidim in éadan** na **tuile** seo. Ach, ar ndóigh, ní féidir an **rabharta a chosc.**

Rinneadh **foscladh** ar an **chomhla** bheag sa bhalla ar chúl an chuntair, agus cuireadh mála bia agus ticéad amach. Thiontaigh Liz a súile ó na stócaigh gharbha a bhí **ag diurnú** bhuidéal an *Olde English.*

'Seo duit, a Jimmy, oíche mhaith agus slán abhaile.'

Chlaon Jimmy a cheann mar fhreagra, thóg an mála donn agus d'fhoscail doras trom na sráide. Chonacthas dó gur éirigh an oíche iontach fuar. Chuir sé mála an bhia taobh istigh dá **chasóg** in aice **lena chliabhrach** leis an teas a choinneáil ann, cé nach raibh i bhfad le siúl aige.

Chuaigh sé a smaointiú ar an **chraos tine** a bheadh sa **teallach** roimhe, agus ar an dá phláta agus an dá fhorc a bheadh réidh ag Sarah agus í ag súil leis na bhaile. Ba mhian leis **luí aici** agus **inse di** cad é chomh sona sásta is a bhí sé le linn iad bheith le chéile.

Chonaic sé ina intinn féin í, **fána gruaig chatach bhán. Chóir a bheith go dtiocfadh leis a boladh a chur,** ach a Dhia, chomh mór agus ba mhaith leis a lámha a chur thart uirthi agus luí aici.

Caillte ina smaointe féin, ní raibh a fhios ag Jimmy cad é a bhí **ag gabháil ar aghaidh thart air.** Níor chuala sé an carr gan solas a bhí ag tarraingt air **go fadálach** as dorchadas na hoíche. Ní fhaca sé an **splanc solais,** ach ar an tsaol seo dáiríre, **scaoil** stócach a raibh caint **ní ba ghraiflí** aige ná an mhuintir a bhí sa teach itheacháin, **scaoil sé urchar a shíob** leath an **chloiginn** de Jimmy agus a d'fhág ina luí ar an tsráid **reoite** é. Bhí an fhuil **ag púscadh** ar an talamh fhuar liath agus **ag meascadh** lena raibh sna boscaí aluminium.

members; some secret society; duty; greet one another; ugliest; dirty; coarse; sexual; He tried; to close his ears against torrent of talk; torrent; stop; opening; hatch
drinking

coat; his chest

warm fire; hearth

lie beside her; tell her

with her curly blonde hair; He could almost get the scent

Lost
happening around him
slowly; flash of light
unleashed
uglier
he fired a shot that blew away head
frozen; oozing
mixing

Achoimre ar an scéal

Cuid 1

Oíche Aoine a bhí ann. Bhí Jimmy agus a chairde ag ól i dteach tábhairne[1] i mBéal Feirste díreach roimh a naoi a chlog. Bhí sé ag smaoineamh ar a chlann agus ar a bhaile. Bhí triúr páistí aige, John a bhí ceithre bliana d'aois agus cúpla, Margaret agus Elizabeth a bhí sé mhí d'aois.

Bheadh Sarah, a bhean chéile, ag streachailt go cruaidh ag iarraidh na páistí a chur a luí.

Bhí a fhios aige go mbeadh Sarah ag streachailt[2] leis na páistí chun iad a chur a chodladh. B'fhearr leis a bheith sa bhaile lena chlann ach dúirt a bhean chéile Sarah leis dul amach lena chairde. Ach mhothaigh Jimmy ciontach[3]. Bhí grá mór ag Jimmy dá bhean chéile Sarah agus dá bpáistí.

Buntuiscint – Cuid 1

1 Cén lá a bhí ann?

2 Cá raibh Jimmy?

3 Cad a bhí ar siúl aige?

4 Cad air a raibh Jimmy ag smaoineamh?

5 Cé mhéad páiste a bhí ag Jimmy?

6 Déan cur síos ar pháistí Jimmy.

7 Cad a bhí ar siúl ag Sarah a fhad is a bhí Jimmy amuigh ag ól?

8 Cad ab fhearr le Jimmy a dhéanamh?

9 Cén chaoi ar mhothaigh Jimmy?

Cuid 2

Bhí a chara Billy leis sa teach tábhairne. Bhí Billy i dtrioblóid ag an láthair oibre i rith na seachtaine agus sheas Jimmy suas dó. Bhí Jimmy ag ceannach deochanna dá chairde.

Bhí sé go mór i ngrá lena bhean chéile Sarah agus sona sásta sa bhaile. Bhí sé ag súil le dul abhaile agus a bheith ag spraoi agus ag canadh leis na páistí.

Bhí a fhios ag Jimmy go raibh an t-ádh leis go raibh bean chéile agus clann álainn aige. Bhí trua[4] aige do na daoine eile a chaith a gcuid ama ag ól sa teach tábhairne. Bhí trua aige do na daoine nach raibh chomh sona is a bhí sé féin agus Sarah.

Anois, b'fhada le Jimmy go dtógadh sé iad agus go dteannadh sé lena chroí iad agus go dtéadh sé a cheol daofa agus éisteacht leofa ag plobaireacht.

Buntuiscint – Cuid 2

1 Cé hé Billy?

2 Cad a tharla do Billy i rith na seachtaine?

3 Cén chaoi ar chabhraigh Jimmy le Billy?

4 Cad a mhothaigh Jimmy faoi Sarah?

5 Cén fáth a raibh Jimmy ag súil le dul abhaile?

6 Cén chaoi a raibh an t-ádh ar Jimmy?

7 Cén fáth a raibh trua ag Jimmy do na daoine eile sa teach tábhairne?

1 pub   2 struggling   3 guilty   4 pity

Cuid 3

Bhí Jimmy agus Sarah ina gcónaí i dteach beag a cheannaigh siad cúpla bliain roimhe sin. Nuair a cheannaigh siad an teach ar dtús ní raibh ann ach ballóg[1]. Chaith siad gach deireadh seachtaine agus gach oíche, ach amháin oíche Aoine, ag obair ar an teach agus thóg sé bliain orthu teach deas a dhéanamh de. Rinne Sarah cuirtíní agus cheannaigh sí seantroscán[2]. Bhí an bheirt acu an-bhródúil as an teach agus sona sásta le chéile.

Amuigh ar an tsráid agus ceo[3] na Samhna thart air, ní raibh in Jimmy ach duine gan ainm.

Chuaigh Jimmy isteach sa bhialann Shíneach, an Jasmine Palace, chun bia a cheannach dó féin agus do Sarah. Cheannaigh sé béile ann gach Aoine. Bhí sé ag súil go mór le dul abhaile go dtí Sarah.

Buntuiscint – Cuid 3

1. Cá raibh Jimmy agus Sarah ina gcónaí?
2. Cén chaoi a raibh an teach nuair a cheannaigh siad ar dtús é?
3. Cén obair a rinne Jimmy agus Sarah ar a dteach?
4. Cad é/conas mar a mhothaigh an bheirt acu faoin teach?
5. Cá ndeachaigh Jimmy tar éis dó an teach tábhairne a fhágáil?
6. Cén fáth a ndeachaigh sé ansin?

Cuid 4

Bhí cúpla déagóir[4] ann. Bhí siad garbh[5] agus bhí siad ag eascainí[6]. Bhí siad ar meisce[7] agus thug Jimmy airgead dó. Níor thaitin na déagóirí le Jimmy ach bhí sé cineálta agus deas le daoine. Bhí sé ag caint le Liz, an freastalaí a bhí ag obair ann. Bhí leanbh amháin aici cé nach raibh sí pósta, rud a d'inis sí faoi rún[8] do Jimmy uair amháin.

'An gnáthrud, a Jimmy. Tá tú rud beag luath anocht, nach bhfuil?'

Buntuiscint – Cuid 4

1. Cé a bhí istigh sa bhialann?
2. Déan cur síos orthu.
3. Cá bhfios go raibh Jimmy deas le daoine?
4. Cé hí Liz?
5. Cad a d'inis sí faoi rún do Jimmy?

| 1 ruin | 2 old furniture | 3 fog | 4 teenager | 5 rough | 6 cursing | 7 drunk | 8 secretly |

Cuid 5

Fuair Jimmy an bia agus amach leis ar an tsráid fhuar. Bhí sé caillte ina smaointe ag tnúth lena rá le Sarah cé chomh sona is a bhí sé léi agus lena shaol.

Ba mhian leis luí aici agus inse díthe cad é chomh sona sásta is a bhí se le linn iad a bheith ag a chéile.

Ní fhaca sé an carr gan solas ag druidim leis agus ní fhaca sé an buachaill a scaoil urchar leis agus a mharaigh é. Thit Jimmy ar an tsráid, fuil a choirp ag meascadh leis an mbia ón Jasmine Palace.

Buntuiscint – Cuid 5

1. Céard iad na smaointe a bhí ag Jimmy agus é ag siúl abhaile ón Jasmine Palace?
2. Cad a bhí ag druidim in aice le Jimmy?
3. Cé a bhí ann?
4. Cad a rinne sé?

Téama/Príomhsmaointe an Scéil

- Scéal grá é seo ach tá an foréigean[1] agus an brón ann.
- Tá an scéal suite i dtuaisceart na hÉireann nuair a bhí na Trioblóidí[2] ar siúl.
- Bhí grá mór ag Jimmy, gnáthfhear, dá chlann, John, Margaret agus Elizabeth.
- Bhí sé go mór i ngrá lena bhean chéile Sarah, gnáthbhean.
- D'fhág sé an teach tábhairne go luath chun dul abhaile chun súgradh leis na páistí, le John a bhí ceithre bliana d'aois agus leis an gcúpla Margaret agus Elizabeth.
- Bhí Jimmy an-bhródúil as an obair iontach a rinne Sarah chun baile a dhéanamh den teach a cheannaigh siad.
- Rinne sí cuirtíní as éadach a cheannaigh sí ag aonach agus cheannaigh sí seantroscán ag margadh *jumble* agus rinne sí troscán álainn snasta de.
- An Aoine seo cheannaigh Jimmy béile sa bhialann Shíneach mar a rinne sé gach Aoine eile.
- Bhí sé ag siúl abhaile ag smaoineamh ar Sarah agus an grá a bhí aige di agus do na páistí.
- Ach mhill foréigean an Tuaiscirt an ghnáthchlann seo.
- Scaoil buachaill i gcarr urchar le Jimmy agus fuair sé bás.

Eochairfhocail an scéil

Roghnaigh na deich bhfocal is tábhachtaí sa scéal, dar leat. Scríobh i do chóipleabhar iad agus cuir in abairtí iad.

1 violence   2 the Troubles

Cleachtadh: Fíor nó bréagach?

Cuir tic sa bhosca F nó B i gcás gach abairte agus ansin scríobh i do chóipleabhar na habairtí go léir atá fíor agus ceartaigh na cinn atá mícheart.

	Fíor	Bréagach
1 Triúr páistí a bhí ag Jimmy.	☐	☐
2 Bhí Jimmy sa bhaile ag cur a pháistí a chodladh.	☐	☐
3 Bhí Jimmy sa teach tábhairne lena chairde.	☐	☐
4 Bhí Jimmy go mór i ngrá le Sarah, a bhean chéile.	☐	☐
5 Bhí teach deas ag Sarah agus Jimmy anois.	☐	☐
6 Sheas Jimmy suas dá chara Billy.	☐	☐
7 Ní raibh Jimmy sásta lena shaol.	☐	☐
8 Rinne Jimmy an rud céanna gach Aoine, dul go dtí an teach tábhairne agus go dtí an bhialann Shíneach.	☐	☐
9 Duine cineálta a bhí in Jimmy.	☐	☐
10 Fuair Jimmy bás nuair a scaoileadh urchar leis.	☐	☐

Cleachtadh: Líon na bearnaí

Líon na bearnaí leis na focail ón liosta thíos:

teach tábhairne   i ngrá   b'fhearr   bialann Shíneach   gnáthfhear   urchar   grá   bródúil   cineálta   sona sásta

1 Bhí Jimmy go mór __ _____ le Sarah.
2 Scaoil buachaill _____ le Jimmy agus fuair sé bás.
3 Chuaigh Jimmy go dtí _____ _____ gach Aoine chun béile a cheannach dó féin agus do Sarah.
4 Bhí Jimmy _____ le daoine.
5 _____ le Jimmy a bheith sa bhaile ná a bheith ag ól lena chairde.
6 Bhí Jimmy _____ as Sarah agus an baile a rinne siad le chéile.
7 Chuaigh Jimmy go dtí an _____ _____ gach Aoine lena chairde.
8 _____ a bhí in Jimmy a chaith gnáthshaol.
9 Bhí Sarah agus Jimmy _____ _____ le chéile.
10 Bhí _____ mór ag Jimmy dá pháistí.

Obair bheirte

Ainmnigh beirt charachtar sa scéal agus pléigh na príomhthréithe atá acu leis an duine atá in aice leat.

Staidéar ar an scéal

An cineál duine í Sarah

- Gnáthbhean[1] atá inti. Tá sí pósta le Jimmy agus tá triúr páistí aici.
- Grámhar – tá grá an-mhór ag Sarah do Jimmy. Cé go bhfuil triúr páistí an-óg aici agus go mbíonn sé deacair iad a chur a chodladh san oíche, is maith léi go bhfuil Jimmy ag dul amach lena chairde. Níl sí leithleasach[2] in aon chor.
- Tá a clann agus a teach tábhachtach di. Nuair a cheannaigh siad an teach rinne Sarah na cuirtíní í féin don teach agus cheannaigh sí seantroscán dó. Tá sí an-sona le Jimmy agus a cuid páistí.

1 ordinary woman   2 selfish

An cineál duine é Jimmy

- Gnáthfhear[1] atá ann. Tá sé pósta le Sarah agus tá triúr páistí aige.

- Grámhar[2] – tá an-ghrá ag Jimmy dá chlann agus do Sarah a bhean chéile. Téann sé amach ag ól lena chairde gach Aoine ach b'fhearr leis a bheith sa bhaile ag spraoi leis na páistí. Tá sé ag smaoineamh orthu an t-am ar fad nuair atá sé sa teach tábhairne. Tá sé ag dul abhaile go luath chun na páistí a fheiceáil.

- Grá – tá Jimmy go mór i ngrá le Sarah. Is aoibhinn leis a bheith léi agus is aoibhinn leis an Satharn nuair a bhíonn buidéal fíona acu agus bíonn siad le chéile. Bhí sé ag dul abhaile chun na rudaí sin a rá léi. Tá a fhios ag Jimmy go bhfuil an t-ádh leis go bhfuil clann álainn aige agus go bhfuil siad sona sásta.

- Bródúil[3] – tá Jimmy bródúil as a chlann agus as a theach. Is cuimhin leis nuair a cheannaigh siad an teach, ballóg a bhí ann agus tá sé bródúil as an teach álainn atá acu anois. Rinne sé féin agus Sarah a lán oibre chun teach álainn a dhéanamh den bhallóg.

- Cineálta[4] – is duine cineálta é Jimmy. Tá sé cineálta le Liz, an freastalaí sa bhialann Shíneach. D'inis sí dó faoi rún go raibh leanbh aici. Tá sé cineálta lena chara Billy nuair a bhí sé i dtrioblóid ag an obair. Tugann sé airgead don déagóir sa bhialann Shíneach freisin.

Cleachtadh: Meaitseáil na ceisteanna agus na freagraí ó A agus B

A		B	
1	Cá raibh Jimmy an oíche seo?	a	Bhí Liz ag obair inti.
2	Cé a bhí sa bhaile?	b	Bhí sé ag smaoineamh ar Sarah.
3	Cad a rinne Jimmy gach Aoine?	c	Ba mhaith leis dul abhaile chun súgradh leis na páistí.
4	Cad a tharla do Billy i rith na seachtaine?	d	Bhí sé sa teach tábhairne.
5	Cén fáth ar fhág Jimmy an teach tábhairne ní ba luaithe?	e	Cheannaigh sé béile agus thug sé airgead do dhéagóir.
6	Cár imigh sé tar éis an teach tábhairne?	f	Fuair sé bás nuair a scaoileadh urchar leis.
7	Cé a bhí ag obair sa bhialann?	g	Bhí Sarah agus na páistí sa bhaile.
8	Cad a rinne Jimmy nuair a bhí sé sa bhialann?	h	Chuaigh sé go dtí an teach tábhairne lena chairde.
9	Cén fáth nach bhfaca Jimmy an carr?	i	Bhí sé i dtrioblóid ag an obair.
10	Cad a tharla do Jimmy?	j	Chuaigh sé go dtí an bhialann Shíneach.

1	2	3	4	5	6	7	8	9	10

1 ordinary man   2 loving   3 proud   4 kind

Ceisteanna agus freagraí samplacha

1 Ceist: Tabhair cuntas gairid ar rud amháin a thaitin leat agus ar rud amháin nár thaitin leat faoin scéal seo *An Gnáthrud*.

Freagra: **Is maith liom Jimmy.** Is athair iontach é. Nuair a bhí sé sa teach tábhairne bhí sé ag smaoineamh ar na páistí an t-am ar fad. B'fhearr leis a bheith sa bhaile ag spraoi agus ag canadh leis na páistí. Is fear céile iontach é Jimmy freisin. Bhí sé go mór i ngrá le Sarah agus bhí sé bródúil as an obair a rinne sí ar a dteach. Rinne sí cuirtíní don teach agus chuir sí snas ar sheantroscán. Bhí an teach cosúil le teach a bheadh in *Hello* nó in iris eile mar sin. Bhí Jimmy an-deas le daoine. Bhí a chara Billy i dtrioblóid ag an láthair oibre agus chabhraigh Jimmy leis. Thug sé airgead do na déagóirí sa *Jasmine Palace* agus bhí sé cineálta le Liz. Bhí sé ag deifriú abhaile an oíche sin, ag smaoineamh ar Sarah agus ar a ghrá di nuair a fuair sé bás.

nó

Is maith liom Sarah. Máthair agus bean chéile iontach a bhí inti. Bhí triúr páistí óga aici agus thug sí aire mhaith dóibh. Bhí sí go mór i ngrá le Jimmy agus bhí sí sásta nuair a bhí Jimmy amuigh lena chairde sa teach tábhairne. Rinne sí obair iontach ina teach agus rinne sí na cuirtíní ar fad agus cheannaigh sí seantroscán don teach. Bhí saol maith aici go dtí an oíche uafásach seo.

Thaitin Sarah go mór liom. Thug sí aire mhaith do na páistí agus bhí sí go mór i ngrá le Jimmy. Dúirt sí le Jimmy dul amach lena chairde ar an Aoine ag ól. Ní raibh sí leithleasach in aon chor, bhí sí ag smaoineamh ar Jimmy.

Ní maith liom deireadh an scéil. Bhí Jimmy go mór i ngrá lena bhean chéile Sarah agus bhí sé ag deifriú abhaile chuici. B'aoibhinn leis a chuid páistí, John, Margaret agus Elizabeth agus ba mhaith leis a bheith sa bhaile leo ag canadh agus ag spraoi leo. Chaith sé an oíche ar fad ag smaoineamh ar Sarah agus ar na páistí. Thuig sé go raibh an t-ádh leis go raibh sé sona sásta ina shaol. Bhí sé caillte sna smaointe sin nuair a bhí sé ag siúl abhaile. Ní raibh mé ag súil le deireadh an scéil. Tháinig carr gan solas in aice leis agus scaoil buachaill sa charr urchar le Jimmy agus fuair sé bás uafásach. Níor thaitin an deireadh sin liom.

2 Ceist: 'Bhí Sarah agus na páistí aige; bhí agus teach breá seascair[1].' Tabhair cuntas ar shaol Jimmy.

Freagra: Gnáthfhear a bhí in Jimmy. Bhí sé pósta le Sarah agus bhí triúr páistí acu. Bhí Jimmy sona sásta lena shaol. Bhí sé go mór i ngrá le Sarah agus ba mhaith leis a bheith ag spraoi leis na páistí. Bhí sé an-bhródúil as a theach freisin. Nuair a cheannaigh siad an teach ballóg a bhí ann ach rinne sé féin agus Sarah teach álainn. Rinne Sarah na cuirtíní ar fad agus cheannaigh sí seantroscán don teach. Gach Aoine chuaigh Jimmy ag ól lena chairde. An oíche seo bhí sé ag smaoineamh ar Sarah agus ar na páistí an t-am ar fad. D'fhág sé an teach tábhairne agus cheannaigh sé béile dó féin agus do Sarah sa bhialann Shíneach. Tháinig buachaill i gcarr agus mharaigh sé Jimmy.

Cleachtadh: Athscríobh an freagra thuas mar chleachtadh.

Cleachtadh: Líon na bearnaí san alt seo

Is athair agus fear céile _____ é Jimmy. Ní maith leis a bheith sa teach _____. _____ leis a bheith sa bhaile, ag _____ agus ag canadh leis na páistí. Bhí Jimmy _____ as an obair a rinne Sarah ar an teach. Bhí Jimmy agus Sarah go mór i _____ lena chéile. Bhí Jimmy _____ le daoine agus chabhraigh sé leo. Thuig Jimmy go raibh an _____ leis. Bhí sé féin agus Sarah sona _____. Bhí Jimmy ag _____ abhaile an oíche sin. Ní fhaca sé an carr ____ _____ agus ní _____ sé an buachaill a scaoil urchar leis agus a _____ é. Bhí críoch _____ leis an scéal.

Ceisteanna scrúdaithe

Déan cleachtadh ar na ceisteanna scrúdaithe seo a leanas. Bain úsáid as na frásaí agus na nathanna ag tús an aonaid mar chabhair duit.

1 Cén saghas duine é Jimmy? Is leor **dhá** phointe eolais.

2 'Ach ba í Sarah a rinne baile de.' Scríobh síos **dhá** bhealach ar mhaisigh Sarah an teach.

3 'An gnáthrud, a Jimmy? Tá tú rud beag luath anocht, nach bhfuil?' Cén fáth ar fhág Jimmy an teach tábhairne? Is leor **dhá** phointe eolais.

4 Ainmnigh **dhá** rud a tharla nuair a bhí Jimmy ag an Jasmine Palace.

5 Scríobh achoimre ghairid ar an scéal.

1 homely

FACSS

Ullmhaigh na habairtí seo thíos agus scríobh i do chóipleabhar iad.

Féach Abair Clúdaigh	Scríobh	Seiceáil
1 Bhí Jimmy agus a chairde ag ól sa teach tábhairne.		
2 Bhí triúr páistí ag Jimmy agus ag Sarah.		
3 Bhí Sarah ag streachailt leis na páistí.		
4 Mhothaigh Jimmy ciontach.		
5 Bhí grá mór ag Jimmy dá bhean chéile Sarah agus dá bpáistí.		
6 Bhí Billy i dtrioblóid.		
7 Bhí Jimmy agus Sarah sona sásta.		
8 B'fhearr le Jimmy a bheith ag spraoi leis na páistí.		
9 Bhí a fhios ag Jimmy go raibh an t-ádh leis.		
10 Nuair a cheannaigh siad an teach ar dtús ní raibh ann ach ballóg.		
11 Rinne Sarah cuirtíní agus cheannaigh sí seantroscán.		
12 Níl Sarah leithleasach.		
13 Bhí siad an-bhródúil as an teach.		
14 Cheannaigh Jimmy bia sa bhialann Shíneach.		
15 Bhí Jimmy ag súil go mór le dul abhaile.		
16 Bhí na déagóirí garbh agus bhí siad ag eascainí.		
17 Bhí Jimmy deas agus cineálta le daoine.		
18 Bhí Jimmy ag deifriú abhaile.		
19 Bhí Jimmy caillte ina chuid smaointe.		
20 Ní fhaca sé an carr gan solas.		
21 Scaoil buachaill urchar leis agus mharaigh sé Jimmy.		
22 Bhí críoch uafásach leis an scéal seo.		
23 Is scéal grá é ach tá foréigean ann freisin.		

Oisín i dTír na nÓg

Rian 2.04

PowerPoint

Scéal Béaloidis

Bhí trí chéad **ag baint chloch** i nGleann na Smól, gleann aoibhinn **seilge** na Féinne. Bhí **buíon** acu **crom** istigh faoi **leac** mhór agus **gan dul acu** a tógáil. **Luigh sí anuas** orthu go raibh siad á **gcloí** aici, agus cuid acu **ag titim i laige**. Chonaic siad chucu sa ghleann an fear mór álainn ar **each** bhán. Chuaigh duine de na **maoir ina araicis**.

'Á **ríghaiscígh** óig,' ar seisean, 'tabhair **tarrtháil** ar mo bhuíon, nó ní bheidh aon duine acu beo.'

'Is **náireach** le rá é nach dtig le **neart** bhur slua an leac sin a thógáil,' arsa an marcach. 'Dá **mairfeadh** Oscar, chuirfeadh sé **d'urchar í thar mhullach** bhur gcinn.'

Luigh sé anonn ar a **chliathán** deas agus rug ar an leac ina lámh. Le neart agus le **lúth a ghéag** chuir sé seacht bpéirse as a háit í.

Bhris **giorta** an eich bháin le **meáchan an urchair**, agus sular mhothaigh an **gaiscíoch** bhí sé ina sheasamh ar a dhá **bhonn** ar thalamh na hÉireann. D'imigh an t-each bán **chun scaoill** air agus fágadh é féin ina sheanduine bhocht **dhall** i measc an tslua i nGleann na Smól.

Tugadh **i láthair** Phádraig Naofa é sa **chill**. B'iontach le gach uile dhuine an **seanóir críon liath** a bhí os méid gach fir agus an rud a tharla dó.

---

digging up stones; hunt group; bent down; rock; unable; upset them; defeated; fainting; horse
leaders; to him

great warrior; help

shameful; strength alive; throw/shot; over the top

his side strength of his limbs; perch

bellyband; the weight of the shot; warrior; feet in panic blind

the presence; chapel/cell wise and grey old man

'Cé thú féin, a sheanóir bhoicht?' arsa Pádraig.

'Is mé Oisín i ndiaidh na Féinne,' ar seisean. 'Chaill mé mo **dheilbh** agus mo **ghnúis.** Tá mé i mo sheanóir bhocht dhall, **gan bhrí, gan mheabhair, gan aird.**'

appearance
fineness
without meaning, sense, attention

'Beannacht ort, a Oisín uasail,' arsa Pádraig. 'Ná bíodh **gruaim** ort fá bheith dall, ach **aithris** dúinn cad é mar mhair tú i ndiaidh na Féinne.

depression
tell

'Ní hé mo bheith dall is measa liom,' arsa Oisín ach mo bheith beo i ndiaidh Oscair agus Fhinn. Inseoidh mé mo scéal daoibh, cé **gur doiligh liom** é.'

it's difficult for me

Ansin shuigh Oisín **i bhfianaise** Phádraig agus na **cléire** gur inis sé a scéal ar Thír na nÓg agus ar Niamh Chinn Óir a **mheall** ón Fhiann é.

in the presence of; clergy
coaxed/attracted

Maidin cheo i ndiaidh Chath Ghabhra bhí **fuílleach áir** na Féinne ag seilg fá Loch Léin. Níorbh fhada go bhfaca siad aniar chucu ar each bhán an **marcach mná áille gnaoi**. Rinne siad dearmad den tseilg le hiontas inti. Bhí **coróin ríoga** ar a ceann, agus brat donn **síoda** a bhí **buailte** le réalta dearg-óir **á cumhdach go sáil.** Bhí a gruaig ina **duala** buí óir ar sileadh léi agus a gormshúile mar **dhrúcht** ar bharr an fhéir.

remnants of the slaughter
female rider of the most beautiful appearance, royal crown; silken; studded covering her to her heels; ringlets; dew
most beautiful looking woman

'Cé thú féin, a ríon óg **is fearr maise agus gnaoi**?' arsa Fionn.

'Niamh Chinn Óir is ainm domh,' ar sise, 'agus is mé iníon Rí na nÓg.'

'An é do chéile a d'imigh uait, nó cad é an **buaireamh** a thug an fad seo thú? arsa Fionn.

sorrow

'Ní hé mo chéile a d'imigh uaim agus **níor luadh** go fóill le fear mé,' ar sise. 'Ach, a Rí na Féinne, tháinig mé le grá do do mhac féin, Oisín **meanmnach na** d**tréanlámh.**'

wasn't promised

brave, strong

'A iníon óg,' arsa Fionn, 'cad é mar a thug tú grá do mo mhacsa thar fhir bhréatha an tsaoil?'

'Thug mé **grá éagmaise** dó as an méid a chuala mé i dTír na nÓg fána phearsa agus fána **mhéin**,' arsa Niamh.

unrequited love
disposition

Chuaigh Oisín é féin ina láthair ansin agus rug greim láimhe uirthi. 'Fíorchaoin fáilte romhat chun na tíre seo, a ríon álainn óg,' ar seisean.

'Cuirim **geasa** ort **nach bhfulaingíonn fíorlaoch**, a Oisín fhéil,' ar sise, 'mura dtaga tú ar ais liom go Tír na nÓg. Is í an tír í is aoibhne faoin ghrian. Tá a crainn **ag cromadh** le **toradh** is bláth agus **is fairsing inti mil** is **fíon.** Gheobhaidh tú gach ní inti dá bhfaca súil. Ní fheicfidh tú **meath ná éag** is beidh mise go deo agat mar bhean.'

magic; that no true hero could endure
bending low; fruit; more plentiful; honey; wine; ageing nor death

'**Do dhiúltú** ní thabharfaidh mé uaim,' arsa Oisín. 'Is tú mo rogha thar mhná an domhain, agus rachaidh mé **le fonn** go Tír na nÓg leat.'

Ansin chuaigh Oisín **ar mhuin** an eich bháin agus chuir Niamh Chinn Óir **ar a bhéala**. Rinne na Fianna an **dís** a **chomóradh** go béal na mara móire siar.

'A Oisín,' arsa Fionn, 'mo **chumha** thú ag imeacht uaim agus gan súil agam le do theacht ar ais go brách.'

Shil na **deora frasa** anuas le **grua** Oisín agus phóg sé a athair go caoin. B'iomaí lá aoibhinn a bhí ag Fionn agus Oisín i gceann na Féinne fá réim, **ag imirt fichille** is ag ól, ag éisteacht cheoil is ag bronnadh **séad**. B'iomaí lá eile a bhí siad **ag sealgaireacht** i ngleannta mine nó **ag treascairt** laoch **i ngarbhghleic**. D'imigh a **ghné** d'Fhionn ar scaradh lena mhac.

Chroith an t-each bán é féin chun siúil. Rinne sé trí **seitreacha** ar an tráigh agus thug a aghaidh siar díreach ar an fharraige le hOisín is le Niamh. Ansin lig na Fianna trí **gártha cumha** ina ndiaidh.

Thráigh an mhínmhuir rompu agus líon na tonnta tréana ina ndiaidh. Chonaic siad **grianáin lonracha** faoi luí gréine ar a n-aistear. Chonaic siad **an eilit mhaol** ar léim lúith agus an gadhar bán **á tafann**. Chonaic siad an **ainnir** óg ar each dhonn ag imeacht ar bharr na toinne, úll óir **ina deaslámh** agus an marcach ina diaidh ar each bhán le **claíomh chinn óir**.

Tháinig siad i dtír ag dún Rí na mBeo, mar a raibh iníon an rí ina **brá** ag Fómhar Builleach. Chuir Oisín **comhrac** thrí oíche is thrí lá ar Fhómhar Builleach, gur bhain sé an ceann de agus gur lig saor iníon Rí na mBeo.

Ansin ghluais siad leo thar an **gharbhmhuir** go bhfaca siad an tír aoibhinn lena dtaobh, na **machairí míne** fá bhláth, na grianáin **a cumadh** as **clocha solais**, agus an dún rí a raibh gach dath ann dá bhfaca súil. Tháinig **trí caogaid** laoch ab fhearr lúth agus céad bán óg ab áille gnaoi **ina n-araicis**, agus tugadh **le hollghairdeas** iad chuig Rí agus chuig Banríon Thír na nÓg.

'Fáilte romhat, a Oisín mhic Fhinn,' arsa Rí na nÓg.

'Beidh do shaol **buan** sa tír seo agus beidh tú choíche óg.'

Níl aoibhneas dár smaoinigh croí air nach mbeidh agat, agus Niamh Chinn Óir go deo mar chéile.'

Chaith siad **fleá is féasta** a mhair deich n-oíche is deich lá i ndún an rí, agus pósadh Oisín agus Niamh Chinn Óir.

Is iomaí bliain a chaith siad **fá aoibhneas** i dTír na nÓg, gan **meath** ná **éag** ná **easpa**. Bhí beirt mhac acu ar bhaist siad Fionn is Oscar orthu agus iníon álainn a dtug siad Plúr na mBan uirthi.

refuse you
willingly

on the back of; in front of him; pair; celebrate

sadness

many tears; cheek
playing chess
valuable possessions
hunting; defeating
fierce battle; looks

neigh/whinny

shouts of sadness

The calm sea subsided

bright sunhouses
the hornless doe
barking; woman
in her right hand
gold-handled sword

hostage
fight

rough seas
level plains; made from
precious stones
150; towards them
great joy

long/permanent

party/celebration

happy; decline/ageing; death
need

Fá dheireadh smaoinigh Oisín gur mhaith leis Fionn agus na Fianna a fheiceáil arís. D'iarr sé an t-each bán ó Niamh go dtugadh sé cuairt ar Éirinn.

'Gheobhaidh tú sin, cé **gur doiligh liom** do ligean uaim.' arsa Niamh. 'Ach, a Oisín, cuimhnigh a bhfuil mé a rá! Má chuireann tú cos ar thalamh na hÉireann ní thiocfaidh tú ar ais go brách.'

it's difficult for me

'**Ní heagal domh**, a Niamh álainn,' ar seisean. 'Tiocfaidh mé slán ar ais ar an each bhán.'

I'm not afraid

'Deirim leat fá dhó, a Oisín, má thig tú anuas den each bhán, nach bhfillfidh tú **choíche** go Tír na nÓg.'

ever

'Ná bíodh **cian** ort, a Niamh chaoin. Tiocfaidh mé slán ar ais go Tír na nÓg.'

sadness

'Deirim leat fá thrí, a Oisín, má ligeann tú uait an t-each bán éireoidh tú i do **sheanóir chríon liath**, gan lúth, gan léim, gan **amharc súl**. Níl Éire anois mar a bhí, agus ní fheicfidh tú Fionn ná na Fianna.'

old man; wise and grey; eyesight

D'fhág Oisín slán ag Niamh Chinn Óir, ag a dhís mhac agus ag a iníon. Chuaigh sé ar mhuin an eich bháin agus thug a chúl go **dubhach** le Tír na nÓg.

depressed

Nuair a tháinig sé **i dtír** in Éirinn bhuail eagla é nach raibh Fionn beo.

ashore

Casadh **marcshlua** air a chuir iontas ina mhéid agus ina ghnaoi, agus nuair a chuir sé ceist orthu an raibh Fionn beo nó ar mhair aon duine eile den Fhiann dúirt siad to raibh **seanchas** orthu **ag lucht scéalaíochta**.

group of riders

stories; storytellers

Bhuail tuirse agus cumha Oisín agus thug sé a aghaidh ar **Almhain Laighean**. Ní fhaca sé teach Fhinn in Almhain. Ní raibh ina ionad ach **fliodh agus neantóg**.

North Kildare weeds and nettles

'A Phádraig, sin duit mo scéal,' arsa Oisín. 'Nuair a fuair mé Almhain **folamh** thug mé m'aghaidh go dubhach ar ghnáthbhailte na Féinne. Ar theacht go Gleann na Smól domh thug mé **tarrtháil** ar an bhuíon gan bhrí agus chaill mé an t-each bán. Chaill mé mo lúth agus mo neart, mo **dheilbh** agus **amharc mo shúl**.'

empty
help
appearance
sight

'**Cúis luaíochta** do chumha, a Oisín, agus gheobhaidh tú Neamh dá bharr,' arsa Pádraig.

a cause for rewarding

Thairg Pádraig ansin Oisín a choinneáil ar a theaghlach agus a thabhairt leis ar a thurais ar fud Éireann, **óir** bhí trua aige **don tseanóir dhall** agus ba mhaith leis **seanchas an tseansaoil** a fháil uaidh agus **soiscéal Dé** a theagasc dó i ndeireadh a aoise. **Thoiligh** Oisín dul leis mar gur **shantaigh** sé gach **cearn** agus gach baile ina mbíodh na Fianna a shiúl arís agus mar nach raibh **lúth a choirp** ná amharc a shúl aige le himeacht in aon áit leis féin, ná aon duine dá **lucht aitheantais** le fáil.

Pádraig invited
because; old blind man
stories of the old days; gospel
agreed; wanted
corner
bodily strength
acquaintances

Ansin tháinig a b**proinn** agus d'fhiafraigh Pádraig d'Oisín an rachadh sé chun **an phroinntí** mar aon le cách.

meal
dining room

'Tabhair mo chuid bia agus mo leaba **i leataobh** domh.'arsa Oisín, 'óir ní **lucht comhaimsire** domh na daoine anois.'

on my own
contemporaries

Achoimre ar an scéal

Cuid 1

Lá amháin bhí trí chéad fear i nGleann na Smól agus bhí siad ag baint cloch. Ní raibh siad ábalta mar bhí na clocha róthrom.

Chonaic siad fear láidir dathúil[1] ar chapall bán (Oisín) agus chabhraigh sé leo ach thit sé den chapall. Chomh luath is a bhí a chosa ar thalamh na hÉireann bhí sé ina sheanfhear dall[2].

D'imigh an t-each bán chun scaoill air agus fágadh é féin ina sheanduine bhocht dhall i measc an tslua i nGleann na Smól.

Buntuiscint – Cuid 1

1 Cad a bhí ar siúl ag na fir i nGleann na Smól?
2 Cé a chabhraigh leis na fir?
3 Cad a tharla nuair a thit Oisín den chapall?

Cuid 2

Thóg na fir oibre é go dtí Naomh Pádraig. Bhí Naomh Pádraig deas agus cineálta.

'Is mé Oisín i ndiaidh na Féinne,' ar seisean. 'Tá brón orm go bhfuil mé beo anois agus go bhfuil Oscar (a mhac) agus Fionn Mac Cumhaill (a athair) marbh.'

D'inis sé a scéal faoi Thír na nÓg agus Niamh Chinn Óir.

Ansin shuigh Oisín i bhfianaise Phádraig agus na cléire gur inis sé a scéal ar Thír na nÓg agus ar Niamh Chinn Óir a mheall ón Fhiann é.

Buntuiscint – Cuid 2

1 Cad a rinne na fir oibre nuair a thit Oisín den chapall?
2 Cén fáth a raibh brón ar Oisín?
3 Cén scéal a d'inis sé ansin?

Cuid 3

Lá amháin bhí na Fianna ag seilg[3] in aice le Loch Léin. Chonaic siad bean álainn ar chapall bán. Bhí coróin ríoga ar a ceann, bhí gúna síoda le réalta dhearg-óir uirthi, bhí dath an óir ar a cuid gruaige agus bhí dath gorm ar a súile áille.

'Niamh Chinn Óir is ainm domh,' ar sise, 'agus is mé iníon Rí na nÓg.'

Niamh Chinn Óir ab ainm di agus tháinig sí go hÉirinn mar go raibh sí i ngrá le hOisín. Chuala sí faoina cháil i dTír na nÓg.

Buntuiscint – Cuid 3

1 Déan cur síos ar an mbean álainn a chonaic siad.
2 Cén fáth ar tháinig Niamh go hÉirinn?

1 good-looking   2 old blind man   3 hunting

Cuid 4

Is í an tír í is aoibhne faoin ghrian. Tá a crainn ag cromadh de toradh is bláth agus is fairsing inti mil is fíon. Gheobhaidh tú gach ní inti dá bhfaca súil. Ní fheicfidh tú meath ná éag is beidh mise go deo agat mar bhean.

Chuir Niamh Oisín faoi gheasa[1] é dul léi go Tír na nÓg. Tír álainn í Tír na nÓg – tá torthaí, bláthanna, mil agus fíon le fáil ann. Ní éiríonn aon duine sean inti agus ní fhaigheann éinne bás ansin. Beidh Niamh Chinn Óir mar bhean chéile ag Oisín ann.

Bhí Oisín sásta imeacht go Tír na nÓg le Niamh Chinn Óir ach bhí brón air freisin agus ar Fhionn (a athair). Bhí siad ag smaoineamh ar na laethanta a chaith siad ag seilg, ag imirt fichille, ag ól agus ag éisteacht le ceol. Bhí Oisín ag caoineadh[2] nuair a d'imigh sé agus bhí brón an domhain ar Fhionn Mac Cumhaill.

Buntuiscint – Cuid 4

1 Cén t-eolas atá sa scéal faoi Thír na nÓg?

2 Cén fáth ar imigh Oisín le Niamh go Tír na nÓg?

3 Conas a mhothaigh Oisín agus é ag fágáil a athar agus a chairde sna Fianna?

4 Céard iad na rudaí a rinne Oisín agus na Fianna le chéile?

Cuid 5

D'imigh Niamh Chinn Óir agus Oisín ar an gcapall bán trasna na farraige. Chuaigh siad go dtí dún Rí na mBeo. Bhí iníon ag an rí ach bhí sí ina brá[3] ag Fómhar Builleach. Fathach[4] ab ea é. Bhí Oisín an-chróga[5] agus chaith sé trí lá agus trí oíche ag troid le Fómhar Builleach agus bhain sé a cheann de agus lig sé iníon an rí saor.

Ansin chuaigh siad go dtí Tír na nÓg. Chuir Rí agus Banríon Thír na nÓg fáilte mhór roimh Oisín agus bhí fleá[5] is féasta a mhair deich lá is deich n-oíche acu. Bhí Oisín agus Niamh Chinn Óir sona sásta i dTír na nÓg. Bhí beirt mhac acu agus iníon amháin.

Is iomaí bliain a chaith siad fá aoibhneas i dTír na nÓg, gan meath ná éag ná easpa. Bhí beirt mhac acu ar bhaist siad Fionn is Oscar orthu agus iníon álainn a dtug siad Plúr na mBan uirthi.

Buntuiscint – Cuid 5

1 Cérbh é Fómhar Builleach?

2 Cad a rinne Oisín chun an cailín a shábháil?

3 Cad a tharla nuair a chuaigh Oisín agus Niamh go Tír na nÓg?

4 Cén chlann a bhí acu ansin?

---

1 bewitched   2 crying   3 held captive   4 giant   5 very brave   6 feast

Cuid 6

Lá amháin dúirt Oisín gur mhaith leis dul ar ais go hÉirinn chun Fionn agus na Fianna a fheiceáil arís. Thug Niamh an capall dó ach thug sí trí rabhadh[1] dó – gan cos a chur ar thalamh na hÉireann. Dá gcuirfeadh sé cos ar thalamh na hÉireann ní thiocfadh sé ar ais go Tír na nÓg go deo.

'Ach, a Oisín, cuimhnigh a bhfuil mé a rá! Má chuireann tú cos ar thalamh na hÉireann ní thiocfaidh tú ar ais go brách.'

Buntuiscint – Cuid 6

1 Cén fáth a raibh Oisín ag iarraidh dul ar ais go hÉirinn?

2 Cén rabhadh a thug Niamh d'Oisín?

3 Cad a tharlódh dá gcuirfeadh Oisín cos ar thalamh na hÉireann?

Cuid 7

Nuair a tháinig Oisín go hÉirinn bhí eagla air go raibh Fionn marbh. Chuir sé ceist ar dhaoine faoi Fhionn agus dúirt daoine gur chuala siad scéalta faoi.

Chuaigh Oisín go dtí Almhain Laighean, áit chónaithe Fhinn ach ní raibh ach fiailí[2] agus neantóga[3] ag fás ann. Bhí siad go léir marbh mar bhí na céadta bliain caite ag Oisín i dTír na nÓg. Chuaigh sé go dtí na háiteanna eile a mbíodh na Fianna agus lá amháin tháinig sé go dtí Gleann na Smól agus chabhraigh sé leis na fir.

Thairg Pádraig ansin Oisín a choinneáil ar a theaghlach agus a thabhairt leis ar a thurais ar fud Éireann, óir bhí trua aige don tseanaóir dhall agus ba mhaith leis seanchas an tseansaoil a fháil uaidh agus soiscéal Dé a theagasc dó i ndeireadh a aoise.

Bhí trua ag Naomh Pádraig don seanfhear dall. Thug sé aire dó ag deireadh a shaoil agus thug sé timpeall na tíre é agus fuair sé na scéalta faoi na Fianna uaidh. Mhúin an Naomh soiscéal Dé d'Oisín freisin. Bhí uaigneas an domhain ar Oisín ach bhí sé sásta dul le Naomh Pádraig mar theastaigh uaidh dul go dtí gach áit a mbíodh na Fianna uair.

Buntuiscint – Cuid 7

1 An raibh na Fianna beo nuair a tháinig Oisín ar ais go hÉirinn? Cén fáth?

2 Cad a bhí ag fás in Almhain Laighean?

3 Cad a rinne Naomh Pádraig d'Oisín?

4 Cén chaoi ar mhothaigh Oisín ag deireadh a shaoil?

---

1 warning   2 weeds   3 nettles

Téama/Príomhsmaointe an Scéil

- Is scéal an-bhrónach é an scéal seo.
- Toisc go bhfuil Fionn Mac Cumhaill mar phearsa sa scéal, is scéal Fiannaíochta é.
- Tá an grá go láidir sa scéal.
- Bhí Niamh Chinn Óir go mór i ngrá le hOisín agus tháinig sí ó Thír na nÓg chun bualadh leis.
- Thit Oisín i ngrá le Niamh nuair a chonaic sé í agus d'fhág sé a athair agus a chairde sna Fianna chun dul le Niamh go dtí Tír na nÓg.
- Bhí grá mór ag Oisín dá athair Fionn Mac Cumhaill agus bhí Oisín ag caoineadh nuair a bhí sé ag imeacht le Niamh.
- Tháinig Oisín ar ais go hÉirinn chun a athair agus na Fianna eile a fheiceáil agus bhí a chroí briste nuair a fuair sé amach go raibh siad marbh.
- Bhí grá mór ag Fionn dá mhac Oisín agus bhí brón an domhain air nuair a d'imigh Oisín go dtí Tír na nÓg.
- Tá draíocht[1] sa scéal seo.
- Is áit dhraíochtach í Tír na nÓg – ní bhíonn daoine tinn ann nó ní théann daoine in aois.
- Tá an capall bán draíochtach – tá sé ábalta eitilt agus dul thar na farraigí.
- Tá draíocht ag baint le Fómhar Builleach, an fathach mór a choimeád iníon Rí na mBeo ina brá.
- Tá laochas[2] sa scéal.
- Is duine cróga é Oisín – imíonn sé le Niamh agus troideann sé Fómhar Builleach chun iníon Rí na mBeo a shábháil; chabhraigh sé leis na fir i nGleann na Smól chun an chloch mhór a bhogadh.
- Tá an brón le mothú sa scéal.
- Bhí brón ann nuair a chuaigh Oisín go dtí Almhain Laighean agus chonaic sé na neantóga agus na fiailí ag fás ann.
- Tá brón ann nuair a thuig Oisín go raibh na Fianna go léir marbh.
- Tá brón agus uaigneas ann ag deireadh an scéil nuair atá Oisín bocht leis féin agus nuair a thuigeann sé nach bhfeicfidh sé Niamh ná a chuid páistí arís.
- Tá Oisín sean anois agus dall agus tá sé ag brath ar dhaoine eile.
- Is duine deas cabhrach é Naomh Pádraig a chabhraíonn le hOisín.
- Tá cur síos sa scéal freisin ar shaol na Féinne. Chaith siad an t-am ag troid, ag seilg, ag imirt fichille agus ag éisteacht le ceol

Eochairfhocail an scéil

Roghnaigh na deich bhfocal is tábhachtaí sa scéal, dar leat. Scríobh i do chóipleabhar iad agus cuir in abairtí iad.

Cleachtadh: Fíor nó bréagach?

Cuir tic sa bhosca F nó B i gcás gach abairte agus ansin scríobh i do chóipleabhar na habairtí go léir atá fíor agus ceartaigh na cinn atá mícheart.

		Fíor	Bréagach
1	Bhí na fir ag iarraidh clocha a bhaint i nGleann na Smól.	☐	☐
2	Bhí Oisín ag marcaíocht ar chapall dubh.	☐	☐
3	Thit Oisín i ngrá le Niamh Chinn Óir.	☐	☐
4	Ní éiríonn éinne sean ná tinn i dTír na nÓg.	☐	☐
5	Níor éirigh le hOisín iníon Rí na mBeo a shábháil.	☐	☐
6	Bhí triúr páistí ag Niamh Chinn Óir agus Oisín.	☐	☐
7	Thug Niamh dhá rabhadh d'Oisín faoi dhul ar ais go hÉirinn.	☐	☐
8	Bhí brón an domhain ar Oisín mar go raibh na Fianna go léir marbh.	☐	☐
9	D'éirigh Oisín dall agus sean nuair a thit sé den chapall.	☐	☐
10	Thug Naomh Pádraig aire d'Oisín ag deireadh a shaoil.	☑	☐

1 magic   2 heroism

Cleachtadh: Líon na bearnaí

Líon na bearnaí leis na focail ón liosta thíos:

ag seilg   brá   dall   Almhain Laighean   fiailí agus neantóga
brónach   rabhadh   chapall bán   Smól   cineálta

1. Bhí na fir ag baint cloch i nGleann na _____.
2. Tháinig Niamh Chinn Óir go hÉirinn ar _____ _____.
3. Bhí na Fianna amuigh ___ _____ in aice le Loch Léin nuair a chonaic siad Niamh Chinn Óir.
4. Shábháil Oisín iníon Rí na mBeo a bhí ina _____ ag Fómhar Builleach.
5. Thug Niamh trí _____ d'Oisín sular fhág sé Tír na nÓg.
6. Seanfhear _____ a bhí in Oisín nuair a thit sé dá chapall.
7. Ní raibh ach _____ _____ _____ ag fás ag teach Fhinn.
8. Bhí Naomh Pádraig _____ agus bhí trua aige d'Oisín.
9. Is scéal _____ é an scéal seo.
10. Bhí Fionn ina chónaí in _____ _____ nuair a bhí sé beo.

Obair bheirte

Ainmnigh beirt charachtar sa scéal agus pléigh na príomhthréithe atá acu leis an duine atá in aice leat.

Staidéar ar an scéal

An cineál duine é Oisín

- **Cabhrach**[1] – nuair a chonaic sé na fir ag baint cloch bhí sé sásta cabhrú leo.
- **Dathúil agus deas** – chuala Niamh Chinn Óir faoi i dTír na nÓg agus thit sí i ngrá leis mar go raibh sé láidir agus deas.
- **Cróga** – shábháil sé iníon Rí na mBeo ó Fhómhar Builleach – chaith sé trí lá agus trí oíche ag troid agus bhain sé an ceann d'Fhómhar Builleach agus bhí an cailín saor.
- **Brónach**[2] **agus uaigneach**[3] – bhí brón an domhain ar Oisín nuair a d'fhill sé ar Éirinn mar bhí a chuid cairde sna Fianna ar fad marbh – 'Is mé Oisín i ndiaidh na Féinne'. D'fhág sé an saol iontach a bhí aige i dTír na nÓg le Niamh Chinn Óir ach bhí na Fianna go léir marbh agus chaith Oisín deireadh a shaoil ina sheanfhear críonna caite dall.

An cineál duine í Niamh

- **Is bean álainn**[4] **í** – nuair a chonaic na Fianna í an chéad lá stop siad ag seilg chun féachaint uirthi. Bhí dath an óir ar a cuid gruaige agus bhí dath gorm ar a súile.
- **Grámhar**[5] – tháinig sí go hÉirinn mar bhí sí go mór i ngrá le hOisín. Bhí sí sona sásta nuair a bhí sí pósta le hOisín agus bhí triúr páistí aici.
- **Buartha**[6] – bhí imní ar Niamh nuair a bhí Oisín ag filleadh ar Éirinn – thug sí trí rabhadh dó gan seasamh ar thalamh na hÉireann. Is dócha go raibh brón uirthi nuair nár fhill Oisín.

| 1 helpful | 2 sad | 3 lonely | 4 beautiful | 5 loving | 6 worried |

An cineál duine é Naomh Pádraig

- **Cineálta**[1] – bhí Naomh Pádraig an-chineálta agus an-deas le hOisín. Seanfhear críonna caite dall a bhí in Oisín agus thug an naomh aire mhaith dó.
- **Naofa**[2] – mhúin Naomh Pádraig soiscéal Dé d'Oisín mar págánach ab ea Oisín.
- Bhí suim ag Naomh Pádraig i stair agus i scéalta na hÉireann agus chuaigh sé timpeall na tíre le hOisín ag foghlaim na seanscéalta uaidh.

Cleachtadh: Meaitseáil na ceisteanna agus na freagraí ó A agus B

A	B
1 Cad a rinne Oisín nuair a chonaic sé na fir ag baint na gcloch?	a Ba mhaith leis na Fianna a fheiceáil arís.
2 Cad a dúirt Oisín le Naomh Pádraig?	b Fiailí agus neantóga.
3 Cathain a bhí Oisín cróga?	c Naomh Pádraig.
4 Cén chaoi a raibh Oisín ag deireadh a shaoil?	d Trí rabhadh.
5 Cén fáth ar tháinig Niamh go hÉirinn?	e Chabhraigh sé leo ach thit sé dá chapall.
6 Cé mhéad rabhadh a thug Niamh d'Oisín?	f Bhí sé ina sheanfhear dall.
7 Cén fáth ar fhill Oisín ar Éirinn?	g Ag dul timpeall na tíre le Naomh Pádraig agus ag insint scéalta dó.
8 Cad a fuair Oisín ag Almhain Laighean?	h Mar bhí sí i ngrá le hOisín.
9 Cé a thug aire d'Oisín ina sheanaois?	i Nuair a shábháil sé Iníon Rí na mBeo.
10 Cén chaoi ar chaith Oisín na laethanta deiridh?	j Is mé Oisín i ndiaidh na Féinne.

1	2	3	4	5	6	7	8	9	10

Ceisteanna agus freagraí samplacha

1 Ceist: Tabhair cuntas gairid ar rud amháin a thaitin leat agus ar rud amháin nár thaitin leat faoin scéal *Oisín i dTír na nÓg*.

Freagra: Thaitin an draíocht sa scéal liom. Tá an scéal suimiúil agus difriúil mar gheall air sin. Thaitin an cur síos ar Thír na nÓg liom. Ní éiríonn aon duine tinn ná sean ann. Ní raibh a fhios ag Oisín go raibh na céadta bliain caite aige ann.

Níor thaitin tús agus deireadh an scéil liom nuair a thit Oisín den chapall. Ceapaim go bhfuil sé an-bhrónach mar seanfhear críonna caite dall a bhí in Oisín agus bhí a chairde sna Fianna go léir marbh. Bhí an-bhrón air agus bhí sé an-uaigneach. Bhí sé ag brath ar dhaoine eile. Is dócha go raibh an-bhrón ar Niamh agus ar a clann i dTír na nÓg mar nár fhill Oisín arís.

1 kind   2 holy

2 Ceist: 'Fá dheireadh smaoinigh Oisín gur mhaith leis Fionn agus na Fianna a fheiceáil arís. D'iarr sé an t-each bán ó Niamh go dtugadh sé cuairt ar Éirinn.'

Tabhair cuntas ar ar tharla ina dhiaidh sin go dtí deireadh an scéil.

Freagra: Thug Niamh an capall bán d'Oisín agus thug sí trí rabhadh dó. Dúirt sí leis gan seasamh ar thalamh na hÉireann nó nach dtiocfadh sé ar ais go Tír na nÓg. Chuaigh Oisín ar ais go hÉirinn ach ní fhaca sé na Fianna in aon áit. Chuaigh sé go dtí Almhain Laighean, áit chónaithe Fhinn, ach ní raibh ach fiailí agus neantóga ag fás ann. Bhí eagla ar Oisín go raibh na Fianna go léir marbh. Ansin chuaigh Oisín go dtí Gleann na Smól agus chabhraigh sé leis na fir a bhí ag iarraidh an chloch a bhogadh. Thit sé dá chapall agus nuair a sheas sé ar thalamh na hÉireann bhí sé ina sheanfhear dall.

Thóg na fir go dtí Naomh Pádraig é. Bhí Pádraig an-deas agus an-chineálta leis agus thug sé aire mhaith dó. Chuaigh Oisín agus Pádraig timpeall na tíre go dtí na háiteanna a raibh na Fianna ach bhí Oisín an-uaigneach mar nach raibh aithne aige ar aon duine toisc go raibh na Fianna go léir marbh.

Cleachtadh: Athscríobh an freagra thuas mar chleachtadh.

Cleachtadh: Líon na bearnaí san alt seo

Tá _____ sa scéal seo agus tá an scéal suimiúil mar gheall air sin. Ní _____ aon duine tinn nó ní fhaigheann aon duine bás i dTír na _____. Bhí sé brónach nuair a thit Oisín den _____. Go tobann seanfhear _____ a bhí ann agus ansin bhí sé ag _____ ar dhaoine chun aire a thabhairt dó. Bhí Naomh _____ cineálta leis. Bhí na _____ go léir marbh. Thug Niamh _____ Óir trí _____ d'Oisín sular fhág sé Tír na nÓg. Dúirt sí leis gan _____ ar thalamh na hÉireann. Chuaigh Oisín go dtí _____ Laighean ach ní raibh ach _____ agus neantóga ag fás ann. Bhí sé an-uaigneach. Chabhraigh Oisín leis na fir i nGleann na _____ ach _____ sé dá chapall. Ní raibh _____ ag Oisín ar aon duine ag _____ a shaoil. Bhí _____ an domhain air.

Ceisteanna scrúdaithe

Déan cleachtadh ar na ceisteanna scrúdaithe seo a leanas. Bain úsáid as na frásaí agus na nathanna ag tús an aonaid mar chabhair duit.

1. Scríobh síos **dhá** athrú a tháinig ar Oisín nuair a thit sé den chapall i nGleann na Smól.

2. Déan cur síos ar an sórt duine í Niamh sa scéal seo. Is leor **dhá** phointe eolais.

3. Cén t-eolas a thug Niamh Chinn Óir d'Oisín faoi Thír na nÓg?

4. Déan plé ar an gcaidreamh idir Oisín agus Naomh Pádraig sa scéal seo.

5. Scríobh achoimre i do chóipleabhar nótaí ar imeachtaí an scéil seo.

FACSS

Ullmhaigh na habairtí seo thíos agus scríobh i do chóipleabhar iad.

Féach Abair Clúdaigh	Scríobh	Seiceáil
1 Bhí trí chéad fhear i nGleann na Smól.		
2 Bhí an chloch róthrom.		
3 Chabhraigh Oisín leis na fir i nGleann na Smól.		
4 Thit Oisín dá chapall.		
5 Bhí sé ina sheanfhear dall.		
6 Bhí Pádraig deas agus cineálta.		
7 Bhí na Fianna ag seilg.		
8 Bhí na Fianna ag imirt fichille.		
9 Bhí dath an óir ar ghruaig Néimhe agus bhí dath gorm ar a súile.		
10 Bhí Niamh i ngrá le hOisín.		
11 Is áit dhraíochtach í Tír na nÓg.		
12 Ní éiríonn aon duine tinn ná sean i dTír na nÓg.		
13 Bhí Oisín ag caoineadh nuair a bhí sé ag imeacht go dtí Tír na nÓg.		
14 Chuaigh Oisín go dtí dún Rí na mBeo.		
15 Shábháil sé an cailín ó Fhómhar Builleach.		
16 Bhí Oisín an-chróga.		
17 Bhí Oisín agus Niamh sona sásta i dTír na nÓg.		
18 Thug Niamh trí rabhadh d'Oisín.		
19 Dúirt sí leis gan seasamh ar thalamh na hÉireann.		
20 Chuaigh Oisín go dtí Almhain Laighean.		
21 Bhí fiailí agus neantóga ag fás in Almhain Laighean.		
22 Bhí na Fianna go léir marbh.		
23 Bhí trua ag Naomh Pádraig d'Oisín.		
24 Thug Pádraig aire d'Oisín ag deireadh a shaoil.		
25 Chuaigh Pádraig agus Oisín timpeall na tíre.		
26 Bhí uaigneas an domhain ar Oisín.		
27 Bhí Oisín ag brath ar dhaoine eile ansin.		
28 Is scéal an-bhrónach é an scéal seo.		

Dís

🔊 **Rian 2.05**   ▦ **PowerPoint**

le Siobhán Ní Shúilleabháin

'Sheáin?'

'Hu?'

'Cuir síos an páipéar agus bí ag caint liom.'

'Á anois, muna bhféadfaidh fear suí cois tine agus páipéar a léamh tar éis a lá oibre.'

'Bhíos-sa ag obair leis feadh and lae, sa tigh.'

'Hu?'

'Ó, tá go maith, **crom blúire** den bpáipéar agus ná habair, "**Gheobhair** é go léir tar éis tamaill".' *give, piece; you will get*

'Ní rabhas chun é sin a rá. Seo duit.'

Lánúin cois tine tráthnóna. *couple*

Leanbh ina chodladh sa phram.

Stéig feola ag díreo sa chistin. *steak defrosting*

Carr **ag díluacháil** sa gharáiste. *devaluing*

Méadar leictreach ag cuntas chuige a chuid aonad…. *electric meter, calculating its units (of electricity)*

'Hé! Táim anso! Sheáin! Táim anso!'

'Hu?'

'Táim sa pháipéar.'

'Tusa? Cén áit? N'fhacas-sa tú.'

'Agus tá tusa ann leis.'

'Cad tá ort? Léas-sa an leathanach san roim é thabhairt duit.'

'Tá's agam. Deineann tú i gcónaí. Ach chuaigh an méid sin i ngan fhios duit. Táimid **araon** anso. Mar gheall orainne atá sé.' *both*

'Cad a bheadh mar gheall orainne ann? Ní dúrtsa **faic** le héinne.' *anything*

'Ach dúrtsa. Cuid mhaith.'

'Cé leis? Cad é? Taispeáin dom! Cad air go bhfuil tú ag caint?'

'Féach ansan. **Toradh suirbhé** a deineadh. Deirtear ann go bhfuil an **ceathrú** cuid de mhná pósta na tíre **míshona**, míshásta. Táimse ansan, **ina measc**,' *Survey result quarter; unhappy amongst them*

'Tusa? Míshona, míshásta? Sin é an chéad chuid a chuala de.'

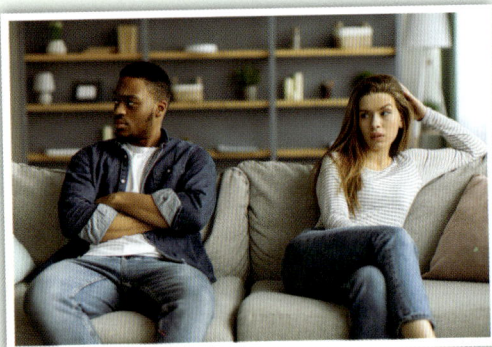

'Tá sé ansan anois os comhair do dhá shúl. Mise duine des na mná a bhí sa tsuirbhé sin. Is cuimhin liom an mhaidean go maith. I mí Eanáir ab ea é; drochaimsir, **doircheacht**, **dochmacht**, billí, sales ar siúl agus gan aon airgead chucu, an sórt san. Eanáir, Feabhra, Márta, Aibreán, Bealtaine, Meitheamh. 'Cheart go mbeadh sé aici aon lá anois.'

'Cad a bheadh aici?'

'Leanbh. Cad eile bheadh ag bean ach leanbh!'

'Cén bhean?'

'An bhean a tháinig chugam an mhaidean san.'

'Cad chuige, in ainm Dé?'

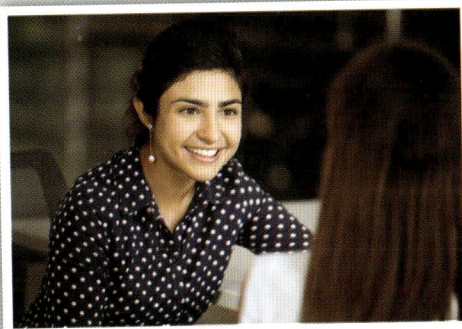

'Chun an suirbhé a dhéanamh, agus **ísligh do ghlór** nó **dúiseoir** an leanbh. Munar féidir le lánú suí síos le chéile tráthnóna agus labhairt go deas ciúin **sibhialta** le chéile.'

'Ní raibh uaim ach an páipéar a léamh.'

'Sin é é. Is tábhachtaí an páipéar ná mise. **Is tábhachtaí** an rud atá le léamh sa pháipéar ná an rud atá le rá agamsa. Bhuel, mar sin, seo leat agus léigh é. An rud atá le rá agam, tá sé sa pháipéar sa tsuirbhé. Ag an saol go léir le léamh. Sin mise **feasta**. Staitistic. Sin é chuirfidh mé síos leis in aon fhoirm eile bheidh le líonadh agam. *Occupation*? *Statistic*.
Níos deise ná *housewife*, cad a déarfá?

'Hu?'

'Is cuma leat cé acu chomh fada is dheinim obair housewife. Sin é a dúrtsa léi leis.'

'Cad **dúraís** léi?'

'Ná **tugtar fé ndeara** aon ní a dheineann tú mar bhean tú, ach nuair ná deineann tú é. Cé thugann fé ndeara go bhfuil an t-urlár glan? Ach má bhíonn sé salach, sin rud eile.'

'Cad eile a dúrais léi?

'Chuile rud.'

'Fúmsa leis?'

'Fúinn araon, a thaisce. Ná cuireadh sé isteach ort. Ní bhíonn aon ainmneacha leis an tsuirbhé – chuile rud **neamhphearsanta**, coimeádtar chuile eolas **go discréideach fé rún**. Compútar a dheineann amach an toradh ar deireadh, a dúirt sí. Ní cheapas riamh to mbeinn im **lón compútair**!'

'**Stróinséir mná** a shiúlann isteach 'on tigh chugat, agus tugann tú gach eolas di fúinne?'

darkness; gloom

talk quietly; you will wake

civilised

more important

from now on

you said

notices

impersonal
discreetly in confidence
material for a computer

a stranger of a woman

'Ach bhí jab le déanamh aici. N'fhéadfainn gan cabhrú léi. An rud bocht, tá sí pósta le dhá bhliain, agus 'bhreá léi leanbh, ach an t-**árasán** atá acu **ní lomhálfaidh** an t-**úinéir** aon leanbh ann agus táid araon ag obair chun airgead tí a **sholáthar** mar anois tá leanbh chucu agus caithfidh siad a bheith amuigh as an árasán, agus níor mhaith leat go gcaillfeadh sí a post, ar mhaith? N'fhéadfainn an doras a dhúnadh **sa phus uirthi**, maidean fhuar fhliuch mar é, a bhféadfainn?'

flat
won't allow; owner
provide

in her face

'Ach níl aon cheart ag éinne **eolas príobháideach** mar sin fháil.'

private information

'Ní di féin a bhí sí á lorg. Bhí **sraith** ceisteanna tugtha di le cur agus na freagraí le scrí síos. Jab a bhí ann di sin. Jab maith leis, an **áirithe** sin sa ló, agus **costaisí** taistil. Beidh mé ábalta an **sorn** nua san a cheannach as.'

series
so much
travel expenses; cooker

'Tusa? Conas?'

'**Bog réidh** anois. Ní chuirfidh sé isteach ar an g**cáin ioncaim** agatsa. **Lomhálann siad** an **áirithe** sin: working wife's allowance mar thugann siad air – **amhail is** nach aon working wife tú aige baile, ach is cuma san.'

easy; income tax
they allow; portion
just as if

'Tá tusa chun oibriú lasmuigh? Cathain, **munar mhiste dom a fhiafraí**?'

if I may ask?

'Níl ann ach **obair shealadach, ionadaíocht** a dhéanamh di faid a bheidh sí san ospidéal chun an leanbh a bheith aici, agus ina dhiaidh san. **Geibheann siad ráithe** saoire don leanbh.'

temporary; substitution

they get; three months

'Agus cad mar gheall ar do leanbhsa?'

'Tabharfaidh mé liom é sa bhascaed i gcúl an chairr, nó má bhíonn sé **dúisithe, im bhaclainn. Cabhair** a bheidh ann dom. Is maith a thuigeann na tincéirí san.'

awake; in my arms; Help

'Cad é? Cén bhaint atá ag tincéirí leis an gcúram?'

'Ní dhúnann daoine doras ar thincéir mná go mbíonn leanbh ina baclainn.'

'Tuigim. Tá tú ag tógaint an jab seo, ag dul **ag tincéireacht** ó dhoras go doras.'

begging

'**Ag suirbhéireacht** ó dhoras go doras.'

Surveying

'Mar go bhfuil tú míshona, míshásta sa tigh.'

'Cé dúirt é sin leat?'

'Tusa.'

'Go rabhas míshona, míshásta. Ní dúirt riamh.'

'Dúrais. Sa tsuirbhé. Féach an toradh ansan sa pháipéar.'

'Á, sa tsuirbhé! Ach sin scéal eile. Ní gá gurb í an **fhírinne** a inseann tú sa tsuirbhé.'

truth

'Cad a deireann tú?'

'Dá bhfeicfeá an liosta ceisteanna, fé rudaí chomh príobháideach! Stróinséir mná a shiúlann isteach, go dtabharfainnse fios gach aon ní di, **meas óinsí** atá agat orm, ab ea?' D'fhreagraíos a cuid ceisteanna, a dúrt leat, sin rud eile ar fad.'

the opinion that I'm a silly woman

'Ó!'

'Agus maidir leis an jab, táim á thógaint chun airgead soirn nua **a thuilleamh**, sin uile. Ar aon tslí, **tusa fé ndear** é.'

to earn
it's your fault

'Cad é? Mise fé ndear é?'

'Na rudaí a dúrt léi.'

'Mise? Bhíos-sa ag obair.'

'Ó, bhís! Nuair a bhí an **díobháil** déanta.'

damage

'Cén díobháil?'

'Ní cuimhin liom anois cad a dheinis, ach dheinis rud éigin an mhaidean san a chuir an **gomh** orm, nó b'fhéidir gurb é an oíche roimh ré féin é, n'fheadar. Agus bhí an mhaidean chomh gruama, agus an tigh chomh **tóin-thar ceann** tar éis an deireadh seachtaine, agus an bille ESB tar éis teacht, nuair a **bhuail sí chugam** isteach lena liosta ceisteanna, cheapas gur anuas **ós na Flaithis** a tháinig sí chugam. Ó, an sásamh a fuaireas **scaoileadh liom féin** agus é **thabhairt ó thalamh d'fhearaibh**. Ó, an t-**ualach** a thóg sé dem chroí! **Diabhail chruthanta** a bhí iontu, dúrt gach aon diabhal duine acu, bhíomar marbh riamh acu, dúrt, inár **sclábhaithe** bhíomar acu, dúrt. Cad ná dúrt! Na scéalta **a chumas** di! Níor cheapas riamh go raibh **féith na cumadóireachta** ionam.'

annoyed
upside-down
in she came;
from heaven
giving out
giving out about men; weight;
absolute devils
slaves
I made up; the creative gift

'Agus chreid sí go rabhais ag insint na fírinne, go rabhais ag tabhairt freagra **macánta** ar gach aon cheist a chuir sí?'

honest

'Bhuel, ní raibh aon lie detector aici, is dóigh liom. **N'fhaca é ar aon tslí.** Ní déarfainn gurb é a cúram é, **ní mhór dóibh síceolaí** a bheith acu i mbun na jaib mar sin. Ó, chuir sí an cheist agus thugas-sa an freagra, agus sin a raibh air. Agus bhí cupa caife again ansin, agus bhíomar araon lánsásta.'

I didn't see it anyway
they would have to;
psychologist

'Ach ná feiceann tú ná fuil san ceart? Mná eile ag léamh torthaí mar seo. Ceathrú de mhná pósta na tíre míshásta? **Cothóidh sé** míshástacht iontusan leis.'

It will create

'**Níl aon leigheas agamsa ar** conas a chuireann siad rudaí sna páipéir. D'fhéadfaidís a rá go raibh **trí ceathrúna** de mhná na tíre sásta sona, ná féadfaidís, ach féach a ndúradar? Ach sé **a gcúramsan** an páipéar a dhíol, agus **ní haon nath le héinne** an té atá sona, sásta. Sé an té atá míshásta, **ag déanamh agóide**, a gheibheann éisteacht sa tsaol so, ó chuile mheán cumarsáide. Sin mar atá: ní mise a chum ná a cheap. Aon ní amháin a cheapas féin **a bhí bunoscionn leis** an tsuirbhé, ná raibh a dóthain ceisteanna aici. Chuirfinnse **a thuilleadh** leo. Ní hamháin "an bhfuil tú sásta, ach an dóigh leat go mbeidh tú sásta, **má mhaireann tú leis**?"'

I've no control over
three-quarters
their business
it's no good to anybody
protesting

wrong with
more
if you live on

'Conas?'

'Na Sínigh fadó, bhí an ceart acu, tá's agat.'

'Conas?'

'Sa nós san a bhí acu, **nuair a cailltí an fear**, a bhean chéile **a dhó** ina theannta. Bhí ciall leis.' *when the husband dies; burn*

'Na hIndiaigh a dheineadh san, narbh ea?'

'Cuma cé acu, bhí ciall leis mar nós. Bhuel, cad eile atá le déanamh léi?' Tá gá le bean chun leanaí a chur ar an saol agus iad a thógaint, agus nuair a bhíd **tógtha** agus **bailithe** leo, tá gá léi fós chun bheith **ag tindeáil** ar an bhfear. Chuige sin a phós sé í, nach ea? Ach nuair a imíonn seisean, cad ar mairfidh sí ansan? Redundant! Tar éis a saoil. Ach ní fhaghann sí aon redundancy money, ach pinsean beag **suarach** baintrí.' *reared; gone; looking after* *mean*

'Ach cad a mheasann tú is ceart a dhéanamh?'

'Níl a fhios agam. Sa tseansaol, cuirtí i gcathaoir súgáin sa chúinne í **ag riar seanchaíochta agus seanleigheasanna**, má bhí sí **mór leis** an mbean mhic, nó **ag bruíon is ag achrann** léi muna raibh, ach bhí a háit aici sa **chomhluadar**. Anois, níl faic aici. Sa tslí ar gach éinne atá sí. Bhí ciall ag na Sínigh. Meas tú an mbeadh fáil in aon áit ar an leabhar dearg san?' *straw chair; providing old stories and cures; close to fighting and arguing family*

'Cén leabhar dearg?'

'Le Mao? 'Dheas liom é léamh. 'Dheas liom rud éigin a bheith le léamh agam nuair **ná geibhim** an páipéar le léamh, agus nuair ná fuil éinne agam a labhródh liom. Ach beidh mo jab agam sara fada. Eanáir, Feabhra, Márta, Aibreán, Bealtaine, Meitheamh; tá sé in am. Tá sé **thar am**. Dúirt sí go mbeadh sí **i dteagbháil liom** mí roimh ré. Ní théann aon leanbh thar dheich mí agus a dhícheall a dhéanamh ... Is é sin má bhí leanbh i gceist riamh ná árasán ach oiread. B'fhéidir ná raibh sí pósta féin. B'fhéidir gur **ag insint éithigh** dom a bhí sí chun go mbeadh trua agam di, agus go bhfreagróinn a cuid ceisteanna. Agus chaitheas mo mhaidean léi agus bhí **oiread le déanamh** agam an mhaidean chéanna di agus ag tabhairt caife di, agus gan aon fhocal den bhfírinne ag teacht as a béal! Bhuel, cuimhnigh air sin! Nach mór an **lúbaireacht** a bhíonn i ndaoine! *I don't get* *overdue* *in contact with* *telling a lie* *so much to do* *dishonesty/trickery*

Lánúin cois tine tráthnóna.

An leanbh ina chodladh sa phram.

An fear ina chodladh fén bpáipéar.

An stéig feola ag díreo sa chistin.

An carr ag díluacháil sa gharáiste.

An bhean.

Prioc preac liom leat ann as.

Tic toc an mhéadair leictrigh ag cuntas chuige na n-aonad.

picking (at each other); together; there and not there

Achoimre ar an scéal

Cuid 1

An oíche atá ann. Tá Seán agus a bhean chéile (atá gan ainm sa scéal) ina suí cois tine. Bhí Seán amuigh ag obair i rith an lae agus d'fhan a bhean chéile sa bhaile, ag tabhairt aire don leanbh agus ag glanadh an tí.

'Cuir síos an páipéar agus bí ag caint liom.'

'Á anois, muna bhféadfaidh fear suí cois tine agus páipéar a léamh tar éis a lá oibre.'

'Bhíos-sa ag obair leis feadh and lae, sa tigh.'

Ba mhaith leis an mbean labhairt le Seán. Níl fonn cainte[1] ar Sheán, b'fhearr leis a bheith ag léamh an nuachtáin.

Deir an bhean go bhfuil sí féin agus Seán sa pháipéar. Tá ionadh[2] ar Sheán mar ní fhaca sé a ainm ná ainm na mná sa nuachtán.

Buntuiscint – Cuid 1

1. Cá bhfuil Seán agus a bhean chéile?
2. Cad a dhéanann Seán i rith an lae?
3. Cad a dhéanann a bhean chéile i rith an lae?
4. Céard ba mhaith leis an mbean a dhéanamh anois?
5. Céard ba mhaith le Seán a dhéanamh?
6. Cén fáth a bhfuil ionadh ar Sheán?

Cuid 2

I mí Eanáir, ghlac an bhean páirt i suirbhé. Tháinig bean go dtí an doras agus chuir sí ceisteanna ar bhean Sheáin.

I mí Eanáir ab ea é; drochaimsir, doircheacht, dochmacht, billí, sales ar siúl agus gan aon airgead chucu, an sórt san.

Bhí bean Sheáin míshona an lá sin. Bhí sí crosta le Seán faoi rud éigin agus bhí an aimsir go dona.

Chaith an bhean cúpla uair an chloig le bean an tsuirbhé agus bhí cupán caife acu le chéile. Dúirt bean an tsuirbhé go raibh sí torrach[3] agus gur mhaith léi féin agus lena fear céile teach a cheannach.

Buntuiscint – Cuid 2

1. Cad a tharla i mí Eanáir?
2. Cén chaoi a raibh bean Sheáin an lá sin?
3. Cén t-eolas a thug bean an tsuirbhé faoina saol?

---

1 not in the humour for talking   2 surprise   3 pregnant

Cuid 3

Bhí a lán ceisteanna ag bean an tsuirbhé faoi mhná agus faoina saol. Toisc go raibh bean Sheáin míshona, thosaigh sí ag tabhairt amach faoi na fir.

Dúirt sí go raibh sí míshona agus míshásta leis an saol. Bhí Seán feargach lena bhean toisc gur labhair sí le strainséir faoina saol.

'Stróinséir mná a shiúlann isteach 'on tigh chugat, agus tugann tú gach eolas di fúinne?'

Anois, deirtear sa pháipéar go bhfuil an ceathrú cuid de mhná pósta míshona agus míshásta.

Ansin deir bean Sheáin nach bhfuil sí míshona agus míshásta. Deir sí gur inis sí bréaga do bhean an tsuirbhé. Tá Seán fós crosta léi.

Buntuiscint – Cuid 3

1. Cad a dúirt bean Sheáin faoina saol le bean an tsuirbhé?
2. Cén fáth a raibh Seán feargach?
3. Cén staitistic atá sa pháipéar ón suirbhé?
4. An bhfuil bean Sheáin míshona?

Cuid 4

Dúirt bean Sheáin le bean an tsuirbhé go raibh saol dian[1] ag mná pósta. Dúirt sí go raibh mná cosúil le sclábhaithe[2].

'Ná tugtar fé ndeara aon ní a dheineann tú mar bhean tú, ach nuair ná deineann tú é. Cé thugann fé ndeara go bhfuil an t-urlár glan? Ach má bhíonn sé salach, sin rud eile.'

Déanann siad an obair tí go léir ach ní thugann aon duine an obair faoi ndeara. Dúirt sí go raibh mná sa domhan chun páistí a bhreith agus a thógáil agus chun aire a thabhairt do na fir.

Dúirt sí gur staitisticí a bhí sna mná agus nach raibh meas madra ag aon duine orthu.

Buntuiscint – Cuid 4

1. Cad a bhí le rá ag bean Sheáin faoin saol atá ag mná?
2. Cén ról atá ag mná sa saol dar le bean Sheáin?
3. Cad a cheapann daoine faoi mhná, dar le bean Sheáin?

| 1 hard | 2 slaves |

Cuid 5

Nuair a bhí bean an tsuirbhé ann, dúirt sí go mbeadh leanbh aici agus go mbeadh sí ag caint le bean Sheáin faoin bpost. Bhí bean Sheáin ar bís[1], ag súil le dul amach ag obair, ag déanamh suirbhéanna.

'Tuigim. Tá tú ag tógaint an jab seo, ag dul ag tincéireacht ó dhoras go doras.'

'Ag suirbhéireacht ó dhoras go doras.'

'Mar go bhfuil tú míshona, míshásta sa tigh.'

'Cé dúirt é sin leat?'

Bhí Seán ar buile nuair a cheap sé go mbeadh a bhean chéile ag obair. Ghlaoigh sé 'tincéireacht' ar an obair. Ní raibh sé sásta go mbeadh a bhean chéile ag obair nuair a bhí leanbh aici.

Bhí bean Sheáin ar buile le bean an tsuirbhé. Ceapann sí anois go raibh bean an tsuirbhé ag insint bréag agus nach raibh aon phost ann di. Tá sí ag tabhairt amach go raibh bean an tsuirbhé ag insint bréag ach bhí sí féin ag insint bréag nuair a rinne sí an suirbhé.

Buntuiscint – Cuid 5

1. Cén fáth a raibh bean Sheáin ar bís?
2. Cén obair a dhéanfadh sí?
3. Cad a cheap Seán dá bhean ag dul ag obair?
4. Cad a ghlaoigh sé ar an obair a dhéanfadh a bhean chéile?
5. Cén fáth a bhfuil bean Sheáin ar buile anois le bean an tsuirbhé?

Cuid 6

Ag deireadh an scéil, tá Seán agus a bhean fós ina suí cois na tine. Tá an bhean fós ag tabhairt amach faoi Sheán agus faoi bhean an tsuirbhé. Tá Seán ina chodladh taobh thiar den nuachtán.

Lánúin cois tine tráthnóna.

An leanbh ina chodladh sa phram.

An fear ina chodladh fén bpáipéar.

Buntuiscint – Cuid 6

1. Cad atá ar siúl ag deireadh an scéil?
2. Cad atá á dhéanamh ag Seán?

---

1 excited

Téama/Príomhsmaointe an tSleachta

- Baineann an gearrscéal seo le Seán agus a bhean chéile atá gan ainm sa scéal.
- Is í bean an tsuirbhé an carachtar eile atá sa scéal.
- Tá bean Sheáin míshásta agus míshona.
- Téann Seán amach ag obair ach fanann sise sa bhaile, ag tabhairt aire don leanbh agus ag glanadh an tí.
- Ceapann bean Sheáin nach bhfuil aon suim ag Seán inti.
- Nuair a thagann Seán abhaile ón obair teastaíonn uaidh suí síos agus an páipéar a léamh.
- Ach níl fonn cainte ar Seán. B'fhearr leis a bheith ag léamh an pháipéir. Bíonn siad ag argóint[1] faoi seo.
- Cúpla mí roimhe sin tháinig bean go dtí an doras ag déanamh suirbhé.
- Bhí bean an tsuirbhé torrach agus ba mhaith léi teach a cheannach.
- Ghlac bean Sheáin páirt sa suirbhé. Bhí sí ag tabhairt amach faoi na fir.
- Dúirt sí go raibh mná tí cosúil le sclábhaithe.
- Dúirt sí nach raibh meas madra ag na fir ar mhná.
- Dúirt sí nach raibh meas ag aon duine ar an obair a rinne mná tí.
- Tá bean Sheáin an-ghearánach[2] toisc nach raibh sí sona.

- Níl a fhios ag bean Sheáin cad atá uaithi.
- Dúirt sí sa suirbhé go raibh sí míshona ach deir sí anois nach bhfuil.
- Níl bean Sheáin cinnte faoina ról sa saol.
- Níl a fhios aici an bhfuil sí sona ag fanacht sa bhaile ag tabhairt aire don leanbh agus don teach.
- Ba mhaith le bean Sheáin post an tsuirbhé a dhéanamh chun sorn a cheannach ach ní bhfuair sí aon scéal ó bhean an tsuirbhé faoin bpost.
- Ceapann sí anois go raibh bean an tsuirbhé ag insint bréag di. Tá fearg ar bhean Sheáin faoi seo.
- Tá Seán an-sásta leis an saol. Téann sé amach ag obair gach lá agus tagann sé abhaile agus bíonn a dhinnéar agus an páipéar roimhe.
- Ní chreideann Seán go bhfuil a bhean chéile míshásta.
- Tá fearg ar Seán gur ghlac sí páirt sa suirbhé agus go ndúirt sí go raibh sí míshona. Tá fearg air gur labhair a bhean le strainséir.
- Tá fearg air nuair a chloiseann sé go bhfuil a bhean ag smaoineamh ar dhul ag obair – glaonn sé 'tincéireacht' ar obair an tsuirbhé.
- Tá Seán ina chodladh ag deireadh an scéil agus tá a bhean fós míshona.
- Is cuma le Seán go bhfuil sí míshona.

Cleachtadh: Fíor nó bréagach?

Cuir tic sa bhosca F nó B i gcás gach abairte agus ansin scríobh i do chóipleabhar na habairtí go léir atá fíor agus ceartaigh na cinn atá mícheart.

		Fíor	Bréagach
1	Tá bean Sheáin sona sásta lena saol.	☐	☐
2	Ní bhíonn fonn cainte ar Seán nuair a thagann sé abhaile óna chuid oibre.	☐	☐
3	Dar leis an suirbhé, tá an ceathrú cuid de mhná pósta míshona.	☐	☐
4	Níor inis bean Sheáin aon bhréag agus í ag déanamh an tsuirbhé.	☐	☐
5	Bhí bean an tsuirbhé torrach agus ag iarraidh teach nua a cheannach.	☐	☐
6	Tá fearg ar Seán go raibh a bhean chéile ag caint le strainséir faoina saol.	☐	☐
7	Ceapann bean Sheáin go bhfuil meas ag na fir ar obair na mban.	☐	☐
8	Ba mhaith le bean Sheáin obair an tsuirbhé a dhéanamh agus sorn a cheannach.	☐	☐
9	Tá Seán lánsásta go rachadh a bhean amach ag obair.	☐	☐
10	Faoi dheireadh an scéil tá Seán tuirseach dá bhean agus tá sé ina chodladh.	☐	☐

1 arguing   2 complaining

Eochairfhocail an scéil

Roghnaigh na deich bhfocal is tábhachtaí sa scéal, dar leat. Scríobh i do chóipleabhar iad agus cuir in abairtí iad.

Cleachtadh: Líon na bearnaí

Líon na bearnaí leis na focail ón liosta thíos:

míshona   bréag   sclábhaithe   meas madra   fonn cainte
strainséir   tsuirbhé   ról   sásta   argóint

1. Ceapann bean Sheáin nach bhfuil _____ _____ ag na fir ar obair na mban.
2. Ba mhaith le bean Sheáin obair an _____ a dhéanamh.
3. Bíonn Seán agus a bhean ag _____ nuair a thagann sé abhaile ón obair.
4. Bhí bean Sheáin ag insint _____ nuair a rinne sí an suirbhé.
5. Ní bhíonn _____ _____ ar Sheán nuair a thagann sé abhaile ón obair.
6. Deir bean Sheáin go bhfuil mná pósta cosúil le

   _____.
7. Bhí fearg ar Sheán go raibh a bhean ag caint le

   _____ faoina saol.
8. Tá bean Sheáin _____ lena saol.
9. Níl bean Sheáin cinnte faoina _____ sa saol.
10. Tá Seán _____ lena shaol agus ní chreideann sé go bhfuil a bhean chéile míshona.

Obair bheirte

Ainmnigh beirt charachtar sa scéal agus pléigh na príomhthréithe atá acu leis an duine atá in aice leat.

Staidéar ar an scéal

An cineál duine í bean Sheáin

- **Míshona** – tá bean Sheáin míshona lena saol. Fanann sí sa bhaile ag tabhairt aire don leanbh agus ag glanadh an tí. Is dócha go mbíonn sí uaigneach i rith an lae agus nuair a thagann Seán abhaile ba mhaith léi labhairt leis ach ní bhíonn fonn cainte air.

- **Tá an saol ag athrú.** Téann bean an tsuirbhé amach ag obair agus tá a cuid airgid féin aici, rud nach bhfuil ag bean Sheáin. Níl bean Sheáin cinnte faoina ról sa saol anois. Ba mhaith léi dul amach ag obair ach tá eagla uirthi freisin.

- **Feargach** – tá bean Sheáin feargach, le Seán agus leis na fir i gcoitinne. Ceapann sí nach bhfuil meas madra ag na fir (agus ag Seán) ar an obair a dhéanann sí. Ceapann sí go bhfuil mná tí cosúil le sclábhaithe. Tá sí ag gearán agus ag argóint le Seán i rith an chomhrá toisc go bhfuil fearg uirthi.

An cineál duine é Seán

- **Sásta** – tá Seán an-sásta lena shaol. Téann sé amach ag obair, tagann sé abhaile go dtí teach glan, an dinnéar déanta ag a bhean agus is maith leis an oíche a chaitheamh ag léamh an pháipéir. Toisc go bhfuil sé sásta, ceapann sé go bhfuil a bhean sásta agus tá ionadh an domhain air nuair a deir sí go bhfuil sí míshona.

- **Ciúin agus mímhúinte**[1] – ní bhíonn fonn cainte ar Sheán nuair a thagann sé abhaile óna chuid oibre. B'fhearr leis an páipéar a léamh. Tá fearg ar a bhean chéile toisc nach labhraíonn sé léi. Ceapann sí nach bhfuil suim ag Seán inti. Tá Seán mímhúinte uaireanta.

- **Traidisiúnta** – tá Seán traidisiúnta. Níl sé sásta nuair a deir a bhean gur mhaith léi dul amach ag obair. B'fhearr leis go bhfanfadh sí sa bhaile ag tabhairt aire don leanbh. Níl meas aige ar obair an tsuirbhé. Níor mhaith leis go mbeadh an saol ag athrú.

An cineál duine í bean an tsuirbhé

- **Nua-aimseartha**[2] – is bean nua-aimseartha í. Tá sí pósta ach tá a post féin aici. Seasann sí don saol nua, don saol atá ag athrú.

- **Neamhspleách**[3] – tá a cuid airgid féin aici toisc go bhfuil a post féin aici. Mar gheall uirthi, tá bean Sheáin ag smaoineamh faoina ról sa saol agus níl sí cinnte faoi anois.

Cleachtadh: Meaitseáil na ceisteanna agus na freagraí ó A agus B

A		B	
1	Cad a dhéanann bean Sheáin?	a	Bíonn fearg uirthi toisc nach mbíonn fonn cainte ar Sheán.
2	Cad a cheapann bean Sheáin faoi shaol na mban?	b	B'fhearr leis go bhfanfadh sí sa bhaile ag tabhairt aire don leanbh.
3	Cad a chuireann fearg ar bhean Sheáin gach lá?	c	Níl, tá sí míshona agus uaigneach.
4	Cad a dúradh sa suirbhé?	d	Fanann sí sa bhaile ag tabhairt aire don leanbh.
5	Céard is maith le Seán a dhéanamh nuair a thagann sé abhaile óna chuid oibre?	e	Go raibh sí míshona agus nach raibh meas madra ag na fir ar obair na mban.
6	Cad a cheapann Seán dá bhean ag dul amach ag obair?	f	Is maith leis suí cois tine agus an páipéar a léamh.
7	Cén t-eolas atá ann faoi bhean an tsuirbhé?	g	Tá bean an tsuirbhé neamhspleách ach tá bean Sheáin ag brath ar Sheán.
8	Cad a dúirt bean Sheáin le bean an tsuirbhé?	h	Ceapann sí go bhfuil mná pósta cosúil le sclábhaithe.
9	Cad í an difríocht idir bean Sheáin agus bean an tsuirbhé?	i	Go raibh an ceathrú cuid de mhná pósta míshona.
10	An bhfuil bean Sheáin sásta lena saol?	j	Tá sí torrach agus ba mhaith léi teach a cheannach.

1	2	3	4	5	6	7	8	9	10

1 rude   2 modern   3 independent

Ceisteanna agus freagraí samplacha

1 Ceist: *'Hé! Táim anso! Sheáin! Táim anso!'*
'Táim sa pháipéar.'
Déan cur síos ar an gcomhrá idir Seán agus a bhean chéile an tráthnóna sin.

Freagra: Bhí ionadh an domhain ar Sheán nuair a dúirt a bhean chéile go raibh sí sa pháipéar. Mhínigh sí gur ghlac sí páirt i suirbhé i mí Eanáir. Bhí fearg uirthi an lá sin le Seán agus thug sí amach faoi na fir. Dúirt sí nach raibh meas madra ag na fir ar na mná tí agus go raibh siad cosúil le sclábhaithe.

Nuair a dúirt a bhean gur mhaith léi dul ag obair í féin ní raibh sé sásta in aon chor. B'fhearr leis go mbeadh a bhean ag fanacht sa bhaile ag tabhairt aire don leanbh agus ag déanamh an obair tí ar fad. Bhí an bhean ag gearán faoi bhean an tsuirbhé agus dúirt sí gur inis sí bréaga di. Lean sí uirthi ag caint is ag caint agus thit Seán ina chodladh.

2 Ceist: Tabhair cuntas gairid ar rud amháin a thaitin leat agus ar rud amháin nár thaitin leat faoin scéal seo *Dís*.

Freagra: Ceapaim go bhfuil an scéal seo greannmhar agus is maith liom é sin.

Tá sé greannmhar nuair a bhíonn bean Sheáin ag caint le Seán ach ní deir sé ach 'Hu?'. Ní stopann sí ag caint ach níl Seán ag éisteacht léi. Titeann sé ina chodladh nuair a bhíonn sí ag caint.

Deir bean Sheáin gur inis sí bréaga do bhean an tsuirbhé. Ansin tá fearg ar bhean Sheáin mar ceapann sí go raibh bean an tsuirbhé ag insint bréag di. Tá sé seo greannmhar.

Ní maith liom Seán. Ceapaim go bhfuil sé mímhúinte. Ní thuigeann sé go bhfuil uaigneas ar a bhean chéile agus gur mhaith léi labhairt leis nuair a thagann sé abhaile ón obair.

Níl meas ag Seán ar thuairimí a mhná. Nuair a deir sí go bhfuil sí míshona agus gur mhaith léi dul amach ag obair tagann fearg air.

3 Ceist: *Agus chaitheas mo mhaidean léi agus bhí oiread le déanamh agam an mhaidean chéanna di agus ag tabhairt caife di, agus gan aon fhocal den bhfírinne ag teacht as a béal!*
Déan cur síos ar ar tharla nuair a tháinig bean an tsuirbhé go dtí an teach.

Freagra: Tháinig bean an tsuirbhé go dtí an teach i mí Eanáir. Dúirt sí go raibh sí torrach agus gur mhaith léi teach a cheannach. Bhí bean Sheáin míshona an lá sin. Ní raibh an aimsir go deas, bhí billí ag teacht isteach agus bhí sí crosta le Seán faoi rud éigin. Chuir bean an tsuirbhé a lán ceisteanna ar bhean Sheáin faoina saol. Toisc go raibh sí míshona agus feargach an mhaidin sin d'inis sí do bhean an tsuirbhé go raibh sí míshona. Dúirt sí go raibh mná pósta cosúil le sclábhaithe agus nach raibh meas madra ag daoine ar an obair a rinne na mná. D'ól an bheirt cupán caife le chéile agus bhí áthas ar bhean Sheáin a bheith ag tabhairt amach faoi na fir.

Cleachtadh: Athscríobh an freagra thuas mar chleachtadh.

Cleachtadh: Líon na bearnaí san alt seo

Tá an scéal seo _____ in áiteanna. Níl fonn _____ ar Sheán ach leanann a bhean chéile ar aghaidh ag caint leis. Ní _____ Seán aon rud ach 'Hu?' go minic. Titeann Seán ina _____ a fhad is a bhíonn an bhean ag caint. Tá Seán _____ mar níl sé sásta labhairt lena bhean. Is cuma leis go mbíonn _____ ar a bhean i rith an lae toisc go mbíonn sí léi féin sa bhaile leis an _____. Níl _____ madra ag Seán ar thuairimí a mhná. Tá _____ air nuair a deir sí gur mhaith léi obair an _____ a dhéanamh. B'fhearr le Seán nach mbeadh aon _____ ar an saol toisc go bhfuil sé _____ lena shaol mar atá sé.

Ceisteanna scrúdaithe

Déan cleachtadh ar na ceisteanna scrúdaithe seo a leanas. Bain úsáid as na frásaí agus na nathanna ag tús an aonaid mar chabhair duit.

1. Cén fáth a raibh bean Sheáin míshásta lena fear céile ag tús an ghearrscéil? Is leor **dhá** phointe eolais.

2. Cén toradh a bhí ar an suirbhé, de réir an ailt sa nuachtán?

3. Cén sórt duine í bean an tsuirbhé? Is leor **dhá** phointe eolais.

4. An bhfuil trua agat do bhean Sheáin? Cuir **dhá** fháth le do fhreagra.

5. Scríobh achoimre ghairid ar an scéal.

FACSS

Ullmhaigh na habairtí seo thíos agus scríobh i do chóipleabhar iad.

Féach Abair Clúdaigh	Scríobh	Seiceáil
1 Tá Seán agus a bhean chéile ina suí cois tine.		
2 Bíonn bean Sheáin ag tabhairt aire don leanbh.		
3 Bíonn bean Sheáin ag glanadh an tí i rith an lae.		
4 Níl fonn cainte ar Sheán.		
5 B'fhearr le Seán a bheith ag léamh an pháipéir.		
6 Bhí bean an tsuirbhé torrach.		
7 Ba mhaith le bean an tsuirbhé teach a cheannach.		
8 Bhí bean Sheáin míshona agus míshásta.		
9 Dúradh sa suirbhé go raibh an ceathrú cuid de mhná pósta míshona.		
10 Tá fearg ar Sheán gur labhair a bhean le strainséir.		
11 Dúirt bean Sheáin go bhfuil mná tí cosúil le sclábhaithe.		
12 Dúirt bean Sheáin nach raibh meas madra ag daoine ar mhná tí.		
13 Bhí bean Sheáin ag insint bréag sa suirbhé.		
14 Tá Seán ina chodladh ag deireadh an scéil.		
15 Ba mhaith le bean Sheáin post an tsuirbhé.		
16 Tá an scéal greannmhar.		
17 Tá Seán mímhúinte.		
18 Is cuma le Seán go bhfuil a bhean chéile míshona.		
19 Bíonn bean Sheáin ag gearán go minic.		

An Lasair Choille
(Dráma) 🔊 Rian 2.06   📊 PowerPoint

le Caitlín Maude agus Mícheál Ó hAirtnéide

> ### Foireann
> - **Séamas:** Fear óg (cúig bliana is fiche)
> - **Micil:** Seanfhear (**cláiríneach**)
> - **Míoda:** Cailín a thagann isteach
> - **Fear:** Fear a thagann isteach

cripple

Suíomh: Tá dhá sheomra ar an ardán. Tá leaba i seomra amháin agus is seanchistin é an seomra eile. Tá Micil sa leaba i seomra amháin agus tá Séamas sa gcistin. Tá **cás éin ar crochadh** *sa gcistin agus* **lasair choille** *istigh ann. Tá Séamas ag caint le Binncheol (an lasair choille) agus ó am go chéile déanann sé* **fead** *leis an éan.*

*bird cage; hanging
goldfinch
whistle*

Séamas:	A Bhinncheoil! A Bhinncheoil! (*Fead.*) **Cas poirtín dom**. Tá tú an-chiúin inniu. Ní fhéadfadh aon **údar bróin** a bheith agat sa teach seo. Tú te **teolaí** agus **neart lena ithe** agat. (*Fead.*) Seo, cas port amháin.
Micil:	As ucht Dé ort, a Shéamais, agus éist leis an éan sin, nó an gceapann tú go dtuigeann sé thú?
Séamas:	Á, mhuis, ní raibh mé ach ag caint leis. Shíl mé go raibh tú i do chodladh.
Micil:	Cén chaoi a bhféadfainn codladh sa teach seo agus do leithéidse d'amadán **ag bladaireacht in ard do ghutha.**
Séamas:	Tá **aiféala** orm.
Micil:	Tá, má tá. Tabhair aníos an t-airgead anseo chugam.

*Sing me a tune
cause for sorrow
cosy; plenty to eat*

chattering; top of your voice

sorry

Séamas: Tá go maith. (*Téann sé suas chuige.*) Tá **tuilleadh** i mo phóca agam.

more

Micil: Cuir sa **sciléad** uilig é.

skillet

Séamas: 2, 3, 4 agus sé pínne – a dhiabhail, ní hea.

Micil: Seo, Déan deifir.

Séamas: 5,-a, 1-2-3-4-5-6-7-8, agus sé pínne.

Micil: £9 – £10 – £11 – is mór an t-ionadh go raibh an ceart agat. Dhá phunt eile is beidh mé in ann an carr asail a cheannacht ó Dhúgán. Sin é an uair a dhéanfas mé an t-airgead. Meas tú, cé mhéad **lucht móna** atá agam faoi seo?

load of turf

Séamas: Deich gcinn nó b'fhéidir tuilleadh.

Micil: Móin bhreá í. Ba cheart go bhfaighinn dhá phunt an lucht uirthi. Sin scór. **Slám** deas airgid. Tabhair dom peann is páipéar.

Amount

Séamas: Tá go maith (*Téann síos.*) A Bhinncheoil, poirtín amháin (*Fead.*) A Mhicil! (*Torann sa seomra.*)

Micil: A Shéamais, a Shéamais! Tá mé gortaithe.

Séamas: Go sábhála Mac Dé sinn céard d'éirigh dhuit? Cén chaoi ar thit tú as an leaba? Maróidh tú thú féin.

Micil: Ó! (*Osna.*) Tá an t-airgead ar fud an urláir.

sigh

Séamas: Ná bac leis an airgead. Fan go gcuirfidh mé isteach sa leaba thú. 'Bhfuil tú gortaithe?

Micil: Tá mé ceart. Tá mé ceart. Cruinnigh suas an t-airgead go beo. Breathnaigh isteach faoin leaba. 'Bhfuil sé agat? Chuile phínn?

Séamas: Tá. Tá. B'fhearr duitse aire a thabhairt duit féin. Céard a dhéanfá dá mbeinnse amuigh?

Micil: Imigh leat síos anois. Tá mé ceart. (*Téann Seamus síos leis an sciléad.*)

Séamas: Thit sé as a leaba, a Bhinncheoil. Nach air a bhí an t-ádh nach raibh mé amuigh? (*Fead.*) Féach a bhfuil d'airgead againn.

Micil: Ach an éistfidh tú leis an airgead? Ach ar ndóigh tá sé chomh maith dom a bheith ag caint leis an **tlú.**

tongs

Séamas: A dhiabhail, a Mhicil, Céard a dhéanfas muid leis?

Micil: Nár dhúirt mé leat cheana go gceannóinn carr asail leis?

Séamas: Ach leis an scór a dhéanfas tú ar an móin?

Micil: Nach mór a bhaineann sé dhuit?

Séamas: Ní raibh mé ach á fhiafraí dhíot.

Micil: Céard tá ort anois? Céard tá ag gabháil trí do cheann cipín anois?

Séamas:	Dheamhan tada. (*Stad.*) Bhí **braith** orm imeacht.	*intention*
Micil:	Imeacht. Imeacht cén áit?	
Séamas:	Go Sasana.	
Micil:	Go Sasana! Céard sa diabhail a thabharfadh thusa go Sasana? Níl **gnó** ar bith acu d'amadáin i Sasana.	*business*
Séamas:	Ach shíl mé …	
Micil:	Ach shíl tú. Céard a shíl tú? Cé a bhí ag cur na **seafóide** sin i do cheann?	*nonsense*
Séamas:	Bhí mé ag caint leis an mBúrcach inné.	
Micil:	Hu! Coinnigh leis an mBúrcach, a bhuachaill, is beidh tú ceart. Ach céard a dhéanfása i Sasana?	
Séamas:	Is dóigh nach ndéanfainn mórán ach …	
Micil:	Nuair a fhiafrós siad díot céard a bhí tú a dhéanamh sa mbaile céard a bheas le rá agat? 'Bhí mé **ar aimsir** ag cláirínreach.' Níl seandhuine thall ansin ag iarraidh an dara péire cos agus lámh. Agus sin a bhfuil ionatsa. Níl **éirim sciortáin** ionat. Ní bhfaighidh tú an dara duine a inseos duit le chuile shórt a dhéanamh, mar a dhéanaimse. Ar ndóigh ní choinneoidh aon duine eile thú ach mé féin.	*in service* *brains of a tick*
Séamas:	Tá a fhios agam. Ní raibh mé ach ag caint.	
Micil:	Bhuel, ná bíodh níos mó faoi anois. Nach bhfuil muid sona sásta anseo? Gan aon duine ag cur isteach ná amach orainn.	
Séamas:	Tá a fhios agam, ach ba mhaith liom rud éigin a dhéanamh **as mo chonlán féin**.	*for myself*
Micil:	Choíche, muis, ní dhéanfaidh tusa aon rud as do chonlán féin. Ach an fhad a bheas mise anseo le **comhairle** a thabhairt duit ní rachaidh tú i bhfad **amú**.	*advice* *astray*
Séamas:	Déanfaidh tusa mo chuid smaoinimh dhom. B'in é atá i gceist agat.	
Micil:	Is maith atá a fhios agat, nach bhfuil tú in ann smaoineamh a dhéanamh dhuit féin. Déanfaidh mise an smaoineamh dhuit. Beidh mise mar cheann agat.	
Séamas:	Is beidh mise mar chosa is mar lámha agatsa. B'in é é!	
Micil:	Céard atá ort, a Shéamais? Tá tú dhá bhliain déag anseo anois. Ar chuir mise **milleán** nó bréag nó **éagóir** ort riamh sa bhfad sin?	*blame; injustice*
Séamas:	Níor chuir. Níor chuir, ach dúirt an Búrcach …	
Micil:	Ná bac leis an mBúrcach. Níl a fhios aigesean tada fút. Níl a fhios aige go mbuaileann na *fits* thú. Céard a dhéanfá dá mbuailfeadh siad siúd thú thall i Sasana?	

Séamas:	Níor bhuail siad le fada an lá anois mé.
Micil:	Hu! Bhuailfeadh siad siúd thú, an uair is lú a mbeadh súil agat leo.
Séamas:	Ní raibh mé ach ag rá. Ní raibh mé dáiríre. Tá a fhios agat go maith nach bhféadfaidh mé gabháil in aon áit. Bheidís uilig ag gáirí fúm.
Micil:	Nach bhfuil tú ceart go leor anseo? Mar a chéile muid. Beirt chláiríneach. **Easpa géag** ormsa agus **easpa meabhrach** ortsa. Ach ní bheidh aon duine ag gáirí fúinn anseo.
Séamas:	Tá aiféala orm. Nach **seafóideach an mhaise** dhom é ar aon chaoi? Ar ndóigh, ní bheadh tada le déanamh ag aon duine liomsa?
Micil:	Déan dearmad air. Cuir an **clúdach** ar an sciléidín agus leag suas é.
Séamas:	Níl aon **chall** clúdaigh air.
Micil:	Cad chuige nach mbeadh? Nach bhfuil sé beagnach **ag cur thar maoil**? (*Tógann Séamas trí nó ceathair de chlúdaigh as an gcófra. Titeann ceann. Titeann siad uilig.*) Céard sin? Céard tá tú a dhéanamh anois?
Séamas:	Thit an clúdach.
Micil:	As ucht Dé ort agus cuir an clúdach ar an sciléad!
Séamas:	Cé acu an ceann ceart?
Micil:	Níl ann ach aon cheann amháin.
Séamas:	Thóg mé cúpla ceann as an bpreas. Ní raibh a fhios agam cérbh é an ceann ceart.
Micil:	Bain triail as cúpla ceann eile.
Séamas:	Tá siad róbheag.
Micil:	Tá ceann acu ceart.
Séamas:	Ní gá é a chlúdach, a Mhicil. Tá a fhios agat go maith nach bhfuil mé in ann aon rud mar seo a dhéanamh.
Micil:	Déan iarracht agus ná bí i do pháiste. Nach gcuirfeadh duine ar bith clúdach ar sciléad?
Séamas:	Ach níl a fhios agam cé acu. A Mhuire anocht! Tá **creathaí** ag teacht orm. Tá mé réidh!
Micil:	Agus tusa an fear a bhí ag gabháil go Sasana!

Margin glossary:

missing limbs; lack of intelligence

silly thing

cover

need

overflowing

trembling

Séamas:	Éist liom. Éist liom. (*Sos.*)
Micil:	Fág ansin é mar sin.
Séamas:	(*Sos – ansin labhraíonn le Binncheoil.*) Níl **smid** asat anocht. Céard tá ort? (*Fead.*) A Mhicil!
Micil:	Céard é féin? (*Leath ina chodladh.*)
Séamas:	Cuirfidh mé síos an tae?
Micil:	Tá sé **róluath**. Ná bac leis go fóill.
Séamas:	Cén uair a gheobhas muid an carr asail?
Micil:	Nuair a bheas an t-airgead againn.
Séamas:	An mbeidh mise ag gabháil go Gaillimh leis?
Micil:	Beidh má bhíonn tú **sách staidéarach**. (*Sos.*)
Séamas:	Scór punt! Slám breá. A Mhicil!
Micil:	Céard sin? Is beag nach raibh mé i mo chodladh.
Séamas:	Codail mar sin. (*Fead.*) A Mhicil!
Micil:	Céard tá ort anois?
Séamas:	Áit mhór í Sasana?
Micil:	**Bíodh beagán céille agat**. Gabh i leith anseo chugam. Breathnaigh isteach sa scáthán sin. An dtuigfidh tú choíche nach mbeidh ionat ach amadán thall ansin? Ní theastaíonn uathu ansin ach fir atá in ann obair a dhéanamh, agus obair chrua freisin. Chomh luath is a labhraíonn duine leatsa tosaíonn tú **ag déanamh cnaipí**.
Séamas:	Ní raibh mé ach á rá.
Micil:	Síos leat anois agus bíodh céille agat. Bí ciúin nó ní bhfaighidh mé néal codlata.
Séamas:	Tá go maith. (*Sos.*)
Micil:	A Shéamais!
Séamas:	Is ea.
Micil:	Ná tabhair aon aird ormsa. Ar mhaithe leat a bhím.
Séamas:	Tá sé ceart go leor. Ní raibh mé ach ag iarraidh a bheith ag caint le duine éigin.
Micil:	Cuir na smaointe **díchéillí** sin faoi Shasana as do cheann. Níl tú ach do do chur féin trína chéile.
Séamas:	Tá a fhios agam. Téirigh a chodladh dhuit féin anois. (*Sos.*) A Bhinncheoil, tá tú chomh **balbh** le breac. Cas barra nó dhó. Fuar atá

peep

too early

work hard enough

Have sense

making mistakes

silly

silent

114

tú? Tabharfaidh mé **gráinne mine** chugat. (*Fead.*) Seo, cas port. (*Buailtear an doras.*) Gabh isteach. (*Míoda isteach.*)

grain of meal

Míoda: Dia anseo.

Séamas: Go mba hé dhuit.

Míoda: Go méadaí Dia sibh agus an mbeadh greim lena ithe agaibh? Cad chuige an bhfuil tú **ag breathnú** orm mar sin?

looking

Séamas: Ar ndóigh ní tincéara thú? Ní fhaca mé do leithéid de chailín riamh cheana.

Míoda: Sílim gur fearr dom a bheith ag gabháil sa gcéad teach eile.

Séamas: Ná himigh, ná himigh. Ní dhéanfaidh mise tada ort. Ach ní cosúil le tincéara thú.

Míoda: Is maith atá a fhios agamsa céard tá ort.

Séamas: Ní leagfainnse lámh ort, a stór. A Bhinncheoil, an bhfaca tú a leithéid riamh cheana? A haghaidh bhog bhán. As Gaillimh thú?

Míoda: Leat féin atá tú anseo?

Séamas: Is ea. Ní hea. Tá Micil sa seomra. Tá sé ar an leaba. As Gaillimh thú?

Míoda: Ní hea.

Séamas: Ní faoi ghaoth ná faoi bháisteach a tógadh thusa.

Míoda: Ní hea. Is beag díobh a chonaic mé riamh. (*Go hobann.*) Meas tú an dtabharfá cabhair dom?

Séamas: Cad chuige? Céard a d'éirigh dhuit?

Míoda: Dá n-insínn mo scéal duit b'fhéidir go **sceithfeá** orm.

you would tell

Séamas: Ní sceithfinn.

Míoda: (*Osna.*) Níor ith mé greim le dhá lá ná níor chodail mé néal ach a oiread.

Séamas: Ach céard a d'éirigh dhuit? Cá bhfuil do mhuintir?

Míoda: Inseoidh tú orm má insím é.

Séamas: Ní inseoidh mé do dhuine ná do dheoraí é.

Míoda: Buíochas le Dia go bhfuil trua ag duine éigin dom.

Séamas: Déanfaidh mé a bhféadfaidh mé dhuit. Inis do scéal.

Míoda: Tá mé **ag teitheadh** ó m'athair.

running away

Séamas: Ag teitheadh ó t'athair? Cérb as thú?

Míoda:	As Baile na hInse. Is é m'athair an tIarla – Iarla Chonnacht.	
Séamas:	Iarla Chonnacht! Tháinig tú an t-**achar** sin uilig leat féin.	*distance*
Míoda:	(***Go searbh.***) D'éirigh mé tuirseach den 'Teach Mór' is de na daoine móra.	*bitterly*
Séamas:	Fear **cantalach** é d'athair?	*cranky*
Míoda:	Ní hea ná ar chor ar bith. Níor dhúirt sé focal riamh liom a chuirfeadh brón ná fearg orm. Ach níor lig sé thar doras riamh mé.	
Séamas:	An bhfuil sé sean?	
Míoda:	Ceithre scór. Sin é an fáth a raibh sé chomh **ceanúil** orm. Tá a fhios aige gur gearr uaidh agus ní raibh aon rud eile le h**aiteas** a chur ar a chroí. Níor lig sé as a **amharc** riamh mé. D'fheicinn aos óg an bhaile as gabháil chuig an gcéilí agus mé i mo sheasamh i bhfuinneog mhór an pharlúis agus an brón agus an **doilíos** ag líonadh i mo **scornach**.	*fond* *delight* *sight* *sorrow; throat*
Séamas:	Ach nach raibh neart lena ithe agus lena ól agat? Céard eile a bhí uait?	
Míoda:	Bhí ach cén mhaith a bhí ann. Ba chosúil le héinín lag **i ngéibheann** mé. Cosúil leis an éinín sin ansin.	*in prison*
Séamas:	Tá Binncheol lánsásta anseo. Nach bhfuilir, a Bhinncheoil? Ach céard a dhéanfas tú anois?	
Míoda:	Níl a fhios agam, ach ní rachaidh mé ar ais chuig an gcaisleán ar aon chaoi. Cé go mbeidh dinnéar mór agus **coirm cheoil** ann anocht. Beidh na boic mhóra uilig ann faoi éide is faoi **sheoda áille soilseacha**. Ach, ní bheidh an dream óg ann. Ní bheidh **sult** ná sórt ná **suirí** ann. Fir mhóra, le boilg mhóra, leath ina gcodladh le tinneas óil.	*concert* *beautiful shiny jewels* *fun* *courtship*
Séamas:	Beidh do mháthair uaigneach.	
Míoda:	Níl aon mháthair agam. Is fada an lá **básaithe** í. Dá mbeadh deirfiúr nó deartháir féin agam.	*dead*
Séamas:	Ní hionadh go raibh d'athair chomh ceanúil ort is gan aige ach thú.	
Míoda:	Ach dhearmad sé go raibh mo shaol féin amach romham agus gur orm féin a bhí é a chaitheamh. Cén mhaith, cén mhaith a bheith beo mura bhféadfaidh tú a dhéanamh ach ithe agus ól? Tá mé ag iarraidh rud éigin níos fearr a dhéanamh dhom féin agus bualadh amach faoin saol.	
Séamas:	(*Go simplí.*) Níor fearr! Ní fhéadfá mórán níos fearr a dhéanamh, ná a bheith i d'iníon ag Iarla Chonnacht.	
Míoda:	B'fhearr **staid** ar bith ná an staid ina raibh mé.	*state*

Séamas:	Íosfaidh tú rud éigin? Tá tú caillte leis an ocras.
Míoda:	Tá mé ceart go fóillín. Is mó an tuirse ná an t-ocras atá orm. Suífidh mé síos **scaithimhín** mura miste leat.
Séamas:	Suigh, suigh, Cén t-ainm atá ort?
Míoda:	Míoda.
Séamas:	Míoda! Nach deas, Séamas atá ormsa.
Míoda:	Ainm breá d'fhear breá.
Séamas:	Tá sé maith go leor. Binncheol atá air féin.
Míoda:	Ó, a leithéid d'ainm álainn! (*Sos.*)
Séamas:	Cá rachaidh tú anois?
Míoda:	Níl a fhios agam. Go Sasana b'fhéidir.
Séamas:	Go Sasana? Ach ní fhéadfá a ghabháil ann leat féin.
Míoda:	Dar ndóigh níl le déanamh ag duine ach gabháil go Baile Átha Cliath agus bualadh ar an mbád ag Dún Laoghaire.
Séamas:	Is ní bheidh leat ach thú féin?
Míoda:	Nach liom féin a bhain mé amach an áit seo is nach beag a bhain dom. Ach tá **easpa airgid** orm.
Séamas:	Nach bhféadfá a ghabháil go Gaillimh is jab a fháil?
Míoda:	Faraor nach bhféadfainn. Tá **leath na dúiche** ar mo thóir ag m'athair cheana féin. Má bheirtear orm, **beidh mo chaiscín déanta**. Caithfidh mé filleadh ar an g**carcair** sin de chaisleán. Nár fhága mé an teach seo beo más sin é atá i ndán dom.
Séamas:	Go sábhála Dia sinn, ná habair é sin, ach céard a dhéanfas tú ar chor ar bith?
Míoda:	Ná bíodh imní ar bith ort fúmsa. Nuair a bheas mo scíth ligthe agam, buailfidh mé bóthar arís, téadh sé olc, maith dom. (*Sos.*) Cén sort éin é sin?
Séamas:	Lasair choille.
Míoda:	Nach mór an spórt é? Go deimhin, is mór an náire é a choinneáil i ngéibheann mar sin. Nach mb'fhearr i bhfad dó a bheith saor amuigh faoin spéir?
Séamas:	Níorbh fhearr dó, muis. Níl **sioc** ná **seabhac** ag cur isteach air anseo. (*Sos.*) **Gléas ceoil** é sin agat. An bhfuil tú in ann casadh?
Míoda:	Táim. Is minic a chaith mé an tráthnóna uilig ag casadh do m'athair sa bparlús. **Bratacha boga** an urláir, **coinnleoirí óir** is chuile shórt ann. Cé nár thaitnigh sé liom beidh sé **tairbheach** anois.
Séamas:	Cén chaoi?

little while

lack of money

half of district
it will be all over
prison

frost; hawk
musical instrument

soft covers; golden
candlesticks; useful

Míoda:	Nach bhféadfaidh mé corrphort a chasadh i leataobh sráide má chinneann orm – gheobhainn a oiread is a choinneodh mé ar aon chaoi.
Séamas:	Ní bheidh ortsa é sin a dhéanamh. Nach bhfuil scoil ort? Gheobhfása post in oifig go héasca? Ní bheidh ortsa gabháil ó dhoras go doras.
Míoda:	Is dóigh gur fíor duit é. Ach cén fáth a mbeifeása ag bacadh liom? Níl ionam ach strainséara.
Séamas:	Ní hea, ná ar chor ar bith. Seanchairde muid le deich nóiméad. Ní fhaca mé cailín taobh istigh den doras seo riamh cheana agus riamh i mo shaol, ní fhaca mé do leithéidse de chailín.
Míoda:	Ach, is beag an chabhair a fhéadfas tú a thabhairt dom, a Shéamais. Dá mhéad míle bóthair a fhéadfas mé a chur idir mé agus Baile na hInse, is ea is fearr. Agus casfaidh mé ceol i leataobh sráide má chaithim …
Séamas:	Ní chaithfidh tú, ná choíche, a stór. (*Sos.*) Cas port dom. B'fhéidir go dtosódh Binncheol é féin nuair a chloisfeadh sé thú.
Míoda:	Ní maith liom thú a **eiteach** ach ní ceol a bheas ann ach **giúnaíl**. Céard a chasfas mé?
Séamas:	Rud ar bith.
Míoda:	Céard faoi seo? (*Port sciobtha.*)
Micil:	A Shéamais! Céard é sin?
Míoda:	Cé atá ag caint?
Séamas:	Níl ann ach Micil. Tá sé sa leaba. Tá cailín anseo, a Mhicil.
Micil:	Céard tá uaithi?
Séamas:	Greim lena ithe.
Micil:	Níl ár ndóthain againn dúinn féin, ní áirím do chuile **chailleach** bóthair is bealaigh dá mbuaileann faoin doras.
Séamas:	Ní cailleach ar bith í.
Micil:	Céard eile atá inti! Tabhair an doras amach di.
Míoda:	Imeoidh mé. Ná lig anuas é.
Séamas:	Ara, níl sé in ann siúl.
Micil:	M'anam, dá mbinn, ní bheinn i bhfad ag tabhairt bóthair duit.
Séamas:	Ach ní tincéara í, a Mhicil. Nach í iníon Iarla Chonnacht í?

refuse/deny; droning

witch/hag

Micil:	Iníon Iarla Chonnacht! Chreidfeá an diabhal é féin. Cuir ar an tsráid í, deirim.
Séamas:	Tá sí ag teitheadh óna hathair. Tá siad **á tóraíocht**.
Micil:	Gabh aníos anseo, a iníon Iarla Chonnacht, go bhfeicfidh mé thú.
Míoda:	Ní rachaidh mise sa seomra.
Micil:	Céard sa diabhal a bheadh iníon Iarla Chonnacht a dhéanamh ag imeacht ag casadh ceoil ó dhoras go doras?
Míoda:	Mura gcreidfidh tú mé tá sé chomh maith dhom a bheith ag imeacht.
Séamas:	Ná himigh. Cá rachaidh tú anocht? Fan scaithimhín eile.
Micil:	Ní ar mhaithe liomsa ná leatsa a thaobhaigh sí sin muid ar chor ar bith. Iníon Iarla Chonnacht! Go dtuga Dia ciall duit.
Míoda:	Ní raibh uaim ach greim lena ithe.
Micil:	Tháinig tú isteach ag goid, a **raicleach**. Coinnigh súil uirthi, a Shéamais. Ghoidfeadh a leithéid sin an tsúil as do cheann.
Séamas:	Muise, éist leis an gcréatúr bocht. Tá ocras agus fuacht uirthi.
Micil:	A Shéamais, a Shéamais, an t-airgead! Cá bhfuil sé?
Séamas:	Ar an gcófra?
Micil:	Cén áit ar an gcófra?
Séamas:	Sa sciléad. Céard eile?
Micil:	Dún do chlab is ná cloiseadh sí thú!
Míoda:	Caithfidh sé go bhfuil an diabhal is a mháthair ann leis an gcaoi a bhfuil tú ag caint.
Séamas:	Tá aon phunt déag ann.
Micil:	Dún do chlab mór, a amadáin!
Míoda:	Ná bac leis sin. Ag magadh fút atá sé. Níl sé sin ach ag iarraidh **searbhónta** a dhéanamh dhíot. Chuile shórt a dhéanamh dhósan is gan **tada** a dhéanamh dhuit féin.
Séamas:	Ach níl mé in ann aon rud a dhéanamh, a Mhíoda.
Míoda:	Ná bíodh seafóid ort. Déarfaidh sé sin leat nach bhfuil tú in ann rud a dhéanamh, ionas go gcoinneoidh sé anseo thú **ag freastal air**. Agus, cé leis an t-aon phunt déag sin?
Séamas:	Le Micil.
Míoda:	Le Micil! Cé a shaothraigh é? An cláiríneach sin?
Séamas:	Ní hé. Mise.
Míoda:	Nach leatsa mar sin é? Níl baint dá laghad ag Micil dó.
Micil:	Cuir amach í.

searching for her

vixen

servant
nothing

serving him

Míoda:	Tá sé in am agatsa a bheith i d'fhear, agus mórán de do shaol á chur amú ag tabhairt aire don tseanfhear sin.
Séamas:	Níl a fhios agam céard a dhéanfas mé.
Míoda:	Mura bhfuil a fhios agatsa é, tá a fhios agamsa é. Seo é do sheans. Tá an bheirt againn **sáinnithe** i ngéibheann ar nós an lasair choille sin. Tabharfaidh an t-aon phunt déag sin go Sasana muid.
Séamas:	Go Sasana! Is ea!
Micil:	**As do mheabhair** atá tú, a Shéamais! Ní fhágfá anseo liom féin mé tar éis a ndearna mé dhuit riamh?
Séamas:	Níl a fhios agam. Ba mhaith liom imeacht.
Míoda:	Má ba mhaith féin tá an ceart agat. Nach fearr i bhfad dó sin a bheith thoir i dTeach na mBocht ná a bheith ag cur do shaoilse amú?
Séamas:	An dtiocfása in éineacht liom, a Mhíoda? Ní imeoinn asam féin.
Míoda:	Thiocfainn gan amhras.
Micil:	A Shéamais!
Míoda:	D'éireodh thar barr linn. Gheobhadsa post breá thall ansiúd agus d'fhéadfá gabháil in **do rogha áit** agus do rogha rud a dhéanamh.
Micil:	Ní fheicfidh tú aon amharc uirthi sin arís go brách má thugann tú dhi an t-airgead. Sin a bhfuil uaithi sin.
Séamas:	Ach, céard tá uaitse? Mo chosa is mo lámha? Mo shaol trí chéile.
Micil:	Tá tú **meallta** aici cheana féin.
Míoda:	Níl uaim ach fear bocht a ligean saor uaitse. Bhí orm mé féin a scaoileadh saor ón ngéibheann cheana. Seanduine ag iarraidh beatha is misneach duine óig **a phlúchadh**. Ní **óinseach** ar bith mise. Tá an **deis** againn anois agus bainfidh muid **leas** as. Tá saol nua amach romhainn agus **luach saothair** an ama atá caite.
Séamas:	Tá mé ag gabháil go Sasana, a Mhicil.
Micil:	Ar son anam do mháthar, a Shéamais!
Séamas:	Tá mé ag iarraidh rud éigin a dhéanamh **ionas** nach mbeidh daoine ag gáirí fúm.
Míoda:	Cé a dhéanfadh gáirí faoi fhear breá?
Séamas:	An gceapfása gur fear breá mé, a Mhíoda? Ní dhéanfása gáirí fúm?
Míoda:	Cad chuige a ndéanfainn? Tá mé **ag inseacht na fírinne**. (*Torann sa seomra.*)
Micil:	A Shéamais, a Shéamais!
Séamas:	Thit sé as an leaba.
Micil:	Gabh i leith, a Shéamais. Gabh i leith.

stuck

mad

wherever you like

taken in

*suffocate; fool
opportunity; advantage
payment*

so that

telling the truth

Míoda:	Ara, lig dó. **Ag ligean** air féin atá sé sin go bhfeicfidh sé an bhfuil **máistreacht** aige ort fós.	*pretending* *mastery/control*
Séamas:	Gabhfaidh mé suas chuige.	
Míoda:	Ná téirigh. Lig dó. Bíodh aige.	
Séamas:	Ní fhéadfaidh mé é a fhágáil ina luí ar an urlár. An bhfuil tú gortaithe?	
Micil:	Ar ndóigh, ní imeoidh tú, a Shéamais? Ní fhágfá anseo liom féin mé. An t-airgead! **Fainic** an t-airgead.	*beware*
Míoda:	Go deimhin, ní leagfainnse méar ar do chuid seanairgid lofa.	
Micil:	Ardaigh aníos mé. Cuir i mo shuí suas mé. Ní bheinn in ann tada a dhéanamh de **d'uireasa**.	*without you*
Míoda:	Ach, dhéanfadh Séamas **togha gnó** de d'uireasa-sa.	*very well*
Séamas:	Éist leis, a Mhíoda.	
Micil:	Is fearr an aithne atá agamsa ortsa ná atá ag aon duine ort. Ag magadh fút a bheas siad. Titfidh an t-anam asat chuile uair a dhéanfas tú botún. Beidh an domhan mór **ag faire ort.** Níl anseo ach mise agus ní bheidh mise ag magadh fút.	*watching you*
Míoda:	Is maith atá a fhios agat go bhfuil an cluiche caillte agat, a sheanchláírínigh lofa. Éist leis. Lig dó a thuairim féin a bheith aige.	
Micil:	Tá a fhios agat go maith, a Shéamais, go bhfuil mé ag inseacht na fírinne. Níl maith ná maoin leat ná ní bheidh go deo. Níl meabhair ar bith ionat. Cuireann an **ruidín is lú trína chéile** thú. Fan anseo, áit nach gcuirfear aon aird ort.	*smallest thing; confuses*
Séamas:	Níl a fhios agam, a Mhicil, ach ar ndóigh, tá an ceart agat. Níl maith ná maoin liom.	
Míoda:	Stop ag caint mar sin. Fear breá láidir thú. Dhéanfá rud ar bith dá ndéanfá iarracht. Breathnaigh, tá ár ndóthain dár saol curtha amú againn **faoi bhos an chait** ag amadáin nach gcuirfeadh **smacht** ar mhadra beag. Seanfhear agus cláiríneach. Níl tada cearr leatsa. Dhéanfása rud ar bith.	*under the control* *control*
Séamas:	Meas tú?	
Micil:	Má imíonn tú ní ligfidh mé taobh istigh den doras arís choíche thú.	
Míoda:	Thoir i dTeach na mBocht ba chóir duitse a bheith le fiche bliain.	
Séamas:	Bíonn **togha lóistín** ann ceart go leor, a Mhicil. B'fhearr an aire a thabharfaidís duit ná mise. Gheobhfá chuile shórt ann!	*excellent lodgings*
Micil:	B'fhearr liom a bheith in **ifreann**! Ná fág liom féin mé! **Ar son anam do mháthar**!	*hell; On the soul of your mother*

Séamas:	Mura n-imím anois ní imeoidh mé go deo. B'fhéidir gurb é an seans deireanach é.
Micil:	Níl aon mhaith dhomsa a bheith ag caint mar sin. Imigh! Imigh!
Míoda:	D'imeodh sé arís ar aon chaoi.
Micil:	An imeodh?
Míoda:	Céard a dhéanfadh sé dá bhfaighfeása bás? Fágtha leis féin é ag ceapadh nach raibh maith ná maoin leis. Dún suas anois. Tabhair freagra ar an gceist má tá tú in ann.
Séamas:	Tá **cion** agam ort, a Mhicil. Níl aon rud in d'aghaidh agam. Ach tá mé tuirseach den áit seo.
Micil:	Ní chuirfidh mise níos mó comhairle ort.
Séamas:	Beidh mé ag imeacht mar sin. Tabharfaidh mé liom an t-airgead.
Míoda:	Míle moladh le Dia, tháinig misneach duit sa deireadh.
Séamas:	Meas tú gur ceart dom é.
Míoda:	Má imíonn tú beidh a fhios agat sin.
Séamas:	Ach ní raibh mé amuigh faoin saol **cheana riamh**.
Míoda:	Níl sa saol ach daoine. Cuid acu ar nós Mhicil. Cuid acu ceart go leor. Éireoidh thar barr leat. Má tá fúinn imeacht tá sé chomh maith dhúinn tosú ag réiteach. Céard a thabharfas tú leat?
Séamas:	Níl agam ach a bhfuil ar mo chraiceann. Ar ndóigh, ní chaithfidh muid imeacht fós?
Míoda:	Caithfidh muid. Gheobhaidh muid **marcaíocht** go Gaillimh fós.
Séamas:	An dtabharfaidh muid Binncheol linn?
Míoda:	Ní thabharfaidh. Bheadh sé sa mbealach.
Séamas:	Céard faoi Mhicil? Caithfidh muid a inseacht do dhuine éigin go bhfuil sé anseo leis féin.
Míoda:	Ar ndóigh, buaileann duine éigin isteach anois is arís?
Séamas:	Beidh siad ag teacht leis an mbainne ar maidin.
Míoda:	Cén **chlóic** a bheas air go dtí sin? Seo, cá bhfuil do chóta?
Séamas:	Sa seomra.
Míoda:	Déan deifir. Faigh é.
Séamas:	Níl mé ag iarraidh gabháil sa seomra.
Míoda:	Ara, suas leat. Ná bíodh faitíos ort roimhe sin. B'fhéidir go dtosódh sé ag báisteach.

affection

ever before

lift

harm

Séamas:	Tá go maith, a Mhicil, sílim go bhfuil an ceart agam. A Mhicil, mura labhróidh tú liom, mar sin, bíodh agat. Cén áit i Sasana a rachfas muid?
Míoda:	Londain.
Séamas:	Nach mór an gar dom tusa a bheith liom, a Mhíoda. Ní dheachaigh mé ag taisteal riamh cheana. (*Osna.*) Meas tú an mbeidh sé ceart go dtí amárach leis féin?
Míoda:	Déan dearmad air anois. Ní fheicfidh tú arís go brách é.
Séamas:	Is dóigh nach bhfeicfead.
Míoda:	Téanam. An bhfuil tú réidh?
Séamas:	Tá, ach ní imeoidh muid fós.
Míoda:	Mura n-imeoidh, beidh aiféala ort. Téanam go beo. Céard tá ort?
Séamas:	Níl a fhios agam. B'fhéidir nach dtiocfainn ar ais go deo.
Míoda:	Mura dtaga féin, ní **dochar** é sin.
Micil:	Ná himigh, a Shéamais.
Séamas:	Caithfidh mé, a Mhicil.
Micil:	Caillfear i dTeach na mBocht mé.
Míoda:	Is gearr uait ar aon chaoi.
Micil:	Fágfaidh mé agat an teach is an talamh ar ball má fhanann tú.
Séamas:	Cén mhaith **ar ball**?
Micil:	Fágfaidh mé agat anois é.
Séamas:	Níl aon mhaith dhuit a bheith ag caint. Tá bean anseo agus bean dheas – nach gceapann gur amadán mé. Ar mhaithe leat féin a choinnigh tú anseo mé. Is beag an imní a bhí ort fúmsa riamh.
Micil:	Admhaím gur beag a d'fhéadfainn a dhéanamh asam féin, ach cá bhfuil an dara duine a choinneodh thusa? Fuist, a bhean, tagann *fits* air. Céard a dhéanfas tú ansin?
Míoda:	A Shéamais!
Séamas:	Níor tháinig na *fits* orm riamh ó bhí mé i mo pháiste.
Míoda:	Téanam! Cá bhfios dúinn nach bhfuil fir an Tí Mhóir sa g**comharsanacht**?
Séamas:	Fan scaithimhín eile. Gheobhaidh muid marcaíocht go Gaillimh go héasca.
Míoda:	Cá gcuirfidh muid an t-airgead? Aon phunt déag!
Micil:	Sin a bhfuil uaithi sin. Mar a chéile í féin agus chuile bhean eile. Coinneoidh siad leat a fhad is atá do phóca **teann**.
Míoda:	Éist do bhéal thusa! (*Buailtear an doras.*) Ó!

harm

later

neighbourhood

full

Séamas:	Fir an Tí Mhóir!
Míoda:	Na habair tada. (*Fear isteach.*)
Fear:	A Mhíoda!
Séamas:	Cé thú féin?
Fear:	Is mór an t-ádh ort, a bhuachaill, nó thabhfadh mise **crigín faoin gcluas** duit. Ceapann tú go bhféadfaidh tú do rogha rud a dhéanamh le cailín tincéara?
Séamas:	A Mhíoda!
Míoda:	Dún do bhéal, a amadáin!
Séamas:	Tincéara thú.
Míoda:	Ar ndóigh, ní cheapann tú gurb é seo Iarla Chonnacht agat?
Séamas:	Ach dúirt tú ...
Míoda:	Dúirt mé – céard eile, céard eile a déarfainn, nuair a cheap amadán gur bean uasal a bhí ionam? 'Ar ndóigh, ní tincéara thú!' Há! Há! Há!
Fear:	Gabh abhaile, a óinseacháin, chuig do champa – áit ar rugadh is a tógadh thú.
Míoda:	Níl ionam ach tincéara, a Shéamais, nach bhfuil in ann rud ar bith a dhéanamh ach goid is bréaga.
Séamas:	Céard faoi Shasana?
Míoda:	Sasana! **Brionglóidigh álainn ghlórmhar! Níl gnó díom** ach in áit amháin – sa gcampa. Tá mé chomh dona leat féin. Fan le do sheanchláiríneach.
Fear:	Déan deifir. Ná bac le caint. Tá bóthar fada amach romhainn.
Míoda:	(*Ag gabháil amach.*) Iníon Iarla Chonnacht. Há! Há! Há! A amadáin! Há!
Fear:	Ba chóir duit náire a bheith ort. Murach **leisce** a bheith orm, chuirfinnse **néal** ort. Ag coinneáil Mhíoda go dtí an tráth seo. Ag déanamh óinseach di.
Séamas:	Ach dúirt sí –
Fear:	Dúirt sí! Ise ba **chiontach**. Cé a chreidfeadh tincéara? Agatsa atá an ceart mo léan. Go maithe Dia dhuit é. (*Imíonn*)
Séamas:	(*Stad.*) A Bhinncheoil! Rinne sí amadán díom.
Micil:	Anois, tá a fhios agat é, is níl aon ghá dhomsa é a rá leat.
Séamas:	Tá a fhios agam é.
Micil:	Rinne sé amadán críochnaithe díot.

blow on the ear

beautiful, glorious dream; no place for me

reluctant
blow

guilty

Séamas: Rinne, ach, ar bhealach, ní dhearna. D'oscail sí mo shúile dhom. An bhfuil a fhios agat cén fáth a gcoinníonn an tincéara sin Míoda agus cén fáth a gcoinnímse Binncheol? Inseoidh mise dhuit cén fáth. Mar tá muid uilig **go truamhéalach**. Tá muid mar atá muid. Tá tusa i do chláiríneach agus bhí tú ag iarraidh cláiríneach a dhéanamh díomsa freisin. Agus, tá an tincéara ag iarraidh Míoda a choinneáil ina chuid **salachair** agus ina chuid **brocamais** féin. Agus coinnímse Binncheol i ngéibheann ionas go mbeidh sé chomh dona liom féin. Ceapaim, má cheapaim, go maródh an sioc is an seabhac é dá ligfinn saor é – ach níl ansin ach **leithscéal**. Ach, ní i bhfad eile a bheas an scéal mar sin. (*Éiríonn. Imíonn amach leis an gcás. Sos.*)

pitiful

dirt
filth

excuse

Micil: A Shéamais, cá raibh tú?

Séamas: **Scaoil mé amach** Binncheol. Agus an bhfuil a fhios agat céard é féin – chomh luath is a d'oscail mé an doras **sciuird sé** suas i mbarr an chrainn mhóir agus thosaigh sé ag ceol.

I released

rushed

Micil: An bhfuil tú ag imeacht, a Shéamais, nó ar athraigh tú d'intinn.

Séamas: Is áit an mac an saol. Ní bheadh a fhios agat céard a tharlódh fós. Tiocfaidh **athrú** ar an saol – orainne agus ar chuile shórt. Ach ní bheidh Binncheol ná éan ar bith i ngéibheann sa gcás sin arís **go brách**. (*Tógann suas an cás.*)

change

ever

Brat Anuas

Achoimre ar an scéal

Cuid 1

Tá Séamas, fear óg 25 bliana d'aois, ina chónaí le seanfhear, Micil. Is cláiríneach[1] é Micil. Bhí Séamas ina chónaí le Micil ó bhí sé trí bliana déag d'aois.

Tá Micil suarach[2] agus tá eagla air go n-imeoidh Séamas lá éigin. Tá Micil ag brath ar[3] Shéamas chun an obair ar fad a dhéanamh. Caitheann Micil gach lá sa leaba toisc nach bhfuil sé ábalta siúl.

Micil: A Shéamais, a Shéamais! Tá mé gortaithe.

Séamas: Go sábhála Mac Dé sinn céard d'éirigh dhuit? Cén chaoi ar thit tú as an leaba? Maróidh tú thú féin.

Buntuiscint – Cuid 1

1. Cén aois é Séamas?
2. Cad atá cearr le Micil?
3. Cathain a thosaigh Séamas ag obair do Mhicil?
4. Cén fáth nár mhaith le Micil go n-imeodh Séamas?

Cuid 2

Déanann Séamas an obair go léir do Mhicil. Bailíonn agus díolann sé móin[4]. Tá sé mar '*chosa agus lámha*' ag Micil. Tá Micil gafa le hairgead[5]. Is maith leis a bheith ag smaoineamh ar airgead. Ba mhaith leis carr asail a cheannach leis an airgead.

Tá lasair choille mar pheata ag Séamas i gcás. Ní chanann an lasair choille agus ní thuigeann Séamas an fáth mar, dar leis, tá gach rud aige, tá sé te teolaí[6] agus tá a lán bia aige. Tá Seámas an-séimh leis an lasair choille.

Ní fhéadfadh aon údar bróin a bheith agat sa teach seo. Tú te teolaí agus neart lena ithe agat.

Buntuiscint – Cuid 2

1. Cén obair a dhéanann Séamas do Mhicil?
2. Cad leis a bhfuil Micil gafa? Céard ba mhaith leis a dhéanamh leis an airgead atá aige?
3. Cén cineál peata atá ag Seámas?
4. Cén fáth a gceapann Séamas go bhfuil an peata sona?

1 disabled person   2 mean   3 depending on   4 turf/peat   5 very taken with money   6 warm

Cuid 3

Deir Séamas go bhfuil sé ag smaoineamh ar dhul go Sasana. Tá Micil ar buile[1] mar níor mhaith leis go n-imeodh Séamas. Tosaíonn Micil ag gáire agus ag magadh faoi Shéamas. Maslaíonn[2] sé Séamas. Deir sé gur amadán é Séamas: *Níl éirim sciortáin ionat.* Deir sé nach mbeidh sé in ann aon obair a fháil i Sasana. Deir sé go dtagann 'fits' ar Shéamas, go mbeidh gach duine ag gáire faoi. Níl aon mhuinín[3] ag Séamas mar smaoiníonn Micil dó agus toisc go mbíonn sé ag magadh faoi i gcónaí. Ceapann Séamas go mbeidh gach duine eile ag gáire faoi freisin.

Breathnaigh isteach sa scáthán sin. An dtuigfidh tú choíche nach mbeidh ionat ach amadán thall ansin?

Buntuiscint – Cuid 3

1. Cén áit ar mhaith le Séamas dul?
2. Cén chaoi a maslaíonn Micil Séamas nuair a chloiseann sé an nuacht sin?
3. Cén fáth nach bhfuil aon mhuinín ag Séamas as féin?

Cuid 4

Ansin tagann cailín álainn chuig an doras. Is tincéir í ach ceapann Séamas nach tincéir í. Míoda an t-ainm atá ar an gcailín. Cumann sí scéal. Deir sí go bhfuil sí ag teitheadh[4] óna hathair, Iarla Chonnacht. Tá sí ag teitheadh mar ní thugann a hathair aon saoirse[5] di. Tá sí cosúil leis an lasair choille.

Cén mhaith a bheith beo mura bhféadfaidh tú a dhéanamh ach ithe agus ól? Tá mé ag iarraidh rud éigin níos fearr a dhéanamh dhom féin …

Creideann Séamas a scéal ach ní thuigeann sé í mar tá go leor bia agus ceoil ag Míoda sa Teach Mór. Dúirt Míoda go raibh sí uaigneach[6] sa Teach Mór ag féachaint ar dhaoine óga ag dul chuig an gcéilí le chéile agus bhí sise ina haonar. Bhí sí scartha[7] ón saol. Ba mhaith léi dul go Sasana.

Buntuiscint – Cuid 4

1. Cé hí Míoda?
2. Cén scéal a chumann sí?
3. Cén chomparáid[8] atá idir Míoda agus an lasair choille, dar léi féin?
4. Cad a dúirt Míoda faoina saol sa Teach Mór?

---

1 outraged/livid   2 insults   3 confidence   4 running away   5 freedom   6 lonely   7 separated   8 comparison

Cuid 5

Deir Micil le Séamas í a chaitheamh amach. Ní chreideann sé a scéal agus tá eagla air go bhfuil sí chun an t-airgead a ghoid. Deir Séamas: '*éist leis an gcréatúr bocht. Tá ocras agus fuacht uirthi.*'

Deir Míoda go bhfuil Micil ag déanamh searbhónta de Shéamas agus gur cheart dó an t-airgead a thógáil agus imeacht go Sasana mar gurbh é a rinne an obair don airgead.

Tá an bheirt againn sáinnithe i ngéibheann[1] *ar nós an lasair choille sin.*

Seanduine ag iarraidh beatha is misneach duine óig a phlúchadh.

Deir Míoda go rachaidh sí go Sasana leis agus go mbeidh saol iontach aige ann. Tugann sí misneach dó nuair a deir sí nach mbeidh daoine ag gáire faoi agus nach bhfuil sí féin ag gáire faoi. Impíonn Micil ar Shéamas gan dul go Sasana agus gan é a fhágáil, gur tincéir í Míoda atá ag iarraidh an t-airgead a ghoid. Ba mhaith le Séamas dul go Sasana le Míoda ach tá sé buartha[2] faoi Mhicil a fhágáil ina aonar. Tá croí mór bog ag Séamas.

Buntuiscint – Cuid 5

1. Cén eagla atá ar Mhicil i dtaobh Mhíoda?
2. Dar le Míoda, cén fáth ar cheart do Shéamas an t-airgead a thógáil?
3. Cén chaoi a dtugann Míoda misneach do Shéamas?
4. Cén fáth a bhfuil Séamas buartha?

Cuid 6

A fhad is atá Séamas ag smaoineamh ar imeacht, tagann tincéir isteach ag lorg Mhíoda. Tuigeann Séamas ansin nach í iníon Iarla Chonnacht í. Tosaíonn Míoda ag gáire faoi ansin, maslaíonn sí é, tugann sí amadán air agus deir sí nach raibh sa chaint faoi Shasana ach *brionglóidigh álainn ghlórmhar.* Imíonn sí.

Nuair atá sí imithe deir Micil go ndearna sí amadán de Shéamas. Deir Séamas gur oscail sí a shúile. Tuigeann sé anois go raibh Micil ag iarraidh cláiríneach a dhéanamh de féin agus go raibh Binncheol sa chás aige chun go mbeadh sé chomh dona leis féin.

Ligeann Séamas an lasair choille, Binncheol, saor. Chuir sé ionadh ar Shéamas mar den chéad uair chuala sé Binncheol ag canadh, rud nach ndearna sé nuair a bhí sé i ngéibheann sa chás. Tuigeann sé anois nach bhfuil sé go maith d'aon duine a bheith i ngéibheann mar atá sé féin, Míoda agus Micil.

Buntuiscint – Cuid 6

1. Cé a chuireann deireadh le brionglóid Shéamais?
2. Cén chaoi a maslaíonn Míoda Séamas?
3. Dar le Séamas, cén chaoi ar oscail Míoda a shúile?
4. Cad a chuir ionadh ar Shéamas?
5. Cad a thuigeann sé anois?

1 in prison   2 worried

Téama/Príomhsmaointe an Dráma

- Baineann an scéal seo le fear óg simplí, Séamas, agus seanfhear suarach gránna, Micil, atá ina chláiríneach.

- Ba mhaith le Séamas a bheith saor ach tá sé i ngéibheann ag Micil.

- Tá Micil i ngéibheann freisin toisc go bhfuil sé ina chláiríneach. Níl sé ábalta siúl. Tá sé ag brath ar Shéamas chun gach rud a dhéanamh dó.

- Ba mhaith le Séamas éalú[1] go Sasana ach tá eagla air.

- Tá eagla ar Shéamas éalú toisc go mbíonn Micil ag magadh faoi an t-am ar fad.

- Tugann Micil amadán ar Shéamas go minic agus deir sé go mbeidh an saol ar fad ag gáire faoi.

- Níl aon mhuinín ag Séamas toisc go mbíonn Micil ag magadh faoi i gcónaí.

- Tá lasair choille mar pheata ag Séamas.

- Tugann sé an-aire don lasair choille agus tá ionadh air toisc nach gcanann an t-éan riamh.

- Is tincéir í Míoda.

- Téann sí timpeall ar na tithe ag lorg déirce[2].

- Tuigeann sí go bhfuil Séamas simplí agus cumann sí scéal.

- Deir sí gurb í iníon Iarla Chonnacht í.

- Creideann Séamas a scéal ach ní chreideann Micil í.

- Tá a fhios aige gur tincéir í.

- Tá Míoda ag spreagadh Shéamais chun imeachta.

- Tugann sí misneach dó.

- Deir sí nach bhfuil sí ag magadh ná ag gáire faoi.

- Ba mhaith le Míoda go mbeadh saol difriúil aici, go mbeadh sí saor ó shaol an tincéara.

- Tagann deireadh le brionglóid Shéamais agus Mhíoda nuair a thagann an tincéir eile isteach sa teach agus imíonn Míoda.

- Nuair atá Míoda imithe tuigeann Micil go bhfuil rudaí athraithe.

- Tá Séamas níos láidre ná mar a bhí sé.

- Ligeann Séamas an lasair choille saor mar nár mhaith leis go mbeadh sí i ngéibheann níos mó.

- Tuigeann Séamas go bhfuil siad go léir i ngéibheann agus nach bhfuil sé sin ceart.

- Níl aon duine saor sa dráma seo.

- Níl Micil saor mar gur cláiríneach é.

- Níl Séamas saor mar nach bhfuil muinín ar bith aige mar go dtugann Micil amadán air.

- Níl Míoda saor mar gur tincéir í.

- Nuair a chanann an lasair choille nuair atá sí saor, tuigeann Séamas ansin gur cheart do gach duine a bheith saor.

1 escape   2 begging

Eochairfhocail an scéil

Roghnaigh na deich bhfocal is tábhachtaí sa scéal, dar leat. Scríobh i do chóipleabhar iad agus cuir in abairtí iad.

Cleachtadh: Fíor nó bréagach?

Cuir tic sa bhosca F nó B i gcás gach abairte agus ansin scríobh i do chóipleabhar na habairtí go léir atá fíor agus ceartaigh na cinn atá mícheart.

		Fíor	Bréagach
1	Is cláiríneach é Micil.	☐	☐
2	Tá an lasair choille sásta sa chás.	☐	☐
3	Tá áthas ar Mhicil go bhfuil Séamas ag smaoineamh ar dhul go Sasana.	☐	☐
4	Bhí Séamas ag obair do Mhicil ó bhí sé trí bliana déag d'aois.	☐	☐
5	Is iníon Iarla Chonnacht í Míoda.	☐	☐
6	Tá Míoda lánsásta lena saol.	☐	☐
7	Níl aon mhuinín ag Séamas as féin.	☐	☐
8	Tá eagla ar Shéamas go mbeidh gach duine ag gáire faoi.	☐	☐
9	Osclaíonn Míoda súile Shéamais agus tuigeann sé go bhfuil sé i ngéibheann.	☐	☐
10	Tosaíonn Binncheol ag canadh nuair a ligtear saor í.	☐	☐

Cleachtadh: Líon na bearnaí

Líon na bearnaí leis na focail ón liosta thíos:

> cláiríneach   lasair choille   i ngéibheann   amadán
> muinín   suarach   ag teitheadh   maslaíonn   saor   gafa

1 Bhí Séamas agus an lasair choille agus gach duine eile sa dráma _ _____.

2 _____ Míoda Séamas nuair a thugann sí amadán air.

3 Ba mhaith le Míoda agus le Séamas a bheith _____.

4 Bhí _____ _____ mar pheata ag Séamas.

5 Dúirt Míoda go raibh sí ___ _____ óna hathair.

6 _____ ab ea Micil a rinne searbhónta de Shéamas.

7 Ní raibh _____ ar bith ag Séamas.

8 Fear _____ ab ea Micil.

9 Thug Micil _____ ar Shéamas ó bhí sé óg.

10 Tá Micil _____ le hairgead.

Obair bheirte

Ainmnigh beirt charachtar sa scéal agus pléigh na príomhthréithe atá acu leis an duine atá in aice leat.

Staidéar ar an scéal

An cineál duine é Séamas

- Is ógfhear 25 bliana d'aois é Séamas. Tá sé in aimsir ag Micil le dhá bhliain déag.

- **Uaigneach** — caitheann sé a shaol ag obair do Mhicil. Tá sé ag smaoineamh ar dhul go Sasana. Nuair a bhuaileann sé le Míoda déanann sé cara di taobh istigh de dheich nóiméad — ba bhreá leis a bheith le duine óg eile.

- **Níl aon mhuinín aige as féin** — chaith Micil dhá bhliain déag ag rá gurbh amadán é, go mbeadh an saol go léir ag gáire faoi agus creideann sé é.

- **Cneasta cineálta[1]:**
  (a) leis an lasair choille.
  (b) le Míoda nuair a thagann sí go dtí an doras.
  (c) le Micil — níl sé éasca air imeacht go Sasana agus Micil a fhágáil.

- **Saonta[2] agus simplí[3]:**
  (a) creideann sé Míoda nuair a deir sí gurb í iníon Iarla Chonnacht í fiú nuair a deir Micil nach bhfuil sé sin fíor.
  (b) insíonn sé di cá bhfuil an t-airgead atá sa teach.
  (c) ba mhaith leis a bheith saor — ba mhaith leis imeacht go Sasana agus a shaol féin a bheith aige.

An cineál duine é Micil

- **Is seanfhear agus cláiríneach é.**

- **Leithleasach[4] —**
  (a) Ba chuma leis go raibh sé ag goid shaol Shéamais uaidh.
  (b) Ba chuma leis faoi thodhchaí Shéamais — cad a dhéanfadh sé nuair a bheadh Micil marbh?
  (c) Chuir sé Séamas ag obair ach choimeád sé féin an t-airgead.

- **Suarach —**
  (a) Mhill sé muinín agus saol Shéamais chun é a choimeád sa teach leis.
  (b) Dúirt sé leis gurbh amadán é agus go mbeadh an domhan go léir ag gáire faoi.

- Bhí eagla air roimh Theach na mBocht agus roimh an uaigneas — dúirt sé gurbh fhearr leis a bheith in ifreann ná i dTeach na mBocht.

An cineál duine í Míoda

- Is tincéir óg í.

- B'fhéidir go bhfuil sí ag iarraidh éalú óna muintir nó b'fhéidir go bhfuil sí ag lorg déirce.

- **Cliste agus glic[5]** — thuig sí go raibh Séamas saonta agus chum sí scéal, gurbh ise iníon Iarla Chonnacht.

- **Uaigneach** — bhí brionglóid aici éalú agus a bheith saor. Thuig sí go raibh sí i ngéibheann cosúil leis an lasair choille. Bhí sí ag iarraidh bualadh amach faoin saol agus rud éigin níos fearr a dhéanamh di féin.

- **Cruálach[6]/Suarach** — dúirt sí gur cheart Micil a chur isteach i dTeach na mBocht. Thosaigh sí ag gáire faoi Shéamas ag an deireadh agus thug sí amadán air.

---

1 decent, kind   2 naïve   3 simple   4 selfish   5 sly   6 cruel

Cleachtadh: Meaitseáil na ceisteanna agus na freagraí ó A agus B

A	B
1 Cén aois é Séamas?	a Ceapann sé gur amadán é.
2 Cad a bhí cearr le Micil?	b Mar níl aon saoirse aici lena hathair.
3 Cathain a chuaigh Séamas chun cónaithe le Micil?	c Go Sasana.
4 Cad a cheapann Micil faoi Shéamas?	d 25 bliana
5 Cén fáth a bhfuil Míoda ag teitheadh?	e Ba chláiríneach é.
6 Cad a bhí cearr le saol Mhíoda agus saol Shéamais?	f Go bhfuil níos mó sa saol seachas bia agus deoch.
7 Cá bhfuil Séamas agus Míoda ag iarraidh dul?	g Lig sé Binncheol saor.
8 Cén fáth a bhfuil eagla ar Shéamas imeacht?	h Dhá bhliain déag ó shin.
9 Cad a d'fhoghlaim Séamas ó Mhíoda?	i Ní raibh aon saoirse acu.
10 Cad a rinne Séamas ag deireadh an dráma?	j Mar níl aon mhuinín aige as féin.

1	2	3	4	5	6	7	8	9	10

Ceisteanna agus freagraí samplacha

1 **Ceist:** Tabhair cuntas gairid ar rud amháin a thaitin leat agus ar rud amháin nár thaitin leat faoin dráma.

Freagra: Níor thaitin Micil liom. Is cláiríneach é ach tá sé suarach leis. Níl sé ábalta aon obair a dhéanamh. Déanann Séamas an obair ar fad ach níl Micil deas leis in aon chor ná buíoch. Tugann sé amadán air agus milleann sé muinín Shéamais. Bíonn sé ag gáire faoi Shéamas nuair a thosaíonn sé ag caint faoi dhul go Sasana. Tá eagla air go mbeidh sé ina aonar ach tá sé leithleasach mar níl sé ag smaoineamh ar Shéamas in aon chor, níl sé ach ag smaoineamh air féin.

Is maith liom Séamas. Tá Séamas saonta agus beagáinin simplí. Tá sé an-deas le Micil agus leis an lasair choille. Ba mhaith leis a bheith saor agus an domhan a fheiceáil ach níl muinín aige mar tugann Micil amadán air an t-am ar fad. Nuair a thagann Míoda go dtí an teach tá sé an-deas léi freisin. Ag deireadh an dráma scaoileann sé an lasair choille saor. Tá sé fós ina chónaí le Micil ach níl sé crosta ná suarach leis cé go bhfuil Micil fós ag tabhairt amadáin air. Tá sé an-deas agus cneasta.

2 Ceist: *Micil: Go Sasana! Céard sa diabhal a thabharfadh thusa go Sasana? Níl gnó ar bith acu d'amadáin i Sasana.*

Tabhair cuntas ar ar tharla ina dhiaidh sin sa dráma go dtí go dtagann an tincéir fir (fear – athair Mhíoda) isteach sa teach.

Freagra: Maslaíonn Micil Séamas nuair a deir sé gur mhaith leis imeacht go Sasana. Tugann sé amadán air. Deir sé go mbeidh gach duine i Sasana ag gáire faoi. Deir sé gur cláiríneach é agus nach bhfuil sé ábalta smaoineamh dó féin. Milleann sé muinín Shéamais.

Ansin tagann Míoda isteach. Is tincéir í Míoda ach cumann sí scéal. Deir sí gurb í iníon Iarla Chonnacht í agus go bhfuil sí ag teitheadh óna hathair toisc nach bhfuil aon saoirse aici. Creideann Séamas a scéal. Tá an bheirt acu ag caint faoi dhul go Sasana. Tugann Míoda misneach do Shéamas. Deir sí nach bhfuil sí agus nach mbeidh sí ag gáire faoi. Tá eagla ar Mhicil go n-imeoidh Séamas go Sasana. Níor mhaith le Micil a bheith leis féin mar nach bhfuil sé ábalta aon rud a dhéanamh dó féin. Ní maith le Séamas Micil a fhágáil ach ba mhaith leis imeacht. A fhad is atá sé ag caint faoi imeacht, tagann athair Mhíoda isteach agus tá deireadh leis an mbrionglóid.

Cleachtadh: Athscríobh an freagra thuas mar chleachtadh.

Cleachtadh: Líon na bearnaí san alt seo

Is _____ é Micil agus tá sé _____. _____ sé Séamas an t-am ar fad agus tugann sé _____ air. Níl _____ ar bith ag Séamas bocht toisc go mbíonn Micil ag _____ faoi an t-am ar fad. Is duine _____ é Séamas agus tá sé _____ le daoine. Tá sé cneasta le _____ nuair a thagann sí go dtí an teach. Cumann sí scéal agus _____ Séamas an scéal. Ba mhaith le Séamas agus Míoda dul go _____ agus ba mhaith leo a bheith _____. Deir Míoda gurb í iníon _____ _____ í.

Ceisteanna scrúdaithe

Déan cleachtadh ar na ceisteanna scrúdaithe seo a leanas. Bain úsáid as na frásaí agus na nathanna ag tús an aonaid mar chabhair duit.

1 Cén fáth a bhfuil Micil i ngéibheann? Is leor **dhá** phointe eolais.

2 Cén peata atá ag Séamas? Luaigh rud **amháin** faoin bpeata.

3 Cén fáth nach gcreideann Micil scéal Mhíoda?

4 Roghnaigh carachtar amháin ón scéal agus roghnaigh **dhá** thréith atá ag an gcarachtar sin.

5 Scríobh achoimre ghairid ar an scéal.

FACSS

Ullmhaigh na habairtí seo thíos agus scríobh i do cóipleabhar iad.

Féach Abair Clúdaigh	Scríobh	Seiceáil
1 Is cláiríneach é Micil.		
2 Tá sé suarach.		
3 Tá Micil ag brath ar Shéamas.		
4 Níl Micil ábalta siúl.		
5 Tá Micil gafa le hairgead.		
6 Is cuma le Micil faoi Shéamas.		
7 Tá Micil leithleasach.		
8 Tá Micil ag brath ar Shéamas.		
9 Maslaíonn sé Séamas an t-am ar fad.		
10 Tugann sé amadán air.		
11 Mhill Micil saol Shéamais.		
12 Níl aon mhuinín ag Séamas as féin.		
13 Tá Séamas séimh agus cineálta.		
14 Tá Séamas saonta agus simplí.		
15 Ba mhaith le Séamas éalú.		
16 Ba mhaith le Séamas dul go Sasana.		
17 Is tincéir í Míoda.		
18 Cumann sí scéal.		
19 Deir sí gurbh í iníon Iarla Chonnacht í.		
20 Deir sí go bhfuil sí ag teitheadh óna hathair.		
21 Tá Míoda ag lorg déirce.		
22 Tugann Míoda misneach do Shéamas.		
23 Molann sí Séamas.		
24 Tá Míoda cruálach.		
25 D'oscail Míoda súile Shéamais.		
26 Tuigeann sé go bhfuil siad go léir i ngéibheann.		
27 Níl aon duine saor sa dráma seo.		
28 Ligeann Séamas an lasair choille saor.		
29 Tosaíonn an lasair choille ag canadh nuair atá sí saor.		

Cáca Milis
Gearrscannán le Brian Lynch

▶ Físeán   PowerPoint

Foireann
- **Stiúrthóir:** Jennifer Keegan
- **Léiritheoir:** Brian Willis
- **Scríbhneoir:** Brian Lynch
- **Eagarthóir:** Gráinne Gavigan
- **Comhlacht Léiriúcháin:** Igloo Films
- **Aisteoirí:** Brendan Gleeson (Paul) agus Charlotte Bradley (Catherine)

Scéal an scannáin

Tugann Catherine aire dá máthair. Tá a máthair sean agus tá **seafóid** bheag uirthi. Tá sí **faoi mhíchumas** anois (tá **cathaoir rotha** sa charr). Tá Catherine **i ndeireadh na feide** agus tá sí **teannasach**. Tiomáineann sí go dtí stáisiún traenach agus tagann **cúramóir** chun aire a thabhairt don mháthair don lá. Deir Catherine go mbeidh sí abhaile don tae, mar a bhíonn sí gach aon lá.

Tá Catherine **ag éalú** don lá. Léann sí leabhar grá nuair atá sí ar an traein.

Suíonn sí siar sa suíochán agus tá sí ag súil le bheith ina haonar lena leabhar grá.

Tagann Paul isteach sa charráiste. Tá Paul mór, dall agus **ciotach**. Caitheann sé a chás agus a mhaide bán ar an **raca** os cionn Catherine.

Tá Paul sona agus **gealgháireach**. Tá sé cairdiúil agus cainteach. Tá asma air. Tá asma air ó bhí sé sé bliana d'aois agus tá sé go dona aige. Tá **análóir** aige. Bhí sé ar an raidió ag caint faoin asma uair. Tá sé **bródúil** as sin. Tá Paul ag dul ar a chuid laethanta saoire go dtí carbhán a mháthar atá ar an trá. Tá sé ag súil go mór le dul ann. Tá sé ag dul **go ceann cúrsa**. Labhraíonn sé **gan stad gan staonadh**. Buaileann a chosa agus cosa Catherine in aghaidh a chéile. Tá sé ag cur isteach ar Catherine. Tá sí ag léamh leabhar grá faoi fhear **dathúil, nocht** agus feiceann sí Paul trasna uaithi.

Níl aon **dochar** in Paul; tá sé **saonta** agus cairdiúil. Tá sé bródúil as rudaí beaga. Deir sé go bhfuil eolas aige ar gach **radharc** atá taobh amuigh den fhuinneog. Iarrann sé ar Catherine ceist a chur air faoi na radhairc. Sa deireadh cuireann sí ceist. Tugann sé cur síos ceart ach ansin cuireann Catherine **dallamullóg** air. Deir sí go bhfuil loch agus báid taobh amuigh den fhuinneog (níl). Tá Paul bocht **trína chéile** faoi seo agus buaileann **taom asma** é. Úsáideann sé a análóir agus tá sé ceart go leor ach fós tá sé trína chéile.

senility
handicapped
wheelchair; fed-up
tense
carer

escaping

clumsy
rack
cheerful

inhaler
proud

the whole journey; endlessly

handsome; naked

harm; innocent
view

fool
upset
asthma attack

Tagann an caife ansin. Iarrann Paul cabhair ar Catherine siúcra a chur ina chupán caife dó ach ní chuireann sí. Tosaíonn sé ag ithe a cháca mhilis bhándeirg ansin. Cuireann sé **samhnas** ar Catherine ag féachaint air. Líonann sé a bhéal leis an gcáca agus slogann sé an caife siar. Déanann sé torann mór leis an gcaife. Tá gach rud **ag prislíneach** amach as a bhéal. Díríonn an ceamara ar a bhéal, an cáca milis bándearg agus an caife araon ag prislíneach amach. I leabhar Catherine tá Eric, an laoch dathúil, ag luí síos le Catherine. Tosaíonn Paul ag caint ansin faoin Uasal Ó Catháin a thug an cáca milis dó. Creideann Paul é nuair a deir sé go bhfuil na cailíní go léir **craiceáilte** i ndiaidh Paul.

Tá Catherine **tinn tuirseach** de Paul agus a chuid cainte agus a chuid **béas** faoin am seo. Féachann sí timpeall. Níl aon duine thart. Cumann sí scéal **mailíseach**. Deir sí le Paul go raibh **péist** ina cháca milis, nó go bhfuil **leathphéist** ina cháca, gur bhain sé **plaic** as an bpéist, go bhfuil an leathphéist ina bhéal. Tá **meangadh mailíseach** ar a haghaidh. Tá Paul bocht trína chéile arís.

Tá a fhios ag Catherine cad a tharlóidh. Buaileann drochthaom asma é. **Sciobann** Catherine a análóir ón mbord. Tagann **líonrith** ar Paul. Tá sé **ag súisteáil** thart; ní féidir leis **análú**.

Cuireann Catherine an t-análóir ar ais ar an mbord, **as greim** Paul. Fágann sí ansin. Faigheann Paul bás. Fágann sí an traein ansin. Feicimid an traein ansin ag fágáil an stáisiúin, ag dul ar aghaidh ar a thuras go mall, Paul bocht marbh ann.

disgust

dribbling

mad about
sick and tired
manners
malicious; worm
half a worm; bite
malicious smile

grabs; panic
flailing about; breathe

out of reach

Achoimre ar an scannán

Cuid 1

Tá Catherine ag an stáisiún traenach agus tá a máthair sa charr léi.

Tá máthair Catherine sean agus cantalach[1]. Tá imní[2] ar mháthair Catherine. Tá máthair Catherine ag brath[3] ar Catherine. Tá Catherine crosta lena máthair.

Tagann an cúramóir agus imíonn Catherine ar an traein. Deir sí léi go mbeidh sí ar ais don dinnéar. Tá sí ag éalú óna máthair ar feadh tamaill.

Buntuiscint – Cuid 1

1. Cá bhfuil Catherine agus a máthair?
2. Déan cur síos ar mháthair Catherine.
3. Cén chaoi a bhfuil Catherine lena máthair?
4. Cé a thugann aire don mháthair nuair atá Catherine imithe?

1 cranky   2 concern/worry   3 are relying on

Cuid 2

Tá Catherine ina suí sa traein. Tá leabhar grá aici agus teastaíonn ciúnas uaithi chun an leabhar a léamh.

Tagann Paul isteach sa charráiste. Tá Paul mór, ciotach agus dall[1].

Líonann sé an carráiste le torann[2].

Suíonn sé síos in aice le Catherine. Tá Paul cainteach agus cairdiúil. Ní stopann Paul ag caint.

Tá sé ag dul ar a chuid laethanta saoire cois farraige. Leanann sé ag caint gan stad gan staonadh.

Buntuiscint – Cuid 2

1 Cad atá ag teastáil ó Catherine?
2 Déan cur síos ar Paul.
3 Cén chaoi a gcuireann Paul isteach ar Catherine?

Cuid 3

Insíonn Paul do Catherine go bhfuil asma air ó bhí sé ina pháiste. Bhí sé ar an raidió ag caint faoin asma uair amháin. Tá cáca milis bándearg ag Paul.

Tá Paul saonta agus páistiúil[3]. Tá muinín[4] ag Paul as daoine.

Toisc go bhfuil sé dall bíonn Paul ag brath ar dhaoine chun cabhrú leis. Toisc go bhfuil sé dall ní fheiceann sé go bhfuil sé ag cur isteach ar Catherine.

Tá fearg ag teacht ar Catherine toisc nach stopann Paul ag caint. Níl Catherine ábalta a leabhar a léamh.

Buntuiscint – Cuid 3

1 Cad atá le rá ag Paul faoin asma?
2 Cén tionchar a bhíonn ag a dhaille ar Paul?
3 Cén fáth a bhfuil fearg ag teacht ar Catherine?

1 blind   2 noise   3 childish   4 trust

Cuid 4

Is aoibhinn le Paul a bheith ag caint. Deir sé le Catherine go bhfuil a fhios aige faoi na radhairc[1] ar fad atá taobh amuigh den fhuinneog.

Iarrann sé ar Catherine ceist a chur air faoi na radhairc atá taobh amuigh den fhuinneog.

Tá Catherine ag éirí an-fheargach ach cuireann sí ceist. Déanann Paul cur síos ceart ar na radhairc. Tá sé an-sásta leis féin.

Tá fearg ar Catherine. Insíonn sí bréag do Paul. Deir sí leis go bhfuil loch agus báid (rud nach raibh) taobh amuigh den fhuinneog. Tá Paul bocht trína chéile.

Buaileann taom asma é agus úsáideann sé a análóir. Tá Catherine sásta go bhfuil Paul trína chéile.

Buntuiscint – Cuid 4

1. Cad a deir Paul le Catherine faoi na radhairc taobh amuigh den fhuinneog?
2. Cén bhréag a insíonn Catherine do Paul?
3. Cén chaoi a gcuireann an bhréag isteach ar Paul?
4. Cén fáth a bhfuil Catherine sásta?

Cuid 5

Tagann an freastalaí[2] thart leis an gcaife.

Ní chabhraíonn Catherine le Paul an siúcra a chur sa chaife. Tá sí cruálach[3].

Tosaíonn Paul ag ithe a cháca mhilis bhándeirg ansin. Brúnn sé an cáca isteach ina bhéal agus slogann sé siar an caife. Déanann sé a lán torainn. Tá an bia agus an deoch ag prislíneach[4] amach as a bhéal.

Cuireann Paul agus a bhéasa samhnas[5] ar Catherine. Tá an samhnas agus an fuath le feiceáil i súile Catherine.

Buntuiscint – Cuid 5

1. Cén chaoi a bhfuil Catherine cruálach?
2. Cad a chuireann samhnas ar Catherine?
3. Cá bhfios dúinn go bhfuil samhnas ag teacht ar Catherine?

1 views   2 attendant/waiter   3 cruel   4 dribbling   5 disgust

Cuid 6

Tá Catherine bréan de[1] Paul agus dá chaint. Cumann sí scéal eile.

Deir sí le Paul go raibh péist sa cháca milis. Deir sí leis gur ith sé an phéist.

Tá eagla agus imní ar Paul. Creideann sé Catherine.

Buaileann taom asma é. Tá a análóir ag teastáil uaidh ach bogann Catherine é ar an mbord.

Tá Paul ag fulaingt[2] agus tá sé ag fáil bháis. Níl sé ábalta análú i gceart.

Suíonn Catherine ansin ag féachaint ar Paul ag fáil bháis. Faigheann Paul bás agus fágann Catherine an traein.

Buntuiscint – Cuid 6

1. Cad é an dara scéal a chumann Catherine?
2. Cén fáth a gcumann sí an scéal sin?
3. Cad a tharlaíonn do Paul nuair a chloiseann sé an scéal sin?
4. An gcabhraíonn Catherine leis? Cad a dhéanann sí?
5. Conas a chríochnaíonn an scannán?

Téama/Príomhsmaointe an Scannáin

- Baineann an scannán seo le turas marfach[3] a rinne fear dall Paul.
- Baineann an scannán freisin le cruálacht[4] an duine.
- De réir dealraimh, cónaíonn Catherine lena máthair atá sean agus cantalach.
- Nuair a théann Catherine amach ag obair tugann cúramóir aire don mháthair.
- Taitníonn an turas traenach go dtí an obair le Catherine.
- Is maith léi leabhar a léamh agus éalú ón saol ar feadh tamaillín.
- Ach cuireann fear dall cainteach páistiúil deireadh le pleananna Catherine don turas.
- Suíonn Paul in aice le Catherine agus ní stopann sé ag caint.
- Toisc go bhfuil sé dall ní fheiceann sé go bhfuil sé ag cur isteach ar Catherine.
- Teastaíonn ciúnas ó Catherine ach ní thuigeann Paul é seo.
- Cumann Catherine dhá scéal bhréagacha mar go dteastaíonn uaithi cur isteach ar Paul.
- Teastaíonn uaithi Paul a ghortú.
- Tá Catherine freagrach[5] as bás Paul mar bogann sí a análóir agus faigheann sé bás.
- Cuireann an scannán uafás[6] orainn. Feicimid agus cloisimid Paul ag fulaingt.
- Ní rabhamar ag súil le críoch mar sin leis an scannán.
- Tá ionadh[7] agus uafás orainn go ndearna Catherine na rudaí sin.
- Chuir Paul bocht a mhuinín in Catherine ach mharaigh sí é.
- Turas marfach a bhí ann do Paul toisc gur bhuail sé le bean chruálach.

Eochairfhocail an scéil

Roghnaigh na deich bhfocal is tábhachtaí sa scéal, dar leat. Scríobh i do chóipleabhar iad agus cuir in abairtí iad.

1 sick of   2 suffering   3 deadly/fatal   4 cruelty   5 responsible   6 horror   7 surprise

Cleachtadh: Fíor nó bréagach?

Cuir tic sa bhosca F nó B i gcás gach abairte agus ansin scríobh i do chóipleabhar na habairtí go léir atá fíor agus ceartaigh na cinn atá mícheart.

		Fíor	Bréagach
1	Tá Catherine ag éalú óna máthair don lá.	☐	☐
2	Tá máthair Catherine sean agus cantalach.	☐	☐
3	Fear ciúin cúthail[1] é Paul.	☐	☐
4	Bhí asma ar Paul ó bhí sé ina pháiste.	☐	☐
5	Tá Paul ábalta cur síos ar na radhairc atá taobh amuigh den fhuinneog.	☐	☐
6	Tá áthas ar Catherine go bhfuil Paul ag caint léi.	☐	☐
7	Tá Catherine cruálach agus cumann sí scéalta bréagacha.	☐	☐
8	Creideann Paul gach rud a deir Catherine.	☐	☐
9	Níl béasa deasa ag Paul.	☐	☐
10	Tá Catherine freagrach as bás Paul.	☐	☐

Cleachtadh: Líon na bearnaí

Líon na bearnaí leis na focail ón liosta thíos:

> cantalach   brath   dall   gan stad   asma   samhnas
> isteach   radhairc   feargach   trína chéile   cruálach

1 Tá Paul ábalta cur síos ceart a dhéanamh ar na _____ taobh amuigh den fhuinneog.

2 Tá máthair Catherine agus Paul ag _____ ar dhaoine eile chun cabhrú leo.

3 Is duine _____ í máthair Catherine.

4 Bhí Paul _____ _____ nuair a cheap sé gur ith sé péist.

5 Toisc go raibh sé _____ níor thuig Paul go raibh sé ag cur _____ ar Catherine.

6 Bhí _____ ar Paul ó bhí sé ina pháiste.

7 Bhí Catherine ag éirí _____ le Paul toisc gur lean sé air ag caint.

8 Is duine _____ í Catherine agus tá sí freagrach as bás Paul.

9 Chuir béasa Paul _____ ar Catherine.

10 Lean Paul air ag caint _____ _____ agus chuir sé deireadh le pleananna Catherine don turas.

Obair bheirte

Ainmnigh beirt charachtar sa scannán agus pléigh na príomhthréithe atá acu leis an duine atá in aice leat.

1 shy

An cineál duine é Paul

- **Cainteach agus cairdiúil** – tá Paul cainteach agus cairdiúil. Is aoibhinn leis a bheith ag caint. Insíonn sé scéal a shaoil do Catherine. Insíonn sé di go bhfuil asma air, go raibh sé ar an raidió ag caint faoin asma uair amháin. Deir sé léi go bhfuil sé ag dul ar a chuid laethanta saoire agus go bhfuil eolas aige faoi na radhairc go léir atá taobh amuigh den fhuinneog. Ceapann sé go bhfuil suim ag Catherine ina chuid scéalta ach toisc go bhfuil sé dall ní fheiceann sé a súile feargacha.

- **Saonta** – tá Paul saonta agus páistiúil. Cuireann sé a mhuinín i ndaoine. Ceapann sé go bhfuil suim ag Catherine ina chuid scéalta. Tá sé cosúil le páiste nuair atá sé ag caint faoin lá a bhí sé ar an raidió ag caint faoin asma. Tá sé ag súil go mór le dul ar a chuid laethanta saoire.

An cineál duine í Catherine

- **Cruálach** – tá Catherine an-chruálach le Paul. Tá fearg uirthi go bhfuil Paul ina shuí in aice léi agus go bhfuil sé ag caint gan stad gan staonadh. Ba mhaith léi a leabhar a léamh ach ní féidir léi. Insíonn sí bréag do Paul faoi na radhairc taobh amuigh den fhuinneog agus buaileann taom asma é. Tá sí cruálach arís mar ní chabhraíonn sí leis siúcra a chur ina chupán caife. Ach tá sí níos cruálaí fós ag an deireadh nuair a insíonn sí scéal dó faoin bpéist sa cháca milis. Bogann sí an t-análóir ó lámha Paul agus féachann sí air agus éisteann sí leis ag fáil bháis.

- **Míshona** – tá Catherine míshona lena saol. Tá sí ina cónaí lena máthair agus tá a máthair cantalach agus sean. Ba mhaith le Catherine éalú óna saol ar feadh tamaill. Tá Catherine bréan dá saol – ag tabhairt aire dá máthair agus ag dul ag obair gach lá. Bhí mí-ádh ceart ar Paul gur shuigh sé in aice le bean mhíshona mar Catherine.

Cleachtadh: Meaitseáil na ceisteanna agus na freagraí ó A agus B

A		B	
1	Cén cineál duine é Paul?	a	Go bhfuil siad go léir ar eolas aige.
2	Cad a deir Paul le Catherine faoin asma?	b	Ar a chuid laethanta saoire cois farraige.
3	Cad a deir Paul faoi na radhairc taobh amuigh den fhuinneog?	c	Toisc go bhfuil Paul ag caint gan stad gan staonadh.
4	Cén fáth nach dtuigeann Paul go bhfuil sé ag cur isteach ar Catherine?	d	Tagann taom asma air.
5	Cá bhfuil Paul ag dul?	e	Tá sé cainteach agus cairdiúil.
6	Cén fáth a bhfuil fearg ar Catherine?	f	Nuair a bhuaileann taom asma é bogann sí an t-análóir.
7	Cén bhréag a insíonn Catherine do Paul faoin gcáca milis?	g	Tá sí cruálach.
8	Cad a tharlaíonn do Paul nuair a bhíonn sé trína chéile?	h	Toisc go bhfuil sé dall.
9	Cén cineál duine í Catherine?	i	Go raibh sé air ó bhí sé ina pháiste.
10	Cén chaoi a bhfuil Catherine freagrach as bás Paul?	j	Deir sí go bhfuil péist ann.

1	2	3	4	5	6	7	8	9	10

Ceisteanna agus freagraí samplacha

1 **Ceist:** Tabhair cuntas gairid ar rud amháin a thaitin leat agus ar rud amháin nár thaitin leat faoin scannán *Cáca Milis*.

Freagra: Thaitin Paul go mór liom. Bhí sé cairdiúil agus cainteach. Bhí sé ag caint gan stad gan staonadh le Catherine ach níor thuig sé go raibh sé ag cur isteach uirthi toisc go raibh sé dall. Bhí sé sona sásta. Cheap sé go raibh daoine go deas. Bhí sé ag dul ar a chuid laethanta saoire agus bhí áthas air.

Níor thaitin deireadh an scannáin liom. Chuir sé uafás orm. Bhí Catherine an-chruálach agus bhí sí freagrach as bás Paul. Chum sí scéal uafásach, go raibh péist sa cháca milis agus gur ith Paul é, agus bhuail taom asma é dá bharr. Bhí sí ag féachaint ar Paul bocht ag fáil bháis. Fuair Paul bás ar bhealach uafásach agus ansin d'fhág Catherine an traein. Níor thaitin Catherine liom in aon chor.

2 **Ceist:** Tabhair cuntas ar ar tharla tar éis do Paul a chupán caife a fháil go dtí deireadh an scannáin.

Freagra: Nuair a fuair Paul a chupán caife thosaigh sé ag ól agus ag ithe. Rinne sé torann mór nuair a bhí sé ag ithe. Chuir sé a lán den cháca milis isteach ina bhéal agus shlog sé siar an caife ag an am céanna. Bhí gach rud ag prislíneach amach as a bhéal agus chuir sé samhnas ar Catherine.

Bhí sí ag éirí an-fheargach le Paul. Chum sí scéal eile ansin. Dúirt sí go raibh péist sa cháca milis agus gur ith Paul é. Bhí imní agus eagla an domhain ar Paul agus bhuail taom asma é. Theastaigh a análóir uaidh ach bhog Catherine é. Bhí Paul ag fulaingt agus ag fáil bháis agus bhí Catherine ag féachaint air. Bhí sí freagrach as bás Paul. D'fhág sí an traein ansin agus bhí Paul bocht marbh.

Cleachtadh: Athscríobh an freagra thuas mar chleachtadh.

Cleachtadh: Líon na bearnaí san alt seo

Bhí Paul ag caint gan stad gan _____. Níor thuig sé go raibh sé ag _____ isteach ar Catherine lena chuid cainte toisc go raibh sé _____. Bhí Paul ag dul ar a chuid _____ saoire agus bhí áthas an domhain air. Nuair a bhí sé ag ithe bhí gach rud ag _____ as a bhéal agus chuir sé sin _____ ar Catherine.

Chuir deireadh an scannáin _____ orm. Bhí Catherine _____ nuair a chum sí scéal bréagach faoi phéist sa cháca _____. Tháinig taom _____ ar Paul. Theastaigh a _____ uaidh ach bhog Catherine é. Bhí Paul ag _____ agus bhí Catherine ag féachaint air ag _____ bháis. D'fhág Catherine an traein.

Ceisteanna scrúdaithe

Déan cleachtadh ar na ceisteanna scrúdaithe seo a leanas. Bain úsáid as na frásaí agus na nathanna ag tús an aonaid mar chabhair duit.

1 Déan plé ar an gcaidreamh a léirítear idir Catherine agus a máthair ag tús an scannáin.

2 Cén sórt duine é Paul? Is leor **dhá** thréith a phlé.

3 Cad iad an **dá** bhréag a insíonn Catherine do Paul?

4 Cad é toradh an dara bréag a insíonn Catherine do Paul? Is leor **dhá** phointe eolais.

5 Scríobh achoimre ghairid ar an scannán.

FACSS

Ullmhaigh na habairtí seo thíos agus scríobh i do cóipleabhar iad.

Féach Abair Clúdaigh	Scríobh	Seiceáil
1 Tá máthair Catherine sean agus cantalach.		
2 Tá máthair Catherine ag brath uirthi.		
3 Tá Catherine crosta lena máthair.		
4 Teastaíonn ciúnas ó Catherine chun a leabhar a léamh.		
5 Tá Paul mór, ciotach agus dall.		
6 Líonann Paul an carráiste le torann.		
7 Labhraíonn Paul gan stad gan staonadh.		
8 Tá Paul ag dul ar a chuid leathanta saoire.		
9 Tá Paul ag cur isteach ar Catherine.		
10 Cuireann Paul deireadh le pleananna Catherine.		
11 Bhí asma ar Paul ó bhí sé ina pháiste.		
12 Tá Paul saonta agus páistiúil.		
13 Tá eolas ag Paul ar na radhairc taobh amuigh den fhuinneog.		
14 Insíonn Catherine bréag do Paul.		
15 Tá Paul trína chéile.		
16 Buaileann taom asma é.		
17 Nuair atá Paul ag ithe tá gach rud ag prislíneach amach as a bhéal.		
18 Cuireann Paul samhnas ar Catherine.		
19 Tá Catherine cruálach.		
20 Deir sí go bhfuil péist sa cháca milis.		
21 Bogann sí an t-análóir.		
22 Tá Paul ag fulaingt.		
23 Tá Paul ag fáil bháis.		
24 Féachann Catherine ar Paul ag fáil bháis.		
25 Tá Catherine freagrach as bás Paul.		
26 Mharaigh Catherine Paul.		
27 Bhí mí-ádh ar Paul.		
28 Tá Catherine míshona lena saol.		

Aonad a Trí
An Dalta agus a Thimpeallacht

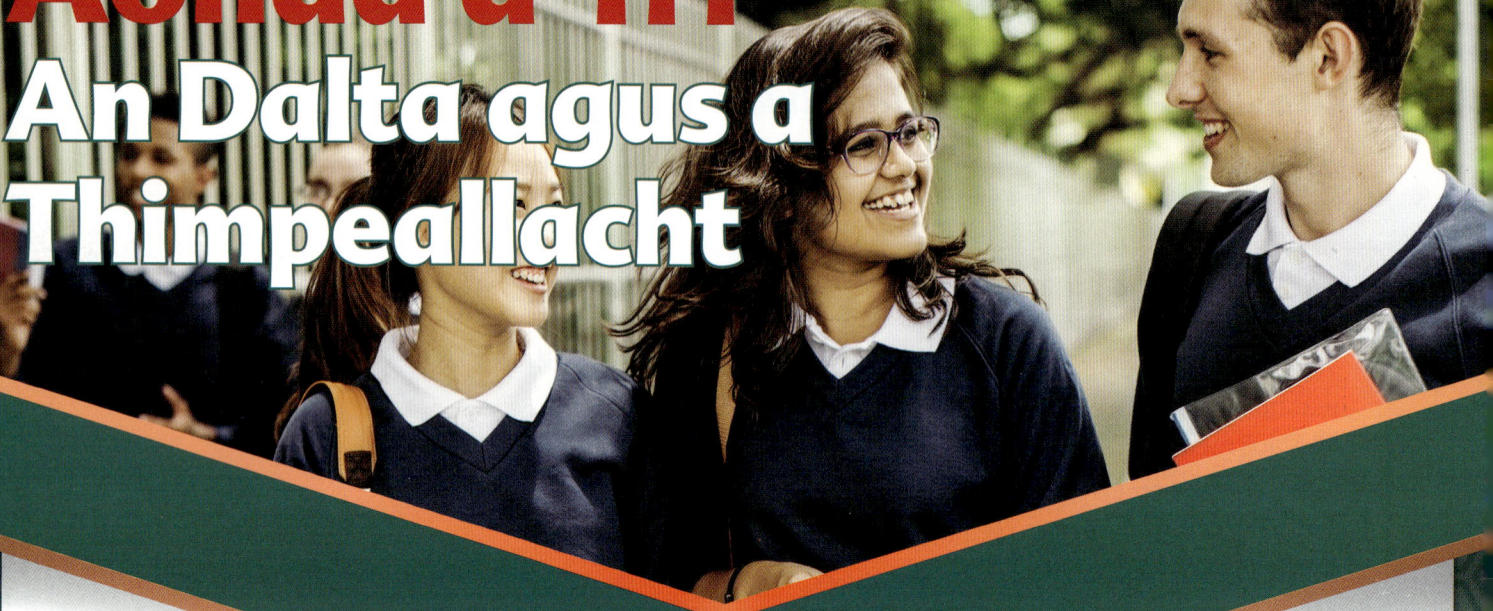

San aonad seo foghlaimeoidh tú na scileanna seo:

- Conas ceisteanna a chur agus a fhreagairt fút féin agus faoi do thimpeallacht.
- Ullmhóidh tú don scrúdú cainte.
- Déanfaidh tú cleachtadh ar do chuid scileanna scríbhneoireachta: litir/scéal/alt/comhrá a scríobh.
- Cuirfidh tú feabhas ar do chuid scileanna éisteachta.
- Foghlaimeoidh tú breis foclóra a bhaineann le do shaol agus le do thimpeallacht.
- Tiocfaidh feabhas ar do chuid scileanna léitheoireachta.

Tá ceithre chuid san aonad seo:

1. An Teaghlach
2. Cairde
3. An Teach
4. Áit Chónaithe/Áiseanna

Nóta don mhúinteoir

Seo an chéad aonad ó churaclam na hArdteiste, gnáthleibhéal. Chomh maith le bunfhoclóir an aonaid déanfaidh na daltaí cleachtadh ar na scileanna go léir a bheidh ag teastáil do scrúdú na hArdteiste: scileanna éisteachta, léitheoireachta, scríbhneoireachta agus cainte. Ina theannta sin ba cheart don rang staidéar a dhéanamh ar an dán *Colscaradh* agus an chéad chaibidil den úrscéal *Hurlamaboc* a léamh.

Chun feabhas a chur ar chumas tuisceana an ranga mholfainn don rang féachaint ar TG4 go rialta nó féachaint ar na dlúthdhioscaí i bhfillteán an mhúinteora.

1 An Teaghlach

Cleachtadh ag caint **Cleachtadh ag scríobh**

Freagair na ceisteanna thíos i do chóipleabhar.

1 **Ceist:** Cén t-ainm atá ort?

Freagra: Eoin Ó Rian an t-ainm atá orm.

2 **Ceist:** Cén aois thú?

Freagra: Tá mé seacht mbliana déag d'aois.

> Tá mé sé bliana déag d'aois.
>
> Tá mé seacht mbliana déag d'aois.
>
> Tá mé ocht mbliana déag d'aois.
>
> Tá mé naoi mbliana déag d'aois.

3 **Ceist:** Cén dáta breithe atá agat?

Freagra: Rugadh ar an dara lá de Mheán Fómhair mé.

Rugadh mé ...

Ar an gcéad lá	Ar an séú lá	Ar an bhfichiú lá
Ar an dara lá	Ar an seachtú lá	Ar an aonú lá is fiche
Ar an tríú lá	Ar an ochtú lá	Ar an dara lá is fiche
Ar an gceathrú lá	Ar an naoú lá	Ar an tríochadú lá
Ar an gcúigiú lá	Ar an deichiú lá	Ar an aonú lá is tríocha

Rugadh ar an gceathrú lá déag d'Iúil mé.

Rugadh ar an dara lá déag d'Eanáir mé.

Rugadh ar an seachtú lá déag de Mhárta mé.

④ **Ceist:**   Inis dom fút féin.

Freagra: Bhuel, is duine beomhar, cainteach mé. Is aoibhinn liom bualadh le mo chairde agus caithim a lán ama leo ag an deireadh seachtaine. Taitníonn ceol agus spórt go mór liom.

Eanáir	Bealtaine	Meán Fómhair
Feabhra	Meitheamh	Deireadh Fómhair
Márta	Iúil	Samhain
Aibreán	Lúnasa	Nollaig

An raibh a fhios agat?

An teaghlach = gach duine sa teaghlach (máthair, athair, deartháireacha, deirfiúracha, srl.)

An chlann = na páistí atá sa teaghlach

Aidiachtaí

cainteach	*chatty*	sona	*happy*	aclaí	*fit*
cairdiúil	*friendly*	tuisceanach	*understanding*	ceolmhar	*musical*
beomhar	*lively*	foighneach	*patient*	cancrach	*cranky*

Ag baint úsáid as na haidiachtaí thuas déan cur síos ort féin agus ar do theaghlach. Ansin scríobh an freagra i do chóipleabhar.

⑤ **Ceist:**   Cé mhéad duine atá sa teaghlach?

Freagra: Tá ceathrar sa teaghlach.

duine	triúr	cúigear	seachtar	naonúr
beirt	ceathrar	seisear	ochtar	deichniúr

⑥ **Ceist:**   Inis dom faoi do theaghlach.

Freagra: Maidhc is ainm dom. Tá cúigear i mo theaghlach. Is mise an páiste is sine sa chlann. Tá beirt deirfiúracha agam atá níos óige ná mé. Is í Ailbhe an páiste is óige sa chlann. Tá sí dhá bhliain déag d'aois agus tá sí ag freastal ar an mbunscoil. Is cailín cainteach, beomhar í. Tá Tara sé bliana déag d'aois agus is cailín cairdiúil, spórtúil í. Réitím go maith le mo thuismitheoirí agus le mo dheirfiúracha.

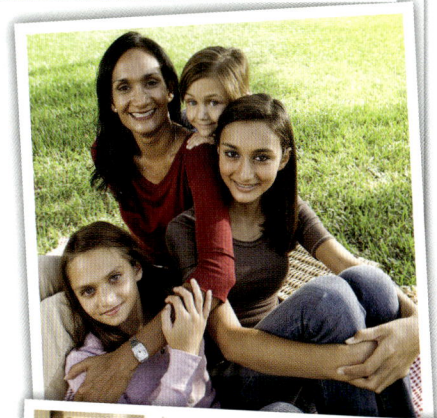

deartháir	*brother*	scartha	*separated*
deirfiúr	*sister*	mamó	*granny*
tuismitheoir	*parent*	daideo	*grandad*
uncail	*uncle*	leasathair	*stepfather*
aintín	*aunt*	leasmháthair	*stepmother*
col ceathrair	*cousin*	leasdeartháir/leasdeirfiúr	*stepbrother/sister*
réitím go maith leo	*I get on well with them*	an duine is óige/sine	*the youngest/eldest*

147

Deachtú

Múinteoir: Léigh an t-alt thíos os ard sa rang agus iarr ar na daltaí an t-alt a scríobh. Ansin ceartaigh an t-alt.

Dalta: Déan liosta de na ceartúcháin i do chóipleabhar.

Lisa Ní Cheallaigh is ainm dom. Tá mé seacht mbliana déag d'aois. Rugadh ar an gcéad lá de Mhárta dhá mhíle is a sé. Is duine cainteach, cairdiúil, beomhar mé.

Tá ceathrar i mo theaghlach. Tá deartháir amháin agam. Jeaic is ainm dó. Tá sé cúig bliana déag d'aois. Ní réitím go maith leis. Tá mo thuismitheoirí an-tuisceanach. Réitím go maith leo.

An Scrúdú Cainte

Cleachtadh ag caint
1. Ainm
2. Aois
3. Dáta breithe
4. Áit chónaithe
5. Uimhir scrúdaithe

Cleachtadh ag scríobh
1. Rugadh ar an 1/4/2005 mé
2. Rugadh ar an 10/9/2006 mé
3. Rugadh ar an 21/12/2007 mé
4. Rugadh ar an 17/10/2008 mé
5. Rugadh ar an 15/2/2009 mé

Mícheál Ó Floinn is ainm dom.

Cleachtadh ag scríobh

Tá mé seacht mbliana déag d'aois.

Rugadh ar an tríú lá is fiche de mhí Feabhra dhá mhíle is a naoi mé.

Tá cónaí orm ar Bhóthar na Trá, Cill Airne, Contae Chiarraí.

A haon, a dó, a trí, a ceathair, a cúig an uimhir scrúdaithe atá agam.

2 Cairde

Ceapadóireacht: Giota Leanúnach nó Blag
Duine a bhfuil meas agam air nó uirthi

Plean Oibre

Féach ar na nathanna cainte agus na haidiachtaí sa bhosca thíos. Cuir abairtí le chéile ag baint úsáid astu agus scríobh giota leanúnach nó blag ar an ábhar thuas (15 líne).

Tosaigh mar seo: *Tá an-mheas agam ar mo chara Niamh ...*

Tá an-mheas agam ar mo chara Niamh.   Seinneann sí an pianó.

Is maith léi ceol agus spórt.   Is duine cabhrach, deas í.   Tá sí sé bliana déag d'aois.

Is aoibhinn léi siopadóireacht.   Is duine cliste agus tuisceanach í.

Caithim a lán ama léi ag an deireadh seachtaine.   Ní duine gruama í.

Rugadh ar an dara lá de mhí Feabhra sa bhliain dhá mhíle is a hocht í.

Is duine lách, cineálta í.   Is ball de Chumann Naomh Uinseann de Pól í.

Bailíonn sí airgead do dhaoine bochta go minic.   Is fuath léi/Ní maith léi/is gráin léi ...

Is ball den chlub leadóige í.   Tá súile donna/gorma/glasa aici.

Tá gruaig dhubh/dhonn/fhionn/fhada/ghearr uirthi.   Is duine beomhar, sona í.

Is maith léi a bheith ag taisteal. Thug sí cuairt ar an Iodáil anuraidh/an bhliain seo caite.

Tá dhá mhadra aici; Angel agus Koda is ainm dóibh.   Téann sí ag siúl lena madraí gach tráthnóna.

Léigh an giota atá scríofa agat os ard sa rang. Éist leis na giotaí éagsúla atá scríofa ag na daltaí sa rang. An dtuigeann tú na nathanna go léir? Tá cabhair ar fáil sa bhosca thíos!

ball	*member*	do dhaoine bochta	*for poor people*
seinneann sí	*she plays*	gruama	*gloomy*

Scríobh giota leanúnach/blag i do chóipleabhar ar an ábhar seo: Duine a bhfuil meas agam air nó uirthi.

Cleachtadh ag caint

Déan cur síos ar an gcara is fearr atá agat (*your closest friend*) os ard sa rang.

Ag Ceiliúradh: Breithlá

mo bhreithlá	*my birthday*	dearbhán	*voucher*
beart mór	*a big parcel*	bronntanais	*presents*
cárta breithlae	*birthday card*	cáca breithlae	*birthday cake*
cóisir	*party*	sceitimíneach	*excited*
mhúch mé na coinnle	*I blew out the candles*	coinnle	*candles*

Cleachtadh ag caint

Céard a rinne tú ar do bhreithlá?

Ar mo bhreithlá **tháinig** mo chairde agus mo ghaolta chuig an teach agus **d'ullmhaigh** mo thuismitheoirí dinnéar blasta dúinn go léir. **Fuair** mé cártaí agus bronntanais agus **bhí** áthas an domhain orm. Nuair a **bhí** an dinnéar críochnaithe **las** mo dheirfiúr na coinnle ar mo cháca breithlae agus **chan** gach duine 'Lá Breithe Sona Duit'. Mhúch mé na coinnle ansin. Ina dhiaidh sin **chuaigh** mé amach chuig club oíche le mo chairde. **Bhí** breithlá iontach agam i mbliana.

1. Léigh an giota thuas os ard sa rang.
2. Déan liosta i do chóipleabhar de na briathra ón ngiota thuas atá san Aimsir Chaite.
3. Freagair an cheist 'Céard a rinne tú ar do bhreithlá?' i do chóipleabhar.
4. Léigh na freagraí os ard sa rang.

Cleachtadh ag scríobh

Ceap scéal a mbeadh an líne thíos oiriúnach mar thús leis:

Bhí sceitimíní an domhain orm nuair a chonaic mé an cárta breithlae ...

Ceapadóireacht: Scéal — Mo Bhreithlá

1. Meaitseáil na habairtí Gaeilge agus Béarla thíos.
2. Scríobh na habairtí san ord ceart i do chóipleabhar.
3. Bain úsáid as na nathanna cainte agus na habairtí thíos chun alt a scríobh faoi do bhreithlá.

1	Bhí mé ocht mbliana déag d'aois.	I was delighted.	a
2	Chonaic mé cártaí agus bronntanais scaipthe ar bhord na cistine.	I was hoping for a new phone.	b
3	D'oscail mé an cárta agus chonaic mé dearbhán do shiopa fón.	I thought they had not bought the phone for me.	c
4	Cheap mé nár cheannaigh siad an fón dom.	I saw cards and presents scattered on the kitchen table.	d
5	Tháinig mo chairde chuig an teach agus bhí an-chraic againn.	I opened the card and I saw a voucher for a phone shop.	e
6	Bhí mé ag súil le fón nua.	My friends came around and we had great fun.	f
7	Bhí mé an-sceitimíneach an mhaidin sin.	When I saw my parents' card I was very disappointed.	g
8	Bhí áthas an domhain orm.	I was very excited that morning.	h
9	Nuair a chonaic mé cárta mo thuismitheoirí thit an lug ar an lag agam.	I was eighteen years old.	i

Súil siar ar an Litríocht

Cúrsa Filíochta: *Colscaradh*
le Pádraig Mac Suibhne
Léigh an dán ar leathanach 12.

🔊 Rian 1.02

Scéal an dáin

Insíonn an dán seo scéal faoi fhear agus faoi bhean. Bhí an bheirt acu pósta uair amháin ach theip ar an bpósadh mar ba léir go raibh rudaí difriúla ag teastáil uathu. B'fhear traidisiúnta é an fear agus pósadh traidisiúnta a bhí uaidh. Bhí clann agus grá uaidh ina áit dúchais. Ar an taobh eile theastaigh pósadh nua-aimseartha ón mbean. Bhí airgead, stádas agus laethanta saoire uaithi. Níor tháinig an bheirt acu ar réiteach agus scar siad lena chéile.

colscaradh	*divorce*	pósta	*married*
fear traidisiúnta	*traditional man*	bean nua-aimseartha	*modern woman*
rudaí difriúla	*different things*	stádas	*status*
réiteach	*solution*	scar	*separate*

Cúrsa Próis: *Hurlamaboc*
le Éilis Ní Dhuibhne
Léigh an sliocht as *Hurlamaboc* ar leathanach 48–50.

🔊 Rian 2.01

Eolas faoin úrscéal

Is scéal é *Hurlamaboc* faoi theaghlach a chónaíonn i mbruachbhaile galánta i ndeisceart Bhaile Átha Cliath. Sa chéad chaibidil den leabhar faighimid amach go bhfuil Lisín pósta le Pól ar feadh fiche bliain agus go bhfuil beirt mhac acu. Tá sé ar intinn acu cóisir mhór a bheith acu sa chúlghairdín chun an pósadh a cheiliúradh. Is clann shaibhir anois iad ach ní raibh siad i gcónaí saibhir. Is léir gur bean fhoirfe í Lisín agus caitheann sí a lán ama ag foghlaim teangacha éagsúla agus tá sí ina ball de chlubanna éagsúla. Ach is léir nach bhfuil a mac Ruán róshásta lena shaol.

bruachbhaile galánta	*a posh suburb*	cóisir	*party*
teangacha éagsúla	*various languages*	tá sí ina ball	*she is a member*

Bronntanas Costasach

Sraith Pictiúr   Bronntanas Costasach

Rian 3.01

1 Bhí breithlá Clodagh ann ar an gcúigiú lá de Bhealtaine. Tar éis bricfeasta fuair sí bronntanais óna clann. Thug a tuismitheoirí fón póca di agus bhí áthas an domhain uirthi. Thug a dearthár agus a deirfiúr geansaí spraoi di. Bhí Clodagh an-sásta leis na bronntanais. Ghabh sí buíochas le gach duine.

2 Ina dhiaidh sin chaith Clodagh a lán ama ag caint lena cairde ar a fón póca nua. Ba léir gur thaitin an fón go mór léi agus níor smaoinigh sí ar an mbille fóin. Lean sí ar aghaidh ag glaoch ar a cairde go léir. Bhí trí ghlaoch fós le déanamh aici an lá sin.

3 Gan amhras, thaitin an fón nua go mór le Clodagh. Phléigh sí a lán ábhar lena cairde ar an bhfón. Labhair siad faoin dioscó a bhí ar siúl ar an Aoine agus faoi bhuachaill dathúil darbh ainm Seán. Bhí sí ag caint faoi shiopadóireacht leis na cailíní freisin ar an bhfón.

4 Ar an dara lá déag de Mheitheamh tháinig an bille fóin isteach. Bhí ionadh an domhain ar Clodagh nuair a chonaic sí an bille. Céad fiche cúig euro agus tríocha cúig cent an bille. Bhí a fhios ag Clodagh go mbeadh sí i dtrioblóid lena tuismitheoirí.

5 Bhailigh an chlann sa chistin chun an bille fóin a phlé. Bhí a tuismitheoirí an-fheargach le Clodagh agus dúirt a deirfiúr go raibh sí sásta iasacht airgid a thabhairt di. Bhí an-bhrón ar Clodagh agus mhínigh sí nár smaoinigh sí faoin mbille fóin. Mhol a dearthár di téacsanna a sheoladh in ionad a bheith ag caint an t-am ar fad.

6 Ar an dara lá is fiche de Lúnasa tháinig an bille fóin isteach. Cúig euro is fiche an bille fóin a bhí ag Clodagh. Bhí áthas uirthi nach raibh an bille róchostasach. D'fhoghlaim Clodagh ceacht agus sheol sí téacsanna chuig a cairde.

Ciorcal oibre: beirt nó triúr le chéile ag plé, ag léamh agus ag scríobh

1 Scríobh na briathra san Aimsir Chaite as an tsraith thuas i do chóipleabhar.

2 Scríobh abairtí simplí leis na briathra agus glaoigh amach na habairtí sa rang.

3 Cum sraith de cheisteanna bunaithe ar na pictiúir agus ansin pléigh na ceisteanna sa rang.

4 Cuir na ceisteanna atá cumtha ag do ghrúpa ar na daltaí i ngrúpa eile.

Ceapadóireacht: Litir nó Ríomhphost

Fuair tú bronntanas álainn ó chara leat ar do bhreithlá nuair a bhí tú ocht mbliana déag d'aois. Scríobh an litir nó an ríomhphost a chuirfeá chuig an gcara sin ag gabháil buíochais leis nó léi agus ag insint dó nó di faoin úsáid a bhaineann tú as an mbronntanas.

dearbhán	voucher
mar is eol duit	as you know
bróga reatha	runners
ag titim as a chéile	falling apart
cluiche ceannais	championship final

seoladh — 9 Ascaill an Chaisleáin, Sligeach, Co. Sligeach

dáta — 22 Bealtaine

beannú

tús

A Thomáis, a chara,

Míle buíochas as an gcárta breithlae a sheol tú chugam do mo bhreithlá an tseachtain seo caite. Bhí ionadh an domhain orm nuair a chonaic mé an dearbhán do chaoga euro sa chárta. Mar is eol duit is aoibhinn liom spórt. Chuaigh mé díreach isteach sa siopa spóirt leis an dearbhán agus cheannaigh mé bróga peile agus geansaí nua. Bhí áthas an domhain orm mar chaill mé mo gheansaí ag an gcluiche peile Dé Sathairn seo caite. Bhí mo sheanbhróga ag titim as a chéile agus mar sin bhí péire nua ag teastáil uaim.

Tá scéal iontach agam duit, a Thomáis! Beidh foireann peile na scoile ag imirt sa chluiche ceannais den chraobh an mhí seo chugainn. Mar is eol duit tá áit faighte agam ar an bhfoireann agus tá mé ag tnúth go mór leis an gcluiche ceannais. Beidh mo bhróga peile nua orm an lá sin! Má tá ticéad ag teastáil uait don chluiche cuir glao orm go luath.

Scríobh chugam go luath,

Do chara,

Rónán

críoch

Léigh an litir agus freagair na ceisteanna os ard nó i do chóipleabhar.

1. Céard a thug Tomás do Rónán dá bhreithlá?
2. Cén aois é Rónán anois?
3. Céard a cheannaigh sé leis an mbronntanas?
4. Cá raibh Rónán nuair a chaill sé a gheansaí?
5. Cathain a bheidh an cluiche ceannais ar siúl?

Cleachtadh ag scríobh

Fuair tú bronntanas breithlae ó d'aintín le déanaí. Scríobh litir chuig d'aintín ag gabháil buíochais léi agus ag insint di faoin úsáid a bhaineann tú as an mbronntanas.

Mo Chairde

Léigh an sliocht seo a leanas agus freagair na ceisteanna ar fad a ghabhann leis.

Tá cairde iontacha agam. Tá siad lán le spleodar! Siúlaim ar scoil le mo dhlúthchairde Dara agus Tomás. Buailimid le chéile ag an siopa áitiúil agus bímid ag pleidhcíocht ar an mbealach. Is buachaill beomhar, spórtúil é Dara agus caitheann sé a lán ama ag imirt peile. Bhí sé ocht mbliana déag d'aois an tseachtain seo caite agus thug a thuismitheoirí PlayStation nua dó dá bhreithlá. Is buachaill ciúin, foighneach é Tomás agus taitníonn ceol go mór leis. Uaireanta tagann Tomás chuig mo theach ag an deireadh seachtaine agus éistimid le ceol le chéile. Seinneann sé an giotár.

Is iomaí cara atá agam ar scoil. Is é Eoin an cara is fearr atá agam ar scoil agus tugann sé cabhair dom le mo chuid obair bhaile nuair a bhíonn fadhb agam. Is buachaill foighneach, tacúil é, i mo thuairim. Ba mhaith leis a bheith ina mhúinteoir scoile sa todhchaí. Tá sé ar intinn aige freastal ar Choláiste na Tríonóide i mBaile Átha Claith. Oibríonn sé go dian dícheallach ar scoil agus bhuaigh sé gradam scoláire na bliana anuraidh. Bhí a thuismitheoirí an-bhródúil as.

An samhradh seo chugainn tá sé ar intinn againn freastal ar fhéile Electric Picnic. Gheobhaidh mé an ticéad ó mo thuismitheoirí do mo bhreithlá agus gheobhaidh na buachaillí a dticéid mar bhronntanas Nollag óna dtuismitheoirí. Tá súil againn go mbeidh Billie Eilish ag seinm.

Tá siad lán le spleodar!	*They are full of life!*	is iomaí cara atá agam	*I have many friends*
mo dhlúthchairde	*my close friends*	sa todhchaí	*in the future*
ag pleidhcíocht	*messing*	go dian dícheallach	*diligently*
foighneach	*patient*	gradam	*award*
todhchaí	*future*	ag seinm	*playing*

1. Cá mbuaileann na buachaillí le chéile ar maidin?
2. Cén bronntanas a fuair Dara óna thuismitheoirí dá bhreithlá?
3. Ainmnigh an caitheamh aimsire is fearr le Tomás.
4. Cén sórt buachalla é Eoin?
5. Cén gradam a bhuaigh sé ar scoil anuraidh?
6. Cá rachaidh na buachaillí an samhradh seo chugainn?

Ceapadóireacht: Giota Leanúnach

Bain úsáid as na nathanna cainte sa léamhthuiscint thuas chun giota leanúnach a scríobh faoi do chairde.

An Scrúdú Cainte

Cleachtadh ag caint   **Cleachtadh ag scríobh**

1

Scrúdaitheoir:	Dalta
Cén t-ainm atá ort?	*Pól Ó Laoire is ainm dom.*
Cén aois thú?	*Tá mé ocht mbliana déag d'aois.*
Cén dáta breithe atá agat?	*Rugadh mé ar an gcéad lá de Lúnasa, dhá mhíle is a hocht.*
Cá gcónaíonn tú?	*Tá cónaí orm ar Bhóthar na Trá, Gaoth Dobhair, Contae Dhún na nGall.*
Cén uimhir scrúdaithe atá agat?	*A haon, a dó, a trí, a ceathair, a cúig an uimhir scrúdaithe atá agam.*

2 **Scrúdaitheoir:** Déan cur síos ort féin, a Phóil.

Dalta: Is buachaill cairdiúil agus cainteach mé, caithfidh mé a rá. Tá gruaig ghearr dhubh orm agus tá súile donna agam. Níl mé ró-ard. Tá a lán cairde agam ach is é Niall an cara is gaire dom. Faighimid an bus scoile le chéile ar maidin. Tá ceathrar againn sa bhaile agus is mise an páiste is óige sa chlann. Tá deirfiúr amháin agam. Aoife is ainm di. Réitím go maith léi. Tá sí ag staidéar san ollscoil anois. Tá mo thuismitheoirí tacúil agus foighneach. Tugann siad a lán saoirse dom. Tugaim cuairt ar mo mhamó gach deireadh seachtaine. Cónaíonn sí in aice láimhe.

caithfidh mé a rá	*I have to say*
gruaig ghearr dhubh	*short black hair*
níl mé ró-ard	*I'm not too tall*
saoirse	*freedom*
an cara is gaire dom	*my closest friend*
is óige/is sine	*youngest/oldest*
tacúil agus foighneach	*supportive and patient*
in aice láimhe	*close by*

Bain triail as anois!

Bain úsáid as na nathanna cainte thuas chun cur síos a dhéanamh ort féin agus ar do chairde agus do chlann. Léigh an giota os ard don rang nuair atá sé scríofa agat.

3 An Teach

Cleachtadh ag caint

Cleachtadh ag scríobh

Léigh na ceisteanna agus na freagraí samplacha thíos. Scríobh do chuid freagraí féin i do chóipleabhar agus léigh amach os ard sa rang iad.

1 **Ceist:** Cén saghas tí atá agat?

Freagra: Cónaím i dteach sraithe.

teach scoite	*detached house*	ar phríomhbhóthar	*on a main road*
teach leathscoite	*semidetached house*	ar chúlbhóthar	*on a quiet road*
bungaló	*bungalow*	ar imeall na cathrach	*on the outskirts of the city*
árasán	*apartment*	teach trí stór	*three-storey house*
faoin tuath	*in the country*	i lár an bhaile	*in the centre of town*

2 **Ceist:** Cá bhfuil cónaí ort?

Freagra: Tá cónaí orm in árasán. Tá an t-árasán suite ar urlár na talún. Tá cistin dheas, seomra bia agus seomra suí teolaí ann, chomh maith le dhá sheomra leapa agus seomra folctha amháin. Roinnimid an gairdín mór leis na comharsana ar fad sna hárasáin eile. Tá an t-árasán an-ghar don scoil, mar sin siúlaim nó rothaím ar scoil gach lá.

seomra áise	*utility room*	ar urlár na talún	*on the ground floor*
seomra folctha	*bathroom*	thuas staighre	*upstairs*
seomra staidéir	*study room*	thíos staighre	*downstairs*
seomra gréine	*conservatory*	áiléar	*attic*

3 **Ceist:** Déan cur síos ar do theach.

Freagra: Tá cónaí orm i dteach scoite. Tá gairdín álainn atá lán le bláthanna agus crainn os comhair an tí agus ar chúl an tí tá gairdín beag. Tá seid ag bun an ghairdín. Is teach mór é mo theach agus tá ceithre sheomra leapa agus dhá sheomra folctha thuas staighre. Tá cistin fhairsing (*spacious*), seomra áise, seomra suí agus seomra staidéir thíos staighre.

ag folúsghlanadh	*hoovering*	ag ní na ngréithe	*washing the dishes*
ag scuabadh an urláir	*sweeping the floor*	ag ullmhú na mbéilí	*preparing the meals*

4 **Ceist:** An gcabhraíonn tú sa teach go minic?

Freagra: Ní bhíonn a lán ama agam i mbliana chun obair tí a dhéanamh ach ním na gréithe agus scuabaim an t-urlár anois is arís.

Deachtú: Mo theach

Múinteoir: Léigh an t-alt thíos os ard sa rang agus iarr ar na daltaí an t-alt a scríobh. Ansin ceartaigh an t-alt.

Dalta: Déan liosta de na ceartúcháin i do chóipleabhar.

Tá cónaí orm i mbungaló deas faoin tuath. Tá gairdín mór os comhair an tí agus ar chúl an tí. Caithim a lán ama sa ghairdín i rith an tsamhraidh. Tá ceithre sheomra leapa sa bhungaló agus dhá sheomra folctha. Is é mo sheomra leapa an seomra is fearr liom sa teach. Ní seomra mór é ach tá sé geal agus compordach. Tá cistin dheas, seomra teilifíse agus seomra bia sa teach freisin. Ar thaobh an tí tá garáiste mór.

Ceapadóireacht: Giota Leanúnach nó Blag a scríobh

Blag — An seomra is fearr liom sa teach

1 Líon na bearnaí san alt thíos.

2 Léigh an t-alt os ard sa rang.

3 Scríobh liosta de na focail thábhachtacha a bhaineann leis an ábhar seo i do chóipleabhar.

4 Scríobh alt i do chóipleabhar faoin seomra is fearr leat i do theach agus léigh an t-alt don rang.

leaba   áiléar   ceol   seachtaine   obair bhaile   ar mire (*mad*)   tí   píotsa   is fearr

Is é mo sheomra leapa an seomra _____ liom i mo theach. Tá mo sheomra leapa san _____. Níl cead ag mo dheartháir teacht iseach ann. Is seomra mór geal é agus tá dhá fhuinneog mhóra ag bun an tseomra. I lár an tseomra tá _____ chompordach agus tá taisceadán (*locker*) ar thaobh na leapa. Tá vardrús (*wardrobe*) ard sa seomra agus deasc. Déanaim mo chuid _____ i mo sheomra leapa. Ligim mo scíth (*I relax*) ann freisin nuair a bhíonn mo chuid obair bhaile críochnaithe agam. Nuair a thagann mo chairde chuig an teach ithimid _____ agus éistimid le _____ i mo sheomra leapa. Bíonn an seomra i gcónaí ina chiseach (*in a mess*). Fágaim éadaí, leabhair agus bróga ar an urlár! Bíonn mo Mham _____ liom nuair a thagann sí isteach. Uaireanta glanaim mo sheomra ag an deireadh _____. Is fuath liom obair _____.

Cleachtadh ag caint

Ceist: Cén seomra is fearr leat i do theach?

Bain úsáid as foclóir nó tearma.ie chun na focail a bhaineann leis an gcistin nó an seomra suí a aimsiú. Déan liosta de na focail i do chóipleabhar. Scríobh alt faoi na seomraí éagsúla i do chóipleabhar.

Cleachtadh ag scríobh

An Aimsir Chaite

Cleachtadh ag scríobh: Cuairt a thug mo chara orm

Meaitseáil na briathra agus na habairtí thíos agus scríobh na briathra san Aimsir Chaite i do chóipleabhar.

1	Ghlaoigh	mé mo leaba agus d'oscail mé na cuirtíní.	a
2	Bhí	mo chara ar an doras ar a deich a chlog agus d'oscail mé an doras.	b
3	Phioc	mo chara ag teacht chuig mo theach ar feadh cúpla lá.	c
4	Chóirigh	chuig stad an bhus agus d'fhanamar ar feadh tamaill don bhus.	d
5	Rith	an baile mór agus bhuaileamar lenár gcairde.	e
6	Chnag	mo Mham orm agus léim mé ón leaba go tapa.	f
7	Chuir	lón i mbialann sa bhaile mór.	g
8	Shiúlamar	mé mo chuid éadaigh ón urlár agus líon mé an vardrús.	h
9	Shroicheamar	mé fáilte roimh mo chara agus shocraíomar ar chuairt a thabhairt ar an mbaile mór.	i
10	D'itheamar	mé thíos staighre agus d'ith me mo bhricfeasta.	j

1	2	3	4	5	6	7	8	9	10

Ciorcal oibre: beirt nó triúr ag obair le chéile   Ag bailiú briathra

Cé mhéad briathar atá ar eolas agat san Aimsir Chaite? Déan liosta de na briathra san Aimsir Chaite atá ar eolas agat. Ansin scríobh liosta mór ar an gclár bán sa seomra ranga.

FACSS

Foghlaim na briathra sa liosta thíos agus scríobh abairtí leo.

Féach Abair Clúdaigh	Scríobh	Seiceáil
Bhrostaigh mé		
Shiúil mé		
Shleamhnaigh mé		
Chuaigh mé		
Chonaic mé		
Tháinig mé		
Ghlaoigh mé		
D'fhág mé		
Chabhraigh mé		
Shuigh mé		
Nigh mé		
Bhuaigh mé		

Tine sa Teach

Sraith Pictiúr   Tine sa Teach

Rian 3.04

1 Shiúil Áine abhaile ón dioscó ina haonar. Bhí brat bán sneachta ar an talamh. Bhí cóta mór dubh á chaitheamh aici agus bhí hata ar a ceann. Oíche fhuar gheimhridh a bhí ann. Shroich sí an baile ar a haon a chlog agus shuigh sí cois tine sa seomra suí. Ba sheomra compordach é agus bhí pictiúr ar crochadh os cionn na tine.

2 Bhí tuirse an domhain ar Áine agus lig sí méanfach aisti. Ansin shiúil sí isteach sa chistin. Chuir sí sceallóga isteach i gcorcán agus las sí an sorn. D'fhág sí an sorn agus chuaigh sí chuig a seomra leapa.

3 Luigh Áine ar an gcuilt agus a cuid éadaigh fós uirthi agus thit sí ina codladh. Bhí sí traochta. Rinne sí dearmad ar na sceallóga ar an sorn. Ina dhiaidh sin chuaigh an corcán trí thine agus léim lasracha san aer. Bhí deatach dubh ag leathadh ar fud an tí.

4 Dhúisigh tuismitheoirí Áine nuair a chonaic siad an deatach dubh sa seomra leapa. Ba léir gur baineadh geit uafásach astu. Ghlaoigh a Daid ar an mbriogáid dóiteáin agus d'inis sé dóibh go raibh tine sa teach. Rith máthair Áine isteach ina seomra leapa agus dhúisigh sí a hiníon go tapa. Bhí an deatach ar fud an tí faoin am seo.

5 Tháinig an bhriogáid dóiteáin agus mhúch siad na lasracha le huisce. Bhí culaith speisialta á caitheamh ag an bhfear dóiteáin. Chaith sé masc agus clogad agus bhí umar ocsaigine aige freisin. Thóg sé tamall na lasracha a mhúchadh. Tugadh an cailín san otharcharr chuig an ospidéal. Labhair a máthair léi agus dúirt sí go mbeadh sí ceart go leor.

6 An mhaidin ina dhiaidh sin bhí an ghrian ag taitneamh. Ba léir go raibh an teach scriosta. Bhí Áine san ospidéal agus tháinig an dochtúir chun labhairt léi. Chaith an dochtúir cóta bán agus bhí steiteascóp timpeall ar a muinéal aici. Dúirt an dochtúir léi gan mórán a dhéanamh go ceann cúpla lá agus go mbeadh sí ceart go leor.

Ciorcal oibre: beirt nó triúr le chéile ag plé, ag léamh agus ag scríobh

1 Scríobh na briathra san Aimsir Chaite sa tsraith thuas i do chóipleabhar.

2 Scríobh abairtí simplí leis na briathra agus glaoigh amach na habairtí sa rang.

3 Cum sraith de cheisteanna bunaithe ar na pictiúir agus ansin pléigh na ceisteanna sa rang. Cá raibh Áine an oíche sin? Cén t-am a shroich sí an teach?

4 Cuir na ceisteanna atá cumtha ag do ghrúpa ar na daltaí i ngrúpa eile.

Ceapadóireacht: Scéal – Robáil sa Teach
Tús an scéil: Meaitseáil na habairtí Gaeilge agus Béarla thíos

Cathain? Cá raibh tú? Céard a bhí á dhéanamh agat? Céard a chuala tú? Céard a rinne tú?

1	Oíche fhuar a bhí ann i lár an gheimhridh.	I was sitting on the sofa.	a
2	Bhí mé i mo shuí ar an tolg.	I heard a terrible crash in the kitchen.	b
3	Bhí mé ag féachaint ar an teilifís.	I jumped from the sofa and I headed to the door.	c
4	Chuala mé pléasc uafásach sa chistin.	I was watching the TV.	d
5	Léim mé den tolg agus thug mé aghaidh ar an doras.	It was a cold night in the middle of winter.	e

| 1 | 2 | 3 | 4 | 5 |

Lár an scéil: Meaitseáil na habairtí Gaeilge agus Béarla thíos

Cá ndeachaigh tú? Céard a rinne tú? Céard a chonaic tú? Conas a mhothaigh tú? Céard a tharla ansin?

1	Chuaigh mé chuig doras na cistine.	I saw two men with a black bag escaping from the window.	a
2	D'oscail mé an doras go mall.	I was terrified.	b
3	Chonaic mé beirt fhear le mála dubh ag éalú tríd an bhfuinneog.	I screamed.	c
4	Bhí mé sceimhlithe i mo bheatha.	I opened the door slowly.	d
5	Lig mé scread asam.	I went to the door of the kitchen.	e

| 1 | 2 | 3 | 4 | 5 |

Deireadh an scéil: Meaitseáil na habairtí Gaeilge agus Béarla thíos

Céard a rinne na fir? Cé a tháinig isteach? Ar chuir sibh glao ar aon duine? Cathain a tháinig siad? Céard a rinne siad? An raibh aon rud ar iarraidh?

1	Baineadh geit as na fir agus rith siad síos an gairdín.	Without further delay we heard a siren outside the door.	a
2	Chuala mo Dhaid an rírá agus ruaille buaille agus rith sé isteach sa chistin ar luas lasrach.	My Dad called the gardaí.	b
3	Ghlaoigh mo Dhaid ar na gardaí.	The gardaí had the robbers in the back of the car.	c
4	Gan a thuilleadh moille chualamar an bonnán taobh amuigh den doras.	My Dad heard the commotion and he ran into the kitchen at the speed of light.	d
5	Bhí na gadaithe i gcúl an chairr ag na gardaí.	The men were surprised and ran down the garden.	e

| 1 | 2 | 3 | 4 | 5 |

Scríobh an scéal thuas i do chóipleabhar agus inis an scéal i do chuid focal féin.

Ceapadóireacht: Scéal

Cleachtadh ag scríobh

1   Ceap scéal (leathleathanach nó mar sin) a mbeidh ceann amháin de na sleachta seo oiriúnach mar thús leis:

Bhí mo thuismitheoirí as baile. Bhí mo chuid obair bhaile críochnaithe agam. Shuigh mé ar an tolg chun mo scíth a ligean. Ansin ...

Bhí mé traochta. Thit mé isteach sa leaba. Ansin chuala mé coiscéimeanna ar an staighre ...

2   Freagair na ceisteanna thíos chun an scéal a chríochnú.

Tús an scéil
Cathain? _____

Cá raibh tú? _____

Céard a bhí á dhéanamh agat? _____

Céard a chuala tú? _____

Céard a rinne tú? _____

Lár an scéil
Cá ndeachaigh tú? _____

Céard a rinne tú? _____

Céard a chonaic tú? _____

Conas a mhothaigh tú? _____

Céard a tharla ansin? _____

Deireadh an scéil
Céard a rinne na fir? _____

Cé a tháinig isteach? _____

Ar chuir sibh glao ar aon duine? _____

Cathain a tháinig siad? _____

Céard a rinne siad? _____

An raibh aon rud ar iarraidh? _____

Dhúisigh mé	*I woke*
Léim mé	*I jumped*
Ghlaoigh mé	*I called*
Bhraith mé lag	*I felt weak*
Lig me scread asam	*I screamed*
ar mo bharraicíní	*on tip toes*
Bhí mé sceimhlithe	*I was terrified*
Lig mé osna faoisimh asam	*I sighed with relied*

Ceapadóireacht: Scéal

**Cleachtadh: Ceap scéal (leathleathanach nó mar sin)
a mbeidh an sliocht seo a leanas oiriúnach mar thús leis:**

Thit an pláta ina smidiríní ar an urlár. Bhí sicín rósta, glasraí agus prátaí i ngach áit. Las m'aghaidh le náire …

Thit an pláta ina smidiríní ar an urlár. Bhí sicín rósta, glasraí agus prátaí i ngach áit. Las m'aghaidh le náire, ghabh mé leithscéal leis an mbean tí agus rinne mé iarracht an phraiseach a ghlanadh suas. Bhí na deora liom agus iad réidh le titim nuair a léim duine de na cailíní as a suíochán agus chabhraigh sí liom.

Fuair an bhean tí scuab agus tar éis cúpla nóiméad bhí dinnéar eile os mo chomhair amach.

Shuigh mé síos leis na cailíní eile. Ní raibh aithne agam ar éinne. Bhí ciúnas míchompordach le brath timpeall an bhoird. Ansin labhair an cailín a chabhraigh liom, 'Is mise Sorcha, is mise an cinnire tí, tá a fhios agam go bhfuil 'chuile dhuine neirbhíseach ar an gcéad lá, ach ná bígí buartha, bainfidh sibh ar fad sult as an gcúrsa anseo.' De réir a chéile thosaigh gach duine ag labhairt lena chéile agus chuireamar ar fad an-aithne ar a chéile tar éis tamaill ghairid.

Bhí róta againn gach lá sa teach chun an obair tí a dhéanamh. Sa chistin bhí orainn an bord a leagadh, na gréithe a ní agus an t-urlár a scuabadh. Sna seomraí leapa bhí orainn na leapacha a chóiriú agus an seomra a choimeád glan.

Gach tráthnóna thugamar aghaidh ar an halla agus bhí céilí nó dioscó againn a chríochnaigh thart ar a deich a chlog. Ba shaoire iontach a bhí agam sa Ghaeltacht agus chuir mé aithne ar a lán cairde nua i rith na saoire.

1 Céard a bhí acu don dinnéar an oíche sin?
2 Ainmnigh an cinnire tí.
3 Cén sórt oibre a rinne na cailíní sa chistin gach lá?
4 Céard a bhí ar siúl sa halla gach tráthnóna?
5 Cén t-am a chríochnaigh an céilí nó an dioscó?

ina smidiríní	*in bits*	deora	*tears*	an bord a leagadh	*to set the table*
náire	*shame*	ciúnas	*silence*	na gréithe a ní	*to wash the dishes*
leithscéal	*excuse*	míchompordach	*uncomfortable*	na leapacha a chóiriú	*to make the beds*

Inis an scéal i d'fhocail féin

Iarr ar na daltaí an scéal a insint agus scríobh an scéal a insíonn siad ar an gclár bán.

Chuaigh cailín chuig an nGaeltacht. An chéad oíche shuigh sí chun dinnéir agus …

Ceapadóireacht: Comhrá

Plean Oibre

Léigh an comhrá thíos os ard sa rang agus freagair na ceisteanna a ghabhann leis.

Tá plean agat árasán a fháil ar cíos sa chathair le do chairde an bhliain seo chugainn nuair a bheidh tú ar an gcoláiste tríú leibhéal. Scríobh an comhrá (leathleathanach nó mar sin) a bheadh agat le do Mham nó do Dhaid faoi sin.

Tús an chomhrá

Daithí: A Dhaid, ba mhaith liom labhairt leat ar feadh nóiméid faoin mbliain seo chugainn.

Daid: Cinnte, a Dhaithí. Suigh síos anseo in aice liom. Anois, inis dom, céard ba mhaith leat a rá?

Lár an chomhrá

Daithí: Bhuel, tá sé ar intinn agam árasán a thógáil ar cíos sa chathair an bhliain seo chugainn.

Daid: Céard é sin? Ní thuigim! Níl mé sásta ar chor ar bith! Tá an teach seo gar don chathair! Tá seomra leapa mór agat agus tá stad an bhus in aice láimhe. Cén fáth ar mhaith leat fanacht sa chathair?

Daithí: Ó, a Dhaid, bhí na buachaillí eile a rá go mbeadh sé ní b'fhearr dúinn a bheith gar don choláiste an bhliain seo chugainn. Ní bheadh orainn bus a fháil ar maidin.

Daid: A leithéid de raiméis níor chuala mé riamh. Smaoinigh ar an gcostas! Bheadh ort cíos a íoc chomh maith le billí. Agus céard faoi do bhéilí?

Daithí: Bhí sé ar intinn agam post páirtaimseartha a fháil sa siopa áitiúil chun íoc as.

Críoch an chomhrá

Daid: Ní róshásta atá mé leis an scéal seo, a Dhaithí. Caithfidh mé labhairt le do Mham faoi.

Daithí: Labhróidh mé le Mam nuair a thagann sí abhaile anocht. Tá mé cinnte go dtabharfaidh sí cead dom.

Daid: Ná bí róchinnte faoi sin, a mhac! Labhróidh mé leat arís faoi seo anocht.

Daithí: Ceart go leor, a Dhaid.

1 Céard atá ar intinn ag Daithí a dhéanamh an bhliain seo chugainn?

2 Cén fáth nach bhfuil Daid sásta ar chor ar bith?

3 Céard iad na costais a bheidh ar Dhaithí?

4 Cá bhfaighidh Daithí post páirtaimseartha?

5 Cathain a labhróidh Daid le Daithí arís faoin bplean?

6 Ba mhaith leat carr a cheannach duit féin. Scríobh an comhrá a bheadh agat le do thuismitheoirí faoi.

An Seomra Suí

Cleachtadh ag caint

Cleachtadh ag scríobh

tolg	*sofa*	cuirtíní	*curtains*	ruga	*rug*
lampa	*lamp*	bord caife	*coffee table*	cairpéad	*carpet*
scáthán	*mirror*	leabhragán	*bookcase*	pictiúir	*pictures*
dallóg	*blind*	fuinneog	*window*	matal	*mantlepiece*
tine gháis	*gas fire*	urlár adhmaid	*wooden floor*	cathaoir uillinn	*armchair*
geal	*bright*	os cionn	*over*	i lár	*in the middle of*
ar crochadh	*hanging*	in aice	*beside*	ag bun	*at the bottom of*
teolaí	*cosy*	ag barr	*at the top of*	ildaite	*multi-coloured*

1 Ceist: Déan cur síos ar an seomra suí.

Freagra: Ní seomra mór é an seomra suí ach is seomra geal é. Tá tolg mór agus dhá chathaoir uillinn sa seomra chomh maith le bord caife agus leabhragán. Ag bun an tseomra tá fuinneog mhór agus tá dallóg ar an bhfuinneog. Tá tine gháis sa seomra agus tá pictiúr ar crochadh os cionn an mhatail. Is seomra an-chompordach é an seomra suí.

Scríobh an freagra ar an gceist thuas i do cóipleabhar agus déan cleachtadh os ard sa rang.

Deachtú

Múinteoir: Léigh an t-alt thíos os ard sa rang agus iarr ar na daltaí an t-alt a scríobh. Ansin ceartaigh an t-alt.

Dalta: Déan liosta de na ceartúcháin i do chóipleabhar.

Tá cónaí ar mo chara faoin tuath agus tá bungaló álainn aige. An seomra is fearr liom ina theach ná an seomra suí. Is seomra mór é agus tá urlár adhmaid ann. Ag bun an tseomra tá tolg agus cathaoir uillinn agus ag barr an tseomra tá bord agus ceithre chathaoir. Tá pictiúir ar na ballaí agus scáthán os cionn na tine. Is seomra teolaí é sa gheimhreadh mar lasaimid an tine.

An Seomra Teilifíse

Cleachtadh: Líon na bearnaí

Líon na bearnaí leis na focail ón liosta thíos:

> fuinneoga cóipleabhar teilifíse deasc
> ina phraiseach spóirt teilifís bhaile

Tá seomra _____ againn sa teach. Is seomra mór, geal é agus ní thagann mo thuismitheoirí isteach ann go rómhinic. Bíonn mo Mham le ceangal nuair a fheiceann sí an seomra _____. Tá dhá tholg mhóra sa seomra chomh maith le _____ agus cúpla cathaoir. Tá cuirtíní ar na _____ agus grianghraf nó dhó ar na ballaí. Déanaim mo chuid obair _____ ag an deasc sa seomra teilifíse. Tá leabhragán agam ann le mo chuid leabhar agus _____ scoile. Nuair a ligim mo scíth luím ar an tolg agus féachaim ar scannán. Uaireanta tagann mo chairde ar cuairt agus bíonn an-chraic againn ag plé cúrsaí ceoil nó cúrsaí _____. Ar ndóigh féachaim ar na cluichí móra spóirt ar an _____ sa seomra teilifíse.

Cleachtadh ag caint

1. An bhfuil seomra teilifíse agat sa bhaile?
2. Cé mhéad tolg atá sa seomra?
3. Cé mhéad cathaoir atá sa seomra?
4. An bhfuil deasc sa seomra?
5. Céard atá ar na ballaí?
6. An bhfuil teilifís sa seomra?
7. An bhfuil ríomhaire sa seomra?
8. An bhfuil cuirtíní ar na fuinneoga?
9. An bhfuil tine sa seomra?
10. An bhfuil scáthán sa seomra?
11. An ndéanann tú do chuid obair bhaile ann?
12. An bhféachann tú ar scannáin ann?
13. Cathain a thagann do chairde ar cuairt?

Ceapadóireacht: Giota Leanúnach nó Blag

Scríobh giota leanúnach nó blag ar cheann amháin de na hábhair seo.

1. An áit is fearr liom ar domhan.
2. Nuair a thagann mo chairde ar cuairt.
3. Mo sheomra teilifíse.

Na Déagóirí Cróga

Sraith Pictiúr   Na Déagóirí Cróga

Rian 3.05

1 Lá geimhridh a bhí ann. Bhí Séamus ina chodladh sa leaba. Bhí sé ag stealladh báistí an lá sin. Bhí na cuirtíní ar oscailt ina sheomra leapa agus ba léir go raibh sé ag cur báistí go trom ar feadh na hoíche.

2 Dhúisigh Séamus agus chuaigh sé isteach sa chistin. Bhí ionadh an domhain air nuair a thug sé faoi deara go raibh uisce i ngach áit. Bhí Séamus fós gléasta ina chuid pitseámaí agus ba léir go raibh fadhb mhór aige.

3 D'oscail sé an fhuinneog agus ghlaoigh sé ar bheirt déagóirí a bhí ina suí ar bhalla ar an taobh eile den bhóthar. Bhí cótaí troma agus hataí á gcaitheamh ag na déagóirí. Chonaic na déagóirí Séamus ag lorg cabhrach. Bhí tuile uisce ar fud an cheantair.

4 Tháinig na déagóirí i gcabhair ar Shéamus. Chuaigh an buachaill tríd an uisce chun cabhrú le Séamus agus ghlaoigh an cailín ar an mbriogáid dóiteáin. Ba léir go raibh an-áthas ar Shéamus na déagóirí a fheiceáil.

5 Tar éis tamaill bhig tháinig an bhriogáid dóiteáin agus chabhraigh siad le Séamus éalú ón teach trí fhuinneog na cistine. D'fhan na déagóirí ar an mbóthar fad is a bhí Séamus ag fágáil an tí.

6 Chaith Séamus an oíche san ospidéal. Thug na déagóirí cuairt air agus bhí áthas ar Shéamus iad a fheiceáil. Ghabh sé buíochas leo. Níor gortaíodh Séamus go dona. Bhí na déagóirí sásta go raibh siad ábalta cabhrú leis.

Ciorcal oibre: beirt nó triúr le chéile ag plé, ag léamh agus ag scríobh

❶ Scríobh na briathra san Aimsir Chaite as an tsraith thuas i do chóipleabhar.

❷ Scríobh abairtí simplí leis na briathra agus glaoigh amach na habairtí sa rang.

❸ Cum sraith de cheisteanna bunaithe ar na pictiúir agus ansin pléigh na ceisteanna sa rang.

❹ Cuir na ceisteanna atá cumtha ag do ghrúpa ar na daltaí i ngrúpa eile.

An Scrúdú Cainte

1 **Scrúdaitheoir:** Cén sort tí atá agat?

Dalta: Tá teach leathscoite agam.

2 **Scrúdaitheoir:** Déan cur síos ar do theach.

Dalta: Tá cónaí orm i dteach leathscoite ar imeall na cathrach. Is teach mór nua-aimseartha é. Tógadh an teach deich mbliana ó shin agus cheannaigh mo thuismitheoirí é trí bliana ó shin. Thíos staighre tá seomra suí, seomra folctha agus oifig mo dhaid. Tá cistin mhór againn ar chúl an tí. Is cistin gheal í agus caithimid a lán ama ann. Tá tolg agus teilifís sa chistin agus féachaim ar an teilifís tar éis dom mo chuid obair bhaile a chríochnú. Ar thaobh an tí, tá grianán. Is aoibhinn le mo thuismitheoirí an grianán.

| ar imeall na cathrach | *on the outskirts of the city* | nua-aimseartha | *modern* |
| tógadh an teach | *the house was built* | grianán | *conservatory* |

Bain triail as anois!

Bain úsáid as na nathanna cainte thuas chun cur síos a dhéanamh ar do theach. Léigh an giota os ard.

4 Áit Chónaithe/Áiseanna

Cleachtadh ag caint   Cleachtadh ag scríobh

Léigh na ceisteanna agus na freagraí samplacha thíos. Scríobh do chuid freagraí féin i do chóipleabhar agus léigh amach os ard sa rang iad.

1 Ceist: Cá bhfuil cónaí ort?

Freagra: Tá cónaí orm faoin tuath.

faoin tuath	*in the country*	i mbruachbhaile cathrach	*in a city suburb*	i mbaile beag	*in a small town*
is áit bheomhar í	*it is a lively place*	is áit chiúin í	*it is a quiet place*	is áit fhuadrach í	*it is a busy place*
is áit álainn í	*it is a beautiful place*	tá an radharc tíre go hálainn	*the scenery is beautiful*	tá áiseanna den scoth ann	*there are excellent facilities there*

2 Ceist: Déan cur síos ar d'áit chónaithe.

Freagra: Tá mé i mo chónaí ar imeall an bhaile mhóir. Is áit bheomhar í go háirithe ar an Satharn nuair a thagann daoine isteach sa bhaile chun dul ag siopadóireacht. Tá an radharc tíre go hálainn freisin agus tagann a lán cuairteoirí chuig an mbaile.

bácús	*bakery*	ollmhargadh	*supermarket*	séipéal	*church*
cógaslann	*pharmacy*	siopa nuachtán	*newsagent*	banc	*bank*
gruagaire	*hairdresser*	siopa fón	*phone shop*	ospidéal	*hospital*
siopa búistéara	*butcher's shop*	bialann	*restaurant*	siopa faisin	*clothes shop*

3 Ceist: Ainmnigh na siopaí i do cheantar.

Freagra: Tá siopaí de gach saghas i mo cheantar. Ar an bpríomhbhóthar tá siopa nuachtán, bácús agus siopa búistéara agus ar chúlbhóthar tá ollmhargadh, siopa faisin agus cógaslann.

ionad spóirt	*sports centre*	leabharlann	*library*
club gailf	*golf club*	stáisiún na nGardaí	*Garda station*
oifig fiaclóra	*dentist*	stáisiún traenach	*train station*
ionad pobail	*community centre*	oifig an phoist	*post office*

4 Ceist: Céard iad na háiseanna atá i do cheantar?

Freagra: Tá áiseanna iontacha i mo cheantar. Tá ionad pobail in aice leis an séipéal agus tá clubanna spóirt de gach saghas sa cheantar. Tá club rugbaí, peile agus leadóige sa cheantar chomh maith le club gailf agus ionad spóirt. Tá ospidéal agus leabharlann sa cheantar freisin.

Ceapadóireacht: Giota Leanúnach nó Blag

Plean oibre: M'áit chónaithe

Freagair na ceisteanna thíos agus ansin léigh amach na freagraí os ard sa rang.

1 Cá bhfuil tú i do chónaí? (Tá mé i mo chónaí i …)
2 An áit bheag í? An áit mhór í? (Is áit bheag í …/Ní áit bheag í …)
3 An maith leat an ceantar?

4 Cén fáth ar maith leat an ceantar? (Cairde, áiseanna …)
5 An bhfuil na háiseanna go maith do dhaoine óga? Céard iad?
6 An bhfuil na háiseanna go maith do sheandaoine? Céard iad?

7 An bhfuil a lán siopaí sa cheantar?
8 Céard iad na siopaí atá ann?
9 An mbíonn an áit gnóthach ag an deireadh seachtaine?

10 An bhfuil na háiseanna spóirt sa cheantar go maith?
11 Céard iad na háiseanna spóirt atá sa cheantar?
12 An bhfuil stáisiún traenach i d'áit chónaithe?

13 An bhfuil ionad pobail nó séipéal ann?
14 An bhfuil páirc nó trá in aice láimhe?
15 Bain úsáid as aidiacht amháin chun cur síos a dhéanamh ar an gceantar. (Síochánta, ciúin, fuadrach, beomhar …)

Scríobh giota leanúnach nó blag ar cheann amháin de na hábhair seo. Bain úsáid as na freagraí thuas.

1 M'áit chónaithe.
2 An áit is fearr liom ar domhan.
3 M'áit dúchais.
4 An áit is fearr liom in Éirinn.

Léamhthuiscint 2

An Áit is Deise in Éirinn — Cluain Tarbh

Léigh an sliocht seo a leanas agus freagair na ceisteanna ar fad a ghabhann leis.

Is é Cluain Tarbh an áit is deise in Éirinn. Tá an bruachbhaile beag seo suite ar an taobh ó thuaidh den chathair. Is ceantar beomhar, stairiúil é. Ar imeall an bhaile tá trá álainn le gaineamh mín. Tá páirc mhór le gairdín rósanna agus páirc shúgartha do pháistí sa cheantar freisin. I lár Chluain Tarbh tá seanchaisleán álainn. Tá stair shaibhir ag baint leis an gcaisleán. Tharla Cath Chluain Tarbh ar an 23 Aibreán 1014.

Is sráidbhaile fuadrach é Cluain Tarbh. I lár an bhaile tá siopaí de gach saghas. Tá ollmhargadh mór, gruagaire, cúpla bialann, cógaslann agus siopa nuachtán ann. Ar imeall an bhaile tá oifig an phoist, ionad spóirt agus stáisiún traenach. Bíonn trácht trom ar an bpríomhbhóthar ar maidin agus sa tráthnóna.

Tá an Cumann Lúthchleas Gael an-láidir i gCluain Tarbh. Tá dhá chlub sa cheantar agus imríonn buachaillí agus cailíní peil, iománaíocht agus camógaíocht sna clubanna. Déanann na clubanna a ndícheall an Ghaeilge a chur chun cinn agus eagraíonn baill an chlub imeachtaí éagsúla do mhuintir na háite. I rith an gheimhridh bíonn tráth na gceist ar siúl uair sa mhí agus i rith Sheachtain na Gaeilge bíonn céilí agus seisiúin ceoil ar siúl in Áras Chluain Tarbh.

an taobh ó thuaidh den chathair	*the north side of the city*	gaineamh mín	*soft sand*
páirc shúgartha	*children's playground*	trácht	*traffic*
baill an chlub	*the members of the club*	tráth na gceist	*quiz*

1. Cá bhfuil Cluain Tarbh suite?
2. Cathain a tharla Cath Chluain Tarbh?
3. Ainmnigh dhá shiopa atá i gCluain Tarbh.
4. Cathain a bhíonn an trácht trom?
5. Luaigh na spóirt a imrítear sa Chumann Lúthchleas Gael.

Ciorcal oibre: beirt nó triúr ag obair le chéile

Múinteoir: Iarr ar na daltaí cur síos a dhéanamh ar an gceantar thuas gan féachaint ar an leabhar.

Dalta: Scríobh an t-eolas ar an gclár bán sa seomra ranga.

Siopadóireacht

Cleachtadh: Líon na bearnaí

Líon na bearnaí leis na focail ón liosta thíos:

leabhair scoile   spóirt   siopadóireacht   lae   lóin   chathair

Is aoibhinn liom _____. Ar an Satharn buailim
le mo chairde agus téimid isteach sa _____ ag
siopadóireacht. Sroichimid an chathair de ghnáth ar a deich
a chlog agus tugaimid aghaidh ar an siopa faisin i dtosach.
Má bhíonn sladmhargadh ar siúl sa siopa ceannaímid na
héadaí ach de ghnáth bíonn siad an-daor. Má bhíonn iris nó
_____ ag teastáil uainn téimid isteach sa siopa
leabhar. Ag am _____ buailimid lenár gcairde scoile i siopa caife agus bíonn lón againn le chéile.
Tar éis lóin téimid isteach sa siopa _____ agus féachaimid ar na héadaí spóirt. Tugann mo Mham
síob dúinn ag deireadh an _____.

Deachtú

Múinteoir:	Léigh an t-alt thíos os ard sa rang agus iarr ar na daltaí an t-alt a scríobh. Ansin ceartaigh an t-alt.
Dalta:	Déan liosta de na ceartúcháin i do chóipleabhar.

Thug mé cuairt ar mo chara an deireadh seachtaine seo caite.
Tá cónaí uirthí i sráidbhaile álainn i gcontae Chiarraí. Thugamar cuairt ar an
sráidbhaile ar an Satharn agus bhí áthas orm nuair a chonaic mé na siopaí sa cheantar. Bhí
ollmhargadh, siopa spóirt, siopa faisin, siopa fón agus cógaslann sa sráidbhaile. I lár an lae stopamar
chun sos a ghlacadh agus bhí cupán caife agus ceapaire againn i mbialann dheas. Ag deireadh an
lae bhí tuirse an domhain orainn agus shiúlamar abhaile lenár gcuid málaí siopadóireachta.

siopadóireacht	*shopping*	sladmhargadh	*sale*
daor	*expensive*	iris	*magazine*
éadaí	*clothes*	siopa caife	*coffee shop*
málaí siopadóireachta	*shopping bags*	síob abhaile	*a lift home*

Cleachtadh ag caint

Ceist:	An maith leat siopadóireacht?
Freagra:	Is fuath liom siopadóireacht. Is aoibhinn liom bualadh le mo chairde ag an deireadh seachtaine agus imrímid peil nó leadóg sa chlub áitiúil.

Fadhbanna i mo Cheantar

Cleachtadh ag caint   Cleachtadh ag scríobh

Léigh na ceisteanna agus na freagraí samplacha thíos.
Scríobh do chuid freagraí féin i do chóipleabhar agus léigh
amach os ard sa rang iad.

1 **Ceist:**   Céard iad na fadhbanna atá i do cheantar?

Freagra: Is iomaí fadhb atá againn sa cheantar seo. Bíonn an trácht
go dona ar maidin agus ní thagann an bus go rómhinic.
Bíonn daoine i gcónaí ag gearán. Níl oifig an phoist sa
cheantar agus bíonn ar sheandaoine dul go lár na
cathrach chun a bpinsean a bhailiú nó chun litir a sheoladh.
Níl sé seo inghlactha i mo thuairim.

is iomaí fadhb	*there are many problems*	pinsean	*pension*
ag gearán	*complaining*	bruscar	*rubbish*
trácht	*traffic*	litir a sheoladh	*to send a letter*

2 **Ceist:**   Céard ba cheart a dhéanamh chun an ceantar a fheabhsú?

Freagra: Ba cheart airgead a infheistiú sa cheantar. Chomh maith leis sin tá gá le
boscaí bruscair sa cheantar. Ba cheart do Bhus Éireann níos mó busanna a
chur ar fáil ag tráth an bhrú.

airgead a infheistiú	*to invest money*	ag tráth an bhrú	*at the time of pressure*

Scríobh liosta de na fadhbanna atá i do cheantar ar an
gclár bán sa seomra ranga.

Ceapadóireacht: Giota Leanúnach nó Blag

Scríobh giota leanúnach nó blag ar cheann amháin de na hábhair seo.

1 An fhadhb is mó atá i mo cheantar.

2 Mo cheantar – tá fadhbanna móra ann.

3 M'áit dúchais – na buanna agus na lochtanna a bhaineann leis.

Níl na siopaí sa cheantar thar mholadh beirte.	*The shops in the area are not worthy of praise.*
Níl stáisiún traenach sa cheantar.	*There is no train station in the area.*
Tá mo cheantar ag cur thar maoil le bruscar.	*My area is overflowing with rubbish.*
Tá fadhb mhór sa cheantar le trácht ag tráth an bhrú.	*There is a big problem with traffic in the area at busy times.*
Níl fadhb le drugaí ná foréigean sa cheantar.	*There is not a problem with drugs or crime in the area.*

Ceapadóireacht: Litir nó Ríomhphost

Thug do chara cuireadh duit dul ar laethanta saoire lena t(h)eaghlach. Tá sibh ag fanacht i sráidbhaile tuaithe in Éirinn. Ní maith leat an áit. Scríobh litir chuig do dheartháir nó do dheirfiúr agus mínigh dó nó di an fáth nach maith leat an áit.

tuirseach traochta	*exhausted tired*	ag spaisteoireacht	*rambling*
lofa salach	*filthy dirty*	ag cur thar maoil le	*overflowing with*
páipéar agus cannaí stáin	*paper and tin cans*	Bhí orainn filleadh ar an óstán.	*We had to return to the hotel.*
mar bharr ar an donas	*to make matters worse*	tá an aimsir go hainnis	*the weather is terrible*
cluiche ceannais	*championship final*		

seoladh — 2 Bóthar na Coille Móire, An Abhainn Bhán, Co. Chorcaí

beannú

dáta — 12 Meitheamh

A Chaitríona, a chara,

tús

Beannachtaí ón Abhainn Bhán. Shroicheamar an sráidbhaile ar a deich a chlog aréir agus bhíomar tuirseach traochta. Nuair a d'éiríomar ar maidin chuamar ag spaisteoireacht timpeall na háite. Bhí ionadh an domhain orm nuair a chonaic mé an bruscar ar na sráideanna. Tá an áit seo lofa, salach. Tá na bóithre ag cur thar maoil le páipéar agus cannaí stáin. Ní fhaca mé bosca bruscair amháin sa sráidbhaile.

Ag am lóin bhí sé ar intinn againn lón a ithe i mbialann sa sráidbhaile. Ní raibh oiread agus bialann nó siopa caife amháin ar oscailt. Bhí orainn filleadh ar an óstán.

Mar bharr ar an donas tá an aimsir go hainnis. Thosaigh sé ag cur báistí ar maidin agus tá sé fós ag stealladh.

Tá mé ag tnúth go mór le filleadh abhaile. Feicfidh mé an tseachtain seo chugainn thú.

Slán go fóill, *críoch*

Feargus

Cleachtadh ag caint

Leigh an litir agus freagair na ceisteanna os ard nó i do chóipleabhar.

1. Cá raibh Feargus ar saoire?
2. Cén t-am a shroich siad an sráidbhaile?
3. Céard a chonaic Feargus ar na sráideanna?
4. Conas mar a bhí an aimsir?
5. Cathain a bheidh Feargus ag filleadh abhaile?

Cleachtadh ag scríobh

Scríobh litir chuig do chara agus inis dó nó di faoi na fadhbanna atá i do cheantar.

Cathair Stairiúil – Cív na hÚcráine

Léigh an sliocht seo a leanas agus freagair na ceisteanna ar fad a ghabhann leis.

Tá cathair Chíve, príomhchathair na hÚcráine, go mór i mbéal an phobail le roinnt blianta anuas de bharr an ionsaí a rinne an Rúis ar an tír in 2022. Ach cé gur chuir an t-ionsaí seo uafás ar mhuintir na hÚcráine agus an domhain, ní hí seo an chéad uair a tharla a leithéid do Chív. Ar an drochuair tá taithí mhaith ag muintir na tíre ar an bhforéigean, ar an troid agus ar an bhfulaingt. Thar na céadta bliain rinne na Lochlannaigh, na Mongólaigh agus na Rúisigh ionsaí ar an Úcráin agus mar sin bhí roinnt ceannairí difriúla ag an gcathair agus ag an tír. Nuair a thit an tAontas Sóivéadach as a chéile in 1991 bhí an Úcráin neamhspleách arís agus d'éirigh an tír níos gaire don Aontas Eorpach agus do ECAT (NATO), rud nár thaitin leis an Rúis agus a chúisigh ionsaí na Rúise ar an tír.

Seasann cathair Chíve ar abhainn an Dnieper, 951km ó bhéal na habhann sa Mhuir Dhubh. Tá beagnach trí mhilliún duine ina gcónaí i gCív agus tá cuid de na foirgnimh is áille in oirthear na hEorpa sa chathair, ina measc páláis, séipéil agus mainistreacha. Cuireann an radharc de na cruinneacháin órga, de spící na séipéal agus de na cloigthithe áthas ar gach duine a fheiceann iad. B'fhéidir gurb í Kyiv-Pechersk Lavra (Mainistir na bPluaiseanna) an mhainistir is cáiliúla sa chathair agus sa tír. Bunaíodh an mhainistir san 11ú aois agus ba ansin a cuireadh an chroinic is sine atá ar marthain de stát Slavach Rús. Rud eile an-suimiúil sa mhainistir seo ná na catacóim faoin talamh ina bhfuil coirp mhumaithe na manach agus na naomh ann.

Cé go bhfuil muintir Chíve agus na hÚcráine ag fulaingt go mór mar gheall ar ionsaí na Rúise ar an tír, tá súil ag gach duine go sáróidh an chathair agus an tír na deacrachtaí ar fad a d'fhulaing siad sar i bhfad, rud a rinne siad go minic cheana.

i mbéal an phobail	*in the news*	cruinneacháin	*domes*
ionsaí	*attack*	cloigthithe	*belltowers*
ar an drochuair	*unfortunately*	croinic	*chronicle*
taithí	*experience*	ar marthain	*surviving*
fulaingt	*suffering*	catacóim	*catacombs*
ceannairí	*leaders*	sáraigh	*overcome*
mainistreacha	*monasteries*	deacrachtaí	*difficulties*

1 Cén fáth a bhfuil Cív go mór i mbéal an phobail?

2 Luaigh dhá rud a tharla in 1991.

3 Cad a chuireann áthas ar dhaoine?

4 Tabhair dhá phíosa eolais faoi Mhainistir na bPluaiseanna.

Lá Spraoi san Ardchathair

Sraith Pictiúr
Lá Spraoi san Ardchathair

Rian 3.08

1 Chuaigh Ailbhe, Jeaic agus a máthair chuig an aerfort chun fáilte a chur roimh chuairteoir ón Spáinn. Bhí áthas an domhain orthu Rosa a fheiceáil. Bhí an t-aerfort plódaithe le daoine. Bhí Ailbhe ag caint le Rosa agus d'inis sí di go mbeidís ag dul isteach sa chathair an lá ina dhiaidh sin. Ba léir go raibh Rosa ag tnúth go mór le cathair Bhaile Átha Cliath a fheiceáil.

2 An lá ina dhiaidh sin thóg siad bus turasóireachta timpeall chathair Bhaile Átha Cliath. Bhí Ailbhe agus Rosa thuas staighre ar an mbus agus chonaic siad Ardoifig an Phoist ar Shráid Uí Chonaill. Chonaic siad an Spíce freisin agus comhartha don Luas. Bhain na cailíní taitneamh as an turas.

3 Ina dhiaidh sin thug siad cuairt ar Choláiste na Tríonóide. Bhí an áit plódaithe le scoláirí agus le turasóirí. Chonaic na cailíní an comhartha bóthair a thaispeáin go raibh bialann, an Leabharlann Fhada agus Leabhar Cheanannais san ollscoil. Bhí málaí droma ag cuid de na scoláirí.

4 Ansin thug na cailíní cuairt ar áiteanna suimiúla timpeall na cathrach. I dtosach chuaigh siad chuig an músaem i bPáirc an Chrócaigh, ansin thug siad aghaidh ar Staid Aviva. Ina dhiaidh sin chonaic siad na hainmhithe i nGairdín na nAinmhithe. Ag deireadh an lae chonaic na cailíní Ardeaglais Naomh Pádraig.

5 Chuaigh Ailbhe agus Rosa ag siopadóireacht ansin ar Shráid Ghrafton agus d'ith siad lón i mbialann dheas. Bhí an freastalaí an-deas agus bhí béile blasta acu. Shuigh siad ar an tsráid taobh amuigh den bhialann. Bhí a lán daoine ag siopadóireacht ar Shráid Ghrafton. Ba léir gur bhain na cailíní an-taitneamh as an lá sa chathair.

6 Ag deireadh an lae d'fhreastail na cailíní ar dhráma in Amharclann na Mainistreach. Thosaigh *The Field* le John B. Keane ar a hocht a chlog agus chonaic na cailíní an comhartha do sheomra na gcótaí agus don deasc ticéad. Ba léir go raibh lá iontach acu sa chathair.

Ciorcal oibre: beirt nó triúr le chéile ag plé, ag léamh agus ag scríobh

1 Scríobh na briathra san Aimsir Chaite as an tsraith thuas i do chóipleabhar.

2 Scríobh abairtí simplí leis na briathra agus glaoigh amach na habairtí sa rang.

3 Cum sraith de cheisteanna bunaithe ar na pictiúir agus ansin pléigh na ceisteanna sa rang.

4 Cuir na ceisteanna atá cumtha ag do ghrúpa ar na daltaí i ngrúpa eile.

An Scrúdú Cainte

1 Scrúdaitheoir: Cá bhfuil tú i do chónaí?

Dalta: Tá mé i mo chónaí faoin tuath.

2 Scrúdaitheoir: Déan cur síos ar d'áit chónaithe.

Dalta: Tá cónaí orm in áit dheas faoin tuath. Is áit chiúin í ach tá an baile mór gar go leor dúinn. Tá áiseanna den scoth ar fáil sa bhaile mór. Ar imeall an bhaile, tá pictiúrlann agus ionad spóirt agus caitheann na déagóirí a lán ama sa dá áit seo ag an deireadh seachtaine. Tá siopaí de gach saghas sa bhaile mór. Is aoibhinn liom an t-ionad siopadóireachta nua. Tá na siopaí móra go léir ann agus tá bialann iontach ann chomh maith.

Is aoibhinn liom m'áit chónaithe mar go bhfuil áiseanna inti do dhaoine idir óg agus aosta.

| gar go leor dúinn | *close enough to us* | ar imeall an bhaile | *on the outskirts of the town* |
| pictiúrlann | *cinema* | ionad siopadóireachta | *shopping centre* |

Bain triail as anois!

Bain úsáid as na nathanna cainte thuas chun cur síos a dhéanamh ar d'áit chónaithe. Léigh an giota os ard don rang nuair atá sé scríofa agat.

Nótaí

Aonad a Ceathair
Cúrsaí Scoile agus Oibre

San aonad seo foghlaimeoidh tú na scileanna seo:

- Conas ceisteanna a chur agus a fhreagairt faoi do shaol scoile agus faoi chúrsaí oibre.
- Ullmhóidh tú don scrúdú cainte.
- Déanfaidh tú cleachtadh ar do chuid scileanna scríbhneoireachta: litir/scéal/alt/comhrá a scríobh.
- Cuirfidh tú feabhas ar do chuid scileanna éisteachta.
- Foghlaimeoidh tú breis foclóra a bhaineann le cúrsaí scoile agus oibre.
- Tiocfaidh feabhas ar do chuid scileanna léitheoireachta.

Tá trí chuid san aonad seo:

1. An Scoil
2. An Coláiste
3. Cúrsaí Oibre

Nóta don mhúinteoir

Seo an dara haonad ó churaclam na hArdteiste, gnáthleibhéal. Chomh maith le bunfhoclóir an aonaid déanfaidh na daltaí cleachtadh ar na scileanna go léir a bheidh ag teastáil do scrúdú na hArdteiste: scileanna éisteachta, léitheoireachta, scríbhneoireachta agus cainte. Ina theannta sin ba cheart don rang staidéar a dhéanamh ar an dán *Géibheann* agus an gearrscéal *An Gnáthrud* a léamh.

Chun feabhas a chur ar chumas tuisceana an ranga ba cheart don rang féachaint ar TG4 go rialta nó féachaint ar na dlúthdhioscaí i bhfillteán an mhúinteora.

Clár

1 An Scoil

Cleachtadh ag caint

Cleachtadh ag scríobh

Léigh na ceisteanna agus na freagraí samplacha thíos. Scríobh do chuid freagraí féin i do chóipleabhar agus léigh amach os ard sa rang iad.

1 Ceist: Cén saghas scoile í an scoil seo?

Freagra: Is pobalscoil í an scoil seo.

2 Ceist: Cén t-ainm atá ar an scoil seo?

Freagra: Meánscoil Mhuire an t-ainm atá ar an scoil seo.

pobalscoil	*community school*	meánscoil	*secondary school*
scoil chuimsitheach	*comprehensive school*	scoil dara leibhéal	*second level*

3 Ceist: An scoil mhór í?

Freagra: Is ea. Freastalaíonn thart ar mhíle dalta ar an scoil.

4 Ceist: Cén t-ainm atá ar an bpríomhoide?

Freagra: Bean Uí Dhuinn an t-ainm atá ar an bpríomhoide.

5 Ceist: An bhfuil atmaisféar deas sa scoil?

Freagra: Tá atmaisféar deas cairdiúil sa scoil.

cairdiúil	*friendly*	beomhar	*lively*	dian	*strict*
cabhrach	*helpful*	deas	*nice*	tuisceanach	*understanding*

6 Ceist: An réitíonn na daltaí agus na múinteoirí go maith le chéile?

Freagra: Réitíonn siad go han-mhaith le chéile.

7 Ceist: Cé mhéad dalta atá ag freastal ar an scoil seo?

Freagra: Freastalaíonn sé chéad dalta ar an scoil seo.

Déan cur síos ar an scoil

Tógadh an scoil ar imeall na cathrach	The school was built on the outskirts of the city	Tá an scoil suite i lár an bhaile	The school is situated in the centre of town
Is scoil sheanaimseartha í.	It is an old-fashioned school.	Is scoil nua-aimseartha í.	It is a modern school.
Freastalaíonn thart ar sheacht gcéad dalta ar an scoil.	About 700 students attend the school.	Freastalaíonn cúig chéad dalta ar an scoil.	Five hundred students attend the school.
Tá atmaisféar deas inti.	There is a nice atmosphere in it.	Ní bhíonn na múinteoirí ródhian orainn.	The teachers aren't too tough on us.

Cleachtadh ag caint

Ag baint úsáid as na nathanna cainte freagair an cheist thuas os ard sa rang. Ansin scríobh an freagra i do chóipleabhar.

Deachtú

Múinteoir: Léigh an t-alt thíos os ard sa rang agus iarr ar na daltaí an t-alt a scríobh. Ansin ceartaigh an t-alt.

Dalta: Déan liosta de na ceartúcháin i do chóipleabhar.

Tá mé ag freastal ar Phobalscoil Íde. Is scoil mhór í. Freastalaíonn ocht gcéad dalta ar an scoil seo. Tá atmaisféar deas, cairdiúil sa scoil. Tógadh an scoil naoi mbliana ó shin agus is scoil nua-aimseartha í atá suite ar imeall an bhaile. An tUasal de Búrca an t-ainm atá ar an bpríomhoide. Is fear tuisceanach é. Réitíonn na daltaí agus na múinteoirí go maith le chéile i bPobalscoil Íde. Ní bhíonn na múinteoirí ródhian ar na daltaí. Is maith liom an scoil seo.

Cleachtadh ag caint   Cleachtadh ag scríobh

Scríobh freagraí ar na ceisteanna thíos i do chóipleabhar agus déan cleachtadh os ard sa rang.

1 Ceist: Cén t-am a thosaíonn na ranganna ar maidin?

Freagra: Tosaíonn ranganna ar a naoi a chlog ar maidin.

cúig chun a naoi	8.55	deich chun a naoi	8.50	ceathrú chun a naoi	8.45

2 Ceist: Conas a thagann tú ar scoil gach maidin?

Freagra: Siúlaim ar scoil in éineacht le mo chairde.

faighim an bus	I get the bus	faighim síob	I get a lift
siúlaim ar scoil	I walk to school	ó mo thuismitheoirí	from my parents
in éineacht le mo chairde	with my friends	rothaím ar scoil	I cycle to school

Ceapadóireacht: Giota Leanúnach nó Blag — Ábhair Scoile

Scríobh giota leanúnach nó blag i do chóipleabhar faoi na hábhair scoile atá á ndéanamh agat i mbliana. Léigh na giotaí i ngrúpaí beaga sa rang.

Plean oibre

- Tá seacht n-ábhar scoile idir lámha agam i mbliana.
- Tá ocht n-ábhar scoile á ndéanamh agam i mbliana.
- Tá mé ag déanamh staidéir ar shé ábhar i mbliana.
- Gaeilge, Béarla agus matamaitic na hábhair atá éigeantach (*compulsory*).

Roghnaigh mé ansin staidéar a dhéanamh ar …

ealaín	*art*	bitheolaíocht	*biology*	fisic	*physics*
ceimic	*chemistry*	cuntasaíocht	*accountancy*	eacnamaíocht	*economics*
stair	*history*	tíreolaíocht	*geography*	eacnamaíocht bhaile	*home economics*

Is é … an t-ábhar is fearr liom.

- Taitníonn _____ go mór liom mar go bhfuil sé suimiúil.
- Ní maith liom _____ mar tá sé deacair.

deacair	*difficult*	suimiúil	*interesting*	beomhar	*lively*
leadránach	*boring*	uafásach	*terrible*	casta	*complicated*

Tá mé ag déanamh staidéir ar dhá theanga i mbliana.

- Is aoibhinn liom na teangacha.
- Ní maith liom na teangacha.
- Sílim go bhfuil na teangacha deacair.

Spáinnis	*Spanish*	Fraincis	*French*	Iodáilis	*Italian*
Gearmáinis	*German*	Rúisis	*Russian*	Sínis	*Chinese*

- Is í an Fhraincis an teanga is suimiúla i mo thuairim.
- Tá an Ghearmáinis casta agus deacair.
- Is teanga cheolmhar í an Ghaeilge.

spreagadh	*encouragement*	cúnamh	*support*	comhairle	*advice*
an iomarca	*too much*	dian	*tough*	ag tabhairt amach	*giving out*
ar an iomlán	*overall*	dúshlánach	*challenging*	smacht	*discipline*

- Taitníonn na múinteoirí liom ar an iomlán (*overall*).
- Tugann siad spreagadh agus cúnamh dúinn gach lá.
- Uaireanta faighimid an iomarca obair bhaile.

Léigh an t-alt atá scríofa agat i ngrúpa beag sa rang.

Cleachtadh: Líon na bearnaí

Líon na bearnaí leis na focail ón liosta thíos:

sheanaimseartha   n-ábhar   tíreolaíocht   **Meánscoil Pheadair**
Béarla   bhaile   bpríomhoide   ceathair   cathrach

Tá mé sa séú bliain i _____. Is meánscoil í do bhuachaillí atá suite ar imeall na _____. Tógadh an scoil níos mó ná fiche bliain ó shin agus i mo thuairim is scoil _____ í. Freastalaíonn sé chéad dalta ar an scoil seo. An tUasal Mac Gabhann an t-ainm atá ar an _____. Múineann daichead múinteoir sa scoil. Tá seacht _____ idir lámha agam i mbliana. Ar ndóigh déanaim Gaeilge, _____ agus matamaitic agus ansin roghnaigh mé tíreolaíocht, stair, ealaín agus Fraincis. Is aoibhinn liom a bheith ag foghlaim faoi thíortha eile agus mar sin is í an _____ an t-ábhar is fearr liom. Tá múinteoir spreagúil againn agus ní thugann sí an iomarca obair _____ dúinn. Tosaíonn na ranganna ar a cúig chun a naoi ar maidin agus téimid abhaile ar a _____ gach tráthnóna.

Freagair na ceisteanna thíos i do chóipleabhar agus léigh na freagraí i do ghrúpa sa rang.

1 Cé mhéad ábhar scoile atá á ndéanamh agat i mbliana?

2 Céard iad na hábhair atá éigeantach?

3 Ainmnigh na teangacha atá a ndéanamh agat.

4 Cén teanga is fearr leat?

5 Céard iad na hábhair is fearr leat?

6 Céard iad na hábhair eile atá roghnaithe agat?

7 An bhfuil aon ábhar ann nach maith leat?

8 Cén t-am a thosaíonn na ranganna ar maidin?

9 Cén t-am a chríochnaíonn na ranganna tráthnóna?

10 An bhfaigheann tú an iomarca obair bhaile?

Meaitseáil na briathra san Aimsir Láithreach thíos leis na habairtí.

1	Déanaim	an scoil go mór liom.	a
2	Freastalaím	na ranganna ar a ceathrú chun a naoi ar maidin.	b
3	Taitníonn	na ranganna ar a leathuair tar éis a trí gach tráthnóna.	c
4	Tugann	ar Mheánscoil an Chnoic.	d
5	Tosaíonn	sé ábhar don Ardteistiméireacht.	e
6	Críochnaíonn	na múinteoirí an iomarca obair bhaile dúinn gach oíche.	f

1	2	3	4	5	6

Pobalscoil an Chaisleáin Nua

Léigh an sliocht seo a leanas agus freagair na ceisteanna ar fad a ghabhann leis.

Is í Pobalscoil an Chaisleáin Nua an scoil dara leibhéal is mó in Éirinn. Is scoil nua-aimseartha í a tógadh deich mbliana ó shin le maoiniú ón Roinn Oideachais agus Scileanna. Taobh thiar den scoil tá páirceanna imeartha, cúirteanna cispheile agus cúirteanna leadóige agus os comhair na scoile tá dhá charrchlós mhóra, ceann do mhúinteoirí agus ceann eile do chuairteoirí.

Tá áiseanna den scoth ar fáil i bPobalscoil an Chaisleáin Nua. Ar urlár na talún tá oifig an phríomhoide, oifig an leas-phríomhoide agus oifig an rúnaí. Ní bhíonn cead ag na daltaí an príomhdhoras a úsáid, iarrtar orthu teacht isteach trí dhoras ar thaobh na scoile. Tá seomraí ranga chomh maith le seomra ealaíne, seomra ceoil, seomra tíreolaíochta agus ceaintín ar urlár na talún freisin. Bíonn lón ag na daltaí sóisearacha ar a dó dhéag agus ag na daltaí sinsearacha ar a haon a chlog.

Thuas staighre tá breis seomraí ranga chomh maith le ceithre shaotharlann, trí chistin, leabharlann agus oifig an treoirchomhairleora. Tá halla staidéir agus halla tionóil ar thaobh na scoile freisin.

Bíonn naoi rang ag na daltaí gach lá agus críochnaíonn na ranganna ar a leathuair tar éis a trí de ghnáth. Nuair a bhíonn cruinniú ag na múinteoirí críochnaíonn na ranganna ar a trí a chlog.

maoiniú	*funding*	An Roinn Oideachais agus Scileanna	*The Department of Education and Skills*
carrchlós	*car park*	áiseanna den scoth	*excellent facilities*
urlár na talún	*the ground floor*	daltaí sóisearacha	*junior students*
saotharlann	*laboratory*	daltaí sinsearacha	*senior students*
treoirchomhairleoir	*guidance counsellor*	halla tionóil	*assembly hall*

1. Cathain a tógadh Pobalscoil an Chaisleáin Nua?
2. Céard atá os comhair na scoile?
3. Ainmnigh dhá oifig ar urlár na talún.
4. Cathain a bhíonn lón ag na daltaí sóisearacha?
5. Cén t-am a chríochnaíonn na ranganna nuair a bhíonn cruinniú ag na múinteoirí?

Cleachtadh ag scríobh

Cleachtadh ag caint

Freagair na ceisteanna thíos i do chóipleabhar agus léigh na freagraí i do ghrúpa.

1. Céard iad na háiseanna atá i do scoil?
2. An bhfuil leabharlann i do scoil?
3. Ainmnigh na hoifigí atá sa scoil.
4. Cén t-am a bhíonn lón agaibh?
5. Cá bhfuil an tsaotharlann i do scoil?
6. An bhfuil halla tionóil i do scoil?
7. An bhfuil ceaintín i do scoil?
8. An bhfuil halla staidéir i do scoil?

Súil siar ar an Litríocht

Cúrsa Filíochta: *Géibheann*

Rian 1.01

le Caitlín Maude
Léigh an dán ar leathanach 4.

Scéal an dáin

Tá ainmhí brónach ag caint sa dán seo. Insíonn sé a scéal féin. Ta sé ina chónaí sa zú anois agus is fuath leis a shaol. Ba mhaith leis a bheith saor. Uair amháin chónaigh sé sna teochriosanna. Thaitin na teochriosanna go mór leis. Bhí sé cumhachtach agus bhí meas ag na hainmhithe eile air. Anois, cónaíonn sé sa zú. Níl a shaoirse aige agus bíonn sé gruama gach lá. Tagann daoine chun cuairt a thabhairt air sa zú ach ní thabharfaidh siad saoirse dó.

ainmhí brónach	*a sad animal*	saor	*free*
sna teochriosanna	*in the tropics*	cumhachtach	*powerful*
saoirse	*freedom*	gruama	*gloomy*

Cúrsa Próis: *An Gnáthrud*

Rian 2.03

le Deirdre Ní Ghrianna
Léigh an scéal *An Gnáthrud* ar leathanach 72—75.

Eolas faoin ngearrscéal

Is gearrscéal brónach é *An Gnáthrud* faoi theaghlach le linn na dTrioblóidí i dTuaisceart Éireann. Cónaíonn an teaghlach i mBéal Feirste. Oibríonn an príomhcharachtar, Jimmy, i dtionscal na tógála. Tá Jimmy pósta le Sarah agus tá triúr páistí acu. Cé nach bhfuil siad saibhir tá siad sona sásta. Ar an Aoine téann Jimmy chuig an teach tábhairne lena chairde. B'fhearr leis an oíche a chaitheamh sa bhaile le Sarah agus na páistí. Cuireann Sarah brú air dul amach lena chairde. An Aoine seo fágann Jimmy an teach tábhairne go luath agus siúlann sé chuig an mbialann Shíneach chun béile a cheannach. Tarlaíonn eachtra thragóideach dó agus é ag siúl abhaile ina dhiaidh sin.

Trioblóidí	*Troubles*	tuaisceart	*north*	príomhcharachtar	*main character*
tionscal na tógála	*industry*	saibhir	*rich*	an teach tábhairne	*pub*
brú	*pressure*	bialann	*restaurant*	eachtra thragóideach	*tragic event*

Tá sé in Am Tosú ag Obair!

Sraith Pictiúr

Tá sé in Am Tosú ag Obair!

1 D'oscail máthair Phóil a thuairisc scoile. Ní raibh sí sásta ar chor ar bith nuair a chonaic sí na torthaí a fuair sé sna scrúduithe. Bhí sí feargach lena mac. Fuair sé grád D sa Ghaeilge agus grád D sa stair. Ní raibh sí sásta ar chor ar bith.

2 Nuair a shiúil sí isteach sa seomra spraoi bhí Pól ag imirt cluiche ríomhaire. Bhí cianrialtán ina lámha aige agus bhí sé ag féachaint ar an ríomhaire. Taobh thiar de bhí pictiúr de cheoltóir ar crochadh ar an mballa. Ní raibh a fhios ag Pól go raibh a thuairisc scoile tagtha. Baineadh geit as nuair a chonaic sé an tuairisc i lámha a Mham. Ba léir go raibh sí crosta leis.

3 Ansin chuir máthair Phóil glao ar phríomhoide na scoile chun an tuairisc a phlé leis. Bhí Pól ag éisteacht lena Mham ag caint leis an bpríomhoide agus bhí imní an domhain air. Rinne a Mham coinne leis an bpríomhoide dul isteach sa scoil chun obair scoile Phóil a phlé.

4 Chuaigh Pól isteach sa scoil lena Mham. Bhí an bheirt acu in oifig an phríomhoide. Bhí culaith dhubh agus spéaclaí á gcaitheamh ag an bpríomhoide. Ní raibh an príomhoide sásta le Pól ar chor ar bith. Labhair sé leis agus d'inis an príomhoide do Phól go gcaithfeadh sé níos mó oibre a dhéanamh. Bhí díomá ar mháthair Phóil leis. Bhí brón ar Phól.

5 Ina dhiaidh sin chaith Pól a lán ama ag staidéar. Bhí an ríomhaire múchta agus bhí Pól le feiceáil ag obair go dian. Bhí leabhair agus cóipleabhair scaipthe ar an mbord agus bhí a mhála scoile ar bhord taobh thiar de.

6 Tamall ina dhiaidh sin tháinig a thuairisc scoile isteach. Bhí áthas an domhain ar Phól nuair a chonaic sé na gráid a fuair sé, A sa Ghaeilge agus B sa stair. Bhí a mháthair an-bhródúil as an obair dhian a rinne sé. Tháinig feabhas mór ar a chuid obair scoile.

Ciorcal oibre: beirt nó triúr le chéile ag plé, ag léamh agus ag scríobh

1 Scríobh na briathra san Aimsir Chaite as an tsraith thuas i do chóipleabhar.

2 Scríobh abairtí simplí leis na briathra agus glaoigh amach na habairtí sa rang.

3 Cum sraith de cheisteanna bunaithe ar na pictiúir agus ansin pléigh na ceisteanna sa rang.

4 Cuir na ceisteanna atá cumtha ag do ghrúpa ar na daltaí i ngrúpa eile.

Ceapadóireacht: Giota Leanúnach nó Blag — an Idirbhliain

Blag: An idirbhliain

Cleachtadh ag scríobh

Léigh blag Áine agus freagair na ceisteanna a ghabhann leis.

Haigh!

Tá mé ar mo bhealach chuig an aerfort anois. Ceann de bhuntáistí na hidirbhliana ná go bhfaigheann na daltaí seans dul ar thurais scoile. Tá mé féin agus fiche dalta eile ar ár mbealach chuig cathair Mhaidrid. Tá triúr múinteoirí in éineacht linn. Is aoibhinn liom an Spáinn agus thug mé cuairt ar Barcelona le mo theaghlach cúpla bliain ó shin. Cloisim go bhfuil Maidrid go hálainn. An chéad lá tá sé ar intinn againn turas a thógáil in airde ar bhus turasóireachta i dtosach agus ansin rachaimid chuig an dánlann Museo Nacional del Prado. Tá an-suim agam san ealaín agus cloisim go bhfuil bailiúcháin dhochreidte sa dánlann. Ba mhaith liom roinnt siopadóireachta a dhéanamh i Maidrid freisin agus tá sé ar intinn againn an dara lá a chaitheamh ag siopadóireacht. Scríobhfaidh mé blag eile anocht ón óstán.

Slán go fóill!

Áine

ar mo bhealach	*on my way*	turas scoile	*school trip*	bailiúchán	*collection*
bus turasóireachta	*tourist bus*	dánlann	*gallery*	dochreidte	*unbelievable*

❶ Cén bhliain ina bhfuil Áine ar scoil?

❷ Cá raibh Áine ag dul ar thuras scoile?

❸ Cé mhéad múinteoir a bhí in éineacht leo?

❹ Luaigh rud amháin a dhéanfaidh siad an chéad lá.

❺ Céard a dhéanfaidh siad an dara lá?

Giota Leanúnach: An ndearna tú an idirbhliain?
Cleachtadh ag caint

Cleachtadh ag scríobh

Rinne mé an idirbhliain anuraidh agus bhain mé idir thairbhe agus taitneamh as. Ag tús na bliana chuamar ar thuras chuig campa eachtraíochta agus bhí dhá lá iontacha againn. Chuamar ag bádóireacht agus ag dreapadóireacht agus thángamar abhaile tuirseach traochta. I lár na bliana chaitheamar seachtain ag obair leis na bochtáin agus coicís ar thaithí oibre. Bhí mé ag obair i stáisiún raidió ar feadh seachtaine agus ag obair i siopa spóirt ina dhiaidh sin. Rinneamar an ceoldráma *Grease* tar éis na Nollag agus bhí an-chraic againn go léir. Bhí jab agam mar stiúrthóir agus thaitin sé liom. Ag deireadh na bliana chuamar ar thuras scoile go Londain. Chonaiceamar na radhairc go léir agus chonaiceamar an dráma 'Harry Potter and the Cursed Child'. Bhí an-bhrón orm ag deireadh na bliana.

tairbhe	*benefit*	taitneamh	*enjoyment*	eachtraíocht	*adventure*
bádóireacht	*boating*	dreapadóireacht	*climbing*	taithí oibre	*work experience*
na bochtáin	*the poor*	ceoldráma	*musical*	radhairc	*sights*

❶ Léigh an giota thuas os ard i ngrúpaí beaga sa rang.

❷ Déan liosta i do chóipleabhar de na briathra ón ngiota thuas atá san Aimsir Chaite.

❸ Freagair an cheist 'An ndearna tú an idirbhliain?' i do chóipleabhar.

❹ Léigh na freagraí i ngrúpaí beaga.

Cleachtadh ag scríobh

Meaitseáil na ceisteanna agus na freagraí thíos faoin idirbhliain.

1	An ndearna tú an idirbhliain?	Rinne mé ábhair nua san idirbhliain.	a
2	Ar thaitin an idirbhliain leat?	Rinne mé tionscadal ar cheol traidisiúnta na hÉireann.	b
3	Ar ghlac tú páirt sa cheoldráma?	Chuaigh mé chuig Coláiste Árainn Mhór san idirbhliain.	c
4	An ndearna tú ábhair nua san idirbhliain?	Thaitin an idirbhliain go mór liom.	d
5	Cá ndeachaigh tú ar thaithí oibre?	Rinne mé an idirbhliain.	e
6	Ar oibrigh tú leis na bochtáin (*poor*)?	Níor ghlac mé páirt sa cheoldráma.	f
7	An ndearna tú tionscadal (*project*) san idirbhliain?	Chaith mé seachtain ag obair le Clann Shíomóin (*Simon Community*).	g
8	An ndeachaigh tú chuig an nGaeltacht san idirbhliain?	Chuaigh mé chuig oifig ar thaithí oibre.	h
9	Ar bhuaigh tú duais san idirbhliain?	Rinne mé a lán cairde nua san idirbhliain.	i
10	An ndearna tú cairde nua san idirbhliain?	Bhuaigh mé duais don aiste is fearr sa rang Béarla san idirbhliain.	j

1	2	3	4	5	6	7	8	9	10

Cleachtadh ag caint

Cuir na ceisteanna thíos ar dhalta i do ghrúpa.

1. An ndearna tú an idirbhliain?
2. Ainmnigh ábhar nua amháin a rinne tú san idirbhliain.
3. An ndeachaigh tú ar thuras scoile san idirbhliain?
4. Cá ndeachaigh tú?
5. Ar imir tú spórt san idirbhliain? Cén spórt?
6. Ar ghlac tú páirt sa cheoldráma san idirbhliain?
7. Cá ndeachaigh tú ar thaithí oibre san idirbhliain?
8. Ar oibrigh tú leis na bochtáin san idirbhliain?
9. Ar thaitin an idirbhliain leat?
10. An ndearna tú cairde nua san idirbhliain?

Freagair na ceisteanna thuas i do chóipleabhar.

Cleachtadh ag scríobh

Taithí Oibre san Idirbhliain

Sraith Pictiúr

Taithí Oibre san Idirbhliain

🔊 Rian 4.02

1 Bhí na daltaí ag dul ar thaithí oibre san idirbhliain. D'eagraigh an múinteoir cruinniú leo agus mhol sí dóibh féachaint ar an liosta a bhí croctha ar an mballa. Dúirt sí go mbeadh cruinniú eile acu an lá ina dhiaidh sin.

2 An lá ina dhiaidh sin bhuail an múinteoir leis na daltaí arís. Chuir sí ceist ar na daltaí faoi phoist éagsúla. D'iarr sí orthu ar mhaith leo tamall a chaitheamh i ngaráiste nó i mbunscoil. Labhair buachaill leis an múinteoir agus dúirt sé gur mhaith leis tamall a chaitheamh i mbunscoil mar gur mhaith leis a bheith ina mhúinteoir bunscoile.

3 Ansin thosaigh na buachaillí ag déanamh a gcuid taithí oibre. Chuaigh Seán chuig Garáiste Uí Néill agus chuaigh Eoin chuig Bunscoil an Chlochair. D'fhág siad slán ar a chéile an chéad lá. Bhuail Eoin le príomhoide na scoile ansin agus chuir an príomhoide fáilte roimhe. B'fhear meánaosta é an príomhoide agus bhí culaith dhubh á caitheamh aige. Bhí gruaig dhubh air agus spéaclaí á gcaitheamh aige chomh maith.

4 Chaith Eoin an lá i rang na naíonán. Thug sé cabhair don mhúinteoir sa rang agus bhain sé an-taitneamh as scéalta suimiúla a léamh do na daltaí. Bhí pictiúir dheasa ar crochadh ar an mballa sa rang agus bhí leabhragán lán le leabhair ann. Ina dhiaidh sin bhí smaoineamh ag Eoin obair ealaíne a dhéanamh leis na páistí. Bhí buachaill agus cailín le feiceáil ag péintéireacht.

5 Chaith Seán an chéad lá i nGaráiste Uí Néill ag cabhrú leis an meicneoir. Bhí an meicneoir ag déanamh séirbhís iomlán ar charr agus bhí Seán ag féachaint air agus ag cabhrú leis. Ag deireadh an lae tugadh jab do Sheán an t-urlár a scuabadh. Bhí seilfeanna sa gharáiste lán le cannaí íle.

6 D'fhill na buachaillí ar scoil an tseachtain ina dhiaidh sin. Bhí siad sa rang leis an múinteoir ag tabhairt aiseolais di faoin taithí oibre. Labhair gach buachaill amach agus thug siad cur síos don rang ar an obair a rinne siad i rith na seachtaine. Ba léir gur bhain siad idir thairbhe agus taitneamh as an taithí oibre.

Ciorcal oibre: beirt nó triúr le chéile ag plé, ag léamh agus ag scríobh

1 Scríobh na briathra san Aimsir Chaite as an tsraith thuas i do chóipleabhar.

2 Scríobh abairtí simplí leis na briathra agus glaoigh amach na habairtí sa rang.

3 Cum sraith de cheisteanna bunaithe ar na pictiúir agus ansin pléigh na ceisteanna sa rang.

4 Cuir na ceisteanna atá cumtha ag do ghrúpa ar na daltaí i ngrúpa eile.

Ceapadóireacht: Litir nó Ríomhphost

Chaith tú seachtain sa Ghearmáin le déanaí ag foghlaim Gearmáinise. Tá tú ar ais sa bhaile anois. Scríobh litir chuig do chara sa Ghearmáin ag gabháil buíochais leis nó léi as an tsaoire iontach a bhí agat lena t(h)eaghlach.

seoladh

7 Bóthar Naomh Eoin,
Port Láirge,
Co. Phort Láirge

beannú

tús

dáta — 17 Lúnasa

A Ida, a chara,

D'fhill mé abhaile ar a naoi a chlog aréir agus bhí mé tuirseach traochta nuair a shroich mé an teach. Bhí áthas an domhain ar mo thuismitheoirí mé a fheiceáil. Bhí dinnéar rósta réidh ag mo Mham agus bhí áthas orm a bheith sa bhaile arís.

Táim ag scríobh na litreach seo chugat chun buíochas a ghabháil leat as gach a ndearna sibh dom. Gan aon agó, bhí an bia blasta agus thaitin an ceantar go mór liom. Anuas air sin bhí an teach go hálainn. Bhí mo sheomra leapa an-chompordach.

Caithfidh mé a rá gur bhain mé an-sult as an turas go Geata Brandenburg. B'fhiú go mór an turas siúil a dhéanamh chomh maith, tá an chathair dochreidte. D'fhoghlaim mé an-chuid faoi stair na cathrach.

Ar ndóigh, tháinig feabhas ollmhór ar mo chuid Gearmáinise. Chabhraigh na ranganna go mór liom agus bhí na múinteoirí an-chabhrach.

Abair le do thuismitheoirí go raibh mé ag cur a dtuairisce. Scríobh chugam go luath.

Slán go fóill, — *críoch*

Cian

Léigh an litir agus freagair na ceisteanna os ard nó i do chóipleabhar.

1. Cathain a tháinig Cian abhaile ón nGearmáin?
2. Céard a bhí réidh ag Mam do Chian?
3. Luaigh rud amháin a thaitin go mór le Cian.
4. Cén turas a ghlac Cian nuair a bhí sé sa Ghearmáin?
5. Céard a scríobh Cian faoi na múinteoirí sa Ghearmáin?

Cleachtadh ag scríobh

Tá do chol ceathrair ina chónaí i Sasana. Scríobh litir chuige agus déan cur síos ar do shaol scoile faoi láthair. Luaigh na hábhair atá á ndéanamh agat don Ardteistiméireacht agus an méid obair bhaile a fhaigheann tú.

Rialacha na Scoile

Léigh na ceisteanna agus na freagraí samplacha thíos. Scríobh do chuid freagraí féin i do chóipleabhar agus léigh amach os ard sa rang iad.

1 **Ceist:** An bhfuil a lán rialacha sa scoil seo?

Freagra: Níl mórán rialacha sa scoil seo, i mo thuairim.

Is iomaí riail atá againn sa scoil seo.	*There are many rules in this school.*
Níl mórán rialacha againn sa scoil seo.	*There are not many rules in this school.*

2 **Ceist:** Céard iad na rialacha atá sa scoil seo?

Freagra: Bhuel, níl cead ag daltaí fón póca a úsáid ná tobac a chaitheamh agus níl cead againn bróga reatha a chaitheamh leis an éide scoile. Má bhímid déanach don scoil ar maidin faoi dhó sa tseachtain bíonn orainn fanacht siar tar éis na scoile chun obair bhreise a dhéanamh.

Bain triail as anois!

Bain úsáid as na nathanna cainte thuas chun cur síos a dhéanamh ar do scoil. Léigh an giota os ard.

Cleachtadh ag caint

Cleachtadh ag scríobh

1 Meaitseáil na rialacha Béarla agus Gaeilge thíos.

2 Céard iad na rialacha atá i do scoil féin? Scríobh liosta i do chóipleabhar.

1	Níl cead againn fón póca a úsáid sa rang.	*We are not allowed to smoke cigarettes.*	a
2	Bíonn orainn éide scoile a chaitheamh gach lá.	*We have to do our best in every class.*	b
3	Níl cead againn tobac a chaitheamh.	*We are not allowed to chew gum in class.*	c
4	Má bhímid as láthair bíonn orainn nóta a thabhairt isteach.	*We are not allowed to use a mobile phone in class.*	d
5	Níl cead againn guma a chogaint sa rang.	*Bad manners are not permitted.*	e
6	Tá orainn ár ndícheall a dhéanamh i ngach rang.	*We have to wear a school uniform every day.*	f
7	Níl cead againn a bheith drochbhéasach.	*We are not allowed to wear running shoes.*	g
8	Níl cead againn bróga reatha a chaitheamh.	*If we are absent we have to bring in a note.*	h

1	2	3	4	5	6	7	8

Ag Briseadh na Rialacha

Cleachtadh ag caint   Cleachtadh ag scríobh

Freagair an cheist thíos i do chóipleabhar.

Ceist: Céard a tharlaíonn nuair a bhriseann na daltaí na rialacha?

Freagra: De ghnáth bíonn ar an dalta dul chuig oifig an phríomhoide.
Labhraíonn an príomhoide leis an dalta agus uaireanta cuireann an príomhoide glao ar a thuismitheoirí. Go minic cuireann an príomhoide an dalta ar fionraí ar feadh lá nó dhó. Anois is arís bíonn ar an dalta breis oibre a dhéanamh nó coimeádann an príomhoide an dalta siar tar éis na scoile ar feadh uair an chloig nó dhó.

Labhraíonn an príomhoide leat.	*The principal speaks with you.*
Cuireann an príomhoide glao ar do thuismitheoirí.	*The principal calls your parents.*
Cuirtear an dalta ar fionraí ar feadh tamaill.	*The student is suspended for a while.*
Coimeádann an príomhoide an dalta siar tar éis na scoile.	*The principal keeps the student back after school.*

Éide scoile

bríste	*trousers*	blús	*blouse*	léine	*shirt*
geansaí	*jumper*	bróga	*shoes*	stocaí	*socks*
carbhat	*tie*	seaicéad	*jacket*	cóta	*coat*

Ceist: An gcaitheann tú éide scoile?

Freagra: Caithim bríste liath agus léine ghorm agus geansaí dúghorm. Caithim carbhat na scoile agus bróga dubha freisin.

Deachtú

Múinteoir: Léigh an t-alt thíos os ard sa rang agus iarr ar na daltaí an t-alt a scríobh. Ansin ceartaigh an t-alt.

Dalta: Déan liosta de na ceartúcháin i do chóipleabhar.

Tá mé ag freastal ar Mheánscoil Eoin. Is scoil mhór í. Is scoil chairdiúil í. Tá na háiseanna go maith sa scoil seo. Tá seacht n-ábhar á ndéanamh agam i mbliana. Is í an Ghaeilge é an t-ábhar is fearr liom. Tá mo mhúinteoir Gaeilge cairdiúil. Siúlaim ar scoil le mo chara ar maidin agus tosaíonn na ranganna ar a naoi a chlog. Caitheann na daltaí sa scoil seo éide scoile. Caithimid bríste dubh nó sciorta dúghorm le léine bhán agus geansaí dúghorm. Ní maith liom an éide scoile. Níl a lán rialacha sa scoil seo agus réitíonn na múinteoirí agus na daltaí go han-mhaith lena chéile. Beidh brón orm ag fágáil na scoile seo.

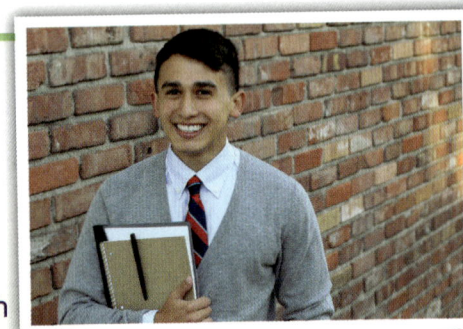

Ceapadóireacht: Litir nó Ríomhphost

Cleachtadh ag scríobh

1. Bhí tú ag téacsáil sa rang agus bhí ort dul chuig oifig an phríomhoide. Chuir an príomhoide glao ar do thuismitheoirí agus bhí ar do Mham nó ar do Dhaid teacht chuig an scoil. Seol ríomhphost chuig do chara agus mínigh an scéal dó nó di. Mínigh cad a tharla ina dhiaidh sin.

   Bain úsáid as na nathanna cainte sa tsraith pictiúr ar leathanach 200–201.

2. Tá an Ardteistiméireacht críochnaithe agat agus tá tú ag fágáil na scoile. Scríobh an litir nó an ríomhphost a chuirfeá chuig an bpríomhoide ag gabháil buíochais leis nó léi agus ag déanamh cur síos ar an am a chaith tú sa scoil.

   Bain úsáid as na nótaí thíos chun an litir a scríobh.

   Tús: A phríomhoide, a chara,   **Dáta:** 1 Iúil

   Lár:

Ba mhaith liom buíochas a ghabháil leat as deiseanna iontacha a chur ar fáil dom le sé bliana anuas.	*I would like to thank you for providing wonderful opportunities for me for the last six years.*
Bhain mé an-taitneamh as mo chuid laethanta scoile.	*I really enjoyed my school days.*
Bhí tú i gcónaí foighneach, tuisceanach linn.	*You were always patient and understanding with us.*
Tá mé an-bhuíoch díot as tacaíocht agus comhairle a thabhairt dom agus mé sa séú bliain.	*I am very grateful to you for giving me advice and support while I was in sixth year.*
Bhí mé i gcónaí sona ar scoil.	*I was always happy at school.*
Bhí mé ar fhoireann peile na scoile.	*I was on the school football team.*
Bhain mé an-taitneamh as na cluichí móra.	*I really enjoyed the big matches.*
Thug tú tacaíocht don fhoireann i gcónaí.	*You always supported the team.*
Chuaigh mé ar thuras iontach chuig an bhFrainc san idirbhliain.	*I went on a wonderful trip to France during transition year.*
Níor chuir tú glao ar mo thuismitheoirí nuair a gabhadh mé ag téacsáil sa rang. Míle buíochas!	*You didn't call my parents when I was caught texting in class. Thank you very much!*
Ní dhéanfaidh mé dearmad go deo ar an scoil seo.	*I will never forget this school.*
Chaith mé sé bliana iontacha sa scoil seo. Go raibh míle maith agat.	*I spent six wonderful years in this school. Many thanks.*

   Críoch: Tiocfaidh mé ar ais chun cuairt a thabhairt oraibh go minic.
             Slán go fóill,
             (*d'ainm*)

Ag Téacsáil sa Rang

Sraith Pictiúr   Ag Téacsáil sa Rang

Rian 4.03

1 Bhí na buachaillí agus na cailíní sa rang matamaitice ar scoil agus bhí an múinteoir ag barr an ranga ag múineadh. Ar bhord an mhúinteora bhí leabhair agus cóipleabhair le feiceáil agus bhí uirlisí matamaitice in aice leis an múinteoir ar an gclár bán. Bhí na daltaí ag éisteacht go géar leis an múinteoir.

2 Ansin d'iarr an múinteoir ar na daltaí a gcuid leabhar a léamh ar feadh tamaill. Ní raibh suim ag Tomás sa cheacht agus sheol sé téacs chuig a chara Liam. Bhí Tomás ag smaoineamh ar chóisir a eagrú ina theach Dé hAoine. Bheadh a thuismitheoirí imithe amach don oíche.

3 Chonaic an múinteoir Tomás ar a fhón póca agus ní raibh sí sásta leis ar chor ar bith. Thosaigh sí ag tabhairt amach agus d'inis sí dó nach raibh cead ag daltaí fón póca a úsáid sa rang. Bhain sí an fón de agus bhí a fhios ag Tomás go raibh sé i dtrioblóid. Bhí na daltaí go léir sa rang ag stánadh ar Thomás.

4 D'inis an múinteoir an scéal don phríomhoide agus bhí ar Thomás dul chuig oifig an phríomhoide. Thuig Tomás go raibh sé i dtrioblóid agus dúirt sé go raibh an-bhrón air. Bhí cóip de rialacha na scoile i lámha an phríomhoide agus léigh an príomhoide na rialacha do Thomás. Mhínigh sí dó go raibh sé ag cur isteach ar an rang agus go raibh sé tábhachtach meas a thaispeáint don mhúinteoir.

5 Ansin ghlaoigh an príomhoide ar mháthair Thomáis. D'inis sí an scéal dá mháthair. Bhí ionadh an domhain ar mháthair Thomáis nuair a chuala sí go raibh sé ag téacsáil sa rang. Dúirt sí go raibh sí chun teacht chuig an scoil láithreach bonn.

6 Nuair a shroich máthair Thomáis oifig an phríomhoide bhí a mac fós ina shuí san oifig. Bhí an-aiféala ar Thomás go raibh sé ag téacsáil sa rang. Bhí a mháthair an-chrosta leis. Luaigh an príomhoide na rialacha arís agus dúirt sí go raibh sé tábhachtach dea-shampla a thaispeáint do na daltaí eile sa scoil. Dúirt a mháthair le Tomás gan a bheith ag téacsáil sa rang agus mhol sí dó níos mó oibre a dhéanamh ar scoil. Chuir an príomhoide Tomás ar fionraí.

Ciorcal oibre: beirt nó triúr le chéile ag plé, ag léamh agus ag scríobh

1. Scríobh na briathra san Aimsir Chaite as an tsraith thuas i do chóipleabhar.
2. Scríobh abairtí simplí leis na briathra agus glaoigh amach na habairtí sa rang.
3. Cum sraith de cheisteanna bunaithe ar na pictiúir agus ansin pléigh na ceisteanna sa rang.
4. Cuir na ceisteanna atá cumtha ag do ghrúpa ar na daltaí i ngrúpa eile.

An Scrúdú Cainte

1 Scrúdaitheoir: Déan cur síos ar an scoil seo.

Dalta: Is scoil mhór í an scoil seo. Freastalaíonn níos mó ná seacht gcéad dalta ar an scoil agus múineann caoga múinteoir sa scoil. Tá an scoil suite sa chathair agus tógadh í fiche bliain ó shin. Is í Bean de Róiste an príomhoide le cúig bliana anois. Is bean chairdiúil, chabhrach í ach éiríonn sí feargach nuair a fheiceann sí na daltaí ag teacht isteach déanach ar maidin. Is é an tUasal Ó Catháin an leas-phríomhoide. Is fear tuisceanach é. Tosaíonn na ranganna ar a ceathrú chun a naoi ar maidin agus críochníonn siad gach tráthnóna ar a leathuair tar éis a trí.

múineann caoga múinteoir	*fifty teachers teach*	leas-phríomhoide	*deputy principal*
feargach	*angry*	tuisceanach	*understanding*

2 Scrúdaitheoir: An bhfuil na háiseanna go maith sa scoil seo?

Dalta: Gan amhras, tá áiseanna iontacha sa scoil seo. Tá dhá shaotharlann agus dhá chistin thuas staighre. Cuireadh síneadh leis an scoil anuraidh agus anois tá seomra ceoil agus seomra ealaíne nua againn. Ar urlár na talún, tá seomra ríomhaire agus halla spóirt mór. Tá an seomra tíreolaíochta ar an dara hurlár, chomh maith leis an gceaintín. Is scoil nua-aimseartha í an scoil seo, gan dabht ar bith!

na háiseanna	*the facilities*	saotharlann	*laboratory*
síneadh	*extension*	urlár na talún	*the ground floor*

Bain triail as anois!

Bain úsáid as na nathanna cainte thuas chun cur síos a dhéanamh ar do scoil. Léigh an giota os ard don rang nuair atá sé scríofa agat.

2 An Coláiste

Cleachtadh ag caint

Cleachtadh ag scríobh

Scríobh freagraí ar na ceisteanna thíos i do chóipleabhar agus déan cleachtadh os ard sa rang.

1 **Ceist:** Céard ba mhaith leat a dhéanamh tar éis na hArdteistiméireachta?

Freagra: Ba mhaith liom post a fháil sa siopa nuachtán áitiúil.

2 **Ceist:** Ar mhaith leat freastal ar an gcoláiste an bhliain seo chugainn?

Freagra: Cinnte, ba mhaith liom freastal ar an gcoláiste.

3 **Ceist:** Céard a dhéanfaidh tú an bhliain seo chugainn?

Freagra: Déanfaidh mé cúrsa oiliúna sa choláiste.

céim	*degree*	teastas	*certificate*
dioplóma	*diploma*	cúrsa	*course*
printíseacht	*apprenticeship*	cúrsa oiliúna	*training course*

Cleachtadh ag scríobh

Bain úsáid as na nathanna cainte thíos chun cur síos a dhéanamh ar an gcúrsa ba mhaith leat a dhéanamh tar éis na hArdteiste. Scríobh alt i do chóipleabhar faoin gcúrsa agus léigh an t-alt i do ghrúpa.

Beidh trí chéad pointe/ceithre chéad pointe ag teastáil uaim.	*I will need 300/400 points.*
Rachaidh mé chuig an ollscoil.	*I will go to university.*
Déanfaidh mé cúrsa traenála.	*I will do a training course.*
Déanfaidh mé printíseacht.	*I will do an apprenticeship.*
Mairfidh an cúrsa trí bliana.	*The course will last for three years.*
Déanfaidh mé scrúduithe scríofa agus praiticiúla i rith an chúrsa.	*I will do written and practical exams during the course.*
Gheobhaidh mé taithí oibre i rith an chúrsa.	*I will do work experience during the course.*

Ceapadóireacht: Giota Leanúnach nó Blag

Blag: An fhoirm CAO   Cleachtadh ag scríobh

Léigh blag Sheáin thíos agus freagair na ceisteanna a ghabhann leis.

Tháinig cuairteoir chuig an scoil inniu chun cabhair a thabhairt dúinn an fhoirm CAO a chomhlánú. Ba mhaith liom a bheith i mo mheicneoir agus mar sin déanfaidh mé printíseacht sa choláiste/san ollscoil. Mairfidh an cúrsa ceithre bliana agus beidh orm tréimhsí fada de thaithí oibre a dhéanamh le linn an chúrsa. Nuair a bhí mé san idirbhliain chaith mé seachtain ag obair sa gharáiste áitiúil agus thaitin sé go mór liom. Ní dóigh liom go mbeidh an cúrsa éasca. Beidh orm scrúduithe scríofa agus praiticiúla a dhéanamh i rith an chúrsa. Nuair a bheidh mé críochnaithe ba mhaith liom taisteal ar fud an domhain ar feadh bliain nó dhó.

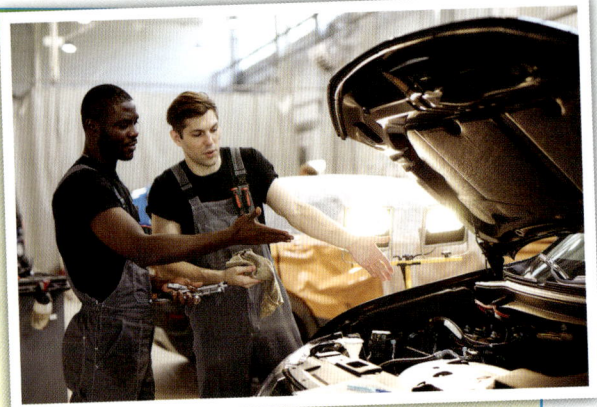

a chomhlánú	to fill in	ollscoil	university
tréimhsí fada de thaithí oibre	long periods of work experience	ní dóigh liom	I don't think

1. Cén fáth ar tháinig cuairteoir chuig an scoil?
2. Céard ba mhaith le Seán a dhéanamh sa choláiste?
3. Cá fhad (*how long*) a mhairfidh an cúrsa?
4. Cén taithí oibre a rinne Seán san idirbhliain?
5. Céard iad na scrúduithe a bheidh le déanamh ag Seán sa choláiste?

Scríobh blag i do chóipleabhar faoi chúrsa a bhfuil spéis agat ann.

Suirbhé   Cleachtadh ag caint

Cuir na ceisteanna thíos ar dhaltaí i do ghrúpa agus léigh na freagraí os ard don ghrúpa.

1. Cén cúrsa ba mhaith leat a dhéanamh an bhliain seo chugainn?
2. Cá mbeidh an cúrsa ar siúl?
3. Céard iad na pointí a bheidh ag teastáil uait don chúrsa?
4. Cá fhad a mhairfidh an cúrsa?
5. An mbeidh scrúduithe scríofa le déanamh agat le linn an chúrsa?
6. An mbeidh scrúduithe praiticiúla le déanamh agat le linn an chúrsa?
7. Cén cháilíocht (*qualification*) a gheobhaidh tú ag deireadh an chúrsa?

Ceapadóireacht: Comhrá — an fhoirm CAO

Bhí tu féin agus do Mham ag caint faoin bhfoirm CAO agus na cúrsaí ba mhaith leat a dhéanamh tar éis scrúdú na hArdteistimeireachta.

Léigh an comhrá thíos agus freagair na ceisteanna a ghabhann leis.

Mam: A Laoise, an bhfuil an fhoirm CAO comhlánaithe agat go fóill?

Laoise: Níl, a Mham, níl mé cinnte fós cad a dhéanfaidh mé.

Mam: Á, a Laoise, má tá suim agat sa ghnó, cuir síos mar chéad rogha é.

Laoise: Ach a Mham, b'fhéidir nach bhfaighinn na pointí!

Mam: Ach cén dochar é sin? Cuir síos é ar aon nós.

Laoise: Cad a chuirfidh mé síos mar dhara rogha?

Mam: Nach raibh suim agat sa Fhraincis?

Laoise: Bhí. Ach nílim róchinnte anois. B'fhéidir go gcuirfinn eolaíocht síos.

Mam: Sin smaoineamh maith. Taitníonn sí go mór leat. Agus dúirt Bean Uí Chathasaigh ag an gcruinniú go raibh tú go hiontach.

Laoise: Sin fíor, a Mham, tuigim an t-ábhar agus tá an-suim agam ann. Ceart go leor, cuirfidh mé gnó síos mar chéad rogha, agus eolaíocht mar dhara rogha. Sin socraithe!

Mam: Go hiontach, a Laoise. Anois, má tá gnó ag teastáil uait, ba cheart duit do chuid staidéir a thosú anois!

1. Cén fhoirm atá le comhlánú ag Laoise?
2. Céard a chuirfidh Laoise síos mar chéad rogha?
3. Ainmnigh an teanga a raibh suim ag Laoise inti.
4. Céard a chuirfidh Laoise síos mar dhara rogha?
5. Cad a mholann Mam do Laoise a dhéanamh anois?

Cleachtadh ag scríobh

Scríobh an comhrá a bhí agat le do chara faoin gcúrsa a dhéanfaidh sibh tar éis na hArdteiste.

Cleachtadh ag caint

Pléigh an fhoirm CAO sa rang.

Múinteoir: Cuir liosta ar an gclár bán de na cúrsaí a dhéanfaidh na daltaí sa rang má fhaigheann siad na pointí cuí. Pléigh na cúrsaí ansin sa rang.

Obair Dhian: Torthaí Maithe san Ardteistiméireacht

Sraith Pictiúr Obair Dhian: Torthaí Maithe san Ardteistiméireacht

1 Chuaigh Siobhán chuig an ngairmthreoraí chun comhairle a fháil faoi chúrsa a dhéanamh sa cheimic in Ollscoil na hÉireann, Gaillimh. Bhí an gairmthreoraí ina oifig. Chonaic an cailín leabhragán san oifig a bhí lán le leabhair. Bhí an gairmthreoraí an-chabhrach. Chuir sé comhairle uirthi. Dúirt sé go mbeadh ceithre chéad pointe ag teastáil uaithi, chun áit a fháil ar an gcúrsa. Mhol sé di freisin a lán oibre a dhéanamh.

2 Thosaigh an cailín ag obair go dian. Shiúil sí abhaile ón scoil lena cara lá amháin agus thug a cara cuireadh di dul amach in éineacht léi. Níor ghlac Siobhán leis an gcuireadh. Dúirt sí go raibh a lán obair bhaile le déanamh aici. Bhí na cailíní gléasta ina gcuid éidí scoile agus bhí buachaillí ag imirt cispheile i gclós na scoile.

3 Oíche eile fuair Siobhán glao fóin óna cara Liam. Thug Liam cuireadh do Shiobhán dul chuig an bpictiúrlann an oíche sin in éineacht leis. Dúirt Liam go raibh scannán iontach ar siúl sa phictiúrlann. Níor ghlac Siobhán le cuireadh Liam. Dúirt sí go raibh aiste le scríobh aici an oíche sin.

4 Chaith Siobhán gach tráthnóna ag obair go dian ina seomra leapa. Shuigh sí ag an deasc agus d'oibrigh sí go dian. Bhí leabhair agus cóipleabhair scaipthe aici ar an deasc ina seomra leapa. Bhí a tuismitheoirí ag caint fúithi sa chistin. Ba léir go raibh a Daid buartha faoina iníon. Bhí sé a rá nár ghlac sí sos ón obair agus nár ghlac sí aer úr le fada. Ní raibh a Mam róbhuartha fúithi. Dúirt Mam go mbeadh sos aici ag an deireadh seachtaine agus go mbeadh na scrúduithe thart faoi cheann cúpla mí. Bhí a fhios ag a Mam go raibh sí ciallmhar.

5 Bhí áthas an domhain ar Shiobhán nuair a fuair sí a cuid torthaí. Fuair sí ceithre chéad caoga pointe agus ba léir go raibh a tuismitheoirí an-bhródúil aisti. Dúirt a cairde go raibh na marcanna maithe tuillte aici. D'oibrigh sí go crua i rith na bliana.

6 Fuair Siobhán a cúrsa sa cheimic in Ollscoil na hÉireann, Gaillimh. Bhí sí sona sásta ar a céad lá nuair a shiúil sí isteach trí gheata na hollscoile. Bhí sí ag clárú agus shiúil sí i dtreo an roinn eolaíochta.

Ciorcal oibre: beirt nó triúr le chéile ag plé, ag léamh agus ag scríobh

1 Scríobh na briathra san Aimsir Chaite as an tsraith thuas i do chóipleabhar.

2 Scríobh abairtí simplí leis na briathra agus glaoigh amach na habairtí sa rang.

3 Cum sraith de cheisteanna bunaithe ar na pictiúir agus ansin pléigh na ceisteanna sa rang.

4 Cuir na ceisteanna atá cumtha ag do ghrúpa ar na daltaí i ngrúpa eile.

Mol an Óige agus Tiocfaidh Sí

Léigh an sliocht seo a leanas agus freagair na ceisteanna ar fad a ghabhann leis.

Léiríonn saol an fhiontraí óig Aimee Connolly fírinne an tseanfhocail thuas agus an tábhacht a bhaineann le post páirtaimseartha! Is páiste aonair í Aimee agus ní raibh ina teaghlach ach í féin agus a máthair, Clare. Agus í ina páiste óg bhí a grá don ghléasadh suas agus don smideadh soiléir – ceann de na chéad chuimhní atá ag Aimee ná a haghaidh clúdaithe le béaldath dearg agus í dhá bhliain d'aois. Mhol agus spreag a máthair gach suim a bhí ag a hiníon agus deir Aimee go bhfuil an-chreidiúint ag dul dá máthair as an tógáil dhearfach spreagúil a fuair sí.

D'fhreastail Aimee ar Choláiste Íosagáin, meánscoil lán-Ghaeilge i mBaile Átha Cliath. Thaitin an scoil agus an fhoghlaim i gcónaí léi. Bliain scoile ríthábhachtach i dturas Aimee ab ea an Idirbhliain. Rinne sí a taithí oibre i siopa cosmaidí in ionad siopadóireachta i nDún Droma. Cé go raibh suim ag Aimee i gcónaí i ndomhan na gcosmaidí, ba í an choicís taithí oibre sin a las an splanc inti agus a thiomáin ar aghaidh í. Do na blianta eile aici ar scoil agus ag staidéar sa choláiste (bhain sí céim amach sa Tráchtáil agus sa Fhraincis in UCD) lean sí uirthi ag obair go páirtaimseartha ag na cuntair cosmaidí i gcuid de na siopaí is mó le rá i mBaile Átha Cliath.

Deir Aimee gur duine uaillmhianach, neamhspleách, fadradharcach agus eagraithe í. Chuir sí a lán airgid i dtaisce óna poist pháirtaimseartha agus mar sin bhí sí ábalta a branda féin cosmaidí, Sculpted by Aimee, a bhunú fad is a bhí sí fós sa choláiste. Ina dhiaidh sin bhunaigh sí scoil traenála do sciamheolaithe in 2017. Cé go bhfuil a cosmaidí in a lán siopaí in Éirinn agus thar lear, in 2022 d'oscail sí a siopa féin ar Shráid Grafton agus gan fiacha ar bith uirthi. Is ag dul ó neart go neart atá an fiontraí óg a bhuaigh an gradam mór le rá 'Fiontraí Óg atá ag teacht chun cinn' de chuid EY in 2021. Níl aon dabht ach go bhfuil an saol ar a toil aici, a bhuí leis an spreagadh agus na poist pháirtaimseartha sin a bhí aici.

fiontraí	*entrepreneur*	spreagúil	*encouraging*	sciamheolaithe	*beauticians*
smideadh	*make-up*	cosmaidí	*cosmetics*	fiacha	*debts*
béaldath	*lipstick*	splanc	*flame*	an saol ar a toil aici	*the world is her oyster*
creidiúint	*credit*	uaillmhianach	*ambitious*	ó neart go neart	*from strength to strength*
tógáil	*upbringing*	fadradharcach	*far-seeing*		

1 Cad a deir Aimee faoina máthair?

2 Cén difríocht a rinne an Idirbhliain do shaol Aimee?

3 Luaigh dhá éacht (*achievement*) atá bainte amach ag Aimee go dtí seo.

4 Dar leat, céard iad na tréithe is láidre atá ag Aimee? Tabhair fáth le do thuairim.

Cleachtadh ag caint

Ar thug tú cuairt ar ollscoil le déanaí?

1 Cén ollscoil?

2 Céard a bhí ar siúl agat ann?

3 Cé a bhí in éineacht leat an lá sin?

4 Ar thaitin an ollscoil leat?

An Scrúdú Cainte

1 **Scrúdaitheoir:** Céard a dhéanfaidh tú an bhliain seo chugainn?

Dalta: Ba mhaith liom céim san altranas a bhaint amach san ollscoil an bhliain seo chugainn. Leanfaidh an cúrsa ar feadh ceithre bliana agus beidh orm tamall fada a chaitheamh ag traenáil san ospidéal le linn an ama sin. Beidh orm a lán scrúduithe scríofa agus praiticiúla a dhéanamh i rith an chúrsa. Cloisim gur cúrsa dúshlánach é ach ta mé ag tnúth leis.

altracht	*nursing*	ag traenáil	*training*
dúshlánach	*challenging*	ag tnúth leis	*looking forward to it*

2 **Scrúdaitheoir:** Ar mhaith leat freastal ar an ollscoil an bhliain seo chugainn?

Dalta: Ba mhaith liom céim a bhaint amach san ealaín san ollscoil. Tá an-suim agam san ealaín agus chaith mé tréimhse ag obair le healaíontóir nuair a bhí mé san idirbhliain. Cúrsa ceithre bliana a bheidh ar siúl agam agus beidh mé ag staidéar cúrsaí péintéireachta, dealbhóireachta agus faisin i rith an chúrsa. Ba mhaith liom a bheith i mo dhearthóir faisin sa todhchaí.

tréimhse	*some time*	ealaíontóir	*artist*
dealbhóireacht	*sculpture*	dearthóir	*designer*

Bain triail as anois!

Bain úsáid as na nathanna cainte thuas chun cur síos ar na rudaí ba mhaith leat a dhéanamh san ollscoil. Léigh an giota os ard don rang nuair atá sé scríofa agat.

209

3 Cúrsaí Oibre

Cúrsaí Oibre: Poist

Cleachtadh ag caint   Cleachtadh ag scríobh

Léigh na ceisteanna agus na freagraí samplacha thíos. Scríobh do chuid freagraí féin i do chóipleabhar agus pléigh na ceisteanna sa rang.

altra	*nurse*	meicneoir	*mechanic*	iriseoir	*journalist*
siúinéir	*carpenter*	múinteoir	*teacher*	tógálaí	*builder*
cuntasóir	*accountant*	gruagaire	*hairdresser*	dearthóir	*designer*
eolaí	*scientist*	ealaíontóir	*artist*	oibrí sóisialta	*social worker*
tréidlia	*vet*	aisteoir	*actor*	freastalaí	*waiter*
rúnaí	*secretary*	bainisteoir	*manager*	cócaire	*chef*
tiománaí	*driver*	leictreoir	*electrician*	gníomhaire taistil	*travel agent*

1 **Ceist:** Cén post ba mhaith leat sa todhchaí?

Freagra: Ba mhaith liom a bheith i mo bhainisteoir sa todhchaí.

2 **Ceist:** Céard iad na cáilíochtaí a bheadh ag teastáil don phost sin?

Freagra: Bheadh céim sa ghnó ag teastáil uaim.

3 **Ceist:** Céard iad na tréithe a bheadh ag teastáil don phost sin?

Freagra: Bheadh sé tábhachtach a bheith éirimiúil agus stuama agus b'fhéidir tuisceanach agus foighneach.

4 **Ceist:** Céard iad na scileanna a bheadh ag teastáil don phost sin?

Freagra: Bheadh taithí ríomhaireachta, taithí riaracháin agus taithí rúnaíochta an-tábhachtach sa phost sin.

5 **Ceist:** Cá bhfaighidh tú post?

Freagra: Gheobhaidh mé post in oifig nó i mbanc.

sa todhchaí	*in the future*	cáilíochtaí	*qualifications*	tréithe	*qualities*
éirimiúil	*intelligent*	stuama	*sensible*	tuisceanach	*understanding*
ríomhaireacht	*computing*	riarachán	*administration*	rúnaíocht	*secretarial*

Ceapadóireacht: Scéal

Post Samhraidh

Ceap scéal (leathleathanach nó mar sin) a mbeidh an sliocht thíos oiriúnach mar thús leis.

D'fhéach mé ar m'fhón póca. Léigh mé an téacs ó mo chara.
Níor chreid mé mo shúile.

D'fhéach mé ar m'fhón póca. Léigh mé an téacs ó mo chara. Níor chreid mé mo shúile. Bhí agallamh faighte againn do phost mar fhreastalaithe san óstán áitiúil don samhradh. Bhí mé ar mhuin na muice! Léim mé as an leaba de gheit nuair a thug mé faoi deara go raibh an t-agallamh ar siúl ar a naoi a chlog. Bhí orm brostú!

Gan a thuilleadh moille d'fhág mé an teach agus shiúil mé i dtreo an óstáin. Thosaigh mé ag smaoineamh ar an agallamh. D'éirigh mé an-neirbhíseach. Ansin smaoinigh mé ar an bhfógra a léigh mé sa nuachtán áitiúil. Bhí déagóirí fuinniúla ag teastáil chun an bricfeasta a ullmhú go luath ar maidin.

Nuair a shroich mé oifig an bhainisteora bhí mo chara díreach ag teacht amach. Nuair a chonaic mé an meangadh mór ar a haghaidh thuig mé go raibh an post samhraidh faighte aici. Rug mé barróg uirthi agus shiúil mé isteach san oifig.

Labhair an bainisteoir liom agus dúirt sé go raibh cailín ag teastáil chun na hurláir a scuabadh agus chun na soithí a ní. D'inis mé dó go raibh mé lánsásta na jabanna go léir a dhéanamh agus thug sé an post dom láithreach bonn.

Rith mé abhaile ar nós na gaoithe chun an dea-scéala a insint do mo thuismitheoirí. Bhí post samhraidh faighte agam!

Foghlaim na nathanna cainte ón scéal thuas.

bhí agallamh faighte againn	*we had got an interview*	freastalaí	*waitress*
ar mhuin na muice	*delighted*	de gheit	*with a fright/suddenly*
bhí orm brostú	*I had to hurry*	gan a thuilleadh moille	*without further delay*
fógra	*notice*	meangadh mór	*a big smile*
déagóirí fuinniúla	*energetic teenagers*	an-neirbhíseach	*very nervous*
rug mé barróg uirthi	*I hugged her*	na soithí a ní	*to wash the dishes*

Cleachtadh ag scríobh

1. Déan liosta de na briathra atá sa scéal san Aimsir Chaite i do chóipleabhar.
2. Cum abairtí leis na nathanna cainte sa bhosca thuas.
3. Nod: 'Bhí mé ar crith nuair a chonaic mé an litir sa halla. D'oscail mé go mall í …'

Post Páirtaimseartha

Sraith Pictiúr   Post Páirtaimseartha

Rian 4.09

1 I rith na hidirbhliana d'oibrigh Jeaic in Ollmhargadh Uí Néill. D'oibrigh sé go dian ag folmhú boscaí agus ag líonadh seilfeanna. Bhí tairscint speisialta ar fáil san ollmhargadh ar chúig euro.

2 I rith an tsamhraidh lean Jeaic ar aghaidh ag obair go dian san ollmhargadh. Rinne sé jabanna difriúla timpeall an ollmhargaidh. Bhí sé ag cur na n-earraí ar na seilfeanna, ag obair ag an gcuntar agus ag ceangal na mboscaí le chéile sa chlós taobh thiar den ollmhargadh.

3 Lá amháin bhí Jeaic ag obair ag an gcuntar agus tháinig a chara Eibhlín isteach. Chuir Eibhlín ceisteanna ar Jeaic faoina phost san ollmhargadh. Dúirt Jeaic gur thaitin an jab go mór leis agus gur oibrigh sé óna leathuair tar éis a hocht ar maidin. D'inis Jeaic do Eibhlín cé mhéad airgid a thuill sé agus go raibh sé ag sábháil an airgid. Dúirt sé nach raibh sé cinnte an leanfadh sé ar aghaidh ag obair sa chúigiú bliain.

4 Nuair a d'fhill na daltaí ar scoil cheap siad go raibh difríocht an-mhór idir an idirbhliain agus an cúigiú bliain. Fuair siad a lán obair bhaile agus ba léir go raibh an-bhrú ar na daltaí sa chúigiú bliain. Chuir dalta ceist ar Jeaic faoina phost san ollmhargadh. Bhí tuirse an domhain ar Jeaic mar bhí sé ag iarraidh a chuid obair bhaile a dhéanamh agus fós bhí sé ag obair go páirtaimseartha san ollmhargadh. Ar an Luan chuaigh sé chun comhairle a fháil ón ngairmthreoraí sa scoil. Chuir sé comhairle ar Jeaic. Dúirt sé go raibh a chuid marcanna ag ísliú mar go raibh tuirse air tar éis dó a bheith ag obair. Mhol sé dó an scéal a phlé lena thuismitheoirí.

5 Sa bhaile, phléigh Jeaic an post páirtaimseartha lena thuismitheoirí. Dúirt sé go raibh sé ag smaoineamh ar éirí as an bpost. Luaigh a mháthair a shláinte agus dúirt sí freisin go mbeadh pointí arda ag teastáil ó Jeaic chun dul chuig an ollscoil. Thug a thuismitheoirí rogha dó a phost páirtaimseartha a choimeád nó éirí as.

6 Rinne Jeaic cinneadh éirí as an bpost páirtaimseartha. Chuaigh sé chun labhairt le bainisteoir an ollmhargaidh. Mhínigh sé dó go raibh sé róthuirseach agus go raibh a thorthaí ag ísliú. D'iarr sé cead ón mbainisteoir teacht ar ais an samhradh ina dhiaidh sin. Dúirt an bainisteoir go mbeadh fáilte ar ais aige agus go ndearna sé jab iontach san ollmhargadh.

Ciorcal oibre: beirt nó triúr le chéile ag plé, ag léamh agus ag scríobh

❶ Scríobh na briathra san Aimsir Chaite as an tsraith thuas i do chóipleabhar.

❷ Scríobh abairtí simplí leis na briathra agus glaoigh amach na habairtí sa rang.

❸ Cum sraith de cheisteanna bunaithe ar na pictiúir agus ansin pléigh na ceisteanna sa rang.

❹ Cuir na ceisteanna atá cumtha ag do ghrúpa ar na daltaí i ngrúpa eile.

Post Páirtaimseartha

Cleachtadh ag caint

Cleachtadh ag scríobh

Léigh na ceisteanna agus na freagraí samplacha thíos. Scríobh do chuid freagraí féin i do chóipleabhar agus déan cleachtadh orthu os ard sa rang.

1 **Ceist:** An raibh post páirtaimseartha agat riamh?

Freagra: Bhí post agam an samhradh seo caite sa bhialann áitiúil.

2 **Ceist:** Cá raibh tú ag obair?

Freagra: Bhí mé ag obair …

sa siopa nuachtán	*in the newsagent*	san ionad spóirt	*in the sports centre*
san ollmhargadh	*in the supermarket*	ag tabhairt aire do leanaí	*looking after children*
i mbialann	*in a restaurant*	i stáisiún peitril	*in a petrol station*
sa teach tábhairne	*in the pub*	in oifig	*in an office*

3 **Ceist:** Cén sórt oibre a rinne tú?

Freagra: Bhí mé ag cur fáilte roimh chustaiméirí i dtosach. Ansin bhí mé ag bailiú na ngloiní, ag glacadh orduithe agus ag dáileadh deochanna. Ag deireadh na hoíche chaith mé tamall ag scuabadh na n-urlár agus ag ní na ngréithe.

ag freastal ar na custaiméirí	*serving the customers*	ag líonadh na málaí	*packing bags*
ag scuabadh na n-urlár	*sweeping the floors*	ag líonadh na seilfeanna	*filling shelves*
ag freagairt an fhóin	*answering the phone*	ag bailiú na ngloiní salacha	*collecting the dirty glasses*
ag ní carranna	*washing cars*	ag garraíodóireacht	*gardening*

4 **Ceist:** Cé mhéad airgid a thuill tú?

Freagra: Thuill mé ceithre chéad euro in aghaidh na seachtaine.

fuair mé an t-íosphá	*I got the minimum wage*	Thuill mé	*I earned*
ocht euro san uair	*eight euro per hour*	naoi euro san uair	*nine euro per hour*

5 **Ceist:** Céard a rinne tú leis an airgead a thuill tú?

Freagra: Chuaigh mé ar shaoire champála le mo chairde.

Chuaigh mé ag siopadóireacht.	*I went shopping.*	Chuaigh mé ar saoire.	*I went on holidays.*
Chuir mé airgead i dtaisce sa bhanc.	*I saved money in the bank.*	Cheannaigh mé ticéad d'fhéile cheoil.	*I bought a ticket for a music festival.*

6 **Ceist:** Ar thaitin an post leat?

Freagra: Thaitin sé go mór liom cé go raibh mé traochta gach oíche!

Ceapadóireacht: Giota Leanúnach — Post Páirtaimseartha

Cleachtadh: Líon na bearnaí

Líon na bearnaí sa ghiota leanúnach thíos.

ag scuabadh thuill bainisteoir traochta samhradh
domhain a líonadh páirtaimseartha

Bhí _____ iontach agam anuraidh. Fuair mé post _____ san ollmhargadh áitiúil. Bhí áthas an domhain orm nuair a chuir an _____ glao orm a rá go mbeadh jab agam ó Luan go hAoine i rith an tsamhraidh. Bhí mé neirbhíseach an chéad lá ach bhí gach duine an-chairdiúil agus d'éirigh go han-mhaith liom. Iarradh orm na seilfeanna _____ le harán agus cístí agus chaith mé an mhaidin ag obair go dian. Tar éis lóin tugadh scuab dom agus thosaigh mé _____ na n-urlár. Ar a cúig a chlog bhí mé críochnaithe agus bhí mé tuirseach _____. Rinne mé a lán cairde nua san ollmhargadh agus _____ mé ocht euro caoga ceint san uair. Bhí áthas an _____ orm nuair a fuair mé an seic an chéad Aoine.

Deachtú: Blag Chormaic

Múinteoir: Léigh an t-alt thíos os ard sa rang agus iarr ar na daltaí an t-alt a scríobh. Ansin ceartaigh an t-alt.

Dalta: Déan liosta de na ceartúcháin i do chóipleabhar.

Tá tuirse an domhain orm anocht. Bhí mé ag obair sa siopa nuachtán áitiúil inniu. Thosaigh mé ar a deich a chlog ar maidin agus chríochnaigh mé ar a sé a chlog. Tá an siopa suite in aice na scoile ar phríomhbhóthar. Is siopa mór é. Tá an bainisteoir an-chairdiúil. Díolann an siopa páipéir nuachta, irisí, bia de gach saghas agus deochanna. Bíonn orm na seilfeanna a líonadh uaireanta. Ní maith liom a bheith ag scuabadh an urláir. Beidh lá saor agam amárach.

Cleachtadh ag scríobh

Scríobh giota leanúnach nó blag ar cheann amháin de na hábhair seo:

❶ Post páirtaimseartha.

❷ An Satharn – an lá is fearr liom sa tseachtain.

❸ Samhradh a chaith mé ag obair le mo Dhaid.

Ceapadóireacht: Litir nó Ríomhphost

Post Samhraidh

Tá teach ósta nua oscailte ag do thuismitheoirí agus tá post samhraidh ar fáil sa chistin ann. Scríobh an litir/an ríomhphost a chuirfeá chuig cara leat ag insint dó/di faoin bpost agus ag moladh dó/di iarratas a chur isteach ar an bpost sin.

1 Bain úsáid as na nótaí thíos chun an litir a scríobh i do chóipleabhar.

2 Meaitseáil na habairtí Gaeilge agus Béarla thíos.

1	A Néill, a chara, nó A Úna, a chara,	Dear Niall, or Dear Úna,	a
2	Fan go gcloise tú an dea-scéala atá agam!	Wash dishes and clean tables.	b
3	Tá poist pháirtaimseartha ar fáil san óstán don samhradh.	They need part-time workers.	c
4	Beidh mo thuismitheoirí ag fostú déagóirí sa samhradh.	They will have to serve sandwiches and drinks.	d
5	Bíonn bialann an óstáin an-ghnóthach i rith an tsamhraidh agus tá cúpla freastalaí uathu.	If you apply for the job I will ask my parents to give it to you.	e
6	Tá mo thuismitheoirí ag cur fógra sa pháipéar áitiúil inniu.	There are part-time jobs available in the hotel for the summer.	f
7	Tá oibrithe páirtaimseartha ag teastáil uathu.	You will earn €300 weekly.	g
8	Beidh orthu ceapairí agus deochanna a dháileadh.	The hotel restaurant is very busy during the summer and they need waiting staff.	h
9	Urláir a scuabadh.	I will be working on the reception desk.	i
10	Soithí a ní agus boird a ghlanadh.	Send me an e-mail soon.	j
11	Tuillfidh tú trí chéad euro in aghaidh na seachtaine.	My parents are putting a notice in the local paper today.	k
12	Má tá suim agat sa phost seol litir isteach chuig an mbainisteoir chomh luath agus is féidir leat.	Wait until you hear the good news that I have!	l
13	Beidh mé féin ag obair ag an deasc fáilte.	My parents will be employing teenagers in the summer.	m
14	Má chuireann tú isteach ar an bpost iarrfaidh mé ar mo thuismitheoirí an post a thabhairt duit.	If you are interested in the job send a letter to the manager as soon as you can.	n
15	Seol ríomhphost ar ais chugam go luath.	To sweep floors.	o

1	2	3	4	5	6	7	8	9	10	11	12	13	14	15

An Scrúdú Cainte

1 **Scrúdaitheoir:** Cén post ba mhaith leat nuair a bheifeá críochnaithe sa choláiste?

Dalta: Ba mhaith liom a bheith i m'iriseoir amach anseo. Rinne mé taithí oibre nuair a bhí mé san idirbhliain leis an nuachtán áitiúil agus thaitin sé go mór liom. Ba mhaith liom a bheith ag taisteal timpeall an domhain ag fiosrú scéalta móra. Tá an-suim agam sa léitheoireacht agus is aoibhinn liom a bheith ag léamh an nuachtáin. Is iriseoir é m'uncail agus deir sé gur post iontach é, cé go bhfuil sé deacair agus dushlánach.

iriseoir	*journalist*	ag taisteal	*travelling*
ag fiosrú	*investigating*	dúshlánach	*challenging*

2 **Scrúdaitheoir:** An raibh post páirtaimseartha agat riamh?

Dalta: Bhí post páirtaimseartha agam an samhradh seo caite. Bhí mé ag obair sa teach tábhairne áitiúil. D'oibrigh mé gach oíche óna hocht a chlog go dtí meánoíche. Chaith mé an oíche ag siúl timpeall ag bailiú na ngloiní salacha agus ag dáileadh deochanna. Ghlan mé na boird agus ag deireadh na hoíche scuab mé na hurláir. Bhuail mé le daoine cairdiúla deasa ar an iomlán agus thuill mé naoi euro san uair. Bhí mo chara ag obair sa teach tábhairne céanna agus bhí an-chraic againn le chéile.

D'oibrigh mé	*I worked*	meánoíche	*midnight*

Bain triail as anois!

Bain úsáid as na nathanna cainte thuas chun cur síos ar do phost páirtaimseartha. Léigh an giota os ard don rang nuair atá sé scríofa agat.

Aonad a Cúig

Saol an Duine Óig

San aonad seo foghlaimeoidh tú na scileanna seo:

- Conas ceisteanna a chur agus a fhreagairt faoi do shaol agus faoi na rudaí a gcuireann tú spéis iontu.
- Ullmhóidh tú don scrúdú cainte.
- Déanfaidh tú cleachtadh ar do chuid scileanna scríbhneoireachta: litir/scéal/ alt/comhrá a scríobh.
- Cuirfidh tú feabhas ar do chuid scileanna éisteachta.
- Foghlaimeoidh tú breis foclóra a bhaineann le hábhair a bhaineann le do shaol.
- Tiocfaidh feabhas ar do chuid scileanna léitheoireachta.

Tá ceithre chuid san aonad seo:

1. Taisteal, Laethanta Saoire
2. Ceol
3. An Phictiúrlann
4. Spórt

Nóta don mhúinteoir

Seo an tríú haonad ó churaclam na hArdteiste, gnáthleibhéal. Chomh maith le bunfhoclóir an aonaid déanfaidh na daltaí cleachtadh ar na scileanna go léir a bheidh ag teastáil do scrúdú na hArdteiste: scileanna éisteachta, léitheoireachta, scríbhneoireachta agus cainte. Ina theannta sin ba cheart don rang staidéar a dhéanamh ar an dán *Mo Ghrá-sa (idir lúibíní)* agus staidéar a dhéanamh ar an scannán *Cáca Milis*.

Chun feabhas a chur ar chumas tuisceana an ranga ba cheart don rang féachaint ar TG4 go rialta nó féachaint ar na dlúthdhioscaí i bhfillteán an mhúinteora.

Clár

1: Taisteal, Laethanta Saoire

2: Ceol

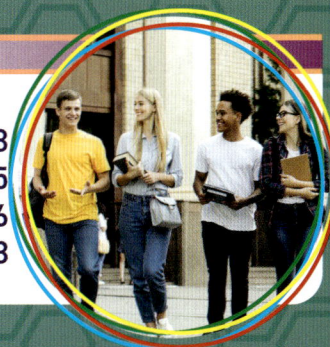

3: An Phictiúrlann

4: Spórt

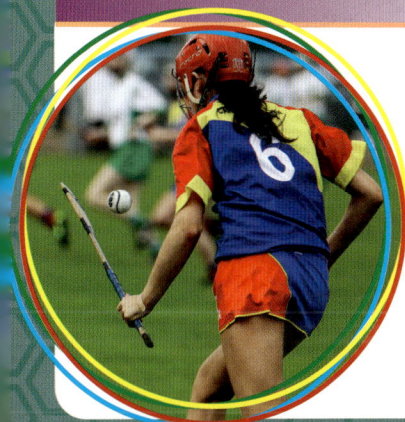

1 Taisteal, Laethanta Saoire

Cleachtadh ag caint   Cleachtadh ag scríobh

Léigh na ceisteanna agus na freagraí samplacha thíos. Scríobh do chuid freagraí féin i do chóipleabhar agus déan cleachtadh orthu os ard sa rang.

1 **Ceist:** An maith leat taisteal?

Freagra: Is aoibhinn liom taisteal.

2 **Ceist:** An ndeachaigh tú ar saoire anuraidh?

Freagra: Chuaigh mé ar saoire chuig an bPortaingéil le mo chlann anuraidh.

3 **Ceist:** Cár fhan sibh sa Phortaingéil?

Freagra: Bhíomar ag fanacht in árasán cois trá.

4 **Ceist:** An raibh an aimsir go maith sa Phortaingéil?

Freagra: Bhí an aimsir ar fheabhas. Bhí an ghrian ag spalpadh anuas orainn ó mhaidin go hoíche.

5 **Ceist:** I rith an lae céard a rinne sibh?

Freagra: Bhuel, lá amháin chuamar ar thuras lae chuig Faro. Is baile álainn stairiúil é Faro agus thugamar cuairt ar áiteanna suimiúla sa bhaile. Chonaiceamar seanchaisleán agus seanséipéal agus ina dhiaidh sin bhí lón blasta againn i mbialann i lár an bhaile. Lá eile thógamar báid amach ar cíos ar an loch agus bhíomar ag rámhaíocht timpeall an locha. Bhí an-chraic againn. D'imir mo thuismitheoirí galf freisin agus dúirt siad go raibh an cúrsa go hálainn.

turas lae	day trip	baile stairiúil	historic city
seanchaisleán	old castle	seanséipéal	old church
ar cíos	for rent	ag rámhaíocht	rowing

6 **Ceist:** Céard a rinne sibh san oíche?

Freagra: San oíche chuamar amach le haghaidh dinnéir. Bhí bialanna deasa in aice an óstáin agus bhí béilí blasta againn gach oíche.

7 **Ceist:** Ar bhuail sibh le daoine eile ar an tsaoire?

Freagra: Cinnte, bhuaileamar le teaghlach eile ó Shasana agus bhí siad ag fanacht i mbaile beag in aice linn. Chuamar ag siúl le chéile ar an trá gach lá.

8 **Ceist:** Céard a dhéanfaidh tú an samhradh seo chugainn?

Freagra: Rachaidh mé ar ais chuig an bPortaingéil gan amhras ar bith. Is aoibhinn liom na daoine cairdiúla agus na bailte stairiúla.

Cleachtadh ag scríobh

Meaitseáil na habairtí Béarla agus Gaeilge thíos.

1	Chuireamar ár dticéid eitleáin in áirithe ar an Idirlíon.	We did not forget our passports.	a
2	Bhí sceitimíní an domhain orainn an lá sin mar bhíomar ar ár mbealach chuig an Spáinn.	In the end we reached Malaga airport.	b
3	Líonamar ár málaí agus thógamar tacsaí chuig an aerfort.	We rented a house by the sea.	c
4	Ní dhearnamar dearmad ar ár bpasanna.	We were very sad after a fortnight.	d
5	Bhí moill ar an eitleán agus bhíomar mífhoighneach ag feitheamh.	We booked our flights on the Internet.	e
6	Ar deireadh shroicheamar aerfort Malaga.	We spent the days lying on the beach.	f
7	Thógamar teach ar cíos in aice na farraige.	The sun was splitting the rocks every day.	g
8	Chaitheamar na laethanta inár luí ar an trá.	We packed our bags and took a taxi to the airport.	h
9	Bhí an ghrian ag scoilteadh na gcloch gach lá.	The plane was delayed and we were impatient waiting.	i
10	Bhí brón an domhain orainn tar éis coicíse.	We were very excited that day because we were on our way to Spain.	j

1	2	3	4	5	6	7	8	9	10

Deachtú

Múinteoir: Léigh an t-alt thíos os ard sa rang agus iarr ar na daltaí an t-alt a scríobh. Ansin ceartaigh an t-alt.

Dalta: Déan liosta de na ceartúcháin i do chóipleabhar.

Is aoibhinn liom dul ar laethanta saoire. Chuaigh mé go dtí an Iodáil an samhradh seo caite. Bhí sé te agus grianmhar gach lá. D'fhanamar in óstán in aice le loch mór, Loch Garda. Bhí an baile beag go hálainn. Chuamar ag snámh sa linn snámha gach lá. Bhí béilí blasta againn gach oíche. D'ith mé píotsa agus pasta gach oíche. Bhí an-bhrón orm ag teacht abhaile. Bhí saoire iontach agam san Iodáil.

Cleachtadh ag caint

Freagair na ceisteanna seo ar laethanta saoire a chaith tú thar lear:

1. Cén sórt daoine iad na daoine atá san áit sin?
2. Ar thaitin an bia leat?
3. Conas mar a bhí an aimsir?
4. Céard a rinne tú gach lá?

Ag Campáil Cois Farraige

Sraith Pictiúr

Ag Campáil Cois Farraige

🔊 Rian 5.01

1 Ar an dara lá is fiche de Mheitheamh chríochnaigh na buachaillí scrúdú na hArdteiste. Bhí áthas an domhain orthu. Smaoinigh siad ar phlean dul ag campáil go Loch Garman ar feadh deireadh seachtaine. Cheap a dtuismitheoirí gur smaoineamh iontach é.

2 Thaistil na buachaillí go Loch Garman agus ní raibh mórán trioblóide acu an puball a chur suas. Ba phuball an-chompordach é agus bhí siad an-sásta. Bhí an t-ionad campála suite cois trá. Ansin chuir na buachaillí a gculaith snámhá orthu agus luigh siad ar an ngaineamh. Bhí an ghrian ag scoilteadh na gcloch. Bhí buachaill amháin ag léamh agus bhí an buachaill eile ag féachaint ar na báid seoil amuigh ar an bhfarraige.

3 Go tobann chonaic siad scamaill mhóra dhúbha os a gcionn. Ansin thosaigh sé ag stealladh báistí. Rug na buachaillí greim ar a dtuáillí agus rith siad i dtreo an phubaill.

4 Nuair a shroich siad an t-ionad campála, bhí díomá an domhain orthu nuair a chonaic siad go raibh an puball leagtha. Bhí gaoth láidir ag séideadh faoin am seo agus ní raibh a fhios ag na buachaillí céard ba chóir dóibh a dhéanamh.

5 Ansin chuir buachaill amháin glao ar a Dhaid. Mhínigh sé dó go raibh sé ag cur báistí go trom agus go raibh siad fliuch go craiceann. Bhí dea-scéala ag Daid do na buachaillí. Dúirt sé go raibh óstán deas in aice láimhe agus go raibh aithne aige ar bhainisteoir an óstáin.

6 Bhí áthas an domhain ar na buachaillí ansin. Shiúil siad chuig an óstán agus fuair siad lóistín ann. An oíche sin bhí béile breá acu i mbialann an óstáin. Bhí siad sásta an deireadh seachtaine a chaitheamh san óstán.

Ciorcal oibre: beirt nó triúr le chéile ag plé, ag léamh agus ag scríobh

❶ Scríobh na briathra san Aimsir Chaite as an tsraith thuas i do chóipleabhar.

❷ Scríobh abairtí simplí leis na briathra agus glaoigh amach na habairtí sa rang.

❸ Cum sraith de cheisteanna bunaithe ar na pictiúir agus ansin pléigh na ceisteanna sa rang.

❹ Cuir na ceisteanna atá cumtha ag do ghrúpa ar na daltaí i ngrúpa eile.

An Tír is Fearr liom

Léigh an sliocht seo a leanas a scríobh Antaine agus freagair na ceisteanna ar fad a ghabhann leis.

Is í an Fhrainc an tír is fearr liom ar domhan. Is tír álainn í, i mo thuairim. Nuair a bhí mé san idirbhliain thug mé cuairt ar chathair Pháras le mo rang ealaíne. Chaitheamar dhá lá ag siúl timpeall na cathrach ag féachaint ar na radhairc stairiúla. Chonaiceamar ardeaglais Notre Dame, Túr Eiffel agus thugamar turas báid síos an abhainn is cáiliúla ar domhan, an tSéin. Bhí an aimsir te agus grianmhar agus bhaineamar taitneamh as na béilí iontacha agus na radhairc áille.

An samhradh ina dhiaidh sin chaith mé coicís le mo chlann i mbaile álainn darbh ainm Beaulieu-sur-Mer i ndeisceart na Fraince. Ar maidin shiúlamar chuig an gcearnóg i lár an bhaile agus shuíomar sa chearnóg ag ól caife agus ag ithe *croissants*. Bhí margadh ar siúl gach maidin agus bhuail na daoine le chéile ag an margadh. Cheannaigh siad bláthanna, torthaí, glasraí agus éisc ann. Tar éis bricfeasta thugamar aghaidh ar an trá. Bhí sé plódaithe le daoine idir óg agus aosta ag sú na gréine.

San oíche shiúlamar síos chuig an gcuan agus d'itheamar béile i gceann de na bialanna deasa ansin. Chonaiceamar na báid áille ag teacht agus ag imeacht. Lá amháin thógamar bád ar cíos agus thugamar aghaidh ar San Tropez. Bhí an-chraic againn ar an mbád agus chaitheamar an tráthnóna ag spaisteoireacht timpeall San Tropez. Bhí siopaí de gach saghas ann, iad an-daor agus an-ghalánta!

Lá eile thógamar an traein ó Beaulieu-sur-Mer isteach chuig cathair Nice. Is seanchathair stairiúil í agus bhí lón deas againn cois trá. Bhí an ghrian ag spalpadh anuas orainn agus bhí brón orainn nach raibh ár gcultacha snámha linn. Ina dhiaidh sin chaitheamar tamall ag ceannach cuimhneachán sna siopaí beaga sular fhilleamar ar Beaulieu-sur-Mer.

radhairc stairiúla	*historic sights*	ardeaglais	*cathedral*
béilí iontacha	*wonderful meals*	deisceart	*south*
cearnóg	*square*	ag sú na gréine	*soaking in the sun*
cuan	*harbour*	ag spaisteoireacht	*wandering*
an-daor	*very expensive*	an-ghalánta	*very posh*
cultacha snámha	*swimsuits*	cuimhneacháin	*souveniers*

1. Cá ndeachaigh Antaine leis an rang ealaíne?
2. Ainmnigh dhá radharc stairiúil a chonaic siad i bPáras.
3. Cé mhéad ama a chaith Antaine in Beaulieu-sur-Mer lena chlann?
4. Cá ndeachaigh siad nuair a thóg siad bád ar cíos?
5. Céard a cheannaigh Antaine i gcathair Nice?

Ciorcal oibre: beirt nó triúr le chéile ag plé, ag léamh agus ag scríobh

1. Léigh an giota thuas os ard i do ghrúpa.
2. Déan liosta de na briathra atá san Aimsir Chaite i do chóipleabhar.
3. Pioc amach na nathanna cainte a bhaineann le laethanta saoire agus déan liosta díobh i do chóipleabhar.
4. Scríobh alt le do ghrúpa faoi do laethanta saoire. Bain úsáid as na nathanna cainte thuas.

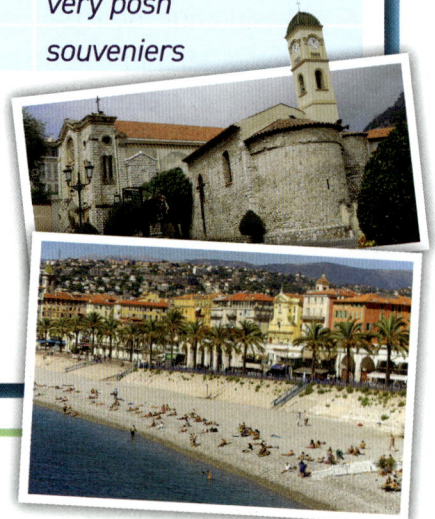

Ceapadóireacht: Litir nó Ríomhphost — Post Samhraidh

Tá post samhraidh faighte agat in óstán i nGaillimh. Scríobh litir nó ríomhphost chuig do chara sa bhaile agus déan cur síos ar an bpost samhraidh.

seoladh

3 Bóthar na Trá,

Gaillimh,

Co. na Gaillimhe

beannú

tús

dáta   3 Lúnasa

A Áine, a chara,

Beannachtaí ó chontae na Gaillimhe! Tá súil agam go bhfuil tú ag baint taitneamh as an samhradh. Mar is eol duit táim ag obair go dian anseo in Óstán na Páirce i nGaillimh. Thosaigh mé ag obair anseo i mí an Mheithimh. Bíonn an t-óstán plódaithe ó cheann ceann na seachtaine agus ní bhíonn nóiméad le spáráil agam.

Tá post agam mar fhreastalaí sa chistin agus mar sin bíonn orm éirí go luath ar maidin chun an bricfeasta a ullmhú. Oibríonn an cócaire liom sa chistin agus bíonn uibheacha, ispíní agus bagún ag na cuairteoirí don bhricfeasta chomh maith le tósta agus tae nó caife.

Tar éis bricfeasta glanaim na boird agus scuabaim na hurláir agus leagaim na boird arís don lón. Bainim taitneamh as an obair ach bíonn tuirse an domhain orm ag deireadh an lae.

Bíonn sos agam i lár an lae agus siúlaim chuig an trá nuair a bhíonn an aimsir grianmhar. Uaireanta téim isteach sa chathair ag siopadóireacht. Is aoibhinn liom na siopaí ar Shráid na Siopaí. Táim ag iarraidh airgead a chur i dtaisce sa bhanc i rith an tsamhraidh agus mar sin ní théim amach go rómhinic chuig na clubanna oíche.

Beidh deireadh seachtaine saor agam ag deireadh na míosa más maith leat cuairt a thabhairt orm anseo i nGaillimh.

Seol litir chugam go luath.

Slán go fóill,   *críoch*

Ciara

Léigh an litir agus freagair na ceisteanna i do chóipleabhar.

1. Cá bhfuil Ciara ag obair?
2. Cathain a thosaigh sí ag obair?
3. Céard a bhíonn ag na cuairteoirí don bhricfeasta?
4. Cén sórt oibre a dhéanann Ciara tar éis bricfeasta?
5. Cén fáth nach dtéann Ciara chuig na clubanna oíche go rómhinic?

Cleachtadh ag scríobh

Tá post samhraidh faighte agat in óstán faoin tuath in Éirinn. Seol litir nó ríomhphost chuig do thuismitheoirí agus inis dóibh conas atá ag éirí leat sa phost.

Ceapadóireacht: Scéal
Duais a bhuaigh mé — turas go Londain
Ceap scéal a mbeidh an giota thíos oiriúnach mar thús leis:

Léim mé le háthas nuair a ghlaoigh an múinteoir m'ainm ó bharr an ranga. Bhí an chéad duais buaite agam. Trí thicéad eitleáin go Londain!

Tús an scéil

Níor chreid mé mo chluasa.

Léim mé le háthas.

Ba bheag nár thit mé i laige nuair a chuala mé m'ainm á ghlao amach.

Chuir mé glao ar mo chairde agus mo thuismitheoirí chun an dea-scéala a insint dóibh.

Thug mé cuireadh do mo dhlúthchairde teacht in éineacht liom.

Bhí sceitimíní an domhain orm.

Lár an scéil

Nuair a thuirlingíomar i Londain fuaireamar an traein faoi thalamh chuig an óstán.

Óstán an Tí Bháin an t-ainm a bhí air.

Bhí sé an-ghalánta agus tugadh ár málaí chuig ár seomra láithreach bonn.

Chaitheamar an chéad lá in airde ar bhus turasóireachta ag déanamh turais timpeall na cathrach.

Chonaiceamar na radhairc is cáiliúla: Big Ben, Droichead Londan, Sráid Oxford agus Tithe an Rialtais.

Bhíomar tuirseach traochta an oíche sin agus bhí béile againn i mbialann an óstáin.

D'éiríomar go luath an dara lá agus thugamar cuairt ar an zú ar maidin agus ar Harrods um thráthnóna.

Cheannaíomar cuimhneacháin in Harrods agus thógamar tacsaí ar ais chuig an óstán ina dhiaidh sin.

An oíche sin chuamar chun an ceoldráma *Wicked* a fheiceáil. Bhí sé dochreidte!

Ar an lá deireanach chaitheamar an mhaidin in Covent Garden.

Bhí an ghrian ag taitneamh anuas orainn agus muid ag siúl timpeall na siopaí éagsúla.

Críoch an scéil

Bhí an-bhrón orainn agus muid ag fágáil.

D'fhilleamar ar an aerfort go brónach.

Bhí saoire iontach againn i Londain.

Bhí sé ag stealladh báistí nuair a thuirling an t-eitleán i mBaile Átha Cliath.

Rachaidh mé ar ais go Londain an bhliain seo chugainn.

❶ Pioc amach na briathra san Aimsir Chaite sna línte thuas.

❷ Bain úsáid as na nótaí thuas chun an scéal a scríobh. Léigh an scéal os ard ansin.

Nua-Eabhrac

Léigh an sliocht seo a leanas agus freagair na ceisteanna ar fad a ghabhann leis.

Is cathair fhíorspéisiúil í Nua-Eabhrac. Tá daonra ollmhór inti, thart ar ocht milliún duine. Is ann atá Ceanncheathrú na Náisiún Aontaithe agus na cúig chathairbhuirg: An Bronx, Brooklyn, Manhattan, Queens agus Oileán Staten. Sa Bronx is féidir cuairt a thabhairt ar an zú is mó i Meiriceá agus níos mó ná 60,000 ainmhí le feiceáil ann.

Is sa Bronx freisin a d'fhás cultúr an 'rap' agus 'hip hop'. Tá Jennifer Lopez ar dhuine de na daoine is cáiliúla a rugadh sa Bronx agus chum sí amhrán faoin áit darbh ainm 'Jenny from the Block'. Áit shuimiúil eile sa Bronx is ea Staid Yankee. Is ann a fheicfidh tú foirne móra ar nós 'Na Red Sox' agus 'Na Yankees'.

Cathairbhuirg eile atá an-cháiliúil is ea Brooklyn. Duine cáiliúil a rugadh agus a tógadh in Brooklyn is ea Jay-Z. Is fear gnó agus is ceoltóir é Jay-Z anois. Tá níos mó ná caoga milliún albam díolta aige ar fud an domhain agus meastar go bhfuil saibhreas cúig chéad milliún dollar aige anois. Scríobh sé an t-amhrán 'Empire State of Mind' a deir gur féidir leat rud ar bith a dhéanamh nuair atá tú i Nua-Eabhrac.

Is é Manhattan an chathairbhuirg is lú i Nua-Eabhrac. Tá go leor le feiceáil in Manhattan agus ní nach ionadh go dtagann na milliúin turasóir ann gach bliain ag tabhairt cuairte ar Chearnóg Times nó 'crosbhóthar an domhain' mar a thugtar air. Dar ndóigh, ceann de na háiteanna is fearr le seó nó dráma a fheiceáil is ea Broadway.

| fíorspéisiúil | *very interesting* | daonra | *population* |
| cúig chathairbhuirg | *five boroughs* | foirne móra | *big teams* |

1 Cé mhéad duine a chónaíonn i Nua-Eabhrac?
2 Ainmnigh an t-amhrán a chum Jennifer Lopez faoin Bronx.
3 Cár rugadh Jay-Z?
4 Cén t-amhrán a scríobh Jay-Z faoi Nua-Eabhrac?
5 Cá dtéann daoine chun seó nó dráma a fheiceáil?

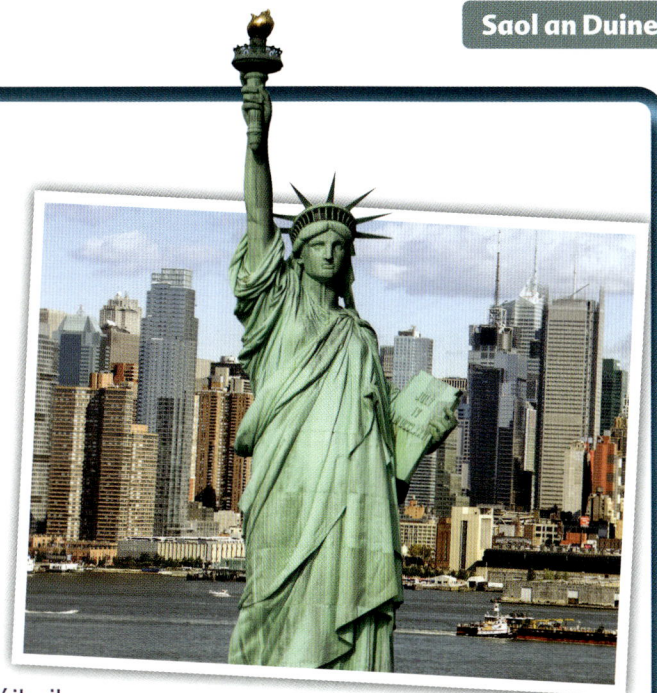

Cleachtadh ag scríobh
1 An raibh tú riamh i Nua-Eabhrac, nó i gcathair mhór eile?
2 Cathain a bhí tú ann?
3 Ar thaitin an chathair leat?
4 Céard a rinne tú ann?

Laethanta Saoire

Sraith Pictiúr   Laethanta Saoire

1 Bhí Máire, Siobhán agus Aoife ag dul ar a gcuid laethanta saoire go Tenerife. Thug an tacsaí chuig aerfort Bhaile Átha Cliath iad. D'íoc Siobhán fear an tacsaí agus thóg siad a málaí ó chúl an chairr. Bhí sceitimíní an domhain ar na cailíní.

2 Shiúil na cailíní isteach san aerfort agus chuaigh siad chuig an deasc. Thaispeáin siad a bpasanna don fhear agus thóg sé a málaí. Bhí an t-aerfort plódaithe le daoine ag dul ar saoire.

3 Chuaigh siad chuig an mbialann san aerfort ansin agus bhí cupán caife acu. Thosaigh na cailíní ag caint faoin tsaoire. Bhí plean acu laethanta fada a chaitheamh ag sú na gréine ar an trá. Bhí siad ag tnúth go mór le hoileán Tenerife a fheiceáil.

4 Ar deireadh, shroich Máire, Siobhán agus Aoife Residence del Sol. Shiúil siad timpeall an óstáin chun na háiseanna a fheiceáil. Chonaic siad linn snámha dheas le cathaoireacha agus leapacha gréine. Bhí an-áthas ar na cailíní. Bhí árasáin agus óstáin eile sa cheantar.

5 Ina dhiaidh sin thug na cailíní cuairt ar an trá. Chuir siad tuáille ar an ngaineamh agus luigh siad síos. Bhí an trá plódaithe le daoine, idir óg agus aosta. Chonaic siad páistí ag lapadáil san uisce agus déagóirí ag imirt eitpheile ar an trá. Bhí an ghrian ag scoilteadh na gcloch agus bhí báid sheoil amuigh ar an bhfarraige.

6 An oíche sin chuaigh na cailíní amach le haghaidh dinnéir. Bhí béile blasta acu i mbialann ghalánta. Tháinig an freastalaí chucu le deochanna ar thráidire. Ina dhiaidh sin chuaigh na cailíní chuig dioscó. Bhí atmaisféar beomhar ag an dioscó. Bhí oíche iontach acu ag damhsa. Ba léir go raibh saoire iontach ag na cailíní in Tenerife.

Ciorcal oibre: beirt nó triúr le chéile ag plé, ag léamh agus ag scríobh

❶ Scríobh na briathra san Aimsir Chaite as an tsraith thuas i do chóipleabhar.

❷ Scríobh abairtí simplí leis na briathra agus glaoigh amach na habairtí sa rang.

❸ Cum sraith de cheisteanna bunaithe ar na pictiúir agus ansin pléigh na ceisteanna sa rang.

❹ Cuir na ceisteanna atá cumtha ag do ghrúpa ar na daltaí i ngrúpa eile.

An Samhradh Seo Chugainn

Cleachtadh ag caint   Cleachtadh ag scríobh

Léigh na ceisteanna agus na freagraí samplacha thíos. Scríobh do chuid freagraí féin i do chóipleabhar agus déan cleachtadh orthu os ard sa rang.

1 Ceist: Céard a dhéanfaidh tú an samhradh seo chugainn?

Freagra: Rachaidh mé ar saoire chuig m'aintín in Chicago an samhradh seo chugainn.

2 Ceist: An bhfaighidh tú post an samhradh seo chugainn?

Freagra: Gheobhaidh mé post sa bhialann áitiúil.

3 Ceist: An rachaidh tú thar lear an samhradh seo chugainn?

Freagra: Cinnte, rachaidh mé thar lear an samhradh seo chugainn.

4 Ceist: An nglacfaidh tú sos an samhradh seo chugainn?

Freagra: Glacfaidh mé sos fada tar éis na scrúduithe, gan amhras ar bith.

Rachaidh mé	I will go	Gheobhaidh mé	I will get	Oibreoidh mé	I will work
Ní bhfaighidh mé	I will not get	Cabhróidh mé	I will help	Tabharfaidh mé	I will give
Tógfaidh mé	I will take	Tuillfidh mé	I will earn	Buailfidh mé le	I will meet with

Cleachtadh ag scríobh: An Samhradh — an séasúr is fearr liom

Líon na bearnaí san alt thíos.

> sú   samhradh   iománaíochta   tsamhraidh
> Los Angeles   siopadóireacht   domhain   teo   scrúduithe

Is aoibhinn liom an _____. Bíonn an aimsir níos _____ agus níos fearr ná in aon séasúr eile. Críochnaíonn na _____ ar scoil ag deireadh mhí na Bealtaine agus bíonn sos againn ar feadh cúpla mí. I rith an tsamhraidh buailim le mo chairde agus caithim laethanta fada ar an trá ag _____ na gréine nó sa pháirc ag imirt peile nó _____. Má bhíonn an aimsir fuar nó fliuch téim chuig an bpictiúrlann nó chuig an gcathair ag _____. I mí Lúnasa caithim coicís thar lear le mo theaghlach. Tugaimid cuairt ar Mheiriceá de ghnáth. Is aoibhinn liom _____. Bíonn an aimsir ansin i gcónaí te agus grianmhar. Ag deireadh an _____ fillim ar scoil agus bíonn brón an _____ orm.

Scríobh alt i do chóipleabhar faoin samhradh. Bain úsáid as na nathanna san alt thuas.

An Scrúdú Cainte

1 Scrúdaitheoir: An raibh post samhraidh riamh agat?

Dalta: Bhí mé ag obair san óstán áitiúil an samhradh seo caite. Thaitin an post go mór liom ach bhí an obair tuirsiúil. Thosaigh mé ar a sé a chlog ar maidin agus bhí orm na seomraí leapa a ghlanadh. Bhí orm na leapacha a chóiriú agus an seomra a ghlanadh ó bhun go barr. Bhí sos agam don lón i lár an lae agus um thráthnóna bhí mé ag obair sa bhialann, ag freastal ar na cuairteoirí. Thuill mé a lán airgid agus rinne mé a lán cairde nua san óstán. Thug an bainisteoir cuireadh dom teacht ar ais an samhradh seo chugainn, tar éis na hArdteiste.

2 Scrúdaitheoir: Céard iad na difríochtaí idir an Fhrainc agus an tír seo?

Dalta: Tá a lán difríochtaí idir an Fhrainc agus an tír seo. I dtosach, tá níos mó daoine ina gcónaí sa Fhrainc ná mar a chónaíonn sa tír seo, ach ceapaim go bhfuil na daoine sa tír seo níos cairdiúla. Bíonn an aimsir níos teo sa Fhrainc agus níos fuaire in Éirinn i rith an tsamhraidh. Measaim go bhfuil an tuath agus na radhairc sa tír seo níos áille ná an Fhrainc, ach taitníonn an bia sa Fhrainc go mór liom.

Bain triail as anois!

Bain úsáid as na nathanna cainte thuas chun cur síos a dhéanamh ar na difríochtaí idir an Fhrainc (nó tír eile) agus an tír seo. Léigh an giota os ard don rang nuair atá sé scríofa agat.

Súil siar ar an Litríocht

Cúrsa Filíochta:
Mo Ghrá-sa (idir lúibíní)
le Nuala Ní Dhomhnaill

🔊 **Rian 1.03**

Le caoinchead thogra Phortráidí na Scríbhneoirí Gaeilge

Léigh an dán ar leathanach 20.

Scéal an dáin

Is dán grá é an dán seo ach níl sé cosúil leis na seandánta grá. Léiríonn an file grá dá fear céile sa dán. Ní fear dathúil é a fear céile ach is fear deas, lách, tuisceanach é. Úsáideann an file greann sa dán chun a grá a léiriú. Is cuma leis an bhfile faoi shúile an fhir. Deir sí go bhfuil a shúile róchóngarach dá chéile. Níl sí buartha faoina chuid gruaige ach an oiread. Ceapann sí go bhfuil a chuid gruaige cosúil le sreang dheilgneach. Ar deireadh míníonn an file gur fear deas flaithiúil é a fear céile.

dathúil	*handsome*	lách	*gentle*
tuisceanach	*understanding*	róchóngarach	*too close*
buartha	*worried*	sreang dheilgneach	*barbed wire*

Cúrsa Próis: *Cáca Milis*
Gearrscannán le Brian Lynch

▶️ **Físeán**

Léigh scéal an scannáin *Cáca Milis* ar leathanach 135—136.

Eolas faoin scannán

Is gnáthbhean í Catherine. Tugann sí aire dá máthair ach is léir go bhfuil sí faoi bhrú ina saol pearsanta. Tiomáineann Catherine chuig an stáisiún traenach agus fanann sí lena máthair go dtí go dtagann an cúramóir Nora. Nuair a shuíonn Catherine ar an traein ligeann sí osna faoisimh aisti. Osclaíonn sí a leabhar agus tosaíonn sí ag léamh. Ansin osclaíonn fear dall doras an charáiste. Paul an t-ainm atá air. Tá Paul páistiúil, cainteach agus ciotach. Suíonn Paul os comhair Catherine agus tosaíonn sé ag caint léi. Cuireann sé isteach ar shuaimhneas Catherine. Ní bhíonn Catherine sásta ...

Féach ar an scannán chun deireadh an scéil seo a fheiceáil.

brú	*pressure*	tiomáineann sí	*she drives*
cúramóir	*carer*	osna faoisimh	*a sigh of relief*
páistiúil	*childish*	ciotach	*awkward*

2 Ceol

Ceol i mo Shaol
Cleachtadh ag caint   Cleachtadh ag scríobh

Léigh na ceisteanna agus na freagraí samplacha thíos.
Scríobh do chuid freagraí féin i do chóipleabhar agus léigh
amach os ard sa rang iad.

1. **Ceist:** An bhfuil suim agat sa cheol?
   Freagra: Tá an-suim agam sa cheol. Is é Arctic Monkeys an grúpa ceoil is fearr liom.

2. **Ceist:** An seinneann tú uirlis cheoil?
   Freagra: Ní sheinnim aon uirlis cheoil ach éistim le ceol gach lá ar m'fhón póca.

3. **Ceist:** An raibh tú riamh i do bhall de bhanna ceoil?
   Freagra: Bhí mé i mo bhall de cheolfhoireann na scoile.

4. **Ceist:** Ainmnigh an ceoltóir is fearr leat.
   Freagra: Is í Beyoncé an ceoltóir is fearr liom.

5. **Ceist:** Ainmnigh an grúpa ceoil is fearr leat.
   Freagra: Is é OneRepublic an grúpa ceoil is fearr liom.

6. **Ceist:** An raibh tú riamh ag ceolchoirm?
   Freagra: Bhí mé ag ceolchoirm Ed Sheeran i bPáirc an Chrócaigh cúpla bliain ó shin.

7. **Ceist:** Cé a thug an ticéad duit?
   Freagra: Thug mo thuismitheoirí an ticéad dom do mo bhreithlá.

8. **Ceist:** Cár cheannaigh siad an ticéad?
   Freagra: Chuir siad an ticéad in áirithe ar an Idirlíon.

9. **Ceist:** Ar thaitin an cheolchoirm leat?
   Freagra: Bhí an cheolchoirm ar fheabhas. Bhí atmaisféar beomhar ann.

ag íoslódáil ceoil	downloading music	ag éisteacht le ceol	listening to music
ag seinm ceoil	playing music	tá mé i mo bhall	I am a member
ag freastal ar	attending	ceolchoirmeacha	concerts
ceolfhoireann	orchestra	banna ceoil	music group
cór	choir	comórtais	competitions

10. **Ceist:** An bhfuil ceolfhoireann sa scoil seo?
    Freagra: Níl ceolfhoireann againn sa scoil seo ach tá cór againn.

Deachtú

Múinteoir: Léigh an t-alt thíos os ard sa rang agus iarr ar na daltaí an t-alt a scríobh. Ansin ceartaigh an t-alt.

Dalta: Déan liosta de na ceartúcháin i do chóipleabhar.

Taitníonn ceol go mór liom. Éistim le ceol gach maidin ar an mbus scoile. Is é Harry Styles an t-amhránaí is fearr liom. Ghlac sé páirt sa tsraith teilifíse *The X Factor* cúpla bliain ó shin. Bhí Harry Styles ina bhall den ghrúpa ceoil One Direction agus thaitin siad go mór liom. Chomh maith leis sin, is maith liom Calvin Harris agus Lizzo. Ní sheinnim aon uirlis cheoil ach is maith liom freastal ar na féilte ceoil i rith an tsamhraidh. Bhí Longitude ar fheabhas an samhradh seo caite. Ceannaím na ticéid ar an Idirlíon de ghnáth.

An Aimsir Chaite
Ceolchoirm Erica-Cody

Meaitseáil na briathra agus na habairtí thíos agus scríobh na habairtí i do chóipleabhar.

1	D'fhreastail mé	ar mo chara Sorcha teacht chuig an gceolchoirm in éineacht liom.
2	Thug	mé póstaer agus t-léine ar an mbealach abhaile.
3	D'iarr mé	Erica-Cody amach ar an stáitse agus thosaigh sí ag canadh.
4	Thosaigh	an t-amhrán 'Good Intentions' go mór liom.
5	Rith	cheolchoirm iontach é gan amhras ar bith.
6	Chuaigh	ar cheolchoirm Erica-Cody le déanaí.
7	Thaitin	'Love Like This' ag deireadh na hoíche agus thosaigh an slua ag canadh in éineacht léi.
8	Chan sí	an cheolchoirm ar a hocht a chlog.
9	Ba	an slua as a meabhair (*wild*) nuair a chuala siad an t-amhrán 'Back to Basics'.
10	Cheannaigh	mo thuismitheoirí dhá thicéad dom do mo bhreithlá.

Cleachtadh ag scríobh

Scríobh blag i do chóipleabhar faoi cheolchoirm a chonaic tú le déanaí. Bain úsáid as na nathanna cainte thuas.

Ceapadóireacht: Giota Leanúnach nó Blag — Is Aoibhinn liom an Ceol

Plean oibre

Féach ar na nathanna cainte agus na haidiachtaí sa bhosca thíos. Cuir abairtí le chéile ag baint úsáid astu agus scríobh giota leanúnach ar an ábhar thuas. (15 líne)

Tosaigh mar seo: *Is aoibhinn liom an ceol …*

Taitníonn gach saghas ceoil go mór liom.

Seinneann mo chara an fhliúit agus an sacsafón.

Is sárcheoltóir é.   Is í Taylor Swift an t-amhránaí is fearr liom.

Tá clú agus cáil orainn ar fud an cheantair.

Bíonn seisiúin cheoil againn gach Satharn sa gharáiste ar chúl an tí.   Is ball de bhanna ceoil mé.

Is é Imagine Dragons an banna ceoil is mó a thaitníonn liom.   Taitníonn Justin Bieber le mo dheartháir.

Téim chuig ceolchoirmeacha chomh minic agus is féidir liom.   Bíonn na ticéid róchostasach.

Faighim airgead do mo bhreithlá agus ceannaím ticéid do cheolchoirmeacha.

Bíonn atmaisféar beomhar ag na ceolchoirmeacha.   Cuirim na ticéid in áirithe ar an Idirlíon.

D'fhreastail mé ar fhéile cheoil anuraidh.   Taitníonn Niall Horan le mo dheirfiúr.

Ba mhaith liom dul chuig Glastonbury lá éigin.   Éistim le ceol ar m'fhón póca gach lá.

Bíonn rang agam uair sa tseachtain.   Seinnim an pianó agus an veidhlín clasaiceach.

Déanaim cleachtadh tar éis mo chuid obair bhaile gach tráthnóna.

Léigh an giota atá scríofa agat os ard sa rang. Éist leis na giotaí éagsúla atá scríofa ag na daltaí sa rang. An dtuigeann tú na nathanna go léir? Tá cabhair ar fáil sa bhosca thíos!

clasaiceach	classical	Seinnim	I play
sárcheoltóir	excellent musician	Is ball mé	I am a member
róchostasach	too expensive	Cuirim na ticéid in áirithe	I book the tickets

Cleachtadh ag scríobh

Anois scríobh giota leanúnach nó blag i do chóipleabhar ar an ábhar thíos.

Is é an ceol an caitheamh aimsire is fearr liom …

Bua sa Seó Tallainne

Sraith Pictiúr   Bua sa Seó Tallainne

🔊 Rian 5.05

1 Chonaic na buachaillí fógra do sheó tallainne ar an mballa sa scoil. Ceathrar buachaillí ar fad a bhí bailithe timpeall an fhógra. Léigh siad ar an bhfógra go raibh duais míle euro ann don bhuaiteoir. Ba bhuachaillí ceolmhara iad agus léirigh siad suim sa seó tallainne.

2 Thosaigh na buachaillí ag cleachtadh. I mí Feabhra, Márta agus Aibreáin d'oibrigh siad go dian. An Criú Craiceáilte an t-ainm a bhí ar a ngrúpa. Sheinn na buachaillí uirlisí éagsúla sa ghrúpa. Sheinn buachaill amháin an fhidil, buachaill eile na drumaí agus an tríú buachaill an giotár. B'amhránaí an ceathrú buachaill sa ghrúpa.

3 Tar éis trí mhí tháinig an múinteoir ceoil chun an grúpa a chloisteáil. Dúirt sé go raibh feabhas mór tagtha ar an ngrúpa agus thug sé moladh mór dóibh as an obair dhian a rinne siad. Chuir sé comhairle orthu ansin. Bhí an-áthas ar na buachaillí leis an gcomhairle a chuir an múinteoir orthu.

4 Bhí an seó tallainne ar siúl i Halla an Phobail. Bhí slua mór ag dul isteach sa halla agus bhí dhá charr sa charrchlós. Ba léir go raibh gach duine ag tnúth go mór leis an seó tallainne. Bhí an láithreoir ina sheasamh ar an stáitse. Bhí culaith dhubh á caitheamh aige. Ag deireadh na hoíche d'iarr sé ar an lucht féachana bualadh bos mór a thabhairt don ghrúpa deiridh, An Criú Craiceáilte.

5 Bhí an halla plódaithe le daoine. Bhí gach duine ag éisteacht go géar leis an ngrúpa deiridh. Ba léir go raibh an-chleachtadh déanta ag na buachaillí. Bhí siad ar fheabhas ar fad. Thug an slua bualadh bos mór dóibh. Bhuaigh na buachaillí an seó tallainne agus bhronn an láithreoir seic míle euro orthu. Dúirt sé go raibh caighdeán an-ard sa seó tallainne agus thug sé moladh mór do gach duine a ghlac páirt ann. Bhí áthas an domhain ar na buachaillí gur bhuaigh siad an seó tallainne.

6 An lá ina dhiaidh sin chuaigh triúr ón ngrúpa isteach sa siopa ceoil 'An Fonn Mall'. Bhí a fhios ag an bhfeastalaí gur bhuaigh siad an seó tallainne. D'inis sé dóibh go raibh rudaí ar leathphraghas sa siopa. Bhí an-áthas ar na buachaillí. Ní raibh an buachaill eile ag iarraidh a chuid airgid a chaitheamh sa siopa. Bhí sé ar intinn aige an t-airgead a chur i dtaisce sa bhanc. Shiúil sé isteach sa bhanc leis an seic.

Ciorcal oibre: beirt nó triúr le chéile ag plé, ag léamh agus ag scríobh

❶ Scríobh na briathra san Aimsir Chaite as an tsraith thuas i do chóipleabhar.

❷ Scríobh abairtí simplí leis na briathra agus glaoigh amach na habairtí sa rang.

❸ Cum sraith de cheisteanna bunaithe ar na pictiúir agus ansin pléigh na ceisteanna sa rang.

❹ Cuir na ceisteanna atá cumtha ag do ghrúpa ar na daltaí i ngrúpa eile.

Pearsa Cheoil a Thaitníonn Go Mór liom — Dermot Kennedy

Léigh an giota leanúnach thíos agus freagair na ceisteanna a ghabhann leis.

Is é Dermot Kennedy an phearsa cheoil is fearr liom. Is as Ráth Cúil i mBaile Átha Cliath é Dermot agus chuir sé suim sa cheol nuair a bhí sé an-óg. Thosaigh sé ag buscáil ar Shráid Grafton nuair a bhí sé seacht mbliana déag d'aois agus chaith sé trí bliana ag déanamh staidéir ar an gceol clasaiceach in Ollscoil Mhá Nuad. Spreag na ceoltóirí mór le rá, Glen Hansard, Ray LaMontagne, David Gray agus Damien Rice go mór é lena stíl cheoil.

Thaistil Dermot timpeall an domhain lena chuid ceoil. Bhí sé ag seinnt i Meiriceá, san Astráil agus timpeall na hEorpa. Tá dhá albam eisithe ag Dermot Kennedy go dtí seo. Eisíodh *Without Fear* i mí Dheireadh Fómhair 2019 agus eisíodh *Sonder* i mí na Samhna 2022.

Bíonn ceolchoirmeacha ar siúl ag Dermot Kennedy i gcéin is i gcóngar. Bhí sé i mbun ceolchoirmeacha i Stáit Aontaithe Meiriceá, san Astráil agus i gcathracha ar fud na hEorpa. Deir sé gurb í Éire an tír is fearr leis le ceolchoirm a chur ar siúl inti. Sheinn sé ag ceolchoirm bheag i lár na cathrach i mBaile Átha Cliath le hairgead a bhailiú do dhá charthanacht, Pieta House agus Focus Éireann. Chuaigh mé le mo chara chun é a fheiceáil. Bhí an cheolchoirm dochreidte cé go raibh sé ag stealladh báistí an oíche sin. Chan sé na hamhráin is cáiliúla óna chuid albam. Is iad na hamhráin 'Outnumbered' agus 'Power Over Me' na cinn is fearr liom. Is ceoltóir iontach é Dermot Kennedy gan amhras ar bith.

| ceoltóirí mór le rá | *acclaimed musicians* | eisithe | *released* | i gcéin is i gcóngar | *far and near* |

1. Cén aois a bhí Dermot Kennedy nuair a thosaigh sé ag buscáil ar Shráid Grafton?
2. Cé hiad na ceoltóirí mór le rá a spreag Dermot Kennedy lena stíl cheoil?
3. Ainmnigh tír amháin ina raibh ceolchoirm ag Dermot Kennedy.
4. Cad is ainm den dá albam atá eisithe ag Dermot Kennedy?
5. Cén fáth ar sheinn Dermot Kennedy ag ceolchoirm bheag i mBaile Átha Cliath?

Tionscadal le déanamh sa rang

Ag obair i ngrúpaí beaga roghnaigh ceoltóir agus déan taighde air/uirthi. Freagair na ceisteanna thíos faoin gceoltóir. Ansin déan cur síos ar an gceoltóir os ard sa rang.

1. Cén t-ainm atá ar an gceoltóir?
2. Cathain a rugadh an ceoltóir?
3. Cathain a thosaigh sé nó sí ag canadh?
4. An seinneann an ceoltóir uirlis cheoil?
5. Ainmnigh an chéad shingil a d'eisigh sé/sí.
6. Ainmnigh an chéad albam a d'eisigh sé/sí.
7. Ainmnigh an singil agus an t-albam is deireanaí a d'eisigh sé/sí.
8. An raibh ceolchoirm ag an gceoltóir sa tír seo riamh?

3 An Phictiúrlann

Cleachtadh ag caint   **Cleachtadh ag scríobh**

Léigh na ceisteanna agus na freagraí samplacha thíos. Scríobh do chuid freagraí féin i do chóipleabhar agus léigh amach os ard sa rang iad.

1 **Ceist:**   An dtéann tú chuig an bpictiúrlann go minic?

Freagra: Téim chuig an bpictiúrlann uair sa mhí. Is aoibhinn liom scannáin.

2 **Ceist:**   An ndeachaigh tú chuig an bpictiúrlann le déanaí?

Freagra: Chuaigh mé chuig an bpictiúrlann an tseachtain seo caite.

An dtéann tú?	*Do you go?*	An ndeachaigh tú?	*Did you go?*
an phictiúrlann	*the cinema*	scannáin	*films*

3 **Ceist:**   Cá gceannaíonn tú na ticéid?

Freagra: Cuirim na ticéid in áirithe ar an Idirlíon, de ghnáth.

4 **Ceist:**   Cé mhéad a chosnaíonn na ticéid?

Freagra: Cosnaíonn siad ocht euro.

5 **Ceist:**   An bhfuil na ticéid róchostasach?

Freagra: Tá siad i bhfad róchostasach, i mo thuairim.

Cuirim na ticéid in áirithe ar an Idirlíon.	*I book the tickets on the Internet.*
Tá siad i bhfad róchostasach.	*They are far too expensive.*

6 **Ceist:**   Cén saghas scannán a thaitníonn leat?

Freagra: Is aoibhinn liom scannáin bhleachtaireachta.

7 **Ceist:**   An maith leat scannáin ficsean eolaíochta?

Freagra: Is maith, taitníonn siad go mór liom.

scannáin ghrinn	*comedy films*	scannáin uafáis	*horror films*
scannáin ficsean eolaíochta	*science fiction films*	scannáin románsacha	*romantic films*
scannáin bhleachtaireachta	*detective films*	scannáin fhoréigneacha	*violent films*

8 **Ceist:**   Cén t-aisteoir is fearr leat?

Freagra: Is é Tom Holland an t-aisteoir is fearr liom.

9 **Ceist:**   Cén scannán is fearr leat?

Freagra: Is é *Black Panther* an scannán is fearr liom.

Ceapadóireacht: Giota Leanúnach nó Blag — an Phictiúrlann

Blag Chathail

Cleachtadh ag scríobh

Líon na bearnaí sa bhlag thíos.

aicsin   bpictiúrlann   maith   Sathairn   iontach   scannán   aisteoir

Bhí mé ag an _____ aréir le mo chairde Seán agus Jeaic. Is aoibhinn linn an phictiúrlann. Chonaiceamar an _____ is déanaí le Jennifer Lawrence. Is _____ den scoth í Jennifer Lawrence. De ghnáth bíonn an príomhról aici i scannáin _____ nó scannáin ghrinn. Ghlac sí páirt freisin sa scannán ficsean eolaíochta *X-Men* agus an scannán drámaíochta *Silver Linings Playbook*. Bhí sí ar fheabhas sna scannáin sin. An tseachtain seo chugainn rachaimid chun na pictiúrlainne arís. Chonaic mé fógra sa phictiúrlann faoi scannán nua a bheidh á léiriú Dé _____ seo chugainn. Beidh Dwayne Johnson sa scannán. Is _____ liom Dwayne Johnson. Bhí sé _____ sa tsraith *Jungle Cruise*.

Deachtú: An phictiúrlann

Múinteoir: Léigh an t-alt thíos os ard sa rang agus iarr ar na daltaí an t-alt a scríobh. Ansin ceartaigh an t-alt.

Dalta: Déan liosta de na ceartúcháin i do chóipleabhar.

Taitníonn scannáin go mór liom. Téim chuig an bpictiúrlann uair sa mhí le mo chara Ailbhe. Is maith liom scannáin uafáis ach is fearr le hAilbhe scannáin románsacha. Tugann mo thuismitheoirí an t-airgead dom don ticéad. Ceannaím na ticéid ag oifig na dticéad sa phictiúrlann. Ceannaím uachtar reoite agus grán rósta sa phictiúrlann freisin. Nuair a bhíonn an scannán thart siúlaimid abhaile.

Suirbhé

Cuir na ceisteanna thíos ar do chairde sa rang agus glaoigh amach na freagraí os ard.

1. An maith leat scannáin?
2. Cén scannán is fearr leat?
3. Ainmnigh na haisteoirí sa scannán sin.
4. Cá bhfuil an scannán suite?
5. Cén saghas scannáin é?
6. An ndeachaigh tú chuig an bpictiúrlann le déanaí?
7. Cén scannán a chonaic tú?
8. Ar thaitin an scannán leat?
9. An raibh an scannán brónach?

Ceapadóireacht: Comhrá

Bhuaigh tú dhá thicéad don phictiúrlann áitiúil. Cuir glao ar do chara agus iarr air nó uirthi dul chuig an bpictiúrlann in éineacht leat. Léigh an comhrá thíos os ard sa rang agus freagair na ceisteanna a ghabhann leis.

Máire: Haigh, a Úna, chuala mé an dea-scéala ar maidin. D'inis Seán dom gur bhuaigh tú dhá thicéad do phictiúrlann an Savoy.

Úna: Bhí ionadh an domhain orm nuair a ghlaoigh an príomhoide amach m'ainm. Mar is eol duit is aoibhinn liom scannáin.

Máire: Ar chuala tú go mbeadh Paul Mescal ag teacht chuig pictiúrlann an Savoy Dé Sathairn seo chugainn?

Úna: Níor chuala mé an scéal sin. An ag magadh atá tú?

Máire: Nílim ag magadh ar chor ar bith. Beidh sé ann ar a dó a chlog. Tá scannán nua aige agus beidh an scannán á léiriú sa Savoy.

Úna: Sin iontach, a Mháire. Tá mé chun dul ann cinnte. An gceapfá go mbeadh seans againn bualadh leis?

Máire: Níl a fhios agam, i ndáiríre. Rachaidh mé in éineacht leat. Ba bhreá liom bualadh le Paul Mescal. Is sáraisteoir é. An bhfuil a fhios agat gur bhuaigh sé BAFTA dá ról sa tsraith teilifíse *Normal People*?

Úna: Léigh mé alt faoi uair amháin. Rugadh agus tógadh i Maigh Nuad, Contae Chill Dara é agus tá deartháir agus deirfiúr amháin aige.

Máire: Bhuel, tá sceitimíní orm anois. Tá mé ag tnúth go mór leis an Satharn!

Úna: Buail liom taobh amuigh den phictiúrlann ar a dó dhéag. Slán.

| dea-scéala | *good news* | mar is eol duit | *as you know* |
| ag magadh | *joking* | sáraisteoir | *great actor* |

1 Céard a bhuaigh Úna?
2 Cé a bheidh ag teacht chuig pictiúrlann an Savoy?
3 Ainmnigh an tsraith theilifíse ar bhuaigh Paul BAFTA dá ról inti.
4 Cár rugadh agus tógadh Paul?
5 Cá mbuailfidh Úna agus Máire le chéile?

Cleachtadh ag scríobh

Bhí tú ag an bpictiúrlann le déanaí. Bhuail tú le do chara tar éis an scannáin. Scríobh an comhrá a bhí eadraibh.

An Scrúdú Cainte

1 Scrúdaitheoir: An raibh tú riamh ag ceolchoirm?

Dalta: Bhí mé ag ceolchoirm 5 Seconds of Summer an samhradh seo caite agus bhí sé dochreidte. Tá lucht leanúna an ghrúpa seo ag méadú in aghaidh na seachtaine. Is é Luke Hemmings príomhamhránaí an ghrúpa agus seinneann sé an giotár chomh maith. Thosaigh siad an cheolchoirm le 'She Looks so Perfect' agus bhí an slua ag canadh agus ag damhsa an t-am ar fad. Chuir siad seó iontach ar siúl an oíche sin agus chan siad na hamhráin is fearr liom i rith na hoíche, ina measc 'Amnesia' agus 'Good Girls'. Bhí oíche iontach agam ag ceolchoirm 5 Seconds of Summer.

dochreidte	*unbelievable*	lucht leanúna	*followers/fans*

2 Scrúdaitheoir: An dtéann tú chuig an bpictiúrlann go minic?

Dalta: Chun an fhírinne a rá, ní théim chuig an bpictiúrlann go rómhinic. Ní bhíonn an t-airgead agam. Anois is arís tugann mo mhamó cúpla euro dom agus téim ann le mo dheartháir nó le mo chara Éamonn. Is aoibhinn liom scannáin uafáis nó scannáin ficsean eolaíochta. Thaitin *Jurassic World: Dominion* go mór liom.

Bain triail as anois!

Bain úsáid as na nathanna cainte thuas chun na ceisteanna thuas a fhreagairt i do cóipleabhar. Léigh an giota os ard don rang nuair atá sé scríofa agat.

4 Spórt

An Spórt i mo Shaol
Cleachtadh ag caint   Cleachtadh ag scríobh

Léigh na ceisteanna agus na freagraí samplacha thíos. Scríobh do chuid freagraí féin i do chóipleabhar agus léigh amach os ard sa rang iad.

1 Ceist: An bhfuil suim agat sa spórt?

Freagra: Tá an-suim agam sa spórt. Imrím peil agus iománaíocht ar fhoireann na scoile agus is ball de chlub freisin mé.

2 Ceist: Céard iad na cineálacha spóirt a imríonn tú?

Freagra: Imrím cispheil, haca agus leadóg. Táim ar fhoireann cispheile na scoile agus imrím haca agus leadóg leis an gclub áitiúil.

3 Ceist: Cathain a bhíonn traenáil ag an bhfoireann?

Freagra: Bíonn traenáil againn faoi dhó sa tseachtain agus imrímid cluichí ag an deireadh seachtaine.

rugbaí	*rugby*	iománaíocht	*hurling*
sacar	*soccer*	cispheil	*basketball*
eitpheil	*volleyball*	galf	*golf*
haca	*hockey*	badmantan	*badminton*
lúthchleasaíocht	*athletics*	leadóg	*tennis*
peil	*football*	camógaíocht	*camogie*

4 Ceist: Céard iad na cineálacha spóirt a imrítear sa scoil seo?

Freagra: Is í an chispheil an spórt is mó a imrítear sa scoil seo ach imrítear badmantan agus peil anseo freisin.

5 Ceist: An raibh foireann na scoile riamh sa chluiche ceannais?

Freagra: Bhíomar sa chluiche ceannais sa pheil anuraidh ach chailleamar an cluiche agus bhí díomá an domhain orainn. Ní rabhamar sásta leis an réiteoir. Rinne imreoir ón bhfoireann eile calaois orm agus ní dhearna an réiteoir faic.

6 Ceist: Cá n-imríonn tú ar an bpáirc imeartha?

Freagra: Imrím i lár na páirce.

cluiche ceannais	*final match*	cluiche leathcheannais	*semi-final match*
réiteoir	*referee*	calaois	*foul*
i lár na páirce	*in the middle of the pitch*	ar an gcliathán	*on the wing*
lántosaí	*full forward*	lánchúlaí	*full back*

An Fhoireann ag Cruthú go hIontach

Sraith Pictiúr An Fhoireann ag Cruthú go hIontach

Rian 5.08

1 Nuair a d'fhill na buachaillí ar Choláiste Eoin i mí Mheán Fómhair chonaic siad fógra spéisiúil ar an mballa. Bhí imreoirí nua ag teastáil do shraith nua iomána. Ba léir go raibh suim ag na buachaillí páirt a ghlacadh sa tsraith nua. Bhí sé ar intinn ag buachaill amháin dul chuig an mbainisteoir chun breis eolais a fháil faoin tsraith.

2 Phléigh na buachaillí an fógra le chéile agus ar deireadh rinne siad cinneadh dul agus labhairt leis an mbainisteoir. Bhuail siad leis an mbainisteoir agus dúirt siad leis go raibh an-suim acu sa tsraith iomána. Chuir siad ceist ar an mbainisteoir faoin traenáil agus dúirt sé go mbeadh traenáil ar siúl dhá lá sa tseachtain.

3 Go luath ina dhiaidh sin thosaigh na buachaillí ag traenáil. Thug an bainisteoir an-tacaíocht agus comhairle dóibh ar an bpáirc imeartha. Chaith siad clogaid agus bhí camáin acu nuair a bhí siad ag traenáil. Chaith siad an seisiún traenála ag rith trí choirceoga.

4 I mí Aibreáin labhair an bainisteoir leis na buachaillí. Thug sé moladh mór dóibh as an obair iontach a rinne siad i rith na bliana. Shroich an fhoireann an chraobh sa tsraith agus bhí áthas an domhain orthu.

5 Cuireadh fógra ar an mballa faoin gcraobh. Bhí na busanna ag fágáil na scoile ar a dó a chlog. Bhí tacaíocht ag teastáil ón bhfoireann sa chraobh.

6 Ag deireadh an chluiche bhí an bua ag Coláiste Eoin. Bhí dhá chúl agus ocht gcúilín ag Coláiste Eoin agus bhí dhá chúl agus sé chúilín ag Coláiste Phádraig. Bhí na himreoirí ar mhuin na muice agus d'ardaigh an captaen an corn san aer. Ba léir go raibh díomá an domhain ar Choláiste Phádraig gur chaill siad an cluiche.

7 Nuair a d'fhill na himreoirí ar an scoil bhuail siad leis an bpríomhoide agus thug sé moladh mór dóibh. Rinne sé comhghairdeas leo as an tsraith a bhuachan. Bhí an bainisteoir in éineacht leo agus ba léir go raibh sé an-bhródúil astu. D'eagraigh an príomhoide cóisir mhór don fhoireann sa scoil an oíche sin. Bhí áthas an domhain ar na buachaillí.

Ciorcal oibre: beirt nó triúr le chéile ag plé, ag léamh agus ag scríobh

1 Scríobh na briathra san Aimsir Chaite as an tsraith thuas i do chóipleabhar.

2 Scríobh abairtí simplí leis na briathra agus glaoigh amach na habairtí sa rang.

3 Cum sraith de cheisteanna bunaithe ar na pictiúir agus ansin pléigh na ceisteanna sa rang.

4 Cuir na ceisteanna atá cumtha ag do ghrúpa ar na daltaí i ngrúpa eile.

Ceapadóireacht: Litir nó Ríomhphost — Cluiche Peile

Bhí tú ag Craobh Shinsear Peile na hÉireann i bPáirc an Chrócaigh le déanaí. Scríobh litir chuig do chara agus déan cur síos ar an ócáid.

Léigh an litir thíos agus freagair na ceisteanna a ghabhann leis.

seoladh

Sráid na Mainistreach,
Trá Lí,
Co. Chiarraí

dáta

31 Iúil

beannú

tús

A Dhónaill, a chara,

Fan go gcloise tú an nuacht atá agam. Bhí mé i bPáirc an Chrócaigh Dé Domhnaigh seo caite nuair a bhuaigh Ciarraí Craobh Shinsear Peile na hÉireann! Bhuaigh mé dhá thicéad i gcrannchur sa chlub an mhí seo caite. Tháinig mo Dhaid in éineacht liom.

D'éiríomar go luath agus thiomáineamar go Baile Átha Cliath. Nuair a shroicheamar Páirc an Chrócaigh bhí slua ollmhór taobh amuigh den gheata. Ar deireadh chuamar isteach agus d'fhanamar go mífhoighneach.

Go luath ina dhiaidh sin shiúil na himreoirí amach ar an bpáirc imeartha. Chuaigh lucht leanúna Ciarraí as a meabhair nuair a thosaigh an cluiche. Bhíomar ar fheabhas ó thús deireadh. Ba chluiche iontach é ach ba chluiche garbh é freisin. Tugadh rabhadh do bheirt imreoirí ó fhoireann na Gaillimhe sa dara leath mar go rabhadar rógharbh. Bhí luas, scil agus dianchoimhlint sa chluiche go háirithe sa dara leath. Nuair a shéid an réiteoir a fheadóg ag deireadh an chluiche bhí an bua againn. Fiche cúilín in aghaidh sé chúilín déag an scór a bhí ann.

Ansin bronnadh Corn Mhig Uidhir ar ár gcaptaen agus thosaigh an slua ag canadh agus ag screadaíl in ard a gcinn is a ngutha. Ba lá iontach é gan amhras ar bith.

Beidh cóisir sa chlubtheach don fhoireann Dé Sathairn seo chugainn. Beidh mé ann le Pól agus Niall. Más maith leat teacht in éineacht linn seol ríomhphost chugam go luath.

Slán go fóill,

críoch

Séamas

---

1. Cé a bhuaigh Craobh Shinsear Peile na hÉireann?
2. Cén fáth ar tugadh rabhadh do bheirt ó fhoireann na Gaillimhe?
3. Cén scór a bhí ag an dá fhoireann ag deireadh an chluiche?
4. Céard a bronnadh ar an gcaptaen?
5. Cathain a bheidh an chóisir ar siúl?

Cleachtadh ag scríobh

Seol litir nó ríomhphost chuig do chara agus déan cur síos ar chluiche ar ghlac tú páirt ann le déanaí. Bain úsáid as na nathanna cainte sa litir thuas.

go mífhoighneach	*impatiently*
luas	*speed*
garbh	*rough*
dianchoimhlint	*tough conflict*

Cleachtadh ag caint   Cleachtadh ag scríobh

Léigh na ceisteanna agus na freagraí samplacha thíos. Scríobh do chuid freagraí féin i do chóipleabhar agus léigh amach os ard sa rang iad.

1   **Ceist:**   An bhfaca tú cluiche riamh i bPáirc an Chrócaigh?

    Freagra: Bhí foireann iománaíochta na scoile ag imirt sa chluiche ceannais san iománaíocht i bPáirc an Chrócaigh cúpla bliain ó shin. Bhí mé ag an gcluiche agus bhí atmaisféar dochreidte ann. Bhuamar an cluiche agus bhí áthas an domhain orainn.

2   **Ceist:**   Ar imir tú cluiche riamh i bPáirc an Chrócaigh?

    Freagra: Níor imir mé cluiche riamh i bPáirc an Chrócaigh. Ba bhreá liom cluiche a imirt ann lá éigin.

Deachtú: Cluiche rugbaí i Staid Aviva

Múinteoir: Léigh an t-alt thíos os ard sa rang agus iarr ar na daltaí an t-alt a scríobh. Ansin ceartaigh an t-alt.

Dalta: Déan liosta de na ceartúcháin i do chóipleabhar.

Bhí mé ag cluiche rugbaí i Staid Aviva le déanaí. Bhí foireann na hÉireann ag imirt i gcoinne fhoireann na hIodáile. Bhí mé ag tnúth leis an gcluiche ar feadh cúpla mí. Nuair a shroicheamar an staid bhí an áit dubh le daoine. Shuíomar síos agus thosaigh an cluiche. Bhí na himreoirí is fearr ar fhoireann na hÉireann ag imirt: Garry Ringrose, Tadhg Furlong, Hugo Keenan agus ar ndóigh Bundee Aki. Ba chluiche iontach é. Bhí ár bhfoireann ar fheabhas. Ar an drochuair chailleamar an cluiche. Bhí díomá orainn go léir ach bhíomar bródúil as foireann na hÉireann.

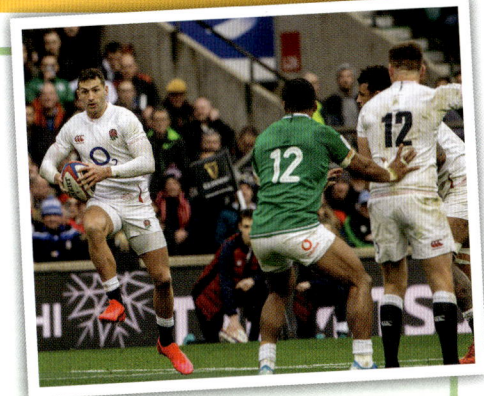

Cleachtadh ag caint — rugbaí/cispheil/badmantan

Cuir na ceisteanna thíos ar dhalta i do ghrúpa.

1   An maith leat rugbaí nó cispheil nó badmantan?

2   An raibh tú riamh ag cluiche i Staid Aviva nó sa Staid Náisiúnta?

3   Cathain a bhí an cluiche ar siúl?

4   Cé a bhí ag imirt?

5   Cé a bhuaigh an cluiche?

6   An imríonn tú rugbaí nó cispheil?

7   Cathain a bhíonn traenáil ag an bhfoireann?

Scríobh freagraí ar na ceisteanna thuas i do chóipleabhar.

Ceapadóireacht: Scéal – Cluiche Cispheile

Ceap scéal (leathleathanach nó mar sin) a mbeidh an sliocht seo a leanas oiriúnach mar thús leis:

Chonaic mé an liathróid ag teacht i mo threo. D'fhéach mé timpeall orm féin, ní raibh aon duine in aice liom. Léim mo chroí le háthas …

Bain úsáid as na nótaí thíos agus ceap scéal.

Tús an scéil

Chaith mé díreach isteach sa chiseán í. Chuaigh an slua fiáin.	

Ní raibh ach trí nóiméad fágtha sa chluiche.

An cluiche ceannais uile-Éireann a bhí ann, agus bhí m'fhoireann scoile ag imirt i gcoinne Choláiste Phádraig den tríú huair i ndiaidh a chéile.

Sa chéad leath bhí tús maith againn agus d'éirigh linn an chéad trí chiseán a fháil.

Bhí an dá fhoireann tapa, sciliúil agus uaillmhianach.

Ní raibh ach dhá chiseán ag teastáil uainn.

Bhí cosantóirí iontacha acu agus bhí sé an-deacair breith ar an liathróid.

Ag leath ama labhair ár dtraenálaí linn agus spreag sé muid dul amach don dara leath agus ár seacht ndícheall a dhéanamh.

ciseán	*basket*
tapa, sciliúil agus uaillmhianach	*fast, skilful and ambitious*
Spreag sé muid	*He encouraged us*

Lár an scéil

Shéid an réiteoir a fhéadóg agus thug sé an liathróid do chaptaen na foirne eile.

D'éirigh le cara liom é a bhaint di agus i bpreabadh na súl bhí ciseán eile againn.

Bhí teannas san aer, bhíomar ar comhscór agus bhí an slua ag dul i bhfiáin arís.

Bhí mo chroí ag teacht amach as mo bhéal.

Bhí mé ag cailleadh misnigh nuair a chonaic mé mo chaptaen féin agus an liathróid aici.

Chaith sí chugam í agus ba bheag nár ardaíodh an díon nuair a chaith mé sa chiseán í díreach roimh an bhféadóg dheireanach.

i bpreabadh na súl	*in the blink of an eye*
Bhí teannas san aer	*There was tension in the air*
an slua ag dul i bhfiáin	*the crowd going wild*
ardaíodh an díon	*the roof was lifted*

Críoch an scéil

Ba é an lá ab fhearr i mo shaol é nuair a bhuamar, ní dhéanfaidh mé dearmad air go deo na ndeor.

Rith an slua amach ar an gcúirt chispheile agus thosaigh siad ag damhsa agus ag canadh.

D'ardaigh an slua an captaen ar a nguaillí.

Bhí ardatmaisféar ann.

Bronnadh an corn orainn agus bhí bród an domhain orainn ag ardú an choirn os comhair an tslua.

Ba lá stairiúil é gan amhras ar bith.

Na Cluichí Oilimpeacha

Cleachtadh ag caint   Cleachtadh ag scríobh

Léigh na ceisteanna agus na freagraí samplacha thíos. Scríobh do chuid freagraí féin i do chóipleabhar agus léigh amach os ard sa rang iad.

1 Ceist: An bhféachann tú ar na Cluichí Oilimpeacha?

Freagra: Cinnte, is aoibhinn liom féachaint ar na Cluichí Oilimpeacha.

2 Ceist: Cá raibh na cluichí deiridh ar siúl?

Freagra: Bhí siad ar siúl i mBéising sa tSín.

3 Ceist: Céard iad na cineálacha spóirt is fearr leat sna cluichí?

Freagra: Is aoibhinn liom na comórtais lúthchleasaíochta agus na comórtais dornálaíochta. Bíonn atmaisféar bríomhar timpeall an raon reatha.

4 Ceist: Cén luthchleasaí is fearr leat?

Freagra: Is lúthchleasaí iontach é Israel Olatunde ó Chontae Lú. Sháraigh sé curiarracht as a bheith ar an bhfear is tapúla in Éirinn ag Craobhchomórtais Lúthchleasaíochta na hEorpa.

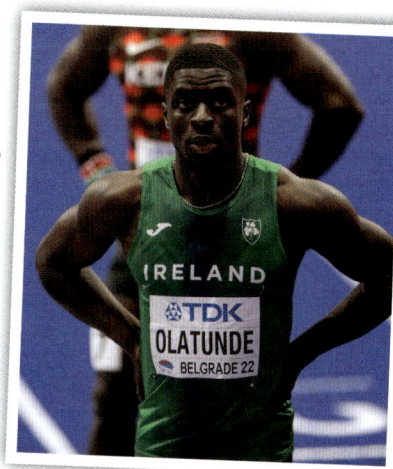

lúthchleasaíocht	*athletics*	raon reatha	*running track*
atmaisféar bríomhar	*lively atmosphere*	curiarracht	*record*
bonn cré-umha	*bronze medal*	bonn óir	*gold medal*

5 Ceist: Céard é do thuairim faoi Katie Taylor?

Freagra: Is bean inspioráideach í gan dabht ar bith. Bíonn bród an domhain orm nuair a fheicim sa chró dornálaíochta í. Ach measaim go bhfuil Kellie Harrington go hiontach freisin.

6 Ceist: Conas is féidir feabhas a chur ar chúrsaí spóirt in Éirinn?

Freagra: Ba cheart béim níos mó a chur ar an spórt sna scoileanna. Tá gá freisin le hinfheistíocht sna scoileanna. Níl na háiseanna spóirt rómhaith i go leor scoileanna timpeall na tíre. Ba cheart daoine óga a spreagadh i dtreo an spóirt.

cró dornálaíochta	*boxing ring*	bíonn bród orm	*I am proud*
béim	*emphasis*	gá le hinfheistíocht	*a need for investment*
go leor	*many*	a spreagadh	*to encourage*

Lá ag Cluiche Rugbaí i Stade de France

Sraith Pictiúr   Lá ag Cluiche Rugbaí i Stade de France

🔊 Rian 5.09

1 Bhí na buachaillí ag caint faoi fhoireann rugbaí na hÉireann i gceaintín na scoile ag am lóin. Bhí cluiche mór idirnáisiúnta ar siúl i bPáras an Satharn sin. Cheap siad go raibh seans maith ag foireann na hÉireann an cluiche a bhuachan.

2 Bhí plean ag na buachaillí freastal ar an gcluiche. Shroich siad aerfort Bhaile Átha Cliath go luath ar maidin agus bhí siad réidh don turas. Bhí málaí droma ar na buachaillí go léir agus bhí siad ag tnúth go mór leis an deireadh seachtaine.

3 Roimh an gcluiche thóg na buachaillí bus turasóireachta timpeall na cathrach. Chonaic siad na radhairc stairiúla. Cheap siad go raibh Túr Eiffel go hálainn. Bhí a lán turasóirí ag féachaint ar an túr.

4 Ina dhiaidh sin thug na buachaillí cuairt ar an Arc de Triomphe. Bhí ionadh orthu nuair a chonaic siad é. Cheap siad go raibh sé dochreidte. Ba léir go raibh na buachaillí ag baint taitneamh as an turas timpeall na cathrach. Ansin thug siad cuairt ar shiopa rugbaí. Bhí bróga rugbaí, geansaithe rugbaí agus liathróidí ar díol sa siopa.

5 Um thráthnóna thug na buachaillí aghaidh ar Stade de France. Bhí lucht leanúna an dá fhoireann sa staid. Ba léir go raibh gach duine ar bís. Ní raibh foireann na hÉireann rómhaith sa chéad leath. Ní raibh ach trí phointe ag foireann na hÉireann agus bhí dhá phointe dhéag ag foireann na Fraince.

6 Sa dara leath ba léir go raibh feabhas mór tagtha ar fhoireann na hÉireann. Scaoil imreoirí Éireannacha an liathróid amach as an gclibirt. Bhí an slua ag screadaíl in ard a gcinn is a ngutha.

7 Go luath ina dhiaidh sin, d'éirigh le himreoir Éireannach úd a scóráil. Ba chluiche iontach é agus ba léir go raibh foireann na hÉireann ag cur brú ar na Francaigh. Ansin fuair imreoir Éireannach preabchúl iontach.

8 Ag deireadh an chluiche bhí an bua ag foireann na hÉireann. An scór deireanach a bhí ann ná Éire pointe is fiche agus An Fhrainc cúig phointe dhéag. Bhí áthas an domhain ar na buachaillí go raibh siad ag an gcluiche. Cheap siad gur lá stairiúil a bhí ann.

Ciorcal oibre: beirt nó triúr le chéile ag plé, ag léamh agus ag scríobh

1. Scríobh na briathra san Aimsir Chaite as an tsraith thuas i do chóipleabhar.
2. Scríobh abairtí simplí leis na briathra agus glaoigh amach na habairtí sa rang.
3. Cum sraith de cheisteanna bunaithe ar na pictiúir agus ansin pléigh na ceisteanna sa rang.
4. Cuir na ceisteanna atá cumtha ag do ghrúpa ar na daltaí i ngrúpa eile.

An Scrúdú Cainte

1 **Scrúdaitheoir:** An imríonn a lán daltaí spórt sa scoil seo?

Dalta: Cinnte, imríonn na daltaí a lán spóirt sa scoil seo. Sa chéad bhliain, bíonn an-bhéim ar an spórt. Bíonn seans ag na daltaí spórt a imirt ag am lóin agus eagraíonn na daltaí sa séú bliain comórtais pheile agus chispheile tar éis na scoile gach lá. Gach bliain bíonn lá spóirt againn ar na páirceanna imeartha agus glacann gach duine páirt sna comórtais. Bíonn an-chraic ag gach duine. Ag deireadh an lae, imríonn na daltaí agus na múinteoirí cluiche peile in aghaidh a chéile. Cuireann an spórt go mór le hatmaisféar beomhar na scoile.

an-bhéim	*a great emphasis*	eagraíonn na daltaí	*the students organise*
na páirceanna imeartha	*the pitches*	beomhar	*lively*

2 **Scrúdaitheoir:** Inis dom faoin spórt is fearr leat.

Dalta: Is aoibhinn liom peil. Imrím leis an gclub áitiúil agus tá mé ar fhoireann na scoile freisin. Is cúl báire mé. Bíonn seisiún traenála againn ar an Luan agus arís ar an gCéadaoin agus bíonn cluiche againn maidin Shathairn. Is é Seán Ó Laoi ár mbainisteoir sa chlub. Bíonn sé an-dian orainn ach tugann sé an-tacaíocht dúinn freisin. Bhuamar craobh an chontae anuraidh. Bhí cóisir mhór againn sa chlubtheach tar éis an chluiche. Téim chuig Páirc an Chrócaigh chun cluiche peile a fheiceáil le mo chairde go minic. Bíonn atmaisféar bríomhar ag na cluichí i gcónaí.

club áitiúil	*local club*	cúl báire	*goal keeper*
dian	*tough*	tacaíocht	*support*
craobh	*championship*	bríomhar	*lively*

Bain triail as anois!

Bain úsáid as na nathanna cainte thuas chun na ceisteanna thuas a fhreagairt i do chóipleabhar. Léigh an giota os ard don rang nuair atá sé scríofa agat.

Nótaí

Aonad a Sé

An Ghaeilge Timpeall Orainn

San aonad seo foghlaimeoidh tú na scileanna seo:

- Conas ceisteanna a chur agus a fhreagairt faoin nGaeilge timpeall orainn.
- Ullmhóidh tú don scrúdú cainte.
- Déanfaidh tú cleachtadh ar do chuid scileanna scríbhneoireachta: litir/ scéal/alt/comhrá a scríobh.
- Cuirfidh tú feabhas ar do chuid scileanna éisteachta.
- Foghlaimeoidh tú breis foclóra a bhaineann leis an nGaeilge agus leis an gcultúr Gaelach.
- Tiocfaidh feabhas ar do chuid scileanna léitheoireachta.

Tá ceithre chuid san aonad seo:

1. An Ghaeilge sna Meáin
2. An Ghaeltacht
3. Féilte na Bliana agus Seachtain na Gaeilge
4. Ceol agus Cultúr na hÉireann

Nóta don mhúinteoir

Seo an ceathrú haonad ó churaclam na hArdteiste, gnáthleibhéal. Chomh maith le bunfhoclóir an aonaid déanfaidh na daltaí cleachtadh ar na scileanna go léir a bheidh ag teastáil do scrúdú na hArdteiste: scileanna éisteachta, léitheoireachta, scríbhneoireachta agus cainte. Ina theannta sin ba cheart don rang staidéar a dhéanamh ar an dán *An tEarrach Thiar* agus an scéal béaloidis *Oisín i dTír na nÓg* a léamh.

Chun feabhas a chur ar chumas tuisceana an ranga ba cheart don rang féachaint ar TG4 go rialta nó féachaint ar na dlúthdhioscaí i bhfillteán an mhúinteora.

Clár

1 An Ghaeilge sna Meáin

Cleachtadh ag caint

Léigh na ceisteanna agus na freagraí samplacha thíos. Scríobh do chuid freagraí féin i do chóipleabhar agus déan cleachtadh orthu os ard sa rang.

1 Ceist: An bhféachann tú ar TG4 go minic?

Freagra: Féachaim ar TG4 ar scoil gach seachtain. Taispeánann an múinteoir clár dúinn sa rang Gaeilge gach Aoine.

2 Ceist: Cén saghas clár a thaitníonn leat?

Freagra: Is aoibhinn liom cláir faisnéise.

cláir spóirt	*sports programmes*	cláir faisnéise	*documentary programmes*
cláir cheoil	*music programmes*	cláir nuachta	*news programmes*
cláir shiamsa	*entertainment programmes*	sobalchláir	*soaps*

3 Ceist: Inis dom faoin gclár is fearr leat.

Freagra: Is é *Hector USA Ó Chósta go Cósta* an clár is fearr liom. Ar an gclár taistealaíonn Hector Ó hEochagáin ó Savannah go San Diego sna Stáit Aontaithe le criú ceamara. Is clár suimiúil é. Clúdaíonn Hector ocht stát agus níos mó ná ocht gcéad míle ar an turas bóthair seo. Tugann sé cuairt ar stáit an Deiscirt agus buaileann sé le daoine suimiúla ar an tslí. Tá go leor clár taistil déanta ag Hector agus is é seo an ceann is fearr liom. Tá sé ar fáil ar Sheinnteoir TG4.

taistealaíonn Hector	*Hector travels*	criú ceamara	*camera crew*
clúdaíonn Hector	*Hector covers*	stáit an Deiscirt	*southern states*
ar an tslí	*on the way*	clár taistil	*travel programme*
ar fáil	*available*	Seinnteoir TG4	*TG4 Player*

4 Ceist: An éisteann tú le Raidió na Gaeltachta?

Freagra: Ní bhíonn seans agam éisteacht le Raidió na Gaeltachta go rialta ach éistim leis an gclár *Tús Áite* anois is arís. Bíonn sé an-suimiúil.

go rialta	*regularly*	anois is arís	*now and again*

5 Ceist: Céard iad na suíomhanna idirlín is mó a thaitníonn leat?

Freagra: Is aoibhinn liom suíomh Idirlín TG4 agus léim ailt anois is arís ar tuairisc.ie freisin. Nuair a bhím ag cuardach focal nua téim ar focloir.ie.

suíomh idirlín	*Internet site*	léim	*I read*
ailt	*articles*	ag cuardach	*searching*

Cleachtadh ag scríobh

Hector: Balkans go Baltics

Oireachtas 2022...
Sruthanna beo agus cláir TG4 ó Cill Airne.

Oireachtas 2022 — Gradaim Chumarsáide an Oireachtais
Oireachtas 2022 — Comórtas Scríbha
Nuacht TG4 — Beo ón Oireachtas 2022
Oireachtas 2022 — Scan Nós na mBan

Giota Leanúnach: An Clár is Fearr liom ar TG4

Cleachtadh ag caint

Cleachtadh ag scríobh

Ullmhaigh freagraí ar na ceisteanna thíos i ngrúpaí beaga agus léigh amach na freagraí os ard sa rang.

1. An bhféachann tú ar TG4 go minic?
2. Cén t-ainm atá ar an gclár ar TG4 is fearr leat?
3. Cathain a chraoltar an clár?
4. Cén saghas cláir é?
5. An clár do pháistí nó do dhaoine fásta é?
6. Cén t-ainm atá ar láithreoir an chláir?
7. Cá fhad a leanann an clár?
8. Cén fáth ar maith leat an clár?

Cleachtadh ag scríobh

Meaitseáil na habairtí Gaeilge agus Béarla thíos.

1	Is aoibhinn liom féachaint ar TG4.	The programme is broadcast once a week.	a
2	Taitníonn gach saghas cláir liom.	They have a lot of interesting stories to share.	b
3	Is clár cainte é an clár is fearr liom.	A lot of interesting events happen on the programme.	c
4	Labhraíonn sé le haoi speisialta ar an gclár gach seachtain.	I love watching TG4.	d
5	Insíonn siad scéal a mbeatha dó.	Dáithí Ó Sé is the presenter of the programme.	e
6	Craoltar an clár uair sa tseachtain.	The programme I like best is a talk show.	f
7	Is é Dáithí Ó Sé láithreoir an chláir.	He speaks to a special guest on the programme every week.	g
8	Bíonn go leor scéalta suimiúla le roinnt acu.	I like every type of programme.	h

1	2	3	4	5	6	7	8

Deachtú

Múinteoir: Léigh an t-alt thíos os ard sa rang agus iarr ar na daltaí an t-alt a scríobh. Ansin ceartaigh an t-alt.

Dalta: Déan liosta de na ceartúcháin i do chóipleabhar.

Is maith liom féachaint ar TG4. Féachaimid ar chláir sa rang nuair a bhíonn ár gcuid obair scoile críochnaithe againn, ar an Aoine de ghnáth. Taitníonn an clár *Réalta agus Gaolta* go mór liom. Bíonn sé ar siúl oíche Dhomhnaigh de ghnáth. Is seó tallainne é an clár seo agus glacann teaghlaigh páirt ann.

Is maith le mo thuismitheoirí féachaint ar an nuacht ar TG4 freisin. Craoltar an nuacht gach tráthnóna ar a seacht a chlog. Tar éis na nuachta bíonn cláir shiamsa ar TG4.

Cleachtadh: Líon na bearnaí

Líon na bearnaí leis na focail ón liosta thíos:

cheoil   sobalchlár   teilifís   spóirt
láithreoir   nuacht

1. Is maith liom féachaint ar an
_____.

2. Is breá liom spórt agus taitníonn na cláir _____ go mór liom.

3. Is í Gemma Ní Chionnaith an _____ is fearr liom.

4. Níl suim agam i gcúrsaí reatha agus ní fhéachaim ar an _____.

5. Is maith le mo dheirfiúr ceol traidisiúnta agus féachann sí ar na cláir _____.

6. Bíonn an _____ *Ros na Rún* ar siúl um thráthnóna.

Ceapadóireacht: Giota Leanúnach nó Blag

An teilifís — Is breá liom í!

Léigh blag Aoife thíos agus freagair na ceisteanna a ghabhann leis.

Is aoibhinn liom féachaint ar TG4 tar éis dom mo chuid obair bhaile a chríochnú. Tugann an teilifís sos ó mo chuid staidéir dom agus is féidir liom éalú go domhan eile ar feadh tamaill. Is iomaí clár iontach a chraoltar ar TG4 na laethanta seo. I rith an lae craoltar cláir do pháistí ar nós ... *Ainmhithe Craiceáilte*, clár a thaispeánann ainmhithe greannmhara difriúla. Is clár iontach é agus is minic a chuireann ár múinteoir Gaeilge an clár ar siúl sa rang Gaeilge. Bíonn na daltaí go léir faoi dhraíocht ag an gclár agus ligeann siad osna bhróin astu nuair a chloiseann siad an clog ag bualadh ag deireadh an ranga.

Taitníonn an tsraith *Aifric* liom freisin. Tá trí shéasúr ann de agus tá siad ar fáil ar Sheinnteoir TG4. Measaim gur cailín ceanndána í Aifric agus is aoibhinn liom a saol a leanúint agus í ar scoil nó sa bhaile i Leitir Láir. Féachann mo thuismitheoirí ar *Ros na Rún* freisin. Bíonn sé i gcónaí beomhar agus suimiúil.

Is breá liom féachaint ar na cluichí Gaelacha a bhíonn ar TG4 ag an deireadh seachtaine. Bíonn mo Dhaid i gcónaí ag screadaíl sa seomra suí nuair a bhíonn na cluichí ar siúl. Is maith le mo Dhaid na cluichí peile ach is fearr le mo dheartháir na cluichí iománaíochta. Féachaimid ar na cluichí ar *Rugbaí Beo* go minic freisin.

Is aoibhinn leis an teaghlach go léir breathnú ar na cláir cheoil a chraoltar i rith na seachtaine. An ceann is fearr linn ná *Opry le Daniel* toisc go dtaitníonn an ceol tíre linn ar fad. Craoltar an clár trí oíche sa tseachtain agus bíonn aíonna speisialta difriúla ar an gclár leis gach oíche. Measaim go bhfuil sé ar cheann de na cláir is siamsúla ar TG4. Ach is iad cláir Hector na cláir is greannmhaire ar TG4. Is duine craiceáilte é Hector, dar liom, agus tá a chuid sraitheanna taistil go léir ar fheabhas ar fad. Is aoibhinn liom a bheith ag féachaint ar an teilifís.

Aoife

sos	*break*	éalú	*escape*
draíocht	*magic*	osna bhróin	*a sigh of sadness*
ceanndána	*headstrong*	aíonna	*guests*
is siamsúla	*the most entertaining*	is greannmhaire	*the funniest*
sraitheanna taistil	*travel series (plural)*	ar fheabhas	*excellent*

1. Cathain a bhíonn Aoife ag féachaint ar an teilifís?
2. Ainmnigh clár amháin a chraoltar i rith an lae.
3. Cá bhfuil cónaí ar Aifric?
4. Céard a dhéanann a Daid nuair a bhíonn na cluichí spóirt ar siúl?
5. Cén sórt duine é Hector, dar le hAoife?

Scríobh giota leanúnach nó blag ar cheann amháin de na hábhair thíos:
1. An clár teilifíse is fearr liom.
2. An phearsa teilifíse is fearr liom.

Comórtas Cócaireachta ar TG4

Sraith Pictiúr   Comórtas Cócaireachta ar TG4

🔊 **Rian 6.01**

1 Tráthnóna amháin bhí na buachaillí tar éis a gcuid obair bhaile a chríochnú. Bhí siad ina suí ar an tolg ag féachaint ar an teilifís. Chonaic siad fógra faoi chomórtas cócaireachta do dhaltaí óga ar TG4. Léirigh na buachaillí suim sa chomórtas. Shocraigh siad dul chuig an bpríomhoide chun an comórtas a phlé leis.

2 Bhí an príomhoide ag obair ina oifig ar a fiche chun a naoi. Shiúil na buachaillí isteach agus labhair siad leis. Bhí culaith dhubh agus spéaclaí á gcaitheamh ag an bpríomhoide. D'inis na buachaillí dó gur mhaith leo páirt a ghlacadh sa chomórtas cócaireachta. Mhol an príomhoide dóibh labhairt leis an múinteoir eacnamaíocht bhaile agus níos mó eolais a fháil ón suíomh idirlín. Ansin dúirt an príomhoide go raibh cead acu páirt a ghlacadh sa chomórtas.

3 Bhí na buachaillí sa chistin ag cuardach shuíomh idirlín TG4. Ar an tseilf bhí meánna le feiceáil. Chabhraigh an múinteoir eacnamaíocht bhaile leo. Tugadh a lán eolais faoin gcomórtas ar an suíomh. Bhí eolas faoi rialacha an chomórtais agus faoi iarratas a chur isteach chuig TG4. Mhol an múinteoir dóibh biachlár a ullmhú chun a bheith réidh don chomórtas.

4 Thaistil na buachaillí go Baile na hAbhann do Chomórtas Cócaireachta Uile-Éireann. Bhí scoláirí ó scoileanna timpeall na tíre ag glacadh páirte sa chomórtas agus bhí an moltóir ag féachaint go géar orthu. Bhí náprúin chócaireachta á gcaitheamh ag na scoláirí agus bhí boird os a gcomhair amach le babhla agus comhábhair air. Ba léir go raibh na scoláirí an-neirbhíseach.

5 Bhuaigh na buachaillí an chéad duais sa chomórtas cócaireachta. Mhol na moltóirí na buachaillí go hard. Dúirt siad go ndearna siad an-iarracht cócaireacht a dhéanamh trí Ghaeilge. Bhí áthas an domhain ar na buachaillí.

6 Ina dhiaidh sin bhronn an moltóir seic míle euro ar na buachaillí. Bhí siad an-sásta gur ghlac siad páirt sa chomórtas cócaireachta. Nuair a d'fhill siad ar an scoil bhuail siad leis an bpríomhoide agus d'fhéach siad ar an gclár ar TG4. Bhí an príomhoide an-bhródúil astu. Rinne sé comhghairdeas leo as an mbua a fháil sa chomórtas.

Ciorcal oibre: beirt nó triúr le chéile ag plé, ag léamh agus ag scríobh

❶ Scríobh na briathra san Aimsir Chaite as an tsraith thuas i do chóipleabhar.

❷ Scríobh abairtí simplí leis na briathra agus glaoigh amach na habairtí sa rang.

❸ Cum sraith de cheisteanna bunaithe ar na pictiúir agus ansin pléigh na ceisteanna sa rang.

❹ Cuir na ceisteanna atá cumtha ag do ghrúpa ar na daltaí i ngrúpa eile.

2 An Ghaeltacht

Cleachtadh ag caint

Cleachtadh ag scríobh

Léigh na ceisteanna agus na freagraí samplacha thíos. Scríobh do chuid freagraí féin i do chóipleabhar agus léigh amach os ard sa rang iad.

Conamara *Dún na nGall* *Corca Dhuibhne* *An Rinn*

1 Ceist: Ar fhreastail tú ar choláiste samhraidh riamh?

Freagra: D'fhreastail mé ar Choláiste Chiaráin.

2 Ceist: Cá bhfuil Coláiste Chiaráin?

Freagra: Tá an coláiste suite i gConamara, Contae na Gaillimhe.

3 Ceist: Ar thaitin an Ghaeltacht leat?

Freagra: Thaitin sé go mór liom. Bhí an-chraic agam ann le mo chairde.

4 Ceist: Cá raibh tú ag fanacht?

Freagra: Bhí mé ag fanacht i mbungaló deas in aice na farraige.

5 Ceist: Inis dom faoi bhean an tí.

Freagra: Ba bhean álainn í. Bhí sí cairdiúil agus deas agus ní raibh sí ródhian orainn. D'ullmhaigh sí béilí blasta dúinn gach lá. Ba chócaire iontach í.

6 Ceist: Ar shiúil sibh ar scoil ar maidin?

Freagra: Níor shiúil. Bhí an turas rófhada agus tháinig bus scoile chun síob a thabhairt dúinn.

7 Ceist: Céard a d'fhoghlaim sibh sna ranganna?

Freagra: D'fhoghlaimíomar amhráin agus dánta agus léamar scéalta freisin. Uair sa tseachtain bhí tráth na gceist againn sa rang. Bhí an múinteoir cabhrach agus spreagúil.

8 Ceist: Ar thaitin na cluichí spóirt leat?

Freagra: Bhí siad ar fheabhas. Bhuaigh m'fhoireann an chéad áit sa chluiche peile. D'imríomar gach saghas spóirt idir eitpheil agus leadóg agus chispheil.

9 Ceist: Céard a tharla san oíche?

Freagra: Bhí céilí nó dioscó ar siúl sa halla san oíche. Uair sa tseachtain bhí seó tallainne againn agus chan na cailíní i mo theach amhrán deas ach níor bhuamar aon duais.

Gnáthlá sa Ghaeltacht

Cleachtadh ag scríobh

Scríobh na habairtí san ord ceart i do chóipleabhar.

1. Tar éis lóin siúlann na daltaí chuig an trá nó imríonn siad spórt sa choláiste.
2. Nuair a chríochnaíonn an céilí nó an dioscó siúlann na daltaí abhaile.
3. De ghnáth éiríonn na daltaí idir a hocht agus leathuair tar éis a hocht agus bíonn bricfeasta acu ansin.
4. Ullmhaíonn bean an tí an tae thart ar a sé a chlog agus filleann na daltaí ar na tithe don tae.
5. Fágann siad an teach ar a naoi agus tosaíonn ranganna na maidne ar a leathuair tar éis a naoi.
6. Bailíonn na daltaí sa choláiste arís ar a seacht a chlog agus ullmhaíonn siad don chéilí nó don dioscó.
7. Foghlaimíonn na daltaí na damhsaí agus amhráin sna ranganna agus bíonn díospóireachtaí agus cluichí éagsúla ar siúl sna ranganna freisin.
8. Glaonn an cinnire an rolla ar a deich a chlog agus téann na daltaí a chodladh ina dhiaidh sin.
9. Bíonn tuirse an domhain ar na daltaí ag deireadh na hoíche.
10. Bíonn sos acu don lón.

1	2	3	4	5	6	7	8	9	10

Líon na bearnaí: Briathra san Aimsir Láithreach

Líon isteach na briathra san Aimsir Láithreach sna habairtí thíos.

Bíonn   Freastalaíonn   Tagann   Imríonn   Labhraíonn   Fágann   Fanann

1. _____ daltaí ar an nGaeltacht in Éirinn gach bliain.
2. _____ siad le mná tí i dtithe sa Ghaeltacht.
3. _____ saoire iontach acu agus déanann siad cairde nua.
4. _____ siad peil agus cispheil agus bíonn an-spraoi acu.
5. _____ siad Gaeilge an t-am ar fad.
6. _____ feabhas mór ar a líofacht sa teanga.
7. _____ siad an Ghaeltacht go brónach ag deireadh an chúrsa.

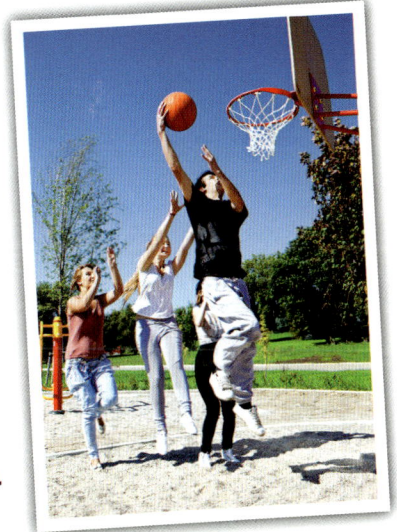

Deachtú

Múinteoir: Léigh an t-alt thíos os ard sa rang agus iarr ar na daltaí an t-alt a scríobh. Ansin ceartaigh an t-alt.

Dalta: Déan liosta de na ceartúcháin i do chóipleabhar.

D'fhreastail mé ar chúrsa sa Ghaeltacht nuair a bhí mé sa chéad bhliain. Chuaigh mé ar an mbus le mo chairde chuig Corca Dhuibhne i mí an Mheithimh. Bhí mé brónach ag fágáil mo theaghlaigh ach bhí mo chairde in éineacht liom. Bhí saoire iontach agam sa Ghaeltacht. Rinne mé cairde nua agus d'fhoghlaim mé a lán Gaeilge. Thaitin na céilithe go mór liom agus bhuaigh mo theach an cluiche cispheile. Bhí brón orm ag deireadh an chúrsa nuair a bhí orm filleadh abhaile.

Timpiste sa Choláiste Samhraidh

Sraith Pictiúr

Timpiste sa Choláiste Samhraidh

🔊 **Rian 6.02**

1 Shocraigh na buachaillí dul chuig an nGaeltacht le chéile. Thug a dtuismitheoirí síob dóibh agus ansin ghuigh siad ádh mór orthu. Mhol siad dóibh a bheith cúramach agus iad sa Ghaeltacht. Bhí málaí droma ar na buachaillí agus ba léir go raibh siad ag tnúth go mór leis an tsaoire sa Ghaeltacht.

2 Chuir an príomhoide fógra ar an mballa le himeachtaí an lae. Thosaigh na ranganna do na daltaí ar a leathuair tar éis a naoi agus chríochnaigh siad don lón ar a leathuair tar éis a dó dhéag. Ar a leathuair tar éis a haon bhí seans ag na daltaí cluichí páirce a imirt nó dul chuig an trá. D'ith siad a ndinnéar óna sé a chlog go dtí leathuair tar éis a seacht. Ina dhiaidh sin bhí céilí nó seó tallainne ag na daltaí, go dtí a deich a chlog. Glaodh an rolla sna tithe ar a leathuair tar éis a deich.

3 Bhí na buachaillí ag baint taitneamh as an gcúrsa. Lá amháin bhí siad ag imirt cluiche peile in aice na trá. Bhí Eoin ag rith leis an liathróid i dtreo an chúil. Go tobann baineadh tuisle as agus thit sé ar an talamh. Ba léir go raibh sé gortaithe go dona. Bhí an-phian air. Lig sé scread as.

4 Tháinig beirt mhúinteoirí trasna chuige. Bhí a fhios acu go raibh sé gortaithe go dona agus rinne siad cinneadh é a thabhairt chuig an ospidéal. Bhí turas fada le déanamh acu chun dul chuig an ospidéal. Thiomáin an múinteoir an carr agus shuigh Eoin i gcúl an chairr. Bhí an-bhrón ar Eoin mar bhí a fhios aige nach mbeadh sé ag imirt peile go ceann tamaill.

5 Cuireadh Eoin ar thralaí san ospidéal agus labhair an dochtúir leis an múinteoir. D'inis sé dó an dea-scéala nach raibh cos Eoin briste. Mhol sé d'Eoin sos a ghlacadh ón spórt go ceann seachtaine. Thug sé maide croise dó sular fhág sé an t-ospidéal. Bhí faoiseamh ar an múinteoir nach raibh Eoin gortaithe go dona.

6 Nuair a d'fhill siad ar an gcoláiste chuir an príomhoide glao fóin ar mháthair Eoin. D'inis sé di go raibh timpiste ag Eoin ar an bpáirc peile agus gur ghortaigh sé a chos. Dúirt sé lena mháthair nach raibh a chos briste agus go mbeadh sé go breá arís i gceann tamaill bhig.

7 Ar a fiche tar éis a deich shiúil Eoin isteach sa halla ar a mhaide croise. Bhí céilí ar siúl sa halla agus bhí na daltaí ag damhsa agus ag baint taitneamh as an gceol. Chuir siad fáilte mhór roimhe. Thug na daltaí bualadh bos dó agus ba léir go raibh an-áthas orthu é a fheiceáil.

Ciorcal oibre: beirt nó triúr le chéile ag plé, ag léamh agus ag scríobh

1 Scríobh na briathra san Aimsir Chaite as an tsraith thuas i do chóipleabhar.

2 Scríobh abairtí simplí leis na briathra agus glaoigh amach na habairtí sa rang.

3 Cum sraith de cheisteanna bunaithe ar na pictiúir agus ansin pléigh na ceisteanna sa rang.

4 Cuir na ceisteanna atá cumtha ag do ghrúpa ar na daltaí i ngrúpa eile.

Ceapadóireacht: Giota Leanúnach

An áit is fearr liom in Éirinn

Léigh an giota leanúnach thíos agus freagair na ceisteanna a ghabhann leis.

I mo thuairim, is é Árainn Mhór i gcontae Dhún na nGall an áit is deise ar domhan.

D'fhreastail mé ar an nGaeltacht ar an oileán ar feadh na mblianta agus caithfidh mé a rá gur thit mé i ngrá le draíocht an oileáin i rith an ama sin. Tá na radhairc tíre ar an oileán go hálainn os rud é go bhfuil an fharraige i ngach áit. Tá na tránna ach go háirithe galánta. Is féidir na báid a fheiceáil amuigh ar an bhfarraige shíochánta agus tugann sé faoiseamh duit nuair a bhíonn tú ag féachaint ar an radharc sin.

Is daoine cairdiúla iad muintir an oileáin. Bíonn siad i gcónaí ag cabhrú le turasóirí nó le scoláirí má bhíonn fadhb acu, nó má bhíonn siad caillte. I rith an tsamhraidh cuireann siad fáilte roimh dhaltaí ar na cúrsaí samhraidh agus bíonn atmaisféar beomhar, bríomhar ar an oileán, go háirithe nuair a bhíonn an ghrian ag taitneamh. Bíonn saoirse ag páistí ar an oileán agus feictear iad ag pleidhcíocht le chéile ar an trá nó ag imirt peile ar thaobh an bhóthair.

Ar ndóigh, is í an Ghaeilge an teanga a labhraítear ar an oileán den chuid is mó. Is teanga cheolmhar í an Ghaeilge agus is aoibhinn liom fuaimeanna na teanga. Ar Árainn Mhór seinneann a lán daoine ceol tráidisiúnta freisin. Seinneann siad an fhidil agus an phíb uilleann, an fheadóg mhór agus an fheadóg stáin. Is féidir éisteacht leis an gceol sna tithe tábhairne san oíche. Buaileann daoine isteach chun labhairt lena gcairde agus chun éisteacht le ceol draíochtúil álainn an oileáin.

Bíonn brón orm i gcónaí nuair a bhíonn orm an bád a thógáil ar ais chuig an mórthír. Bíonn uaigneas orm sa chathair agus bím ag tnúth go mór le filleadh ar an oileán is deise is Éireann. Mholfainn duit dul agus áilleacht an oileáin a fheiceáil.

is deise	the nicest	radhairc tíre	sights	ag cabhrú	helping
na tránna	the beaches	galánta	beautiful	síochánta	peaceful
turasóirí	tourists	beomhar bríomhar	lively	go háirithe	especially
saoirse	freedom	ag pleidhcíocht	messing	fuaimeanna teanga	sounds of the language
draíochtúil	magical	mórthír	mainland	uaigneas	lonely

1. Cén t-ainm atá ar an áit is deise in Éirinn?
2. Céard is féidir a fheiceáil ar an bhfarraige?
3. Luaigh na rudaí a dhéanann na páistí ar an oileán.
4. Cén teanga a labhraítear ar an oileán?
5. Ainmnigh dhá uirlis cheoil a sheinneann daoine ar an oileán.

Tionscadal sa rang

Ag obair i ngrúpaí beaga, déan taighde ar oileán amháin atá suite amach ó chósta na hÉireann. Roghnaigh ceann de na hoileáin thíos:

Oileán Dhairbhe, Inis Meáin, Inis Oírr, Inis Mór, Oileán Thóraí

Ceapadóireacht: Scéal — An Céilí Mór

Ceap scéal a mbeadh an sliocht seo thíos oiriúnach mar thús leis.

Bhí an oíche dheireanach sa Ghaeltacht tagtha, oíche an chéilí mhóir. Bhí mé ag tnúth go mór leis …

Scríobh an scéal i do chóipleabhar.

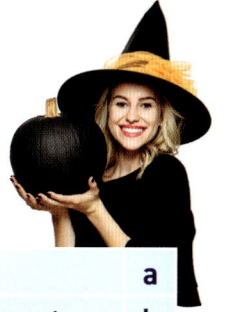

Tús an scéil: Meaitseáil na habairtí Gaeilge agus Béarla thíos

1	Bhí sceitiminí an domhain orainn go léir.	In the end we reached the college.	a
2	Bhailíomar le chéile ag an gcrosbhóthar roimh an gcéilí.	We were singing and messing on the way to the college.	b
3	Bhí éide bhréige á caitheamh ag gach duine.	In the end the bus arrived.	c
4	Bhí mé féin gléasta mar chailleach.	I was dressed as a witch.	d
5	Ar deireadh tháinig an bus.	We were all very excited.	e
6	Bhíomar ag canadh agus ag pleidhcíocht ar an mbealach chuig an gcoláiste.	Everybody wore fancy dress.	f
7	Ar deireadh shroicheamar an coláiste.	We gathered at the crossroad before the céilí.	g

1	2	3	4	5	6	7

Lár an scéil: Meaitseáil na habairtí Gaeilge agus Béarla thíos

1	Thosaigh an céilí ar a hocht a chlog.	The group played the first tune.	a
2	Bhí an halla plódaithe le déagóirí beomhara.	The céilí started at eight o'clock.	b
3	Sheinn an grúpa ceoil an chéad tiúin.	The hall was crowded with lively teenagers.	c
4	Nuair a chualamar 'An Staicín Eorna' léimeamar amach ar an urlár.	There was a great atmosphere in the hall.	d
5	Ba bheag nár phléasc an díon den halla leis an ngleo.	The roof of the hall almost exploded with the noise.	e
6	Bhí an grúpa ceoil ar fheabhas.	When we heard 'The Staicín Eorna' we jumped onto the floor.	f
7	Bhí ardatmaisféar sa halla.	The music group was excellent.	g

1	2	3	4	5	6	7

Críoch an scéil: Meaitseáil na habairtí Gaeilge agus Béarla thíos

1	Ag deireadh na hoíche bhíomar go léir ag sileadh na ndeor.	The bonfire was extinguished at three o'clock in the morning.	a
2	Thug an príomhoide cead speisialta dúinn dul síos ar an trá, áit a raibh tine chnámh ar lasadh.	At the end of the night we were all crying.	b
3	Shuíomar timpeall na tine ag canadh agus ag insint scéalta.	The principal gave us special permission to go to the beach where there was a bonfire lit.	c
4	Oíche gheal, the a bhí ann.	I will never forget that night.	d
5	Ar a trí a chlog ar maidin múchadh an tine chnámh.	We sat around the fire singing and telling stories.	e
6	Bhíomar spíonta.	It was a bright, hot night.	f
7	Ní dhéanfaidh mé dearmad go deo ar an oíche sin.	We were exhausted.	g

1	2	3	4	5	6	7

Cúrsa Gaeilge sa Ghaeltacht

Sraith Pictiúr

Cúrsa Gaeilge sa Ghaeltacht

Rian 6.03

1 Bhí ceathrar daltaí ina seasamh os comhair na scoile. Coláiste Sheosaimh an t-ainm a bhí ar an scoil. Bhí siad ag dul chuig an nGaeltacht ar thuras scoile. Ba léir go raibh sceitimíní an domhain orthu. Chuir an tiománaí na málaí i gcúl an bhus agus ansin bhí sé réidh le himeacht.

2 Thiomáin an tiománaí i dtreo an Spidéil. Bhí na daltaí ag éisteacht le múinteoir a bhí ag labhairt leo le cabhair an mhicreafóin. B'fhéidir go raibh an múinteoir ag míniú rialacha an turais dóibh. Nó b'fhéidir go raibh sé ag insint dóibh céard a bheadh ar siúl acu i rith an turais. Ba léir go raibh na daltaí ag tnúth go mór leis an turas.

3 Tar éis cúpla uair ag taisteal shroich siad Bunscoil Bhaile na hAbhann. Bhí málaí droma ag na daltaí go léir agus lean siad ar aghaidh chuig na tithe áitiúla. Bhí tuirse orthu tar éis an lá a chaitheamh ar an mbus.

4 An lá ina dhiaidh sin ghlac siad páirt in imeachtaí éagsúla. Ar maidin d'fhreastail siad ar ranganna Gaeilge sa scoil. Ansin d'ith siad lón i gceaintín na scoile. Bhí am acu ansin chun an cúrsa a phlé le chéile. Um thráthnóna d'imir siad peil ar an bpáirc imeartha agus san oíche ghlac siad páirt i gcéilí sa halla. Bhain siad an-taitneamh as an gcéilí agus bhí cailín le feiceáil ag seinm an chonsairtín.

5 Bhí an aimsir te agus grianmhar an lá ina dhiaidh sin agus chaith siad tamall ar an trá. Chuir siad a gcultacha snámha orthu agus chuaigh siad ag snámh san fharraige. Chonaic siad an teach solais ón trá agus ba léir go raibh Teach an Phiarsaigh, TG4 agus Raidió na Gaeltachta sa cheantar. Bhí lá iontach ag na daltaí sa Ghaeltacht.

6 Go luath an mhaidin dár gcionn d'fhág na daltaí an Ghaeltacht agus d'fhill siad ar Choláiste Sheosaimh. Ba léir go raibh turas iontach acu agus bhí plean acu filleadh ar an nGaeltacht an bhliain ina dhiaidh sin. D'fhág siad slán ag a chéile. D'iarr cailín amháin ar a cara téacs a sheoladh chuici. Gheall a cara go seolfadh sí téacs chuici.

Ciorcal oibre: beirt nó triúr le chéile ag plé, ag léamh agus ag scríobh

1 Scríobh na briathra san Aimsir Chaite as an tsraith thuas i do chóipleabhar.

2 Scríobh abairtí simplí leis na briathra agus glaoigh amach na habairtí sa rang.

3 Cum sraith de cheisteanna bunaithe ar na pictiúir agus ansin pléigh na ceisteanna sa rang.

4 Cuir na ceisteanna atá cumtha ag do ghrúpa ar na daltaí i ngrúpa eile.

An Scrúdú Cainte

1 **Scrúdaitheoir:** An bhféachann tú ar TG4 go minic?

Dalta: Ní bhíonn seans agam féachaint ar an teilifís go rómhinic. Téim ar shuíomh Idirlín TG4 nuair a bhíonn an t-am agam agus féachaim ar chláir. Is iad na cláir is fearr liom ná *Ros na Rún* agus *Cúl an Tí*. Breathnaíonn mo dheartháir ar *Rugbaí Beo* nuair a bhíonn cluiche mór ar siúl. Tugann TG4 sos dom ó mo chuid obair scoile.

2 **Scrúdaitheoir:** An raibh tú riamh sa Ghaeltacht?

Dalta: Bhí mé sa Ghaeltacht dhá uair. Chaith mé trí seachtaine ar Inis Meáin sa chéad bhliain agus ansin chaith mé trí seachtaine i Ráth Chairn, Contae na Mí nuair a bhí mé san idirbhliain. Thaitin an dá shaoire go mór liom agus labhair mé Gaeilge an t-am ar fad. D'aimsigh mé cairde nua sa Ghaeltacht agus tá mé fós i dteagmháil leis na cairde sin.
Cé go raibh na múinteoirí dian orainn i rith an chúrsa, tá áthas orm anois gur labhair mé Gaeilge. Tháinig feabhas mór ar mo chuid Gaeilge agus ba mhaith liom a bheith i mo chinnire sa Ghaeltacht an bhliain seo chugainn.

i dteagmháil le	*in contact with*	dian	*tough*
feabhas	*improvement*	cinnire	*leader*

Bain triail as anois!

Bain úsáid as na nathanna cainte thuas chun cur síos a dhéanamh ar thréimhse a chaith tú sa Ghaeltacht. Léigh an giota os ard don rang nuair atá sé scríofa agat.

Súil siar ar an Litríocht

Cúrsa Filíochta: *An tEarrach Thiar*
le Máirtín Ó Direáin

🔊 **Rian 1.05**

RTÉ Photographic Archive

Léigh an dán ar leathanach 38.

Scéal an dáin

Chaith an file Máirtín Ó Direáin a óige ar Inis Mór, Árainn. Tá an t-oileán álainn seo suite amach ó chósta Chonamara. Thaitin saol an oileáin go mór leis an bhfile. Scríobh Ó Direáin an dán seo chun a ghrá dá áit dúchais a léiriú. Tá ceithre phictiúr sa dán den saol traidisiúnta ar an oileán. Pictiúir idéalacha atá iontu de dhaoine ag obair i dteannta a chéile. Bhí síocháin agus suaimhneas le fáil ar an oileán. Saol simplí, nádúrtha a chaith na daoine. Bhain siad taitneamh as na rudaí simplí sa saol.

cósta	coast	a ghrá dá áit dúchais	his love for his native place
pictiúir idéalacha	idealistic pictures	ag obair i dteannta a chéile	working together
síocháin	peace	suaimhneas	tranquility

Cúrsa Próis: *Oisín i dTír na nÓg*

Léigh an scéal *Oisín i dTír na nÓg* ar leathanach 84—87.

🔊 **Rian 2.04**

Eolas faoin scéal

Is scéal é seo faoi Oisín agus a shaol i dTír na nÓg. Is mac le Fionn Mac Cumhaill, ceannaire na Féinne, é. Is fear dathúil, cróga é. Cuireann Niamh Chinn Óir faoi gheasa é agus fágann sé a athair agus a chairde agus imíonn sé go Tír na nÓg le Niamh. Tarlaíonn a lán eachtraí suimiúla dóibh ar an mbealach agus ina dhiaidh sin pósann siad i dTír na nÓg.

Tar éis trí chéad bliain tagann uaigneas ar Oisín agus filleann sé ar Éirinn chun a athair agus a chairde a fheiceáil. Nuair a thiteann sé den chapall fágtar ina sheanfhear dall é.

Buaileann sé le Naomh Pádraig agus insíonn sé a scéal dó. Fanann Oisín i dteannta Naomh Pádraig ina dhiaidh sin.

ceannaire	leader	dathúil, cróga	handsome, brave
faoi gheasa	under a spell	dall, críonna	blind, wise

3 Féilte na Bliana agus Seachtain na Gaeilge

Cleachtadh ag caint   Cleachtadh ag scríobh

Léigh na ceisteanna agus na freagraí samplacha thíos. Scríobh do chuid freagraí féin i do chóipleabhar agus léigh amach os ard sa rang iad.

1 Ceist: Céard a tharlaíonn i do scoil i rith Sheachtain na Gaeilge?

Freagra: Bíonn céilí againn de ghnáth chomh maith le tráth na gceist.

2 Ceist: An maith leat Seachtain na Gaeilge?

Freagra: Is aoibhinn liom Seachtain na Gaeilge. Bíonn seisiún ceoil sa halla againn gach lá ag am lóin agus bíonn atmaisféar beomhar sa scoil. Féachaimid ar TG4 sa rang agus ní thugann an múinteoir obair bhaile dúinn.

3 Ceist: An ndéanann na daltaí iarracht Gaeilge a labhairt i rith Sheachtain na Gaeilge?

Freagra: Cinnte, déanann gach duine iarracht Gaeilge a labhairt sa scoil. Tá Gaeilge líofa ag an bpríomhoide agus labhraíonn i nGaeilge sí le gach duine i rith Sheachtain na Gaeilge.

4 Ceist: An ndearna sibh aon rud suimiúil sa scoil i rith Sheachtain na Gaeilge?

Freagra: Rinne, gan amhras. Chuamar ar thuras chuig Páirc an Chrócaigh. D'eagraigh ár múinteoir Gaeilge an turas. Thógamar turas timpeall na staide agus ansin bhí seans againn tamall a chaitheamh sa mhúsaem. Thug an treoraí a lán eolais dúinn faoi stair an Chumainn Lúthchleas Gael. Ba lá iontach é.

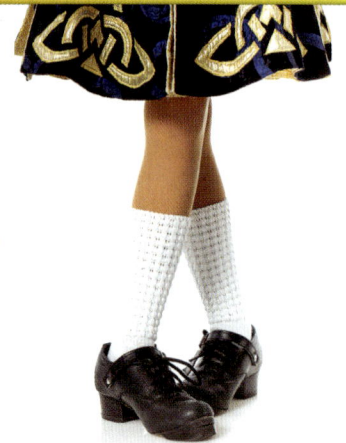

tráth na gceist	*quiz*	díospóireacht	*debate*
comórtas damhsa	*dancing competition*	comórtas amhránaíochta	*singing competition*
turas	*trip*	seisiún ceoil	*music session*

Scríobh liosta ar an gclár bán de na himeachtaí is féidir le daltaí a eagrú i rith Sheachtain na Gaeilge.

Blag: Seachtain na Gaeilge

Cleachtadh: Líon na bearnaí

Líon na bearnaí i mblag Thomáis thíos:

> múinteoirí   mí   Sheachtain   Gaeilge   seisiún ceoil
> beomhar   daltaí   póstaeir

Is aoibhinn liom Seachtain na _____ ar scoil. Tá club Gaelach againn sa scoil agus bímid ag ullmhú le haghaidh Sheachtain na Gaeilge ar feadh cúpla _____. Crochaimid _____ timpeall na scoile le clár imeachtaí roimh Sheachtain na Gaeilge. Buailimid leis na _____ Gaeilge agus pléimid imeachtaí na seachtaine leo. De ghnáth labhraíonn gach duine sa scoil Gaeilge i rith _____ na Gaeilge. Bíonn atmaisféar _____ sa scoil. Is iad na himeachtaí is fearr liom ná an céilí agus an _____ a bhíonn ar siúl sa halla ar an Aoine. Bíonn múinteoirí agus _____ i láthair ag an seisiún ceoil agus bíonn an-chraic againn.

Cleachtadh ag scríobh

Scríobh giota leanúnach nó blag ar cheann amháin de na hábhair thíos:

1. Seachtain na Gaeilge i mo scoil.
2. Seachtain na Gaeilge i mo cheantar.

Bíonn ceol agus craic agus spraoi agam i rith Sheachtain na Gaeilge.

Bíonn rudaí ar siúl do gach aoisghrúpa sa scoil agus sa cheantar.

Is aoibhinn liom éisteacht le ceol Gaelach i rith Sheachtain na Gaeilge.

Féachaim ar chláir ar TG4 freisin.

Is maith liom damhsa.

Bíonn céilí mór ar siúl i rith Sheachtain na Gaeilge.

'An Staicín Eorna' an damhsa is fearr liom.

Bíonn atmaisféar iontach bríomhar i ngach áit.

Glacaim sos ó mo chuid staidéir agus bainim taitneamh as na himeachtaí éagsúla.

Bíonn seisiúin cheoil le ceoltóirí aitiúla ar siúl sa seomra ceoil.

Bíonn comórtais mhóra amhránaíochta agus damhsa ar siúl i rith Sheachtain na Gaeilge.

Taitníonn tráth na gceist boird go mór liom.

Is í Seachtain na Gaeilge an fhéile is fearr liom in Éirinn.

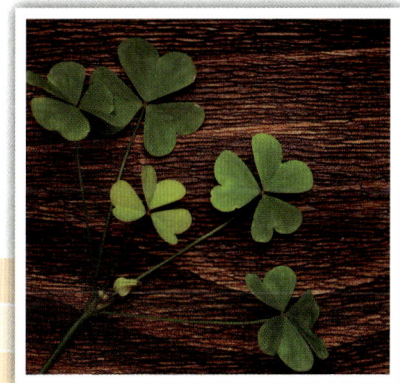

Lá Fhéile Pádraig   Cleachtadh ag caint

Ceist: Céard a dhéanann tú Lá Fhéile Pádraig?

Freagra: Faighim lá saor ón scoil Lá Fhéile Pádraig. Má bhíonn tuirse orm fanaim sa leaba agus cuirim glao ar mo chairde nuair a éirím. De ghnáth, téimid isteach sa bhaile mór chun féachaint ar an bparáid. Bíonn carnabhal ar siúl sa bhaile mór agus bíonn spraoi againn ann. San oíche bíonn céilí mór ar siúl sa Chlub Chumann Lúthchleas Gael áitiúil agus téim ann le mo chairde. Bíonn an-chraic againn ag damhsa.

paráid	*parade*	carnabhal	*carnival*
spraoi	*fun*	Cumann Lúthchleas Gael	*GAA*

Oíche Shamhna   Cleachtadh ag caint

Ceist: An maith leat Oíche Shamhna?

Freagra: Taitníonn Oíche Shamhna go mór liom. Tá deirfiúr óg agam agus bíonn sceitimíní an domhain uirthi Oíche Shamhna. Gléasann sí in éide bhréige agus siúlann sí timpeall an cheantair ag imirt bob nó bia lena cairde. Téann siad ó dhoras go doras ag bailiú milseán. Imríonn siad cluichí sa teach an oíche sin freisin.

cóisir	*party*	éide bhréige	*fancy dress*
tine chnámh	*bonfire*	ag imirt bob nó bia	*trick or treating*

Deachtú

Múinteoir: Léigh an t-alt thíos os ard sa rang agus iarr ar na daltaí an t-alt a scríobh. Ansin ceartaigh an t-alt.

Dalta: Déan liosta de na ceartúcháin i do chóipleabhar.

Is í Oíche Shamhna an fhéile is fearr liom i rith na bliana. Buailim le mo chairde de ghnáth agus téimid chuig cóisir nó dioscó. Is aoibhinn liom nuair a thagann na páistí chuig an doras oíche Shamhna. Bíonn milseáin agam dóibh. Taitníonn an tine chnámh liom. Bíonn atmaisféar beomhar sa cheantar Oíche Shamhna.

Ceapadóireacht: Litir nó Ríomhphost — An Nollaig

Tá tú ar do chuid laethanta saoire ón scoil don Nollaig. Scríobh litir nó ríomhphost chuig do chara agus déan cur síos ar na rudaí a rinne tú i rith laethanta saoire na Nollag.

A Liam, a chara	A Jeaic, a chara	2 Eanáir	4 Eanáir
A Úna, a chara	A Chaitríona, a chara	28 Nollaig	31 Nollaig

Beannachtaí na féile ort.	Seasons greetings.
Tá súil agam gur bhain tú taitneamh as an Nollaig.	I hope that you enjoyed Christmas.
Táim ag baint taitneamh as saoire na Nollag.	I am enjoying the Christmas holiday.

Bhí tuirse an domhain orm tar éis scrúduithe na Nollag.	I was exhausted after the Christmas exams.
Chaitheamar lá ag crochadh maisiúchán timpeall an tí.	We spent a day hanging decorations around the house.
Bhí crann mór againn sa seomra suí.	We had a big tree in the sitting room.
Lá Nollag tháinig mo ghaolta ar cuairt.	On Christmas day my relations came to visit.
Fuair mé bronntanais dheasa.	I got lovely presents.
Chabhraigh mé le mo thuismitheoirí an dinnéar a ullmhú.	I helped my parents to prepare the dinner.
Bhí mé lán go béal tar éis an dinnéir.	I was full after dinner.
Chaitheamar an oíche ag féachaint ar an teilifís.	We spent the evening watching the TV.

turcaí	*turkey*	liamhás	*ham*	prátaí rósta	*roast potatoes*
bachlóga Bhruiséile	*Brussels sprouts*	maróg	*pudding*	cáca Nollag	*Christmas cake*
gloine fíona	*a glass of wine*	ceiliúradh	*celebration*	uachtar	*cream*

Ar mhaith leat teacht chuig mo theach Oíche Chinn Bliana?	Would you like to come to my house on New Year's Eve?
Beidh cóisir ar siúl i mo theachsa.	There will be a party in my house.
Seol ríomhphost chugam go luath.	Send me an e-mail soon.
Slán go fóill	Bye for now
Do chara buan	Your best friend

Cleachtadh ag caint

Déan plé ar an Nollaig sa rang. Conas a chaith tú an Nollaig i mbliana?

Tionscadal ar Fhéilte na hÉireann

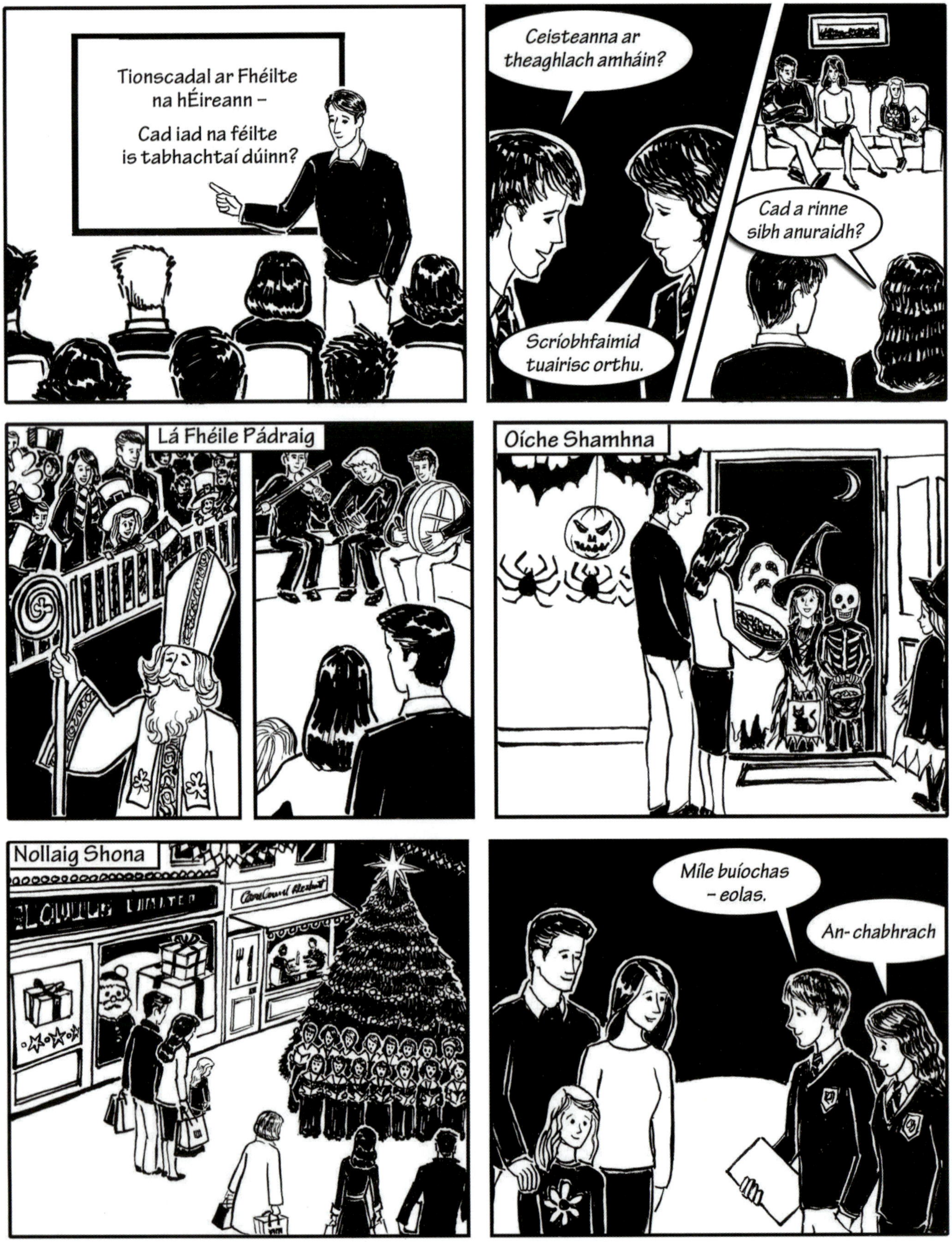

Sraith Pictiúr

Tionscadal ar Fhéilte na hÉireann

🔊 **Rian 6.06**

1 Bhí na daltaí sa rang ag éisteacht leis an múinteoir ag labhairt faoi thionscadal ar fhéilte na hÉireann. Seachtar daltaí ar fad a bhí sa rang idir chailíní agus bhuachaillí. Chuir an múinteoir ceist orthu faoi na féilte is tábhachtaí dúinn in Éirinn. Bhí siad gléasta ina gcuid éide scoile agus bhí siad ag éisteacht go géar leis an múinteoir. Bhí geansaí dubh agus léine bhán á gcaitheamh ag an múinteoir.

2 Phléigh na daltaí an tionscadal ina dhiaidh sin agus shocraigh siad ar cheisteanna a chur ar theaghlach amháin faoi na féilte is fearr leo. Ansin bhí plean acu tuairisc a scríobh bunaithe ar na freagraí a fuair siad. Chuir na daltaí agallamh ar an gclann agus d'fhiafraigh siad díobh céard a rinne siad anuraidh. Bhí na tuismitheoirí ina suí ar an tolg lena n-iníon.

3 D'fhreagair an chlann a gcuid ceisteanna agus dúirt siad go ndeachaigh siad chuig an bparáid Lá Fhéile Pádraig. Bhí an baile plódaithe le daoine ag féachaint ar an bparáid. Chonaic siad Naomh Pádraig. Bhí hata mór ar a cheann agus bachall ina láimh aige. Ina dhiaidh sin d'fhreastail siad ar sheisiún ceoil. Bhí buachaill amháin ag seinnt na fidle, duine eile ag seinnt an bhodhráin agus bhí an phíb uillinn á seinnt ag an mbuachaill eile.

4 Dúirt an chlann gur thaitin Oíche Shamhna go mór leo. Tháinig páistí ón gceantar chuig an doras ar Oíche Shamhna ag bailiú milseán. Bhí na páistí gléasta in éide bhréige. Chonaic an chlann cailleach, taibhse agus cnámharlach ag an doras. Bhí babhla mór le milseáin ag Mam agus thug sí na milseáin do na páistí. Bhí dhá dhamhán alla le feiceáil ar an mballa chomh maith le dhá ialtóg.

5 Dúirt an chlann ansin gur thaitin an Nollaig go mór leo. Chuaigh siad isteach sa bhaile mór ag siopadóireacht roimh an Nollaig agus cheannaigh siad bronntanais. Chonaic siad cór ag canadh charúil na Nollag agus bhí a lán daoine ag éisteacht leis an gcór ag canadh. Chonaic siad Daidí na Nollag agus bronntanais i bhfuinneog an tsiopa agus bhí lánúin i mbialann ag ithe dinnéir.

6 Ghabh na daltaí buíochas leis an gclann ansin. Bhí áthas orthu leis na freagraí a fuair siad agus d'inis siad don chlann gur chabhraigh siad go mór leo. Bhí áthas ar na daltaí leis an eolas a fuair siad agus d'fhill siad ar scoil chun an tuairisc a scríobh.

Ciorcal oibre: beirt nó triúr le chéile ag plé, ag léamh agus ag scríobh

❶ Scríobh amach na briathra san Aimsir Chaite as an tsraith thuas i do chóipleabhar.

❷ Scríobh abairtí simplí leis na briathra agus glaoigh amach na habairtí sa rang.

❸ Cum sraith de cheisteanna bunaithe ar na pictiúir agus ansin pléigh na ceisteanna sa rang.

❹ Cuir na ceisteanna atá cumtha ag do ghrúpa ar na daltaí i ngrúpa eile.

An Scrúdú Cainte

1 **Scrúdaitheoir:** Ar thaitin Seachtain na Gaeilge leat?

Dalta: Thaitin Seachtain na Gaeilge go mór liom. Bhí imeachtaí éagsúla ar siúl i rith na seachtaine ar scoil agus ghlacamar sos ón obair dhian sa rang Gaeilge. D'eagraigh na daltaí san idirbhliain céilí dúinn sa halla ar an gCéadaoin agus bhí an-chraic againn. Bhuaigh mo chara comórtas ceoil i rith na seachtaine agus bhí comórtas damhsa agus amhránaíochta againn ag deireadh na seachtaine. Rinneamar go léir an-iarracht an Ghaeilge a labhairt i rith Sheachtain na Gaeilge.

2 **Scrúdaitheoir:** Cén fhéile is fearr leat?

Dalta: Is aoibhinn liom an Cháisc. Bíonn sos fada againn ón scoil agus ní bhíonn orainn aon staidéar ná obair scoile a dhéanamh. Éiríonn an aimsir níos teo agus níos gile i rith laethanta saoire na Cásca. Tugann mo thuismitheoirí uibheacha Cásca dom Domhnach Cásca.

An Cháisc	*Easter*	níos teo	*warmer*
níos gile	*brighter*	uibheacha	*eggs*

Bain triail as anois!

Cén fhéile is fearr leat féin? Bain úsáid as na nathanna cainte thuas chun cur síos a dhéanamh uirthi. Léigh an giota os ard don rang nuair ata sé scríofa agat.

4 Ceol agus Cultúr na hÉireann

Cleachtadh ag caint   Cleachtadh ag scríobh

Léigh na ceisteanna agus na freagraí samplacha thíos. Scríobh do chuid freagraí féin i do chóipleabhar agus léigh amach os ard sa rang iad.

1 Ceist: An maith leat ceol traidisiúnta?

Freagra: Taitníonn ceol traidisiúnta go mór liom. Seinnim an consairtín agus an fhidil agus is ball de ghrúpa traidisiúnta mé. Seinnimid ar Shráid Grafton i mBaile Átha Cliath anois is arís chun airgead a thuilleamh.

Seinnim	*I play*	an fhidil	*the fiddle*	ball	*member*

2 Ceist: An bhfuil suim agat sa cheol traidisiúnta?

Freagra: Tá an-suim agam sa cheol traidisiúnta. Tá mé i mo bhall de Chomhaltas Ceoltóirí Éireann. Seinnim an fheadóg stáin agus seinneann mo dhearthair an consairtín. Bíonn cleachtadh againn uair sa tseachtain agus ansin seinnimid ag seisiún cheoil i dtithe tábhairne ar fud an cheantair. 'Cibé' an grúpa traidisiúnta is fearr liom.

i mo bhall	*a member of*	cleachtadh	*practice*	an bosca ceoil	*the accordian*
an bainseo	*the banjo*	an chruit	*the harp*	an consairtín	*the concertina*
an fheadóg mhór	*the flute*	tithe tábhairne	*pubs*		

3 Ceist: An raibh tú riamh ag Fleá Cheoil na hÉireann?

Freagra: Téim chuig Fleá Cheoil na hÉireann gach bliain. Bíonn ard-atmaisféar sa cheantar i rith na seachtaine sin. Bíonn ceol breá Gaelach le cloisteáil ó mhaidin go hoíche. Níor bhuaigh mé duais riamh ach bainim taitneamh as páirt a ghlacadh sna comórtais.

Blag Ailbhe: Draíocht an Cheoil
Cleachtadh: Líon na bearnaí

Léigh Blag Ailbhe thíos agus líon na bearnaí ann:

Ceoltóirí   Fleá   traidisiúnta   draíocht   an fhidil   tíre   ghrúpa

Is aoibhinn liom ceol _____. Seinnim an fheadóg stáin agus
_____. Thosaigh mé ag seinnt ceol tráidisiúnta nuair a bhí mé
an-óg. Is ball de Chomhaltas _____ Éireann mé agus bíonn
cleachtadh againn dhá uair sa tseachtain. Glacaimid páirt sna comórtais timpeall na _____. Tosaímid le
fleá Bhaile Átha Cliath agus má bhuaimid leanaimid ar aghaidh go dtí Fleá an Chúige. Arís má éiríonn linn
sa chomórtas sin leanaimid ar aghaidh go dtí _____ Cheoil na hÉireann. Is aoibhinn liom a bheith ag
seinnt le mo chairde sa _____. Bainimid go léir an-chuid suilt as. Ceapaim go bhfuil _____
ag baint le ceol traidisiúnta na hÉireann.

COMHALTAS

Mo Cheol thú! Mo Cheol sibh!

Sraith Pictiúr

Mo Cheol thú!
Mo Cheol sibh!

🔊 Rian 6.09

1 Léirigh an fógra ar an mballa i gColáiste Phádraig go raibh cleachtadh ag an ngrúpa traidisiúnta ar an Luan agus ar an gCéadaoin ag am lóin agus tar éis scoile. Chonaic an dalta an fógra agus é ag dul ar scoil. Bhí an dalta gléasta ina éide scoile agus bhí mála ar a ghualainn aige.

2 Bhuail an grúpa le chéile tar éis scoile agus lean siad ar aghaidh ag cleachtadh. Léirigh an clog ar an mballa an t-am. Bhí sé a cúig a chlog. Bhí na déagóirí ag seinnt uirlisí éagsúla agus bhí an múinteoir ag stiúradh an ghrúpa. Sheinn beirt an fhidil agus bhí cailín ag seinnt ar an bhfeadóg mhór agus cailín eile ag seinnt ar an bhfeadóg stáin. Bhí ceol álainn Gaelach á sheinnt ag an ngrúpa.

3 Ansin chuaigh na déagóirí abhaile agus bhí cailín ag iarraidh port nua a fhoghlaim don lá ina dhiaidh sin. Bhí sí ag cleachtadh ar feadh na hoíche agus rinne sí a dícheall an port a fhoghlaim.

4 Ghlac an grúpa traidisiúnta páirt i bhFleá an Chontae. Labhair an moltóir ag deireadh an lae. Dúirt sé go raibh ceithre ghrúpa thraidisiúnta sa chomórtas agus dúirt sé go raibh siad go léir ar fheabhas. Mhol sé na grúpaí as an obair iontach a rinne siad ag ullmhú don chomórtas. D'fhógair sé ansin gur bhuaigh Coláiste Phádraig Fleá an Chontae.

5 Lean an grúpa traidisiúnta ar aghaidh chuig Fleá an Chúige agus d'fhógair an moltóir ansin gur bhuaigh Coláiste Phádraig Fleá an Chúige. Ba léir go raibh an grúpa traidisiúnta an-sásta go raibh siad ag dul ar aghaidh chuig Fleá Cheoil na hÉireann.

6 Thaistil na déagóirí chuig Fleá Cheoil na hÉireann i Leitir Ceanainn. Bhí Leitir Ceanainn plódaithe don ócáid. Bhí ceol álainn Gaelach le cloisteáil timpeall an bhaile. D'fhreastail an grúpa traidisiúnta ar cheolchoirm na mbuaiteoirí a bhí ar siúl an oíche sin ar a hocht a chlog. Bhí an halla lán go béal don cheolchoirm. Ba léir go raibh áthas an domhain ar an ngrúpa traidisiúnta gur bhuaigh siad Fleá Cheoil na hÉireann.

7 D'fhill na déagóirí ar scoil ina dhiaidh sin. Bhí seisiún ceoil ar siúl ar a hocht a chlog i halla na scoile chun an bua a cheiliúradh. D'fhreastail múinteoirí, tuismitheoirí agus daltaí ar an gceolchoirm. Labhair an príomhoide roimh an seisiún ceoil agus mhol sé an grúpa go hard agus ghabh sé buíochas le stiúrthóir an ghrúpa. Bhí na déagóirí an-bhuíoch as an méid tacaíochta a thug gach duine dóibh. Bhí oíche iontach ag gach duine.

Ciorcal oibre: beirt nó triúr le chéile ag plé, ag léamh agus ag scríobh

❶ Scríobh na briathra san Aimsir Chaite as an tsraith thuas i do chóipleabhar.

❷ Scríobh abairtí simplí leis na briathra agus glaoigh amach na habairtí sa rang.

❸ Cum sraith de cheisteanna bunaithe ar na pictiúir agus ansin pléigh na ceisteanna sa rang.

❹ Cuir na ceisteanna atá cumtha ag do ghrúpa ar na daltaí i ngrúpa eile.

Ceapadóireacht: Litir nó Ríomhphost

Bhí tú ag ceolchoirm le déanaí. Scríobh an litir nó an ríomhphost a chuirfeá chuig cara leat ag insint dó nó di faoi na hullmhúcháin a rinne tú roimh an gceolchoirm agus faoi na rudaí a tharla ag an gceolchoirm.

seoladh — 56 Bóthar na Coille,
Port Laoise,
Co. Laoise

dáta — 15 Márta

beannú

A Sheosaimh, a chara,

tús

Bhí an-áthas orm do litir a fháil ar maidin, go raibh míle maith agat. Comhghairdeas as an mbua a fháil sa seó tallainne. Bhí mé féin an-ghnóthach le cúpla lá anuas. Mar is eol duit bhí ceolchoirm mhór ar siúl i halla na scoile aréir. Iarradh orm port a sheinnt ar an bhfidil ag an gceolchoirm. Bhí mé an-neirbhíseach roimh an gceolchoirm agus chaith mé an lá ar fad ag cleachtadh. Bhuail mé le Bean Uí Shé, an múinteoir ceoil ag am lóin agus thug sí cabhair agus tacaíocht dom.

Ag an gceolchoirm bhí an halla lán go béal. Bhí daltaí ón séú bliain i bhfeighil na n-imeachtaí agus bhí cór na scoile ag canadh i rith na hoíche freisin. Chan Aoife Ní Thuama amhrán álainn agus thug an slua bualadh bos mór di. Glaodh orm ag deireadh na hoíche agus bhí mé ar crith le heagla. Nuair a shiúil mé amach ar an stáitse chonaic mé mo chairde go léir. Sheinn mé dhá phort agus ansin sheinn mé port eile le daltaí ó mo rang.

Bhí oíche iontach againn. Caithfidh mé imeacht anois. Tá tuirse an domhain orm. Cuir glao orm ag an deireadh seachtaine má bhíonn an t-am agat.

Is mise,
Do chara buan,

críoch

Lorcán

| comhghairdeas | *congratulations* | seó tallainne | *talent show* |
| i bhfeighil na n-imeachtaí | *in charge of events* | bualadh bos | *applause* |

1. Céard a bhí ar siúl i halla na scoile aréir?
2. Cathain a bhuail Lorcán leis an múinteoir ceoil?
3. Cé a bhí i bhfeighil na n-imeachtaí ag an gceolchoirm?
4. Céard a chonaic Lorcán nuair a shiúil sé amach ar an stáitse?
5. Cé mhéad port a sheinn Lorcán leis na daltaí óna rang?

Cleachtadh ag scríobh

Scríobh litir chuig do chara agus inis dó nó di gur fhreastail tú ar cheolchoirm nó seisiún ceoil le déanaí. Déan cur síos ar an ócáid.

TG4 — Áis Iontach do Mhuintir na hÉireann

Léigh an sliocht seo a leanas agus freagair na ceisteanna ar fad a ghabhann leis.

Tháinig TG4 ar an bhfód den chéad uair Oíche Shamhna 1996. Bhí tinte ealaíne agus cóisir mhór ar siúl i mBaile na hAbhann nuair a craoladh an chéad chlár. Ó shin i leith tá méadú mór tagtha ar líon na gclár a chraoltar ar TG4. Is áis iontach é TG4 do phobal na Gaeltachta agus do mhuintir na hÉireann i gcoitinne. Gan amhras cuirtear béim mhór ar an spórt ar TG4 agus go háirithe ar na cluichí Gaelacha: peil, iománaíocht agus camógaíocht. Caitheann na mílte, idir óg agus aosta, an deireadh seachtaine ag féachaint ar na cluichí móra spóirt.

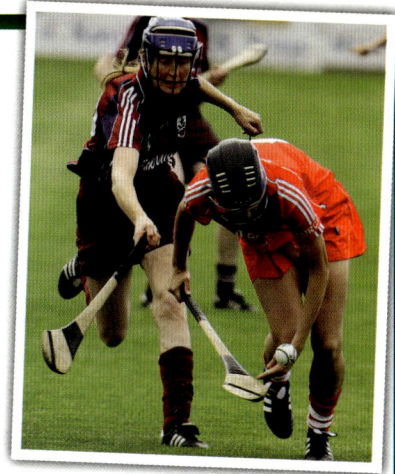

Chomh maith le spórt craoltar gach saghas cláir ar TG4. Ar maidin bíonn réimse leathan clár ar siúl do pháistí óga cosúil le *SpongeBob SquarePants* agus *Rita & Crogall* agus um thráthnóna craoltar cláir chainte, cláir cheoil agus cláir shiamsa. De ghnáth um thráthnóna craoltar cláir faoi chúrsaí reatha ar TG4 agus ar ndóigh bíonn an sobalchlár *Ros na Rún* ar siúl freisin.

Is aoibhinn liom tamall a chaitheamh ag féachaint ar chláir ar TG4. Uaireanta féachaimid ar chlár sa rang Gaeilge. Taitníonn an clár *Imeall* go mór liom. Is clár ealaíne é *Imeall*. Tugann sé léargas ar na healaíona agus ar shaol cultúrtha na hÉireann. I rith an chláir cuirtear daoine suimiúla timpeall na tíre faoi agallamh. Insíonn siad scéalta iontacha faoi cheol, ealaín, stair agus litríocht na hÉireann. Uair amháin cuireadh agallamh ar an amhránaí cáiliúil Imelda May agus léirigh sí a suim sa cheol traidisiúnta.

Is é Hector Ó hEochagáin an phearsa is beomhaire ar TG4. Is as an Uaimh, Contae na Mí é Hector agus déanann sé cláir thaistil le TG4. Thaistil sé timpeall Mheiriceá, chósta na hAstráile agus Cheanada le blianta beaga anuas. Is láithreoir bríomhar, craiceáilte é Hector. I gCeanada chonaiceamar é ag dornálaíocht, ag iascaireacht agus ag imirt haca ar leac oighir le himreoirí gairmiúla. Bíonn na heachtraí ar an gclár an-ghreannmhar agus is léir go mbaineann Hector an-sult as an taisteal.

ar an bhfód	*into existence*	tinte ealaíne	*fireworks*	cóisir mhór	*a big party*
craoladh	*it was broadcast*	méadú mór	*a big increase*	líon na gclár	*the number of programmes*
réimse leathan	*a wide range*	i gcoitinne	*in general*	láithreoir	*presenter*
Tugann sé léargas ar	*It gives an insight into*	na healaíona	*the arts*	saol cultúrtha na hÉireann	*cultural life of Ireland*
agallamh	*interview*	is beomhaire	*liveliest*	clár taistil	*travel programme*
imreoirí gairmiúla	*professional players*	an-ghreannmhar	*very funny*	an-sult	*great enjoyment*

1. Cathain a tháinig TG4 ar an bhfód den chéad uair?
2. Ainmnigh na cluichí Gaelacha a chraoltar ar TG4.
3. Cén saghas clár a bhíonn ar siúl um thráthnóna ar TG4?
4. Déan cur síos ar an gclár *Imeall*.
5. Céard a rinne Hector i gCeanada?

> **Féach ar chlár ar Sheinnteoir TG4 sa rang. Ar thaitin an clár leat? Cén fáth?**

Cultúr na hÉireann: Béaloideas

Obair bheirte: Déan plé ar na ceisteanna thíos leis an duine atá in aice leat.
Is féidir cuardach a dhéanamh ar an Idirlíon chun an t-eolas a bhailiú. Scríobh
na freagraí i do chóipleabhar agus léigh amach na freagraí ansin don rang.

ag insint scéalta	*telling stories*	ag aithris filíochta	*reciting poetry*
ag damhsa	*dancing*	ag amhránaíocht	*singing*
ag seinnt ceoil	*playing music*	ag imirt cluichí Gaelacha	*playing Irish games*
ag bailiú seanfhocal	*collecting old sayings*	ag foghlaim faoi logainmneacha	*learning about place names*

❶ Céard iad na seanfhocail atá ar eolas agat? Scríobh liosta i do chóipleabhar.

❷ Ainmnigh na damhsaí Gaelacha a d'fhoghlaim tú sa rang nó sa Ghaeltacht.

❸ An bhfuil ainmneacha bailte nó sráidbhailte ar eolas agat? Scríobh síos iad.

❹ Cá bhfuil cónaí ort? Cén leagan Gaeilge atá ar ainm na háite?

❺ Déan taighde ar do bhaile dúchais ar www.logainm.ie. Cad is brí leis an logainm?

❻ Ainmnigh cúpla amhrán Gaelach a d'fhoghlaim tú sa bhunscoil nó sa Ghaeltacht.

❼ Ainmnigh na dánta Gaeilge is fearr leat.

❽ Ainmnigh cúpla scéal béaloidis ar nós *Oisín i dTír na nÓg*.

Ceapadóireacht: Comhrá

**Ba mhaith leat dul chuig Fleá Cheoil na hÉireann le do chairde agus iarrann tú cead ó do Dhaid.
Léigh na nótaí thíos agus ansin scríobh an comhrá i do chóipleabhar.**

Tús an chomhrá

A Dhaid, ar chuala tú go mbeadh Fleá Cheoil na hÉireann ar siúl i Loch Garman i mbliana?
Níor chuala mé an scéal sin, a Pheadair, cá bhfuair tú an t-eolas sin?
Chuala mé na múinteoirí ag caint faoi tar éis an rang ceoil inniu.
Bhuel, a Pheadair, sin dea-scéala.

Lár an chomhrá

An mbeadh cead agam dul chuig an bhfleá le Cormac agus Dónall?
Ba mhaith linn dul ag campáil.
Bheadh deireadh seachtaine iontach againn.
Ach, a Pheadair, céard faoi bhur n-uirlisí ceoil?
Ó, a Dháid, níor smaoiningh mé orthu.
An mbeadh seans agat síob a thabhairt dúinn?

Nótaí breise

Iarr ar do Mham.	*Ask your Mam.*
Tabhair seans dúinn!	*Give us a chance!*
Tá tú i bhfad ró-óg.	*You're much too young.*
An bhfuil airgead agat?	*Have you money?*
Céard faoin bpuball?	*What about the tent?*
Níl mé sásta ar chor ar bith.	*I'm not happy at all.*
Labhróidh mé le do Mham.	*I will speak with your Mam.*
Bheadh deireadh seachtaine den scoth againn.	*We'd have a great weekend.*

Críoch an chomhrá

Ó, a Pheadair, iarr ar thuismitheoirí na mbuachaillí eile, beidh mé róghnóthach an deireadh seachtaine sin.
Ceart go leor, a Dhaid. B'fhéidir go dtabharfadh máthair Chormaic síob dúinn.
Smaoineamh maith, a Pheadair. Chuala mé go raibh siad ag dul chuig an bhfleá cheoil.
Cuir glao ar Chormac anois, a Pheadair.
Cuirfidh mé, a Dhaid.

An Scrúdú Cainte

1 **Scrúdaitheoir:** An maith leat ceol traidisiúnta?

Dalta: Is aoibhinn liom ceol traidisiúnta. Ní sheinnim aon uirlis cheoil ach éistim le ceol ar m'fhón póca gach lá. Nuair a bhí mé sa Ghaeltacht, thaitin na seisiúin cheoil go mór liom. Féachaim ar na cláir cheoil ar TG4 nuair a bhíonn an t-am agam. Enya an ceoltóir is fearr liom. Measaim go bhfuil draíocht ag baint lena cuid ceoil.

2 **Scrúdaitheoir:** Ar thaitin an scéal béaloidis *Oisín i dTír na nÓg* leat?

Dalta: Thaitin sé go mór liom, cé gur cheap mé go raibh sé an-bhrónach. Ba laoch dathúil é Oisín a thit i ngrá le cailín álainn. Chaith Oisín trí chéad bliain le Niamh i dTír na nÓg. Bhí saol foirfe acu i dTír na nÓg ach tháinig sé ar ais go hÉirinn. Nuair a thit sé dá chapall, bhí sé sean agus dall, agus ní fhaca sé Niamh ná a chuid páistí riamh arís. Ba scéal rómánsúil é agus thaitin sé liom.

laoch	*hero*	dathúil	*handsome*
saol foirfe	*perfect life*	rómánsúil	*romantic*

Bain triail as anois!

Bain úsáid as na nathanna cainte thuas chun cur síos a dhéanamh ar na fáthanna ar maith leat ceol traidisiúnta. Léigh an giota os ard don rang nuair ata sé scríofa agat.

Aonad a Seacht

Na Meáin Chumarsáide

San aonad seo foghlaimeoidh tú na scileanna seo:

- Conas ceisteanna a chur agus a fhreagairt faoi na meáin chumarsáide i do shaol.
- Ullmhóidh tú don scrúdú cainte
- Déanfaidh tú cleachtadh ar do chuid scileanna scríbhneoireachta: litir/scéal/alt/comhrá a scríobh.
- Cuirfidh tú feabhas ar do chuid scileanna éisteachta.
- Foghlaimeoidh tú breis foclóra a bhaineann leis na meáin chumarsáide.
- Tiocfaidh feabhas ar chuid do scileanna léitheoireachta.

Tá trí chuid san aonad seo:

1. Na Meáin Chraolta – an Raidió agus an Teilifís
2. Na Meáin Chlóite – Nuachtáin, Irisí agus Leabhair
3. Na Meáin Leictreonacha – an Fón Póca agus an Ríomhaire

Nóta don mhúinteoir

Seo an cúigiú haonad ó churaclam na hArdteiste, gnáthleibhéal. Chomh maith le bunfhoclóir an aonaid déanfaidh na daltaí cleachtadh ar na scileanna go léir a bheidh ag teastáil do scrúdú na hArdteiste: scileanna éisteachta, léitheoireachta, scríbhneoireachta agus cainte. Ina theannta sin ba cheart don rang staidéar a dhéanamh ar an dán *An Spailpín Fánach* agus an t-agallamh beirte *Dís* a léamh.

Chun feabhas a chur ar chumas tuisceana an ranga ba cheart don rang féachaint ar TG4 go rialta nó féachaint ar na dlúthdhioscaí i bhfillteán an mhúinteora.

Clár

1 Na Meáin Chraolta

An Raidió/Na Closmheáin

Cleachtadh ag caint

Cleachtadh ag scríobh

Léigh na ceisteanna agus na freagraí samplacha thíos. Scríobh do chuid freagraí féin i do chóipleabhar agus léigh amach os ard sa rang iad.

1 Ceist: An éisteann tú leis an raidió go minic?

Freagra: Chun an fhírinne a rá ní bhíonn a lán ama agam chun a bheith ag éisteacht leis an raidió. Éistim le ceol ar an raidió nuair a bhím sa charr agus éistim leis an gclár *Beo ar Éigean* ar RTÉ Raidió 1 oíche Shathairn. Tá an clár ar fáil mar phodchraoladh freisin. Éistim leis ar an aip cheoil Spotify má chaillim an clár raidió.

2 Ceist: Inis dom faoin gclár *Beo ar Éigean.*

Freagra: Cuireann Siún Ní Dhuinn, Sinéad Ní Uallacháin agus Áine Ní Bhreisleáin an clár i láthair óna hocht a chlog go dtí a naoi a chlog ar an Satharn. Déanann an triúr ban plé ar cheisteanna móra an tsaoil.

chun an fhírinne a rá	*to tell the truth*	clár a chur i láthair	*to present a programme*
mar phodchraoladh	*as a podcast*	má chaillim	*if I miss*
aip cheoil	*music app*	ceisteanna móra an tsaoil	*life's big questions*

3 Ceist: Cén fáth ar maith leat an clár *Beo ar Éigean*?

Freagra: Is clár beomhar suimiúil é, i mo thuairim, agus bíonn greann ann freisin. Tugann sé sos dom tar éis lá a chaitheamh ag staidéar. Éisteann mo chairde leis an gclár freisin agus bímid ag caint faoin gclár ar scoil.

4 Ceist: An éisteann do thuismitheoirí le cláir raidió?

Freagra: Is aoibhinn le mo Mham a bheith ag éisteacht leis an raidió. Taitníonn an clár raidió de chuid Claire Byrne go mór léi. Is clár cúrsaí reatha é agus craoltar an clár beo ón stiúideo i nDomhnach Broc i gContae Bhaile Átha Cliath. Pléann Claire mórscéalta an lae óna deich a chlog ar maidin go meánlae ó Luan go hAoine.

cúrsaí reatha	*current affairs*	craoltar an clár	*the programme is broadcast*
beo ón stiúideo	*live from the studio*	mórscéalta an lae	*the big news stories of the day*

Taighde ar an idirlíon

Féach ar sceideal Raidió na Gaeltachta ar an Idirlíon. Pléigh na cláir. Éist le clár sa rang.

Cláir ar Raidió na Gaeltachta

1 *Béal Maidine*   Caoimhín Ó Sé agus Neansaí Ní Choisdealbha

Ábhair an chláir

Craoltar an clár *Béal Maidine* ar an Satharn agus ar an Domhnach.

Castar ceol Gaelach ar an gclár seo mar aon le hiarratais, cur síos ar ócáidí agus ar phríomhscéalta nuachta.

craoltar an clár	*the programme is broadcast*	iarratais	*requests*
ócáidí	*occasions*	príomhscéalta nuachta	*main news stories*

2 *Bladhaire*   Áine Ní Bhreisleáin

Ábhair an chláir

Craoltar an clár *Bladhaire* ar an Déardaoin agus ar an Aoine óna trí go dtí a cúig a chlog sa tráthnóna.

Cuireann Áine Ní Bhreisleáin an clár siamsaíochta seo i láthair. Bíonn plé ar chúrsaí siamsaíochta ann, chomh maith le ceol beo sa stiúideo agus agallaimh le haíonna speisialta.

cuir i láthair	*to present*	clár siamsaíochta	*an entertainment programme*
cúrsaí siamsaíochta	*entertainment matters/news*	agallaimh	*interviews*

Ciorcal oibre: beirt nó triúr le chéile ag plé, ag léamh agus ag scríobh

Roghnaigh clár a chraoltar ar Raidió na Gaeltachta. Déan taighde ar an gclár ar shuíomh Idirlín Raidió na Gaeltachta agus éist leis an gclár. Ansin déan cur síos ar an gclár sa rang. Ullmhaigh na ceisteanna thíos don scrúdú cainte bunaithe ar an gclár.

1 Ainmnigh clár raidió nó podchraoladh a thaitníonn leat.
2 Cathain a chraoltar an clár/podcraoladh?
3 Cá bhfuil an clár/an podcraoladh le cloisteáil?
4 Cé a chuireann an clár/an podchraoladh i láthair?
5 Cén saghas cláir é?
6 An gcastar ceol ar an gclár?
7 An ndéantar plé ar ábhar ar leith ar an gclár/ar an bpodchraoladh seo?

Bua sa Chomórtas Raidió

Sraith Pictiúr

Bua sa Chomórtas
Raidió

🔊 Rian 7.01

1 Bhí Seán ag déanamh a chuid obair bhaile ina sheomra leapa. Shuigh sé ag an deasc agus bhí sé ag léamh leabhair. Bhí leabhar eile agus mála spóirt ar an deasc. Bhí Seán ag éisteacht leis an raidió. D'fhógair an láithreoir comórtas do dhá thicéad do cheolchoirm U2. Ba léir gur thaitin an racghrúpa U2 go mór le Seán agus d'éist sé go géar leis an láithreoir. Bhí póstaer den ghrúpa ar an mballa ina sheomra leapa ag Seán. Bhí air téacs a sheoladh chuig an stáisiún raidió le hainm na scoile agus freagra na ceiste.

2 Go luath ina dhiaidh sin sheol Seán téacs leis an bhfreagra chuig an stáisiún raidió. Níor cheap sé go raibh seans aige na ticéid a bhuachan don cheolchoirm. Cheap sé go raibh sé ródhéanach.

3 Lean Seán ar aghaidh lena chuid obair bhaile. Bhí sé ag léamh leabhair nuair a d'fhógair láithreoir an chláir buaiteoir an chomórtais. Baineadh geit as Seán nuair a chuala sé a ainm. Rinne an láithreoir chomhghairdeas le Seán as na ticéid don cheolchoirm a bhuachan. Bhí áthas an domhain ar Sheán ansin.

4 Sheol Seán téacs chuig a chara Íde agus d'inis sé an scéal di. Thug sé cuireadh di dul chuig an gceolchoirm in éineacht leis ar an séú lá déag de Bhealtaine. Sheol Íde freagra chuig Seán láithreach bonn agus ghlac sí leis an gcuireadh. D'iarr sí air cén t-am a bheadh an cheolchoirm ag tosú an oíche sin.

5 Bhuail Seán agus Íde le chéile agus d'fhreastail siad ar an gceolchoirm. Bhí oíche iontach acu ag éisteacht leis an racghrúpa U2 agus ag damhsa. Bhí an amharclann dubh le daoine ach bhí radharc iontach ag an mbeirt acu ar na ceoltóirí ar an stáitse.

6 Tar éis na ceolchoirme thug Seán agus Íde aghaidh ar bhialann ghasta. Ba léir gur bhain siad an-taitneamh as an gceolchoirm. Cheap Íde go raibh suíocháin iontacha acu agus go raibh radharc iontach acu ar an stáitse. Bhí áthas ar Sheán gur chan U2 amhráin nua ag an gceolchoirm agus cheap sé go raibh Bono ar fheabhas. Ghabh Íde buíochas le Seán as cuireadh a thabhairt di dul chuig an gceolchoirm in éineacht leis.

Ciorcal oibre: beirt nó triúr le chéile ag plé, ag léamh agus ag scríobh

❶ Scríobh na briathra san Aimsir Chaite as an tsraith thuas i do chóipleabhar.

❷ Scríobh abairtí simplí leis na briathra agus glaoigh amach na habairtí sa rang.

❸ Cum sraith de cheisteanna bunaithe ar na pictiúir agus ansin pléigh na ceisteanna sa rang.

❹ Cuir na ceisteanna atá cumtha ag do ghrúpa ar na daltaí i ngrúpa eile.

Ceapadóireacht: Scéal

RTÉ

Peadar — Taithí oibre in RTÉ

Léigh an scéal thíos agus freagair na ceisteanna a ghabhann leis.

Tá mé cinnte den phost ba mhaith liom anois. Bhí an taithí oibre san idirbhliain go hiontach. Thaitin an tseachtain sin go mór liom.

Bhí mé ar mhuin na muice nuair a d'oscail mé an clúdach litreach an lá sin. Bhí cuireadh ann ó RTÉ seachtain a chaitheamh ar thaithí oibre sa stiúideo i nDomhnach Broc i mBaile Átha Cliath. Léigh mé an litir arís agus arís eile. Bhí mé ag tnúth go mór leis an taithí oibre.

D'fhan mé i dteach m'aintín ar an gCarraig Dhubh i rith na seachtaine agus shiúil mé chuig an stiúideo gach maidin. Ar an Luan chaith mé an lá le fear ceamara agus leis an iriseoir, Séamus Ó Scanláin taobh amuigh de thithe an rialtais. Chuir an t-iriseoir agallamh ar an Taoiseach agus ar an Aire Sláinte agus ansin thiomáineamar chuig ospidéal Naomh Uinseann chun agallamh a chur ar dhochtúir. Ar ais ansin go dtí an stiúideo chun eagarthóireacht a dhéanamh ar na hagallaimh. Craoladh na hagallaimh ar an Nuacht ar a ceathrú chun a sé tráthnóna. Níor thuig mé riamh an méid oibre a bhí le déanamh ag iriseoirí!

Ar an dara lá d'fhan mé sa stiúideo ar feadh an lae. Chaith mé tamall sa seomra nuachta agus bhuail mé le Caitríona Perry agus le Sharon Ní Bheoláin agus ansin chaith mé tamall ag breathnú ar Ryan Tubridy ag cur chlár na maidine i láthair. Ba léir go raibh léiritheoirí an chláir an-ghnóthach. Cheap mé go raibh a bpost an-suimiúil.

An lá ina dhiaidh sin tugadh seans dom bualadh le láithreoirí an stáisiúin. Bhuail mé le Bláthnaid Ní Chofaigh, Sinead Kennedy, Daithí Ó Sé agus Miriam O'Callaghan. Bhí Bláthnaid an-deas agus thug sí cuireadh dom dul léi chuig an stiúideo, áit a raibh sí ag taifeadadh cláir chun cabhrú le daltaí a bhí ag déanamh an scrúdú cainte do Scrúdú na hArdteiste. Bhí sí iontach cabhrach leis na daltaí a chuir glao uirthi i rith an chláir.

Déardaoin bhuail mé le léiritheoir na sraithe *Fair City*, Brigie de Courcy. Ba bhean dheas chairdiúil í. Thug sí cuireadh dom dhá lá a chaitheamh leis na haisteoirí ar an seit. Bhí an criú an-deas agus thug siad jabanna beaga dom le déanamh. Bhí dhá lá iontacha agam ar an seit. Ag deireadh na seachtaine d'fhill mé abhaile go brónach. Thaitin an taithí oibre go mór liom in RTÉ. Scríobh mé litir chucu ag gabháil buíochais leo.

ar mhuin na muice	*delighted*	sa stiúideo i nDomhnach Broc	*in the studio in Donnybrook*
fear ceamara	*camera man*	iriseoir	*journalist*
agallamh	*interview*	léiritheoirí	*producers*
ag cur cláir i láthair	*presenting a programme*	ag taifeadadh	*recording*

1. Cén cuireadh a tugadh do Pheadar?
2. Cár chaith Peadar an Luan?
3. Ainmnigh rud amháin a rinne Peadar ar an dara lá.
4. Cén cuireadh a thug Bláthnaid Ní Chofaigh do Pheadar?
5. Cé mhéad ama a chaith Peadar le criú *Fair City*?

Ceapadóireacht: Scéal

Cleachtadh ag scríobh

❶ Seo liosta de na briathra ón scéal *Taithí Oibre in RTÉ*. Déan iarracht abairtí a chumadh leo.

bhí mé	*I was*	craoladh an clár	*the programme was broadcast*
d'oscail mé	*I opened*	níor thuig mé	*I did not understand*
léigh mé	*I read*	bhuail mé le	*I met with*
d'fhan mé	*I stayed*	tugadh seans dom	*I was given a chance*
shiúil mé	*I walked*	thug sí	*she gave*
chaith mé	*I spent*	d'fhill mé	*I returned*
chuir sé	*he put*	thaitin sé liom	*I enjoyed it*
thiomáineamar	*we drove*	scríobh mé	*I wrote*

❷ **Ceap scéal a mbeidh an sliocht seo thíos oiriúnach mar thús leis:**

Léigh mé an téacs arís agus arís eile. Níor chreid mé go raibh mé tar éis cuireadh a fháil dul ar an seó tallainne Ireland's Got Talent ar Virgin Media.

❸ **Freagair na ceisteanna thíos agus ansin scríobh an scéal i do chóipleabhar.**

1 Cén téacs a léigh tú? Céard a rinne tú ansin? Conas a bhraith tú?

Bhí sé dochreidte.	*It was unbelievable.*	Chuir mé glao ar mo chairde.	*I called my friends.*
Níor chreid mé mo shúile.	*I did not believe my eyes.*	D'inis mé an scéal dóibh.	*I told them the news.*
Baineadh geit asam.	*I got a fright.*	Bhí sceitimíní an domhain orm.	*I was excited.*
Léigh mé an téacs arís.	*I read the text again.*	Bhraith mé neirbhíseach.	*I felt nervous.*

2 Céard a tharla nuair a shroich tú stiúideo Virgin Media? Luaigh na daoine cáiliúla a chonaic tú. Cén chaoi ar éirigh leat sa chomórtas? Céard a rinne tú ina dhiaidh sin?

Shroich mé an stiúideo go luath an mhaidin sin.	*I reached the studio early that morning.*	Thosaigh an clár ar a hocht a chlog.	*The programme started at eight o'clock.*
Bhuail mé le láithreoir an chláir.	*I met with the presenter of the programme.*	Bhí mo thuismitheoirí sa lucht féachana.	*My parents were in the audience.*
Bhuail mé le Lucy Kennedy.	*I met Lucy Kennedy.*	Mhol na moltóirí mé go hard na spéire.	*The judges heaped praise on me.*

Deachtú: RTÉ 2FM

Múinteoir:	Léigh an t-alt thíos os ard sa rang agus iarr ar na daltaí an t-alt a scríobh. Ansin ceartaigh an t-alt.
Dalta:	Déan liosta de na ceartúcháin i do chóipleabhar.

Is aoibhinn liom a bheith ag éisteacht leis an raidió. Nuair a éirím ar maidin éistim le RTÉ 2FM. Is é an clár bricfeasta le Doireann, Donncha agus Carl an clár is fearr liom. Craoltar an clár óna sé a chlog ar maidin go dtí a naoi a chlog. Ithim mo bhricfeasta agus mé ag éisteacht leis an gclár. Bíonn míreanna nuachta agus spóirt ar an gclár chomh maith le ceol, craic agus comhrá. Um thráthnóna éistim leis an gclár siamsaíochta de chuid 'The 2 Johnnies'. Bíonn an clár sin ar siúl gach tráthnóna ar a trí a chlog agus bím sna trithí gáire agus mé ag éisteacht leis an mbeirt sin agus mé ar mo bhealach abhaile ón scoil.

Ceapadóireacht: Giota Leanúnach nó Blag — Raidió Fáilte

Léigh an blag thíos agus freagair na ceisteanna a ghabhann leis.

Fáilte go Raidió Fáilte, stáisiún Raidió Pobail Gaeilge Bhéal Feirste. Tá sé mar sprioc againn an Ghaeilge a neartú agus a chur chun cinn mar theanga phobail anseo i mBéal Feirste agus ar fud na hÉireann. Is féidir leat fógairt linn tríd an suíomh idirlín agus gheobhaidh tú eolas faoinár rátaí fógraíochta ar an leathanach 'Fógraigh Linn'. Bíonn muid ag brath ar chuidiú ónár gcairde leis an stáisiún a choinneáil ar an aer; is féidir leat cabhair airgid a thabhairt don stáisiún ar an leathanach 'Tacaigh Linn'. Cuireann Raidió Fáilte traenáil i scileanna raidió agus craoltóireachta ar fáil saor in aisce. Gabh i dteagmháil linn más mian leat tuilleadh eolais a fháil faoin traenáil.

sprioc	*objective*	a neartú	*to strengthen*
a chur chun cinn	*to promote*	fógairt	*advertise*
tacaigh linn	*support us*	scileanna raidió agus craoltóireachra	*radio and broadcasting skills*

1. Cén sórt stáisiúin raidió é Raidió Fáilte?
2. Cén sprioc atá ag Raidió Fáilte?
3. Conas is féidir fógraíocht a dhéanamh le Raidió Fáilte?
4. Céard a chuireann Raidió Fáilte ar fáil saor in aisce?

Freagair na ceisteanna thíos sa rang agus ansin scríobh na freagraí i do chóipleabhar.

1. Ar éist tú riamh le clár raidió ar na stáisiúin raidió thuasluaite?
2. Déan taighde (*research*) ar an Idirlíon agus ainmnigh trí chlár a chraoltar ar an dá stáisiún.
3. Ainmnigh beirt láithreoirí a oibríonn leis na stáisiúin.

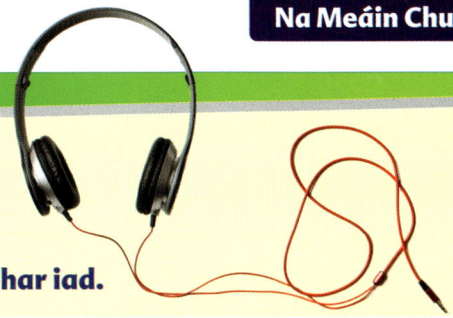

FACSS: Nathanna Cainte — An Chluastuiscint

Foghlaim na focail seo thíos agus scríobh amach i do chóipleabhar iad.

		Féach Abair Clúdaigh	Scríobh	Seiceáil
1	presenter	láithreoir		
2	producer	léiritheoir		
3	director	stiúrthóir		
4	journalist	iriseoir		
5	actor	aisteoir		
6	camera person	duine ceamara		
7	musician	ceoltóir		
8	studio	stiúideo		
9	interview	agallamh		
10	programme	clár		
11	advertising	fógraíocht		
12	recording	ag taifeadadh		
13	editing	eagarthóireacht		
14	research	taighde		
15	news clip	mír nuachta		
16	schedule	sceideal		
17	broadcast	craol		
18	publish	foilsigh		
19	press conference	preasagallamh		
20	report	tuairisc		

Cleachtadh: Líon na bearnaí

Líon na bearnaí leis na focail ón liosta thíos:

mhír   ceoltóir   agallamh   taifeadadh   Chraol   stiúideo   sceideal

1 Chuir Sharon Ní Bheoláin _____ ar an Taoiseach ar an nuacht aréir.
2 Craolann TG4 ón _____ i mBaile na hAbhann i gContae na Gaillimhe.
3 An bhfaca tú an _____ nuachta faoin timpiste bhóthair aréir?
4 Sheinn an _____ Sharon Shannon ceol álainn ar Raidió na Gaeltachta aréir.
5 D'fhoilsigh RTÉ _____ an fhómhair aréir.
6 Chuala mé go raibh RTÉ ag _____ gearrscannán nua ar Shráid Uí Chonaill inniu.
7 _____ Raidió na Gaeltachta clár speisialta faoi Ghaeltacht Ráth Chairn inné.

Ceapadóireacht: Litir nó Ríomhphost

Bhí tú ag éisteacht le clár iontach ar an raidió le déanaí. Seol litir no ríomhphost faoin gclár chuig do chara. Déan cur síos ar ábhar an chláir.

seoladh — 12 Sráid na Siopaí,
An tInbhear Mór,
Contae Chill Mhantáin

beannú

tús

dáta — 13 Eanáir

A Neasa, a chara,

Míle buíochas as an litir a fuair mé ar maidin. Bhí áthas an domhain orm nuair a chuala mé go mbeifeá ag teacht chuig mo theach an mhí seo chugainn. Beidh Áine agus Síle anseo don deireadh seachtaine freisin. Beidh an-chraic againn.

Tá a fhios agam go mbeidh tú ag comhlánú (*filling*) an fhoirm CAO go luath. Bhí clár iontach ar Raidió na Gaeltachta Dé Domhnaigh seo caite ar a hocht a chlog do dhaltaí Ardteiste. Ba í Bláthnaid Ní Chofaigh láithreoir an chláir. Bhí an clár ag cabhrú le daltaí an fhoirm CAO a chomhlánú. Ba chlár iontach é. Bhí daltaí in ann ríomhphoist nó téacsanna a sheoladh chuig an gclár agus ghlaoigh siad amach na freagraí i rith an chláir. Chomh maith leis sin chuir siad comhairle ar dhaltaí faoi chomhlánú na foirme.

Is féidir podchraoladh a fháil ar an gclár. Ní gá ach dul ar shuíomh idirlín Raidió na Gaeltachta. Ná déan dearmad éisteacht leis an gclár Dé Domhnaigh seo chugainn. Beidh an múinteoir Gaeilge *Múinteoir Murphy* ar an gclár ag caint faoin scrúdú cainte. Tá cuntas Instagram den scoth aici (@muinteoirmurphy) a phléann le scrúdú Gaeilge na hArdteistiméireachta. Léigh mé ar an suíomh idirlín freisin go mbeadh George Humphrey ar an gclár ar an dara lá de mhí Feabhra ag caint faoin scrúdú matamaitice.

Seol litir chugam go luath agus inis dom conas a d'éirigh leat sa chomórtas díospóireachta.

Do chara,

críoch

Niamh

1. Cathain a craoladh an clár ar Raidió na Gaeltachta faoin bhfoirm CAO?
2. Cé hí láithreoir an chláir?
3. Céard a sheol daltaí chuig an gclár?
4. Cén chomhairle a chuir siad ar dhaltaí?
5. Cé a bheidh ag caint ar an gclár Dé Domhnaigh seo chugainn?

Cleachtadh ag scríobh

Scríobh litir chuig do chara agus inis dó nó di faoi chlár raidió nua a bheidh ar an aer go luath.

Ceapadóireacht: Litir nó Ríomhphost

Clár raidió den scoth

❶ Éisteann tú le clár raidió gach tráthnóna tar éis scoile. Ceapann tú go bhfuil an clár go hiontach. Scríobh an ríomhphost nó an litir a chuirfeá chuig an stáisiún raidió faoin gclár. Bain úsáid as na nótaí thíos chun an ríomhphost nó an litir a scríobh.

❷ Meaitseáil na habairtí Béarla agus Gaeilge thíos.

1	Bhí mé ag éisteacht leis an gclár *Togha agus Rogha* Dé Domhnaigh seo caite.	She played excellent music on the programme.	a
2	Ba mhaith liom buíochas a ghabháil le láithreoirí an chláir.	I really enjoyed the wide variety of songs.	b
3	Is í Róisín Uí Shíthigh an láithreoir.	Congratulations and keep up the good work.	c
4	Chas sí ceol den scoth ar an gclár.	I would like to thank the presenters of the programme.	d
5	Bhuaigh mé duais ar an gclár freisin.	I was listening to the programme *Togha agus Rogha* last Sunday.	e
6	Thaitin an réimse leathan amhrán go mór liom.	I have to say that there is no better programme on the radio.	f
7	Bhain mé an-taitneamh as an gclár.	I like rock music and I would love to hear more rock music on the programme.	g
8	Taitníonn rac-cheol liom agus ba bhreá liom níos mó rac-cheoil a chloisteáil ar an gclár.	I really enjoyed the programme.	h
9	Comhghairdeas libh agus leanaigí ar aghaidh leis an obair iontach.	I also won a prize on the programme.	i
10	Caithfidh mé a rá nach bhfuil clár ar bith ar an raidió níos fearr ná é.	Róisín Uí Shíthigh is the presenter.	j

1	2	3	4	5	6	7	8	9	10

Cleachtadh ag scríobh

Scríobh alt nó blag ar cheann amháin de na hábhair thíos.

❶ An clár raidió nó teilifíse is fearr liom.

❷ An stáisiún raidió nó teilifíse is fearr liom.

Agallamh do Nuacht TG4 @7

Sraith Pictiúr

Agallamh do Nuacht TG4 @7

🔊 **Rian 7.02**

1 Bhí Liam, Eoin agus Dara san ionad siopadóireachta ar a dó a chlog tráthnóna. Os a gcomhair bhí dhá shiopa faisin, siopa crua-earraí agus bialann le feiceáil. Chonaic na buachaillí beirt bhan taobh amuigh den siopa faisin. Ba léir go raibh na buachaillí ag ligean a scíthe agus shuigh beirt acu ar bhinse in aice leis an staighre.

2 Ansin tháinig criú teilifíse ó TG4 suas chucu. Bhí siad ag iarraidh cúpla ceist a chur ar na buachaillí i nGaeilge. D'fhiafraigh an tuairisceoir de na buachaillí an raibh Gaeilge acu. Ní raibh Eoin sásta labhairt leis an tuairisceoir ar chor ar bith. Bhí Liam amhrasach ach bhí Dara lánsásta na ceisteanna a fhreagairt.

3 Bhí an criú teilifíse ag déanamh tuairisce ar thuairimí daoine óga. Bhí siad ag iarraidh fáil amach an raibh aos óg na tíre sona nó míshona. Bhí micreafón i lámh an tuairisceora agus thosaigh an criú ag taifeadadh na tuairisce.

4 Ansin léirigh na buachaillí a dtuairimí. Dúirt siad go raibh an-bhrú ar dhaoine óga sa lá atá inniu ann. Luaigh Liam brú scoile agus scrúdaithe agus dúirt Eoin freisin go raibh sé deacair ar dhaoine óga post a fháil. Mhínigh sé nach raibh go leor airgid acu. Ina dhiaidh sin dúirt Dara go raibh fadhbanna ag daoine óga lena dtuismitheoirí. Ar deireadh léirigh Dara buntáistí na hóige. Dúirt sé go bhfuair daoine óga bia maith, am saor agus go raibh saol sóisialta ag daoine óga sa lá atá inniu ann.

5 Nuair a bhí an t-agallamh críochnaithe thug an criú t-léinte agus caipíní le lógó TG4 scríofa orthu do na buachaillí. Mhol an criú dóibh féachaint ar TG4 ar a seacht an oíche sin. Bhí áthas ar na buachaillí.

6 D'fhill na buachaillí abhaile agus d'inis siad an scéal dá dtuismitheoirí. Ansin shuigh siad ar an tolg os comhair na teilifíse ag feitheamh leis an nuacht. Cheap Mam go raibh an t-agallamh ar fheabhas agus an-spéisiúil. Thosaigh Daid ag magadh agus d'fhiafraigh sé de na buachaillí an raibh siad faoi bhrú. Níor aontaigh Daid leo. Níor cheap sé go raibh siad faoi bhrú.

Ciorcal oibre: beirt nó triúr le chéile ag plé, ag léamh agus ag scríobh

1 Scríobh na briathra san Aimsir Chaite as an tsraith thuas i do chóipleabhar.

2 Scríobh abairtí simplí leis na briathra agus glaoigh amach na habairtí sa rang.

3 Cum sraith de cheisteanna bunaithe ar na pictiúir agus ansin pléigh na ceisteanna sa rang.

4 Cuir na ceisteanna atá cumtha ag do ghrúpa ar na daltaí i ngrúpa eile.

2 Na Meáin Chlóite

Seachtain.
Saor gach Céadaoin leis an Irish Independent
SPÓRT+SPRAOI+SIAMSAÍOCHT ISTIGH
Meancóg ag Ronaldo
26 Deireadh Fómhair 2022

Léitheoireacht
Cleachtadh ag caint
Cleachtadh ag scríobh

Léigh na ceisteanna agus na freagraí samplacha thíos. Scríobh do chuid freagraí féin i do chóipleabhar agus léigh amach os ard sa rang iad.

1 Ceist: An maith leat a bheith ag léamh?

Freagra: Is maith liom a bheith ag léamh ach ní bhíonn a lán ama agam na laethanta seo chun leabhair a léamh. Bím róghnóthach ag staidéar.

2 Ceist: Cén saghas leabhar a léann tú?

Freagra: Is aoibhinn liom leabhair fantaisíochta. Léigh mé na leabhair go léir sa tsraith *Lord of the Rings*. Tá siad ar fheabhas ar fad. Tá na leabhair i bhfad níos fearr ná na scannáin.

3 Ceist: Cén t-údar is fearr leat?

Freagra: John Greene an t-údar is fearr liom. Scríobh sé na leabhair *Paper Towns* agus *The Fault in Our Stars*. Thaitin na leabhair sin go mór liom.

4 Ceist: Cén t-úrscéal is fearr a léigh tú riamh?

Freagra: Bhuel, sin ceist dheacair. Thaitin an leabhar *Twilight* le Stephenie Meyer go mór liom. Scríobh sí trí leabhar sa tsraith ach thaitin an chéad leabhar go mór liom.

údar	*author*	úrscéal	*novel*
leabhair fantaisíochta	*fantasy books*	ar fheabhas	*excellent*

5 Ceist: An léann tú nuachtáin nó irisí?

Freagra: Ní cheannaím aon nuachtán ná iris ach léim scéalta nuachta ar líne go laethúil. Bíonn ailt shuimiúla sa mhír 'Seachtain' ar shuíomh Idirlín *The Independent*. Tá spéis agam sna scéalta spóirt agus ceoil agus i gcúrsaí reatha. Uaireanta léim alt nó dhó ar tuairisc.ie.

6 Ceist: An léann do thuismitheoirí nuachtáin?

Freagra: Faigheann mo thuismitheoirí an nuachtán *The Irish Times* uair sa tseachtain. De ghnáth léann siad an nuacht ar líne ach caitheann mo dhaid an Satharn ina shuí ar an tolg ag léamh an nuachtáin féin. Is aoibhinn leis an nuachtán ach is fuath leis na nuachtáin tháblóideacha.

nuachtán	*newspaper*	iris	*magazine*
an tolg	*the sofa*	nuachtán táblóideach	*tabloid newspaper*

7 Ceist: Ar léigh tú úrscéal Gaeilge riamh?

Freagra: Léigh mé an t-úrscéal *Cúpla* le hÓgie Ó Céilleachair nuair a bhí mé sa tríú bliain, mar chuid de chúrsa na Sraithe Sóisearaí. Is leabhar suimiúil é atá bunaithe ar shaol an déagóra. Bhain mé taitneamh as, ach tá críoch thragóideach leis.

Léamhthuiscint 1

Is Aoibhinn liom Léitheoireacht
Caitríona Ní Riain

Léigh an t-alt thíos agus freagair na ceisteanna a ghabhann leis.

Is aoibhinn liom léitheoireacht. Nuair a bhí mé an-óg cheannaigh mo thuismitheoirí leabhair shuimiúla dom le scéalta greannmhara ar nós *Léann Bran an t-am!*. Bhí léaráidí iontacha ar gach leathanach den leabhar seo agus bhí an-chraic agam ag insint an ama leis an gclog ar chlúdach an leabhair. Thaitin an leabhar *An Eilifint Óg agus an Folcadán* go mór liom freisin. Is údár an-chruthaitheach í Tatyana Feeney. Scríobhann sí leabhair ghreannmhara do pháistí óga.

Nuair a bhí mé sna déaga léigh mé leabhair i nGaeilge agus i mBéarla. Thaitin an t-údar Muireann Ní Bhrolcháin go mór liom. Thaitin a leabhair *An Bád sa Chuan* agus *An Solas sa Chaisleán* go mór liom. Bhí déagóirí óga cosúil liomsa sna scéalta agus tharla eachtraí iontacha sna leabhair. Ach is dócha gurbh iad leabhair *Harry Potter* ba mhó a thaitin liom sna blianta sin, agus athléim iad fós! Tá 7 leabhar sa tsraith agus ag croí na leabhar tá an tábhacht a bhaineann le cairdeas. Is scéalta moráltachta iad a thaispeánann an choimhlint atá i gcónaí ann idir an mhaith agus an t-olc. Rinneadh scannáin de na leabhair agus bhí siadsan ar fheabhas freisin.

Tá sé deacair cur síos a dhéanamh ar an taitneamh a bhainim as a bheith ag léamh. Éalaím isteach i ndomhan eile agus mé ag léamh. Is iomaí cineál leabhair a thaitníonn liom anois. Is maith liom beathaisnéisí agus dírbheathaisnéisí a léamh chun eolas a fháil faoi shaol daoine eile ag amanna difriúla sa stair. Anois is arís is maith liom leabhair bhleachtaireachta a léamh agus is aoibhinn liom a bheith ag iarraidh a oibriú amach cé an rinne an choir! Ní bhíonn tú uaigneach riamh agus tú ag léamh. Is caitheamh aimsire iontach é an léitheoireacht a thugann tuiscint dúinn ar an domhan agus ar nádúr an chine dhaonna. Is cairde iontacha iad leabhair agus bheinn caillte gan iad.

léaráidí	*illustrations*	coimhlint	*conflict*
clúdach	*cover*	olc	*evil*
cruthaitheach	*creative*	beathaisnéis	*biography*
déaga	*teens*	dírbheathaisnéis	*autobiography*
eachtraí	*adventures*	bleachtaireacht	*detective*
athléim	*I reread*	coir	*crime*
moráltacht	*morality*	cine daonna	*human race*

1. Scríobh síos dhá rud a thaitin le Caitríona faoi na leabhair a bhí aici agus í an-óg.
2. Cén fáth ar thaitin leabhair Mhuireann Uí Bhrolcháin agus *Harry Potter* le Caitríona?
3. Cad a mhúineann leabhair *Harry Potter* faoin saol?
4. Luaigh dhá bhuntáiste a bhaineann leis an léitheoireacht.

Cleachtadh ag scríobh
1. Déan liosta de na leabhair a léigh tú nuair a bhí tú ag fás aníos.
2. Scríobh líne amháin faoi gach leabhar ag baint úsáid as na nótaí san alt thuas.
3. Scríobh alt i do chóipleabhar faoi na leabhair a léann tú anois.

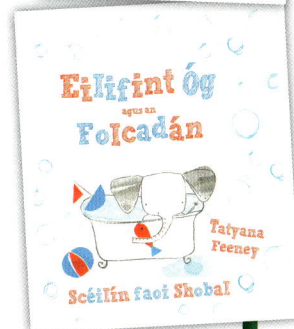

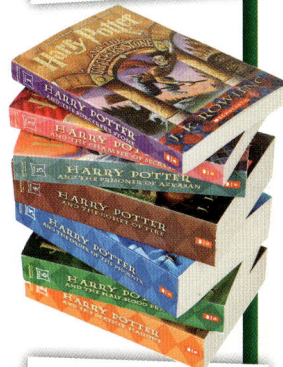

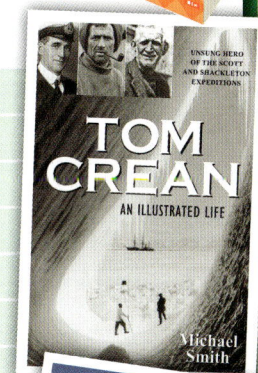

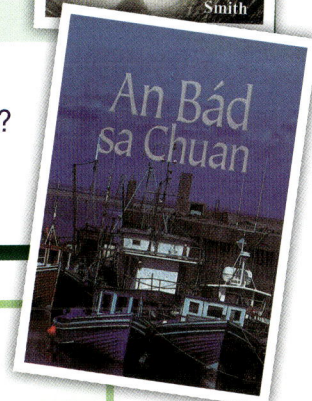

FACSS : Cén Sórt Leabhar a Thaitníonn leat?

Foghlaim na focail seo thíos agus scríobh amach i do chóipleabhar iad.

		Féach Abair Clúdaigh	Scríobh	Seiceáil
1	novel	úrscéal		
2	short story	gearrscéal		
3	diary	dialann		
4	detective book	leabhar bleachtaireachta		
5	biography	beathaisnéis		
6	autobiography	dírbheathaisnéis		
7	poetry book	leabhar filíochta		
8	history book	leabhar staire		
9	magazine	iris		
10	newspaper	páipéar nuachta/nuachtán		

Ciorcal oibre: beirt nó triúr le chéile ag plé, ag léamh agus ag scríobh

Freagair na ceisteanna thíos i do chóipleabhar. Ansin cuir na ceisteanna ar ghrúpa eile agus iarr orthu na freagraí a ghlaoch amach sa rang.

❶ Ainmnigh dhá leabhar do pháistí faoi shé bliana d'aois.

❷ Ainmnigh dhá úrscéal do pháistí faoi dhá bhliain déag d'aois.

❸ Ainmnigh iris faisin do dhéagóirí.

❹ Ainmnigh iris do mhná.

❺ Ainmnigh dírbheathaisnéis a scríobh réalta spóirt.

❻ Ainmnigh dírbheathaisnéis a scríobh réalta ceoil.

❼ Ainmnigh úrscéal do dhéagóirí.

❽ Ainmnigh leabhar bleachtaireachta do dhaoine fásta.

❾ Ainmnigh dhá pháipéar nuachta.

❿ Ainmnigh leabhar filíochta.

An Scrúdú Cainte

Rian 7.03–7.04

1 **Scrúdaitheoir:** An éisteann tú leis an raidió go minic?

Dalta: Is aoibhinn liom a bheith ag éisteacht leis an raidió. Ag an deireadh seachtaine éistim leis an gclár *Spóirt an Domhnaigh*. Bíonn tráchtaireacht iontach ar na cluichí peile agus iománaíochta ar an gclár. Is aoibhinn liom éisteacht le cláir chainte agus cheoil freisin. Ní maith liom cláir faoi chúrsaí reatha. I rith na seachtaine ní bhíonn an t-am agam éisteacht leis an raidió. Bíonn an iomarca staidéir le déanamh agam.

tráchtaireacht	*commentary*	cúrsaí reatha	*current affairs*

2 **Scrúdaitheoir:** An maith leat a bheith ag léamh?

Dalta: Is maith liom a bheith ag léamh. Nuair a bhí mé óg léigh mé úrscéalta agus gearrscéalta agus giotaí próis. Anois léim leabhair scoile den chuid is mó. Nuair a théim ar laethanta saoire is aoibhinn liom úrscéal maith a thabhairt liom. Taitníonn leabhair bhleachtaireachta go mór liom. Is aoibhinn le mo thuismitheoirí léitheoireacht freisin agus bíonn leabhair i ngach áit sa bhaile. Taitníonn leabhair staire le mo mham ach is fearr le mo dhaid leabhair dhírbheathaisnéise a léamh.

Bain triail as anois!

Bain úsáid as na nathanna cainte thuas chun cur síos a dhéanamh ar na leabhair is maith leat a léamh. Léigh an giota os ard don rang nuair atá sé scríofa agat.

3 Na Meáin Leictreonacha

Cleachtadh ag Caint

Cleachtadh ag scríobh

Léigh na ceisteanna agus na freagraí samplacha thíos. Scríobh do chuid freagraí féin i do chóipleabhar agus léigh amach os ard sa rang iad.

1 Ceist: An bhfuil fón póca agat?

Freagra: Cinnte, tá fón póca agam.

2 Ceist: Cén úsáid a bhaineann tú as an bhfón póca?

Freagra: Úsáidim an fón, ar ndóigh, Seolaim téacsanna chuig mo chairde agus mo thuismitheoirí ar Whatsapp. Éistim le ceol ar m'fhón póca freisin, ar an aip Spotify. Bheinn caillte gan an fón. Is féidir liom clár ama an bhus nó na traenach a fháil ar m'fhón. Tá aip ann do gach rud anois agus is féidir aon eolas atá uait a íoslódáil ón Idirlíon. Nuair a bhím amuigh le mo chairde tógaimid grianghraif lenár bhfóin.

ar ndóigh	*of course*	bheinn caillte gan m'fhón	*I'd be lost without my phone*
clár ama	*timetable*	a íoslódáil	*to download*

3 Ceist: Ar thóg tú féinphic riamh?

Freagra: Cinnte, tógaim go minic iad. Bíonn an-chraic agam le mo chairde agus is féidir na pictiúir seo a uaslódáil ar ár gcuntais Instagram.

4 Ceist: An úsáideann na déagóirí i do scoil an fón póca ar scoil?

Freagra: Ní bhíonn cead ag na daltaí an fón póca a úsáid ar scoil ach fós féin baineann gach duine úsáid as an bhfón póca ar scoil. Uaireanta seolann daltaí téacsanna sa rang. Bíonn na múinteoirí ar buile nuair a fheiceann siad daltaí ar a gcuid fón sa rang.

5 Ceist: An íocann do thuismitheoirí an bille fóin?

Freagra: Tugann mo thuismitheoirí deich euro dom gach mí don bhille fóin. Ní bhíonn cead agam níos mó ná deich euro in aghaidh na míosa a úsáid. De ghnáth is leor sin.

6 Ceist: Ar chaill tú d'fhón póca riamh?

Freagra: Chaill mé an fón uair amháin nuair a bhí mé ag cluiche rugbaí. Chonaic mo chara an fón ar an talamh ag deireadh an chluiche. Bhí an t-ádh liom an lá sin.

FACSS: Na Meáin Leictreonacha — an Fón Póca, an Ríomhaire

Foghlaim na focail seo thíos agus scríobh amach i do chóipleabhar iad.

		Féach Abair Clúdaigh	Scríobh	Seiceáil
1	blog	blag		
2	email	ríomhphost		
3	download	íoslódáil		
4	upload	uaslódáil		
5	streaming	sruthú		
6	social media	na meáin shóisialta		
7	website	suíomh idirlín		
8	online shopping	siopadóireacht ar líne		
9	charger	luchtaire		
10	battery	cadhnra		
11	video	físeán		
12	post	postáil		
13	selfie	féinphic		
14	twitter	córas giolcaireachta		
15	tweeting	ag tvuíteáil		
16	search engine	inneall cuardaigh		
17	to share a picture	pictiúr a roinnt		
18	hashtag	haischlib		
19	app	aip		
20	credit	creidmheas		
21	cover	clúdach		
22	profile picture	pictiúr próifíle		
23	account	cuntas		
24	channel	cainéal		

Suirbhé

Cleachtadh ag scríobh   **Cleachtadh ag caint**

Cuir na ceisteanna thíos ar dhalta i do ghrúpa. Scríobh na freagraí i do chóipleabhar.

1. An bhfuil fón póca agat?
2. Cén saghas fóin é?
3. An seolann tú téacsanna go minic? Cén aip a úsáideann tú chun téacsanna a sheoladh?
4. An gcuireann tú glao ar dhaoine go minic ar an bhfón?
5. An maith leat a bheith ag sruthú ceoil?
6. An mbíonn tú ag uaslódáil grianghraf go minic?
7. An bhfuil cuntas agat ar Facebook/Snapchat/Instagram/TikTok?
8. Cathain a théann tú ar na meáin shóisialta?
9. An mbíonn tú ag tvuiteáil go minic?
10. An leanann tú na réaltaí móra ar na meáin shóisialta? Cé hiad?
11. An dtógann tú féinphic go minic?
12. An maith leat a bheith ag féachaint ar fhíseáin ar YouTube? Cén cainéal is fearr leat?
13. Ainmnigh trí shuíomh idirlín a thaitníonn leat.
14. An ndéanann tú siopadóireacht ar líne? Céard a cheannaíonn tú?
15. An ndéanann tú obair scoile ar an ríomhaire? Cén obair?

Filleann an Fón

Sraith Pictiúr   Filleann an Fón

Rian 7.05

1 Thug ceathrar daoine óga cuairt ar an mbialann 'Pasta Blasta' le haghaidh béile. Chuir an freastalaí fáilte rompu. Shuigh siad ag bord in aice na fuinneoige. Ba léir go raibh dea-aoibh ar na daoine óga.

2 Ansin thug an freastalaí biachlár dóibh. Léirigh an fógra ar an mballa taobh thiar díobh go raibh sladmharagadh ar siúl sa bhialann gach deireadh seachtaine. Ar an mballa in aice na ndéagóirí bhí pictiúr de chathair na Róimhe agus léarscáil den Iodáil. Ansin d'fhéach buachaill amháin ar an urlár in aice na fuinneoige agus chonaic sé fón póca.

3 Phioc sé suas an fón póca agus shiúil sé chuig an bhfreastalaí a bhí ina sheasamh ag an gcuntar. Mhínigh sé dó go raibh an fón ar an urlár. Ghabh an freastalaí buíochas leis an mbuachaill agus choimeád sé an fón ag an deasc. B'fhéidir gur chaill custaiméir an fón.

4 Bhí an bia réidh ansin agus d'ith na déagóirí píotsa agus pasta agus d'ól siad uisce agus mianraí. Bhain siad an-taitneamh as an mbéile blasta agus cheap siad nach raibh an bia daor ar chor ar bith. Bhí na déagóirí ag caint agus ag comhrá ar feadh tamaill faoin mbialann.

5 Ansin shiúil fear isteach an doras. B'fhear gnó é. Bhí culaith á caitheamh aige. Ba léir gur chaill sé a fhón póca agus d'fhill sé ar an mbialann chun ceist a chur ar an bhfreastalaí faoi.

6 Bhí faoiseamh ar an bhfear nuair a fuair sé a fhón ar ais. Ghabh sé buíochas leis na déagóirí agus mhínigh sé go raibh an fón an-tábhachtach dá phost agus go raibh sé an-bhuartha nuair a chaill sé an fón. Bhí áthas ar na déagóirí gur chabhraigh siad leis an bhfear.

7 Ina dhiaidh sin labhair an fear leis an bhfreastalaí. Mhínigh sé dó gur mhaith leis milseog a cheannach do na déagóirí. Thóg sé fiche euro óna phóca agus thug sé é don fhreastalaí chun íoc as an milseog. Tháinig an freastalaí ansin le huachtar reoite do na déagóirí. Bhí an-áthas orthu ansin.

Ciorcal oibre: beirt nó triúr le chéile ag plé, ag léamh agus ag scríobh

1 Scríobh na briathra san Aimsir Chaite as an tsraith thuas i do chóipleabhar.

2 Scríobh abairtí simplí leis na briathra agus glaoigh amach na habairtí sa rang.

3 Cum sraith de cheisteanna bunaithe ar na pictiúir agus ansin pléigh na ceisteanna sa rang.

4 Cuir na ceisteanna atá cumtha ag do ghrúpa ar na daltaí i ngrúpa eile.

Deachtú: M'fhón póca nua — Conall

Múinteoir: Léigh an t-alt thíos os ard sa rang agus iarr ar na daltaí an t-alt a scríobh. Ansin ceartaigh an t-alt.

Dalta: Déan liosta de na ceartúcháin i do chóipleabhar.

Tá fón póca nua agam. Thug mo thuismitheoirí an fón póca nua dom do mo bhreithlá an mhí seo caite. Cheannaigh mé clúdach don fhón sa siopa fón. Tugann mo thuismitheoirí fiche euro dom gach mí chun creidmheas a cheannach. Seolaim téacsanna chuig mo chairde ar Whatsapp gach lá. Is féidir liom dul ag surfáil ar an Idirlíon ar an bhfón. Is maith liom Snapchat agus TikTok. Cuireann mo thuismitheoirí glao orm má bhím déanach ag teacht abhaile ón scoil. Éistim le ceol ar m'fhón freisin agus cuirim ticéid in áirithe do cheolchoirmeacha nuair a bhíonn an t-airgead agam.

Blag: An fón póca

Líon na bearnaí sa bhlag thíos.

> glao   scoil   a hoifig   cóipleabhar   dearmad
> fón   príomhoide   sásta   téacs

Bhí mé i dtrioblóid ar _____ le déanaí. Rinne mé _____ ar mo chuid obair bhaile don rang Béarla agus sheol mé _____ chuig mo Mham sa bhaile. Ní bhfuair mé freagra uaithi agus ansin sular tháinig an múinteoir Béarla isteach sa rang chuir mé _____ fóin ar mo Mham. Bhí ionadh an domhain ar mo Mham nuair a d'fhreagair sí an _____. Dúirt sí go dtiocfadh sí chuig an scoil chun an _____ a thabhairt dom. Sular fhág mé slán ag mo Mham shiúil an _____ isteach an doras agus chonaic sí mé ag caint ar an bhfón.

Sciob an príomhoide an fón uaim agus bhí orm dul léi chuig _____. Chuir sí glao ar mo Mham agus d'inis mo Mham an scéal di faoi mo chóipleabhar a d'fhág mé sa bhaile. Ní raibh mo Mham _____ liom an tráthnóna sin.

Cleachtadh ag caint: Pléigh an t-ábhar thíos sa rang

Cén fáth nach maith le múinteoirí nuair a bhíonn daltaí ag úsáid fóin sa rang?

1. Ní bhíonn siad ag éisteacht leis an múinteoir.
2. Tá sé drochbhéasach (*bad-mannered*).
3. Ní bhíonn siad ag díriú ar a gcuid obair scoile.

Cleachtadh ag scríobh

An bhfuil riail dhian maidir leis an bhfón póca i do scoil? Cad a tharlaíonn má sháraíonn tú an riail sin?

Ceapadóireacht: Comhrá – Fón Póca Caillte

Chaill tú d'fhón póca ag an dioscó agus bíonn comhrá agat le do Dhaid faoin bhfón nuair a thagann tú abhaile ón dioscó. Léigh an comhrá thíos agus freagair na ceisteanna a ghabhann leis.

Seán: A Dhaid, tá an-bhrón orm a rá gur chaill mé m'fhón póca anocht ag an dioscó.

Daid: An ag magadh atá tú, a Sheáin? Chosain an fón sin cúig chéad euro!

Seán: Níl mé ag magadh. D'fhág mé an fón i mo chóta agus chuir mé an cóta isteach i seomra na gcótaí. Nuair a bhailigh mé mo chóta ag deireadh na hoíche ní raibh an fón ann.

Daid: Tá sé sin scannalach, a Sheáin. Amach linn anois agus fillfimid ar an dioscó.

Seán: Tá sé ródhéanach anois, a Dhaid. Beidh na doirse dúnta. Cuirfidh mé glao ar bhainisteoir an dioscó amárach. B'fhéidir gur thit an fón as mo phóca.

Daid: Cuir glao ar an bhfón agus b'fhéidir go bhfreagródh duine éigin an fón.

Seán: Ní fiú, a Dhaid. Bhí an fón ar ciúnas agam. Cuirfidh mé glao ar Eoin agus ar Dhaithí, áfach. B'fhéidir go bhfaca siad an fón.

Daid: Bhuel, tá sé a dó a chlog ar maidin anois, a Sheáin. Tá sé in am duit dul a chodladh. Ní bheidh tú in ann éirí ar maidin don seisiún traenála. Cén t-am ba chóir duit a bheith sa chlub?

Seán: Caithfidh mé a bheith sa chlub ar a deich a chlog. Tá mé traochta. Labhróidh mé leat amárach, a Dhaid.

❶ Cá raibh Seán anocht?

❷ Cé mhéad airgid a chosain an fón?

❸ Cár fhág Seán a chóta?

❹ Céard a dhéanfaidh Seán amárach?

❺ Cén t-am a bheidh traenáil ag Seán amárach?

Cleachtadh ag scríobh

Bain úsáid as na nótaí thuas chun comhrá a scríobh faoi fhón a chaill tú ag cluiche peile le déanaí.

Tá Tionchar ag na Meáin agus ag an Teicneolaíocht orainn

Sraith Pictiúr   Tá Tionchar ag na Meáin agus ag an Teicneolaíocht orainn

Rian 7.06

1 Bhí an múinteoir ina sheasamh os comhair an ranga. Bhí sé ag labhairt leis an rang faoin tionchar a bhí ag na meáin agus an teicneolaíocht orainn. Ba léir go raibh an-suim ag na daltaí sa rang. Bhí na buachaillí agus na cailíní ag éisteacht go géar leis an múinteoir. Bhí culaith dhubh á caitheamh ag an múinteoir chomh maith le léine bhán agus carbhat dubh.

2 Ansin thosaigh na daltaí ag smaoineamh faoi thionchar na meán. I dtosach bhí fear le feiceáil ag léamh páipéar nuachta. Ansin bhí cailín ag féachaint ar chlár teilifíse ar TG4. Ina dhiaidh sin bhí an fear ag seoladh téacs ar a fhón póca.

3 Ansin phléigh na daltaí na háiseanna teicneolaíochta a bhí ina scoil. Luaigh duine amháin an seomra ríomhaireachta sa scoil. Chaith na daltaí a lán ama sa seomra ríomhaireachta ag déanamh a gcuid obair scoile. Ba léir go raibh na háiseanna teicneolaíochta sa scoil ar fheabhas.

4 Nuair a tháinig Banríon Shasana ar cuairt go hÉirinn bhí scéal ar an nuacht ar TG4 faoina cuairt. Ba léir go raibh suim ag a lán daoine sa chuairt. Cheap na daltaí go raibh jab tábhachtach ag na meáin chraolta an nuacht a scaipeadh.

5 Ansin luaigh na daltaí cuairt Barack Obama ar Éirinn. Labhair an tUachtarán leis na meáin chraolta agus ba léir go raibh suim ag pobal na hÉireann sa chuairt.

6 Ba léir gur cheap daoine áirithe go raibh an iomarca cumhachta ag na meáin orainn. Bhí buachaill agus cailín ag plé chumhacht na meán agus cheap an cailín go raibh na meáin rófhiosrach. Cheap na déagóirí go raibh buntáistí agus míbhuntáistí ag baint leis na meáin.

Ciorcal oibre: beirt nó triúr le chéile ag plé, ag léamh agus ag scríobh

1 Scríobh na briathra san Aimsir Chaite as an tsraith thuas i do chóipleabhar.

2 Scríobh abairtí simplí leis na briathra agus glaoigh amach na habairtí sa rang.

3 Cum sraith de cheisteanna bunaithe ar na pictiúir agus ansin pléigh na ceisteanna sa rang.

4 Cuir na ceisteanna atá cumtha ag do ghrúpa ar na daltaí i ngrúpa eile.

Súil siar ar an Litríocht

Cúrsa Filíochta: *An Spailpín Fánach*
Ní fios cé a chum

🔊 Rian 1.04

Léigh an dán ar leathanach 28.

Scéal an dáin

Insíonn an dán seo scéal an Spailpín Fánach. Is é an Spailpín a bhíonn ag caint sa dán. Bíonn saol crua aige ag taisteal ó áit go háit ag lorg oibre. Bíonn an obair an-chrua agus bíonn sé tinn go minic. Ní bhíonn meas ag daoine air agus níl sé sásta lena shaol. Tá sé sásta dul ag troid leis na croppies chun na Sasanaigh a chaitheamh amach as an tír. Insíonn an Spailpín dúinn gur thaistil sé timpeall na tíre ag obair. Cheap sé go ndearna sé jab níos fearr ná na hoibrithe eile. Bhí sé feargach leis na tiarnaí talún. Bhídís ag féachaint anuas ar na hoibrithe. Ní raibh meas acu ar an Spailpín ná ar na hoibrithe eile.

spailpín	*wandering worker*	ag taisteal	*travelling*
ag lorg oibre	*looking for work*	meas	*respect*
tiarnaí talún	*landlords*	ag féachaint anuas orthu	*looking down on them*

Cúrsa Próis: *Dís*
le Siobhán Ní Shúilleabháin

🔊 Rian 2.05

Léigh an scéal *Dís* ar leathanach 96–100.

Eolas faoin scéal

Tá an scéal seo scríofa i bhfoirm agallaimh. Tá fear agus bean sa seomra suí tar éis lá oibre. Is léir nach bhfuil an bhean róshásta lena saol agus déanann sí iarracht é sin a phlé lena fear céile. Ní bhíonn suim ag an bhfear in aon rud ach an páipéar nuachta a léamh. Nuair a insíonn a bhean dó go ndearna sí suirbhé agus go bhfuil na torthaí sa pháipéar tosaíonn sé ag cur ceisteanna uirthi faoin suirbhé.

agallamh	*interview*	a phlé	*to discuss*
suirbhé	*survey*	torthaí	*results*

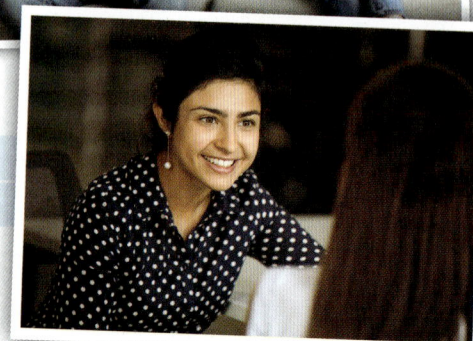

Ceapadóireacht: Giota Leanúnach — An Ríomhaire

Meaitseáil na habairtí Béarla agus Gaeilge thíos agus ansin scríobh giota leanúnach faoin ríomhaire i do shaol. Bain úsáid as na nótaí thíos. Léigh an t-alt amach sna grúpaí beaga.

1	Fuair mé ríomhaire nua an Nollaig seo caite agus taitníonn sé go mór liom.	*My brother spent a year in Paris and we stayed in contact with him on the Internet.*	**a**
2	Caithim mo shaol ag caint le mo chairde ar na meáin shóisialta.	*The computer is the best present that my parents have ever given me.*	**b**
3	Úsáidim Snapchat agus TikTok agus seolaim ríomhphoist freisin anois is arís.	*He called us every evening on FaceTime.*	**c**
4	Is aoibhinn liom a bheith ag siopadóireacht freisin ar an Idirlíon.	*The big shops all have websites.*	**d**
5	Tá suíomhanna idirlín ag na siopaí móra ar fad.	*I use the computer for my schoolwork too.*	**e**
6	Cuirim ticéid do cheolchoirmeacha in áirithe ar an Idirlíon freisin.	*I book tickets for concerts on the Internet now too.*	**f**
7	Íocann mo thuismitheoirí a mbillí ar an Idirlíon anois.	*There are thousands of videos on YouTube and I spend a lot of time looking at them.*	**g**
8	Chuamar go Londain an samhradh seo caite agus chaitheamar a lán ama ag surfáil ar an Idirlíon ag féachaint ar na hóstáin agus na bialanna.	*My dad loves watching films on Netflix on his iPad.*	**h**
9	Chaith mo dheartháir bliain ag obair i bPáras agus d'fhanamar i dteagmháil leis ar an Idirlíon.	*I got a new computer last Christmas and I really love it.*	**i**
10	Chuir sé glao orainn gach tráthnóna ar FaceTime.	*We went to London last summer and we spent a lot of time surfing the Internet looking at hotels and restaurants.*	**j**
11	Bainim úsáid as an ríomhaire do mo chuid obair scoile freisin.	*My parents pay their bills on the Internet now.*	**k**
12	Úsáidim an tIdirlíon má bhíonn taighde le déanamh agam do thionscadal.	*I spend my life talking with my friends on social media.*	**l**
13	Is aoibhinn le mo dhaid féachaint ar scannáin ar Netflix ar a iPad.	*I use the Internet if I have to do research for a project.*	**m**
14	Tá na mílte físeán ar YouTube agus caithim a lán ama ag féachaint orthu.	*I follow the famous stars on Instagram.*	**n**
15	Is é an ríomhaire an bronntanas is fearr a thug mo thuismitheoirí dom riamh.	*I use Snapchat and TikTok and I send emails every now and then.*	**o**
16	Leanaim na réaltaí cáiliúla ar Instagram.	*I love shopping on the Internet as well.*	**p**

1	2	3	4	5	6	7	8	9	10	11	12	13	14	15	16

An Fón Póca/An Ríomhaire

Cleachtadh ag caint   Cleachtadh ag scríobh

Léigh na ceisteanna agus na freagraí samplacha thíos. Scríobh do chuid freagraí féin i do chóipleabhar agus léigh amach os ard sa rang iad.

1 Ceist: An gcaitheann tú mórán ama ar an bhfón póca?

Freagra: Gan amhras caithim ar a laghad dhá uair an chloig ar an bhfón póca gach lá.

2 Ceist: Cathain a úsáideann tú an fón póca?

Freagra: Úsáidim é nuair a thagaim abhaile ón scoil, de ghnáth.

ar a laghad	*at least*	de ghnáth	*usually*

3 Ceist: An maith leat a bheith ag siopadóireacht ar an Idirlíon?

Freagra: Bhuel, cuirim ticéid do cheolchoirmeacha agus don phictiúrlann in áirithe ar an Idirlíon. Ceannaím leabhair freisin agus rudaí eile ach ní maith liom éadaí ná bróga a cheannach ar an Idirlíon. Ní bhíonn siad oiriúnach i gcónaí. Is fearr liom iad a thriail orm sa siopa sula gceannaím iad.

cuirim ticéid in áirithe	*I book tickets*	oiriúnach	*suitable*
rud a thriail ort	*to try something on*	sula gceannaím	*before I buy*

4 Ceist: An gcaitheann daoine óga an iomarca ama ar an Idirlíon?

Freagra: Ní chaitheann déagóirí an iomarca ama ar an Idirlíon. Ní aontaíonn mo thuismitheoirí leis an tuairim sin, áfach. Ní thuigeann daoine fásta saol an lae inniu. Bímid ag caint lenár gcairde ar na meáin shóisialta.

an iomarca ama	*too much time*	tuairim	*opinion*
áfach	*however*	na meáin shóisialta	*social media*

5 Ceist: Inis dom faoi shuíomh idirlín a úsáideann tú go minic.

Freagra: Téim ar dublinbus.ie go minic. Faighim an bus gach maidin agus tráthnóna agus bíonn sé an-áisiúil an clár ama a fháil ón Idirlíon.

6 **Ceist:** An dtarlaíonn a lán bulaíochta ar na suíomhanna sóisialta?

Freagra: Is oth liom a rá go dtarlaíonn a lán bulaíochta ar Instagram agus Snapchat. Ní féidir mórán a dhéanamh faoin mbulaíocht sin. Scríobhann daoine rudaí maslacha ar na meáin shóisialta. Bíonn daoine óga ag fulaingt de bharr na bulaíochta ar líne ó thráth go chéile.

a lán bulaíochta	*a lot of bullying*	rudaí maslacha	*insulting things*
ag fulaingt	*suffering*	de bharr	*as a result of*

7 **Ceist:** An dtéann do mhúinteoir Gaeilge ar an Idirlíon sa rang?

Freagra: Cinnte, féachaimid ar chláir ar shuíomh TG4 sa rang go minic. Chomh maith leis sin, má bhíonn foclóir ag teastáil uainn féachaimid ar an suíomh Idirlín. Anois is arís féachaimid ar fhíseáin ar YouTube. Is iomaí suíomh iontach atá ann do mhúinteoirí sa lá atá inniu ann.

8 **Ceist:** An bhfuil sé níos éasca rudaí a fhoghlaim ón Idirlíon sa rang?

9 **Freagra:** Tá sé i bhfad níos éasca agus níos suimiúla ag foghlaim ón Idirlíon. Sa rang tíreolaíochta féachaimid ar fhíseáin agus bíonn siad an-suimiúil.

10 **Ceist:** An imríonn tú cluichí ar an ríomhaire?

Freagra: Ní imrím cluichí ar an ríomhaire anois ach nuair a bhí mé ní b'óige d'imir mé a lán cluichí ar an ríomhaire. B'aoibhinn liom cluichí peile a imirt le mo chairde.

11 **Ceist:** An bhfuil na háiseanna teicneolaíochta go maith i do scoil?

Freagra: Tá áiseanna iontacha teicneolaíochta i mo scoil. Tá clár beo i ngach seomra ranga agus tá seomra ríomhairí againn freisin. Tá na ríomhairí sa seomra ríomhairí nua-aimseartha. Tá suíomh Idirlín iontach ag an scoil freisin.

áiseanna teicneolaíochta	*technology facilities*	clár beo	*interactive board*

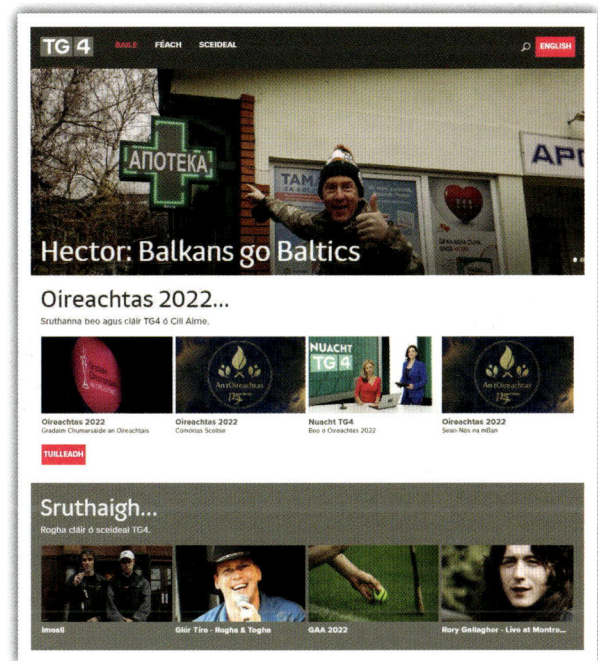

Cluiche Nua Ríomhaireachta: Taitneamh agus Trioblóid

Sraith Pictiúr   Cluiche Nua Ríomhaireachta: Taitneamh agus Trioblóid

🔊 Rian 7.07

1 Tháinig Séamas abhaile ón scoil agus d'fhág sé a mhála scoile ar an mbord. Ansin shuigh sé síos ar an gcathaoir uillinn agus d'fhéach sé ar an teilifís. Bhí Séamas fós gléasta ina éide scoile ag féachaint ar an teilifis ar a sé a chlog.

2 Go luath ina dhiaidh sin fuair sé téacs óna chara Liam a rá go bhfuair sé cluiche nua ríomhaire. Thug Liam cuireadh do Shéamas dul chuig a theach chun triail a bhaint as an gcluiche ríomhaire nua.

3 D'fhéach Séamas ar a uaireadóir agus chuimhnigh sé nach raibh a chuid obair bhaile déanta aige. Ní raibh sé róbhuartha faoin obair bhaile. Bhí an-suim aige sa chluiche nua ríomhaire agus chuaigh sé chuig teach Liam.

4 Bhí spórt agus spraoi ag na buachaillí ag imirt an chluiche nua ríomhaire sa seomra teilifíse. Lean siad ar aghaidh ag imirt go dtí a hocht a chlog. Ní raibh Séamas ag smaoineamh ar a chuid obair bhaile. Ansin ghlac na buachaillí sos ar feadh tamaill bhig agus d'ith siad píotsa. Ba sheomra compordach é an seomra teilifíse. Bhí scáthán ar an mballa agus bhí leabhragán in aice na teilifíse lán le leabhair.

5 Ina dhiaidh sin chuir máthair Shéamais glao fóin air. D'fhiafraigh sí de Shéamas an raibh a chuid obair bhaile déanta aige. D'fhreagair Séamas nach raibh sé déanta. Ní raibh a Mham sásta ar chor ar bith. Thug sí ordú do Shéamas teacht abhaile. Dúirt sé go bhfillfeadh sé abhaile faoi cheann cúig nóiméid. Ní raibh a Mham sásta leis an bhfreagra seo agus d'inis sí dó teacht abhaile láithreach bonn.

6 D'fhill Séamas abhaile agus thosaigh sé ag déanamh a chuid obair bhaile. Ar a leathuair tar éis a naoi bhí sé fós ag scríobh. Bhí a thuismitheoiri taobh thiar de ag féachaint air. Bhí cuma fheargach orthu. Ba léir nach raibh siad sásta le Séamas ar chor ar bith.

Ciorcal oibre: beirt nó triúr le chéile ag plé, ag léamh agus ag scríobh

1 Scríobh na briathra san Aimsir Chaite as an tsraith thuas i do chóipleabhar.

2 Scríobh abairtí simplí leis na briathra agus glaoigh amach na habairtí sa rang.

3 Cum sraith de cheisteanna bunaithe ar na pictiúir agus ansin pléigh na ceisteanna sa rang.

4 Cuir na ceisteanna atá cumtha ag do ghrúpa ar na daltaí i ngrúpa eile.

Ceapadóireacht: Ríomhphost

Níl na háiseanna teicneolaíochta i do scoil rómhaith. Scríobh ríomhphost chuig príomhoide na scoile agus iarr air nó uirthi na háiseanna a fheabhsú.

beannú — *dáta* — 12 Samhain

A Phríomhoide, a chara, — *tús*

Is mise Aisling Ní Mhainnín. Is dalta sa séú bliain mé. Tá mé ag scríobh chugat faoi áiseanna teicneolaíochta na scoile. Is oth liom a rá nach bhfuil na háiseanna teicneolaíochta thar mholadh beirte. Níl ach dhá chlár bheo sa scoil, ceann amháin sa seomra ceoil agus an dara ceann sa tsaotharlann. Is léir nach bhfaigheann na daltaí na deiseanna céanna is a fhaigheann na daltaí i scoileanna eile timpeall na tíre.

Bíonn mo mhúinteoir Gaeilge i gcónaí ag gearán faoi na háiseanna teicneolaíochta. Chuamar chuig an seomra ríomhaire Dé Luain seo caite chun féachaint ar an nuacht ar shuíomh TG4. Tar éis cúig nóiméad theip ar an Idirlíon agus ní rabhamar in ann suíomh TG4 a fháil. Is scanallach an ní é nach bhfuil fáil ar an Idirlíon i ngach seomra ranga. Tá áiseanna foghlama iontacha ar fáil ar an Idirlíon. Tá na téacsleabhair fiú ar fáil ar an Idirlíon. Bíonn na hábhair i bhfad níos éasca do na daltaí nuair a bhíonn an seans acu rudaí a fhoghlaim ó fhíseáin agus ó shuíomhanna idirlín éagsúla.

Iarraim ort feabhas a chur ar áiseanna teicneolaíochta na scoile go luath. Bheinn sásta labhairt leat faoin ábhar seo am ar bith.

Is mise le meas, — *críoch*

Aisling Ní Mhainnín

is oth liom a rá	*I regret to say*	na háiseanna teicneolaíochta	*the technology facilities*
sa tsaotharlann	*in the laboratory*	níl siad thar mholadh beirte	*they are not worthy of praise*
clár beo	*interactive board*	deiseanna	*opportunities*
áiseanna foghlama	*learning tools*	feabhas	*improvement*

❶ Cén fáth ar scríobh Aisling chuig an bpríomhoide?

❷ Cé mhéad clár beo atá sa scoil?

❸ Cá ndeachaigh siad Dé Luain seo caite?

❹ Céard a tharla tar éis cúig nóiméad?

❺ Cad a iarrann Aisling ar an bpríomhoide?

Cleachtadh ag scríobh

Seol ríomhphost chuig do mhúinteoir Gaeilge agus abair léi gur mhaith leis an rang féachaint ar TG4 sa rang Gaeilge.

An Scrúdú Cainte

1 **Scrúdaitheoir:** An bhfuil an teicneolaíocht tábhachtach i do shaol?

Dalta: Tá an teicneolaíocht an-tábhachtach i mo shaol. Tá fón agam, chomh maith le ríomhaire, agus caithim a lán ama air gach lá ag caint le mo chairde, ag féachaint ar fhíseáin, ag seoladh téacsanna agus ag éisteacht le ceol. Is aoibhinn liom a bheith ag surfáil ar an Idirlíon agus ag ceannach éadaí agus ticéad ar an Idirlíon. Tá áit lárnach ag an teicneolaíocht i mo shaol.

an-tábhachtach	*very important*	áit lárnach	*central place*

2 **Scrúdaitheoir:** An mbíonn daoine ag brath an iomarca ar an teicneolaíocht?

Dalta: Tá an teicneolaíocht thart timpeall orainn i ngach áit sa lá atá inniu ann – i siopaí, sna hospidéil, i scoileanna agus, ar ndóigh, inár dtithe. Braitheann gach duine i saol an lae inniu ar an teicneolaíocht. Sin an saol nua-aimseartha, i mo thuairim. Uaireanta feicim daoine ar a bhfón nuair a bhíonn siad ag iarraidh carr a thiomáint nó nuair a bhíonn siad ag siúl trasna an bhóthair. Tá sé sin amaideach. Ach, ar an iomlán, measaim gur rud maith é an teicneolaíocht nua-aimseartha.

Bain triail as anois!

Bain úsáid as na nathanna cainte thuas chun cur síos a dhéanamh ar thábhacht na teicneolaíochta i do shaol. Léigh an giota os ard don rang nuair atá sé scríofa agat.

Aonad a hOcht

Ábhair eile a gCuirim Spéis Iontu

San aonad seo foghlaimeoidh tú na scileanna seo:

- Conas ceisteanna a chur agus a fhreagairt faoi na hábhair a gcuireann tú spéis iontu.
- Ullmhóidh tú don scrúdú cainte.
- Déanfaidh tú cleachtadh ar do chuid scileanna scríbhneoireachta: litir/scéal/alt/comhrá a scríobh.
- Cuirfidh tú feabhas ar do chuid scileanna éisteachta.
- Foghlaimeoidh tú breis foclóra a bhaineann leis na hábhair seo.
- Tiocfaidh feabhas ar do chuid scileanna léitheoireachta.

Tá trí chuid san aonad seo:

1. Rudaí a Chuireann Eagla nó Imní orm
2. Daoine Tábhachtacha i mo Shaol
3. Fadhbanna in Éirinn

Nóta don mhúinteoir

Seo an séú haonad ó churaclam na hArdteiste, gnáthleibhéal. Chomh maith le bunfhoclóir an aonaid déanfaidh na daltaí cleachtadh ar na scileanna go léir a bheidh ag teastáil do scrúdú na hArdteiste: scileanna éisteachta, léitheoireachta, scríbhneoireachta agus cainte.

Chun feabhas a chur ar chumas tuisceana an ranga ba cheart don rang féachaint ar TG4 go rialta nó féachaint ar na dlúthdhioscaí i bhfillteán an mhúinteora.

Clár

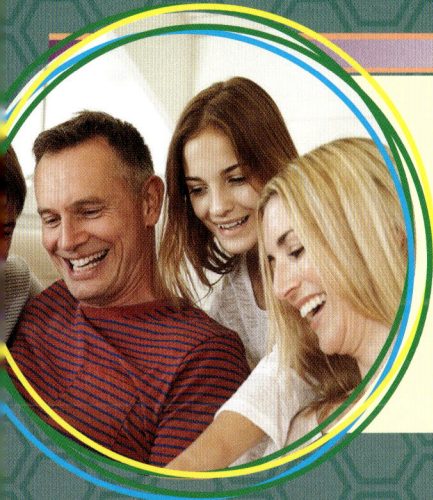

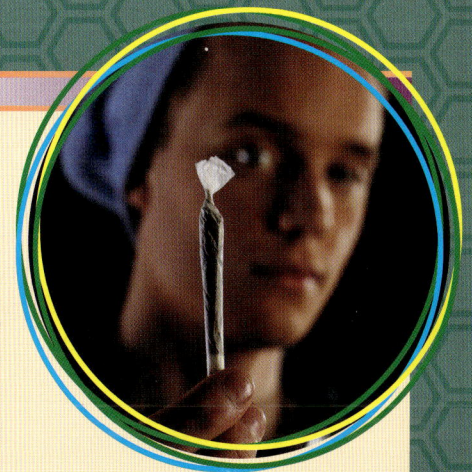

1 Rudaí a Chuireann Eagla nó Imní orm

An Fiaclóir agus an Dochtúir

Cleachtadh ag caint   Cleachtadh ag scríobh

Léigh na ceisteanna agus na freagraí samplacha thíos.
Scríobh do chuid freagraí féin i do chóipleabhar agus léigh
amach os ard sa rang iad.

1 Ceist: An dtéann tu chuig an bhfiaclóir go minic?

Freagra: Téim chuig an bhfiaclóir ar a laghad dhá uair sa bhliain. Cúpla bliain ó shin chuir an fiaclóir teanntáin ar m'fhiacla agus bhí orm dul chuige uair sa mhí. Bhí mo chuid fiacla an-phianmhar ar feadh tamaill.

ar a laghad	*at least*	teanntáin	*braces*
an-phianmhar	*very painful*	ar feadh tamaill	*for a while*

2 Ceist: An raibh tinneas fiacaile ort riamh?

Freagra: Gan amhras, bhí tinneas fiacaile uafásach orm anuraidh. Chuaigh mé chuig an bhfiaclóir agus dúirt sé go raibh easpa ar m'fhiacail. Bhí air an fhiacail a bhaint amach.

tinneas fiacaile	*toothache*	easpa	*abscess*

3 Ceist: An raibh tú tinn riamh?

Freagra: Chun an fhírinne a insint ní bhím tinn go rómhinic. An geimhreadh seo caite bhí an fliú orm agus bhí orm fanacht sa leaba ar feadh trí lá. Chuaigh mé chuig an dochtúir agus rinne sé scrúdú orm. Thug sé oideas dom agus mhol sé dom fanacht sa leaba ar feadh trí lá. Tar éis cúpla lá tháinig biseach orm agus d'fhill mé ar an scoil.

chun an fhírinne a rá	*to tell the truth*	oideas	*perscription*
mhol sé dom	*he recommended to me*	tháinig biseach orm	*I got better*

4 Ceist: Ar chaith tú tréimhse san ospidéal riamh?

Freagra: Nuair a bhí mé deich mbliana d'aois phléasc m'aipindic. Bhí orm cúpla lá a chaitheamh san ospidéal áitiúil. Bhí mé ag scoilteadh le pian agus bhí orm dul faoi scian.

phléasc m'aipindic	*my appendix burst*	ospidéal áitiúil	*local hospital*
ag scoilteadh le pian	*in terrible pain*	dul faoi scian	*to have an operation*

FACSS: An Fiaclóir

Foghlaim na focail seo thíos agus scríobh amach i do chóipleabhar iad.

		Féach Abair Clúdaigh	Scríobh	Seiceáil
1	*toothache*	tinneas fiacaile		
2	*tablets*	piollaí		
3	*a nerve pounding*	néaróg ag preabadh		
4	*abscess*	easpa		
5	*filling*	líonadh		
6	*urgent appointment*	coinne phráinneach		
7	*injection*	instealladh		
8	*rotten tooth*	fiacail lofa		
9	*secretary*	rúnaí		
10	*waiting room*	seomra feithimh		
11	*high chair*	cathaoir ard		
12	*mirror*	scáthán		

Deachtú

Múinteoir: Léigh an t-alt thíos os ard sa rang agus iarr ar na daltaí an t-alt a scríobh. Ansin ceartaigh an t-alt.

Dalta: Déan liosta de na ceartúcháin i do chóipleabhar.

Bhí orm cuairt a thabhairt ar an bhfiaclóir le déanaí. Rinne mo dhaid an choinne dom agus thóg mé an bus chuig oifig an fhiaclóra. Bhí mé an-neirbhíseach an lá sin agus shiúil mé isteach an doras go mall. Ní raibh aon duine sa seomra feithimh romham agus ghlaoigh an rúnaí orm tar éis cúpla nóiméad. Shuigh mé síos ar an gcathaoir ard agus scrúdaigh an fiaclóir mo chuid fiacla. Bhí áthas an domhain orm nuair a dúirt an fiaclóir go raibh gach rud go breá. Dúirt sé go raibh fiacla deasa agam. Bhí áthas orm ag fágáil oifig an fhiaclóra an lá sin.

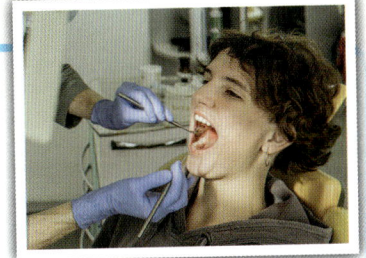

Cleachtadh: Líon na bearnaí

Líon na bearnaí san alt seo.

cainteach   faoiseamh   scáthán   bhfiaclóir   ard   instealladh   scoile

Bíonn orm cuairt a thabhairt ar an _____ uair sa bhliain. Tá oifig an fhiaclóra suite in aice na _____ agus mar sin siúlaim ann tar éis scoile de ghnáth. Tá aithne agam ar an bhfiaclóir. Is fear deas, _____ é. Bhuail mé leis den chéad uair nuair a bhí mé sa bhunscoil. Nuair a shuím síos ar an gcathaoir _____ úsáideann sé _____ chun mo chuid fiacla a fheiceáil. Má bhíonn líonadh ag teastáil uaim tugann sé _____ dom i dtosach. Bíonn _____ orm nuair a bhím críochnaithe.

Ceapadóireacht: Scéal

Cuairt a thug Lísa ar an bhfiaclóir

Léigh an scéal thíos agus freagair na ceisteanna a ghabhann leis.

Tús an scéil: Bhí mé ar crith le heagla agus bhí mé lag an mhaidin sin …

Bhí mé ar crith le heagla agus bhraith mé lag an mhaidin sin. Shuigh mé go ciúin i seomra feithimh an fhiaclóra. Ansin chuala mé an fáilteoir ag glaoch m'ainm. B'fhuath liom an fiaclóir ach ní raibh an dara rogha agam. Bhí mé ag scoilteadh le pian.

Shiúil mé i dtreo an fhiaclóra. Nuair a chonaic an fiaclóir an dath bán a bhí ar m'aghaidh bhí ionadh uirthi. Shuigh mé ar an gcathaoir ard agus mhínigh mé nár thaitin an fiaclóir liom. Thosaigh sí ag gáire agus ag magadh fúm. Labhair sí liom ar feadh cúpla nóiméad agus chuir sí ar mo shuaimhneas mé.

Ansin rinne sí scrúdú ar mo chuid fiacla agus dúirt sí liom go raibh líonadh ag teastáil uaim. Dhún mé mo shúile nuair a thug sí an t-instealladh dom. Ní fhaca mé rud ar bith agus níor bhraith mé aon phian. Líon sí an fhiacail go tapa agus labhair sí liom an t-am ar fad. Tar éis tamaill bhig bhí sí críochnaithe agus d'oscail mé mo shúile. Ghabh mé buíochas léi. Duine an-fhoighneach, cabhrach agus cineálta ab ea í. Ó shin i leith ní chuireann sé isteach ná amach orm dul chuig an bhfiaclóir.

ar crith le heagla	*shaking with fear*	seomra feithimh	*waiting room*
ag scoilteadh le pian	*in terrible pain*	líonadh	*filling*
instealladh	*injection*	an-fhoighneach	*very patient*

1 Cá raibh Lísa an lá sin?
2 Cén fáth a ndeachaigh Lísa chuig an bhfiaclóir?
3 Cén dath a bhí ar a haghaidh?
4 Céard a rinne an fiaclóir tar éis di instealladh a thabhairt di?
5 Cén sórt duine í an fiaclóir?

Ceapadóireacht: Giota Leanúnach nó Blag

1 Scríobh liosta de na briathra atá san Aimsir Chaite sa scéal thuas i do chóipleabhar.
2 Scríobh alt nó blag i do chóipleabhar faoi chuairt a thug tú ar an bhfiaclóir le déanaí.
3 Féach ar an bhfíseán 'Iníon an Fhiaclóra' sa rang.

Ceapadóireacht: Litir nó Ríomhphost

Seol litir nó ríomhphost chuig do chara agus déan cur síos ar chuairt a thug tú ar an bhfiaclóir le déanaí. Bain úsáid as na nótaí sa scéal thuas.

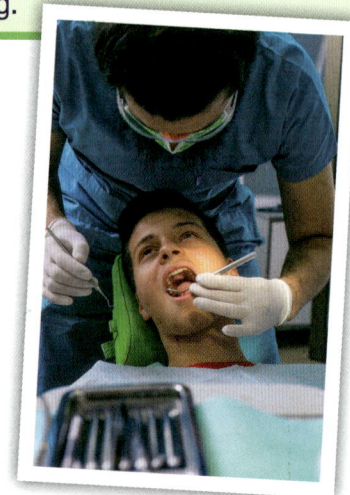

FACSS: Tinneas

Foghlaim na focail seo thíos agus scríobh amach i do chóipleabhar iad.

		Féach Abair Clúdaigh	Scríobh	Seiceáil
1	*headache*	tinneas cinn		
2	*the flu*	an fliú		
3	*heavy cold*	slaghdán trom		
4	*sore throat*	scornach thinn		
5	*stomach ache*	tinneas goile		
6	*I was not well*	ní raibh mé ar fónamh		
7	*I had a fever*	bhí fiabhras orm		
8	*sneezing*	ag sraothartach		
9	*vomiting*	ag caitheamh amach		
10	*prescription*	oideas		
11	*pharmacy*	cógaslann		
12	*medicine*	buidéal leighis		
13	*I sprained my ankle*	leon mé mo rúitín		
14	*I broke my arm*	bhris mé mo lámh		
15	*I collapsed*	thit mé i laige		
16	*medical treatment*	cóir leighis		

Ceapadóireacht: Blag Mhíchíl

Léigh an blag thíos agus freagair na ceisteanna a ghabhann leis.

Tá mé as láthair ón scoil inniu. Ní raibh mé ar fónamh ar maidin agus d'fhan mé sa leaba. Bhraith mé lag agus tuirseach i rith na maidine. Cheap mo Dhaid go raibh fiabhras orm agus ghlaoigh sé ar an dochtúir. Nuair a tháinig an dochtúir chuig an teach bhí mé fós i mo chodladh. Chuir sé cóir leighis orm agus d'inis sé dom go raibh an fliú orm. Thug sé oideas dom ansin agus mhol sé dom gan filleadh ar an scoil go ceann seachtaine. Tá sé an-leadránach sa teach anois. Rachaidh mé as mo mheabhair má bhíonn orm fanacht anseo i m'aonar ar feadh seachtaine! Má léann tú an blag seo seol téacs chugam agus inis dom faoina bhfuil ag tarlú ar scoil!

1 Conas a bhraith Mícheál ar maidin?
2 Cén fáth ar ghlaoigh Daid ar an dochtúir?
3 Cad a thug an dochtúir do Mhícheál?
4 Céard a mhol an dochtúir dó?
5 An maith le Mícheál a bheith sa bhaile?

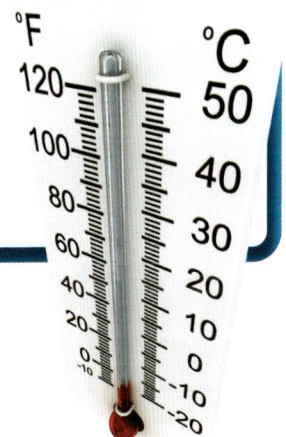

Ceapadóireacht: Blag a scríobh

Bhí tú ag caitheamh amach aréir. Ní dheachaigh tú ar scoil ar maidin. Scríobh blag ag rá gur tháinig an dochtúir chuig an teach. Bain úsáid as na nótaí thuas.

Timpiste

Sraith Pictiúr   Timpiste

Rian 8.01

1 Oíche fhuar fhliuch a bhí ann. Ar thaobh an chosáin bhí lánúin ina seasamh ag caint agus bhí scáth báistí os a gcionn. Bhí trácht trom ar an mbóthar agus bhí locháin uisce i ngach áit. Thiomáin carr thar na soilse tráchta. Ba léir go raibh na bóithre sleamhain agus fliuch.

2 B'fhéidir go raibh an lánúin sa charr seo ag tiomáint abhaile óna gcuid oibre. Bhí fón póca i lámh an fhir agus bhí sé ag caint le duine éigin ar an bhfón. Ba léir nach raibh aird an fhir ar an mbóthar. Ní raibh ach lámh amháin aige ar an roth stiúrtha. Bhí crios sábhála á chaitheamh ag an mbean. Bhí sé fós ag stealladh báistí.

3 Go tobann shiúil fear amach ar an trasrian coisithe gan féachaint ar dheis ná ar clé. Rinne sé iarracht an carr a stopadh ach ba léir gur theip ar na coscáin agus sciorr an carr. Leag an carr an fear. Chonaic an lanúin a bhí ina seasamh ar an gcosán an timpiste. Baineadh geit astu. Baineadh geit as an lánúin sa charr freisin.

4 Bhí an fear bocht sínte ar an talamh agus chabhraigh an lánúin leis. Ba léir go raibh sé gortaithe go dona. Ghlaoigh fear eile ar na seirbhísí éigeandála. Mhínigh sé gur leagadh fear ar an mbóthar agus go raibh sé gan aithne gan urlabhra sínte ar an talamh.

5 Go luath ina dhiaidh sin tháinig an t-otharcharr. Cuireadh an fear bocht ar shínteán agus tugadh é isteach san otharcharr. Bhí garda ag caint leis an lánúin freisin. Bhí sé ag fiosrú an scéil. Chuir sé ceisteanna ar an lánúin agus ba léir go raibh siad an-bhuartha.

6 Thaistil an lánúin chuig stáisiún na nGardaí. D'inis an fear don gharda go raibh sé ag caint ar a fhón póca fad is a bhí sé ag tiomáint an chairr. Bhí an-bhrón air gurbh é ba chúis leis an timpiste. Ní mó ná sásta a bhí an garda leis an bhfear nuair a d'inis sé dó go raibh sé ag caint ar a fhón póca nuair a bhí sé ag tiomáint.

Ciorcal oibre: beirt nó triúr le chéile ag plé, ag léamh agus ag scríobh

1 Scríobh na briathra san Aimsir Chaite as an tsraith thuas i do chóipleabhar.

2 Scríobh abairtí simplí leis na briathra agus glaoigh amach na habairtí sa rang.

3 Cum sraith de cheisteanna bunaithe ar na pictiúir agus ansin pléigh na ceisteanna sa rang.

4 Cuir na ceisteanna atá cumtha ag do ghrúpa ar na daltaí i ngrúpa eile.

Sláinte

Cleachtadh ag caint   Cleachtadh ag scríobh

Léigh na ceisteanna agus na freagraí samplacha thíos. Scríobh do chuid freagraí féin i do chóipleabhar agus léigh amach os ard sa rang iad.

1 **Ceist:** An itheann tú bia sláintiúil?

Freagra: Déanaim an-iarracht bia sláintiúil a ithe. Is fuath liom bia gasta agus bia próiseáilte. Ceannaíonn mo thuismitheoirí torthaí agus glasraí úra gach seachtain agus bíonn dinnéar blasta againn gach oíche.

bia sláintiúil	*healthy food*	bia gasta	*fast food*
bia próiseáilte	*processed food*	torthaí agus glasraí úra	*fresh fruit and vegetables*

2 **Ceist:** Céard a bhíonn agat don lón gach lá?

Freagra: Bíonn ceapaire cáise nó sailéad agam chomh maith le húll nó oráiste. Tugaim sú oráiste liom ar scoil freisin.

ceapaire cáise	*cheese sandwich*	sailéad	*salad*

3 **Ceist:** An ndéanann tú cleachtadh coirp go minic?

Freagra: Imrím spórt cúpla uair sa tseachtain tar éis na scoile agus ag an deireadh seachtaine. Uaireanta téim chuig an ionad spóirt le mo chairde. Is maith linn a bheith ag snámh.

4 **Ceist:** An bhfuil sé tábhachtach a bheith sláintiúil?

Freagra: Tá sé an-tábhachtach a bheith sláintiúil i mo thuairim. Gan do shláinte ní féidir leat aon rud a dhéanamh sa saol. Measaim go mbíonn níos mó fuinnimh ag na daoine a itheann an bia is fearr agus is sláintiúla.

an-tábhachtach	*very important*	níos mó fuinnimh	*more energy*

5 **Ceist:** An gcuirtear béim ar chúrsaí sláinte sa scoil seo?

Freagra: Cuirtear béim ar chúrsaí sláinte sa scoil seo. Bíonn 'Seachtain na Sláinte' againn gach bliain agus déanaimid iarracht bia sláintiúil a ithe. Bíonn imeachtaí éagsúla ar siúl sa scoil i rith na seachtaine cosúil le siúlóid urraithe agus bíonn comórtais spóirt ar siúl ag am lóin gach lá. Baineann gach duine taitneamh as na himeachtaí.

déanaimid iarracht	*we make an effort*	imeachtaí éagsúla	*various events*
siúlóid urraithe	*sponsored walk*	comórtais	*competitions*

Siúlóid Urraithe

Ceapadóireacht: Litir nó Ríomhphost — Siúlóid Urraithe

Ba mhaith leat siúlóid urraithe a eagrú le linn Sheachtain na Sláinte ar scoil.

❶ Seol litir nó ríomhphost chuig príomhoide na scoile agus mínigh an fáth ar mhaith leat an tsiúlóid a eagrú.

❷ Meaitseáil na habairtí Gaeilge agus Béarla thíos.

1	Is mise Diarmuid de Bhaldraithe ón séú bliain.	We don't have enough football or rugby balls.	**a**
2	Ba mhaith liom siúlóid urraithe a eagrú le linn Sheachtain na Sláinte.	If we had a sponsored walk we would have a chance to collect money.	**b**
3	Tá áiseanna nua spóirt ag teastáil uainn sa scoil seo.	Give us a chance to show our leadership skills in sixth year.	**c**
4	Níl go leor liathróidí peile ná rugbaí againn.	The students in sixth year are happy to organise the walk.	**d**
5	Níl go leor raicéad leadóige nó badmantain againn ach an oiread.	As you know the students in this school are very interested in sport.	**e**
6	Dá mbeadh siúlóid urraithe againn bheadh seans againn airgead a bhailiú.	I would like to speak with you about this important subject.	**f**
7	Tá na daltaí sa séú bliain sásta an tsiúlóid a eagrú.	I ask you to give us this chance.	**g**
8	Tabhair seans dúinn ár scileanna ceannaireachta a úsáid sa séú bliain.	I would like to organise a sponsored walk during Seachtain na Sláinte.	**h**
9	Ba mhaith liom labhairt leat faoin ábhar tábhachtach seo.	Write to me when you get the opportunity.	**i**
10	Mar is eol duit tá an-suim ag na daltaí sa scoil seo sa spórt.	Yours faithfully, Diarmuid de Bhaldraithe	**j**
11	Iarraim ort an seans seo a thabhairt dúinn.	I am Diarmuid de Bhaldraithe from sixth year.	**k**
12	Scríobh chugam nuair a fhaigheann tú an deis.	We don't have enough tennis or badminton rackets either.	**l**
13	Is mise le meas, Diarmuid de Bhaldraithe	We need new sports facilities in this school.	**m**

1	2	3	4	5	6	7	8	9	10	11	12	13

Ceapadóireacht: Comhrá — Rás deich gciliméadar urraithe

Ba mhaith leat rás deich gciliméadar urraithe a eagrú le linn Sheachtain na Sláinte. Iarrann tú cead ar phríomhoide na scoile. Scríobh an comhrá i do chóipleabhar a bhíonn agat leis an bpríomhoide. Bain úsáid as na nótaí thuas.

Sláinte na nÓg – Seachtain na Sláinte

Sraith Pictiúr

Sláinte na nÓg – Seachtain na Sláinte

🔊 Rian 8.02

1 Leathuair tar éis a deich a bhí ann agus shuigh an príomhoide ina hoifig ar scoil. Ba bhean mheánaosta í agus labhair sí leis na daltaí ar an gcalaire. D'fhógair sí go mbeadh Seachtain na Sláinte ar siúl ar scoil. Bhí gruaig dhubh uirthi agus bhí spéaclaí á gcaitheamh aici.

2 Bhí imeachtaí éagsúla ar siúl i rith Sheachtain na Sláinte do dhaltaí agus do mhúinteoirí. Thosaigh Seachtain na Sláinte le lá spóirt agus d'imir na daltaí agus na múinteoirí cluiche peile in aghaidh a chéile. Ina dhiaidh sin fuair na daltaí deis páirt a ghlacadh i rang aeróbach sa halla. Taobh thiar de na daltaí bhí ciseán cispheile le feiceáil.

3 I rith na seachtaine dhíol ceaintín na scoile bia sláintiúil leis na daltaí. Bhí deis acu úlla, iógart agus arán donn tí a cheannach. Ba léir gur thaitin an bia sin leis na daltaí agus bhí scuaine fhada ag feitheamh le bia slaintiúil a cheannach.

4 Bhí dalta scoile le feiceáil ag ithe bia míshláintiúil dá lón. Bhí burgar, sceallóga agus cóc aige agus ba léir go raibh sé míshláintiúil an iomarca bia gasta a ithe.

5 Ina dhiaidh sin chuaigh na daltaí agus na múinteoirí ar shiúlóid urraithe. Bhí siad ag iarraidh airgead a bhailiú chun trealamh spóirt a cheannach don scoil. Bhí an ghrian ag scoilteadh na gcloch an lá sin. Ba léir go raibh gach duine ag baint taitneamh as an lá.

6 Le linn na seachtaine tháinig comhairleoir isteach chun labhairt leis na daltaí. Thuig sí na fadhbanna éagsúla a bhíonn ag daoine óga agus mhol sí do na daltaí labhairt le daoine faoina gcuid fadhbanna. D'éist na daltaí go géar leis an gcomhairleoir.

7 Bhí áthas an domhain ar an bpríomhoide le himeachtaí na seachtaine. Labhair sí ar an gcalaire leis na múinteoirí agus na daltaí. Ceathrú tar éis a dó a bhí ann ar an Aoine. Ghabh sí buíochas le gach duine a ghlac páirt sna himeachtaí. Ba léir go raibh Seachtain na Sláinte an-rathúil.

Ciorcal oibre: beirt nó triúr le chéile ag plé, ag léamh agus ag scríobh

1 Scríobh na briathra san Aimsir Chaite as an tsraith thuas i do chóipleabhar.

2 Scríobh abairtí simplí leis na briathra agus glaoigh amach na habairtí sa rang.

3 Cum sraith de cheisteanna bunaithe ar na pictiúir agus ansin pléigh na ceisteanna sa rang.

4 Cuir na ceisteanna atá cumtha ag do ghrúpa ar na daltaí i ngrúpa eile.

Rud Eile a Chuireann Imní orm —
An Scrúdú Tiomána

Cleachtadh ag caint   Cleachtadh ag scríobh

Léigh na ceisteanna agus na freagraí samplacha thíos. Scríobh
do chuid freagraí féin i do chóipleabhar agus léigh amach os
ard sa rang iad.

1 Ceist: An ndearna tú an scrúdú tiomána?

Freagra: Ní dhearna mé an scrúdú tiomána go fóill. Ba bhreá liom a bheith ag tiomáint ach níl an t-am agam roimh scrúdú na hArdteiste ceachtanna tiomána a thógáil. Chomh maith leis sin níl carr agam agus cloisim go bhfuil sé an-daor ceachtanna tiomána a thógáil.

scrúdú tiomána	*driving test*	ag tiomáint	*driving*
ceachtanna tiomána	*driving lessons*	an-daor	*very expensive*

2 Ceist: An bhfuil do chairde ag tiomáint?

Freagra: Tiomáineann mo chara Ruairí ar scoil gach maidin. Tá sé ag tiomáint le bliain anois. Tá carr beag aige. Fuair sé dá bhreithlá anuraidh é. Ní bhíonn pingin rua aige riamh mar bíonn air airgead a chur i dtaisce don cháin agus don árachas. Deir sé freisin go gcuireann sé luach daichead euro de pheitreal sa charr gach seachtain.

tiomáineann mo chara	*my friend drives*	ní bhíonn pingin rua aige	*he never has a penny*
airgead i dtaisce	*to save money*	cáin	*tax*
árachas	*insurance*	peitreal	*petrol*

3 Ceist: An dtiomáineann daoine óga go róthapa?

Freagra: Deir mo thuismitheoirí go dtiomáineann daoine óga i bhfad róthapa. Measaim go mbíonn daoine óga níos cúramaí ar na bóithre sa lá atá inniu ann de bharr na bpointí píonóis.

níos cúramaí	*more careful*	pointí píonóis	*penalty points*

4 Ceist: An raibh tú riamh i dtimpiste bhóthair?

Freagra: Buíochas le Dia ní raibh mé riamh i dtimpiste bhóthair ach leagadh mo chara dá rothar agus é ar a bhealach ar scoil cúpla mí ó shin. Fágadh gan aithne gan urlabhra ar an talamh é agus bhí ar thiománaí an chairr glao a chur ar otharcharr. Níor gortaíodh mo chara go dona ach leon sé a rúitín agus bhí air an oíche a chaitheamh san ospidéal.

leagadh mo chara dá rothar	*my friend was knocked off his bike*	gan aithne gan urlabhra	*unconscious*
ar a bhealach	*on his way*	leon sé a rúitín	*he sprained his ankle*

Blag Áine: An Scrúdú Tiomána

Léigh an blag thíos agus freagair na ceisteanna a ghabhann leis.

Tá mé ag ceiliúradh inniu! Rinne mé an scrúdú tiomána ar maidin agus d'éirigh liom sa scrúdú. Anois tá mo cheadúnas tiomána agam. Tá áthas an domhain orm. Bhraith mé an-neirbhíseach roimh an scrúdú. Rinne mo Dhaid iarracht mé a chur ar mo shuaimhneas ach theip air. D'fhágamar an teach ar a deich a chlog agus thiomáin mé in éineacht le mo Dhaid chuig an ionad tástála. Thosaigh sé ag stealladh báistí. Bhí na bóithre sleamhain agus fliuch. Bhí mé an-bhuartha. Buíochas le Dia gur stop an bháisteach nuair a shoicheamar an t-ionad tástála.

Ba bhean chineálta í an scrúdaitheoir. Chuir sí cúpla ceist orm sular fhágamar an t-ionad tástála. Ansin chuireamar ár gcriosanna sábhála orainn agus ar aghaidh linn síos an bóthar. D'iarr sí orm casadh ar dheis ag na soilse tráchta agus thiomáineamar i dtreo an bhaile. Ní raibh fadhb ar bith agam i rith an scrúdaithe. Choimeád mé mo lámha ar an roth stiúrtha agus ní dheachaigh mé thar an teorainn luais.

Ag deireadh an scrúdaithe d'fhilleamar ar an ionad tástála agus labhair an scrúdaitheoir liom faoin scrúdú. Mhol an scrúdaitheoir mo chuid scileanna tiomána agus ansin ghabh sí comhghairdeas liom. Bhronn sí an teastas orm ansin. Bhí faoiseamh orm agus rith mé amach an doras chun an scéal a insint do mo Dhaid.

Anois caithfidh mé airgead a chur i dtaisce sa bhanc chun íoc as an árachas, as an bpeitreal agus as an gcáin amach anseo. Ní bheidh pingin rua fágtha agam go deo ach tá an-athas orm gur éirigh liom sa scrúdú tiomána.

ag ceiliúradh	*celebrating*	scrúdú tiomána	*driving test*
ceadúnas tiomána	*driving licence*	ar mo shuaimhneas	*at my ease*
an t-ionad tástála	*the test centre*	ár gcriosanna sábhála	*our safety belts*
fadhb	*problem*	an roth stiúrtha	*the steering wheel*
scileanna tiomána	*driving skills*	comhghairdeas	*congratulations*
árachas	*insurance*	cáin	*tax*

1 Cén fáth a bhfuil Áine ag ceiliúradh inniu?

2 Cén fáth a raibh Áine an-bhuartha ar maidin?

3 Cá ndeachaigh Áine agus an scrúdaitheoir nuair a chas siad ar dheis?

4 Céard a bhronn an scrúdaitheoir ar Áine ag deireadh an scrúdaithe?

5 Ainmnigh dhá rud a bheidh ar Áine a íoc amach anseo.

Ceapadóireacht: Litir nó Ríomhphost

1 Pioc amach na briathra san Aimsir Chaite as an mblag thuas. Scríobh abairtí leo i do chóipleabhar agus léigh na habairtí amach i ngrúpaí beaga sa rang.

2 Seol litir nó ríomhphost chuig do chara agus inis dó nó di go ndearna tú an scrúdú tiomána. Bain úsáid as na briathra ó cheist 1 agus na nótaí sa bhlag thuas.

Teip sa Scrúdú Tiomána

Sraith Pictiúr

Teip sa Scrúdú Tiomána

Rian 8.03

1 Bhí Pól ar tí an scrúdú tiomána a dhéanamh. Shroich sé an t-ionad tástála lena Dhaid agus ba léir go raibh sé an-neirbhíseach. Ghuigh a Dhaid ádh mór ar Phól sular thosaigh sé an scrúdú. Bhí a charr le feiceáil ar thaobh an ionaid agus bhí fógra foghlaimeora ar an ngaothscáth. Bhí Pól réidh don scrúdú.

2 Bhuail Pól leis an scrúdaitheoir san ionad tástála. Bhí spéaclaí á gcaitheamh aige agus bhí féasóg air freisin. Chuir an scrúdaitheoir cúpla ceist air i dtosach. Ina dhiaidh sin shuigh an bheirt acu isteach sa charr. Tar éis a gcriosanna sábhála a chur orthu, thiomáin Pól síos an bóthar. Bhí a dhá láimh ar an roth stiúrtha agus bhí sé an-chúramach.

3 Ansin chonaic Pól a bheirt chairde ina seasamh ar an gcosán. Bhí an-áthas air Aisling agus Daithí a fheiceáil. Bhain sé a lámh den roth stiúrtha agus bheannaigh sé dóibh. Ba léir ó aghaidh chrosta an scrúdaitheora nach raibh sé sásta le hiompar Phóil ar chor ar bith.

4 Go tobann chuala siad pléascadh ollmhór. Bhuail carr Phóil cúl an chairr a bhí roimhe ar an mbóthar. Baineadh geit as an bhfear meánaosta a bhí ag tiomáint an chairr eile. Ní raibh an scrúdaitheoir sásta le Pól ar chor ar bith. Bhí a chairde fós ina seasamh ar thaobh an chosáin. Chonaic siad an timpiste. Ba léir go raibh Pól i dtrioblóid tar éis na timpiste.

5 Tháinig na gardaí ansin chun an scéal a fhiosrú. Bhí fearg an domhain ar an tiománaí eile gur scriosadh a charr. Rinne an scrúdaitheoir iarracht a mhíniú don gharda go raibh Pól ag déanamh a scrúdú tiomána nuair a tharla an timpiste. Bhí Pól ina sheasamh in aice leis an scrúdaitheoir agus bhí cuma bhrónach ar a aghaidh.

6 Ina dhiaidh sin d'fhill Pól agus an scrúdaitheoir ar an ionad tástála. D'inis an scrúdaitheoir dó gur theip air sa scrúdú tiomána. Labhair an scrúdaitheoir le Pól faoin scrúdú agus mhol sé dó níos mó cleachtaidh a dhéanamh sula ndéanfadh sé an scrúdú tiomána arís. D'inis sé dó freisin go raibh sé an-tábhachtach a bheith aireach ar na bóithre i gcónaí. Bheadh seans eile ag Pól an scrúdú tiomána a dhéanamh. Thug an scrúdaitheoir an tuairisc dó sular imigh sé abhaile.

Ciorcal oibre: beirt nó triúr le chéile ag plé, ag léamh agus ag scríobh

1 Scríobh na briathra san Aimsir Chaite as an tsraith thuas i do chóipleabhar.

2 Scríobh abairtí simplí leis na briathra agus glaoigh amach na habairtí sa rang.

3 Cum sraith de cheisteanna bunaithe ar na pictiúir agus ansin pléigh na ceisteanna sa rang.

4 Cuir na ceisteanna atá cumtha ag do ghrúpa ar na daltaí i ngrúpa eile.

2 Daoine Tábhachtacha i mo Shaol

Cleachtadh ag caint   **Cleachtadh ag scríobh**

Léigh na ceisteanna agus na freagraí samplacha thíos. Scríobh do chuid freagraí féin i do chóipleabhar agus léigh amach os ard sa rang iad.

1 Ceist: An bhfuil aon duine inspioráideach i do shaol?

Freagra: Tá, cinnte. Is duine inspioráideach é mo Dhaideo. Dónall an t-ainm atá air. Tá sé ochtó bliain d'aois anois agus is fear greannmhar, spórtúil, tuisceanach é. Imríonn sé galf dhá uair sa tseachtain agus buaileann sé lena chairde tar éis Aifrinn gach maidin. Caitheann sé laethanta fada ag obair ina ghairdín agus baineann sé an-taitneamh as an saol. Tugaim cuairt air gach seachtain agus bíonn cupán tae againn le chéile.

2 Ceist: An bhfuil peata agat sa bhaile?

Freagra: Tá madra againn sa bhaile. Ted is ainm dó. Ta sé cúig bliana d'aois anois. Is peata ceart é sa bhaile. Nuair a théimid amach léimeann sé ar an tolg agus téann sé a chodladh. Ansin nuair a chloiseann sé doras an tí ag oscailt arís léimeann sé ón tolg go tapa agus cuireann sé fáilte romhainn. Téim ag siúl leis gach oíche tar éis dom mo chuid obair bhaile a chríochnú.

3 Ceist: An bhfuil meas agat ar aon duine cáiliúil?

Freagra: Tá an-mheas agam ar Taylor Swift. Is amhránaí cáiliúil í ar fud an domhain. Tá sí an-saibhir ach fós is duine tuisceanach, cineálta, flaithiúil í. Chuala mé le déanaí gur bhronn sí caoga míle dollar ar chailín a raibh leoicéime uirthi i Meiriceá. Bhí an cailín ar an nuacht ag gabháil buíochais léi. Gan amhras is duine inspioráideach í Taylor Swift.

| bhronn sí | *she donated* | leoicéime | *leukaemia* |

4 Ceist: Cén sórt daoine nach maith leat?

Freagra: Sin ceist dheacair. Ní maith liom daoine gránna. Is fuath liom daoine mímhacánta. Ní maith liom gadaithe ná daoine a thugann drochíde do pháistí nó do sheandaoine.

| daoine gránna | *nasty people* | daoine mímhacánta | *dishonest people* |
| gadaithe | *robbers* | drochíde | *abuse* |

FACSS: Daoine Tábhachtacha

Foghlaim na focail seo thíos agus scríobh amach i do chóipleabhar iad.

		Féach Abair Clúdaigh	Scríobh	Seiceáil
1	*helpful*	cabhrach		
2	*friendly*	cairdiúil		
3	*chatty*	cainteach		
4	*cranky*	cantalach		
5	*kind*	cneasta		
6	*headstrong*	ceanndána		
7	*musical*	ceolmhar		
8	*clever*	cliste		
9	*brave*	cróga		
10	*handsome*	dathúil		
11	*forgetful*	dearmadach		
12	*artistic*	ealaíonta		
13	*patient*	foighneach		
14	*generous*	flaithiúil		
15	*happy*	gealgháireach		
16	*funny*	greannmhar		
17	*honest*	macánta		
18	*sporty*	spórtúil		
19	*musical*	ceolmhar		
20	*inspirational*	inspioráideach		
21	*encouraging*	spreagúil		

Deachtú: Mo Mham

Múinteoir: Léigh an t-alt thíos os ard sa rang agus iarr ar na daltaí an t-alt a scríobh. Ansin ceartaigh an t-alt.

Dalta: Déan liosta de na ceartúcháin i do chóipleabhar.

Is bean ghealgháireach, spreagúil, ghrámhar í mo mham. Ní bhíonn drochaoibh (*bad humour*) uirthi riamh. Oibríonn sí sa bhanc áitiúil. Nuair a thagann sí abhaile gach tráthnóna ullmhaíonn sí an dinnéar dúinn. Is bean chliste í. Tugann sí cabhair dom le mo chuid mata go minic. Téim chuig an bpictiúrlann léi uair sa mhí. Is bean shláintiúil, spórtúil í freisin. Imríonn sí leadóg lena cairde ag an deireadh seachtaine. Tugann sí inspioráid dom i gcónaí.

Ceapadóireacht: Giota Leanúnach

Déan taighde ar an Idirlíon agus ansin scríobh giota leanúnach ar cheann amháin de na hábhair seo a leanas.

1 Pearsa spóirt a thaitníonn leat.

2 Pearsa sa stair a a bhfuil meas agat air/uirthi.

3 Ceoltóir/aisteoir a thaitníonn go mór leat.

Gadaíocht ar an Traein

Sraith Pictiúr

Gadaíocht ar an Traein

🔊 **Rian 8.04**

1 Bhí na cailíní ag dul go Gaillimh ar feadh deireadh seachtaine. D'fhág siad slán ag a dtuismitheoirí ar an ardán sa stáisiún traenach. Mhol na tuismitheoirí dóibh a bheith aireach agus ghuigh siad ádh mór orthu. Bhí an-sceitimíní ar na cailíní agus ba léir go raibh siad ag tnúth le deireadh seachtaine taitneamhach.

2 Lig na cailíní a scíth ar bord na traenach. Thosaigh cailín amháin ag léamh agus bhí an cailín eile ag obair ar a ríomhaire glúine. Leag siad a mála ar an mbord in aice leo. Bhí na cailíní ag baint taitneamh as an turas. Bhí fear ina shuí in aice leo. Bhí spéaclaí gréine á gcaitheamh aige agus bhí croiméal aige. Bhí an fear ag caitheamh geansaí stríocach. Níor thug na cailíní aon aird ar an bhfear.

3 Ina dhiaidh sin bhí tuirse ar na cailíní agus thit siad ina gcodladh. D'fhág siad an mála ar an mbord. Chonaic an fear an sparán agus ghoid sé é.

4 Nuair a dhúisigh na cailíní thug siad faoi deara go raibh an sparán imithe. Ní raibh tásc ná tuairisc ar an bhfear. Bhí brón an domhain orthu go raibh an sparán imithe. Thosaigh siad ag cuardach na háite. Cheap siad i dtosach gur thit an sparán ar an urlár. D'fhéach siad timpeall ach níor aimsigh siad an sparán.

5 Chonaic siad an cigire ag dul thart agus ghlaoigh siad air. D'inis siad dó faoinar tharla. Mhínigh siad gur thit siad ina gcodladh agus nuair a dhúisigh siad go raibh an fear agus an sparán imithe.

6 Láithreach bonn chuir an cigire glao ar na gardaí. Mhínigh sé an scéal agus rinne sé cur síos ar an ngadaí.

7 Ar deireadh shroich an traein stáisiún na Gaillimhe. Bhí na gardaí ag feitheamh ar an ardán. Nuair a chonaic siad an gadaí ag fágáil na traenach rug siad air. Bhí an sparán fós aige.

8 Thóg na gardaí an sparán agus thug siad an sparán ar ais do na cailíní. Bhí a gcuid airgid go léir fós ann. Ba léir go raibh faoiseamh ar na cailíní an sparán a fháil ar ais.

Ciorcal oibre: beirt nó triúr le chéile ag plé, ag léamh agus ag scríobh

❶ Scríobh na briathra san Aimsir Chaite as an tsraith thuas i do chóipleabhar.

❷ Scríobh abairtí simplí leis na briathra agus glaoigh amach na habairtí sa rang.

❸ Cum sraith de cheisteanna bunaithe ar na pictiúir agus ansin pléigh na ceisteanna sa rang.

❹ Cuir na ceisteanna atá cumtha ag do ghrúpa ar na daltaí i ngrúpa eile.

An Scrúdú Cainte

1 **Scrúdaitheoir:** Inis dom faoi thréimhse a chaith tú sa leaba tinn.

Dalta: Bhuel, caithfidh mé smaoineamh ar an gceist sin. Bhí tinneas goile orm cúpla mí ó shin agus bhí orm fanacht sa leaba ar feadh dhá lá. Ní raibh fonn orm aon rud a ithe agus chaith mé an chuid is mó den am i mo chodladh. Ní dheachaigh mé chuig an dochtúir mar ní raibh fiabhras orm. Tar éis cúpla lá, tháinig biseach orm agus d'fhill mé ar an scoil.

tinneas goile	*stomach ache*	ní raibh fonn orm aon rud a ithe	*I wasn't in the mood to eat anything*

2 **Scrúdaitheoir:** Céard a rinne tú Lá na Máithreacha?

Dalta: Ghlac mo mham sos Lá na Máithreacha. D'éirigh mé go luath agus d'ullmhaigh mé bricfeasta di. Thug mé cárta deas agus bronntanas beag di freisin. Chabhraigh mo dhaid liom an dinnéar a ullmhú agus bhí dinnéar blasta againn an lá sin. Tar éis an dinnéir thugamar cuairt ar mo mhamó agus bhí cupán tae againn léi. Um thráthnóna, shuíomar síos agus d'fhéachamar ar scannán le chéile. Thaitin Lá na Máithreacha go mór le mo mham.

Bain triail as anois!

Bain úsáid as na nathanna cainte thuas chun cur síos a dhéanamh ar thréimhse a chaith tú tinn sa leaba. Léigh an giota os ard don rang nuair atá sé scríofa agat.

3 Fadhbanna in Éirinn

Cleachtadh ag caint

Cleachtadh ag scríobh

Léigh na ceisteanna agus na freagraí samplacha thíos. Scríobh do chuid freagraí féin i do chóipleabhar agus léigh amach os ard sa rang iad.

1 Ceist: Céard iad na fadhbanna atá againn in Éirinn sa lá atá inniu ann?

Freagra: Tá a lán fadhbanna móra againn in Éirinn sa lá atá inniu ann. Is í fadhb na ndrugaí an fhadhb is measa sa tír, i mo thuairim. Tá fadhb na ndrugaí i ngach áit, sna ceantair bhochta agus sna ceantair shaibhre. Glacann daoine drugaí chun éalú óna gcuid fadhbanna. Go minic bíonn brú orthu ar scoil nó sa bhaile agus cabhraíonn na drugaí leo éalú ón strus.

is measa	*the worst*	éalú	*escape*
brú	*pressure*	strus	*stress*

2 Ceist: An bhfuil nasc idir fadhb na ndrugaí agus fadhbanna eile atá sa tír?

Freagra: Tá nasc cinnte idir fadhb na ndrugaí agus na fadhbanna sóisialta eile. Is minic a thosaíonn daoine gan dídean ag caitheamh drugaí chun éalú óna gcuid fadhbanna. Fáinne fí atá ann, gan amhras ar bith.

nasc	*link*	fadhbanna sóisialta	*social problems*
daoine gan dídean	*homeless people*	fáinne fí	*vicious circle*

3 Ceist: An bhfuil feabhas ag teacht ar chúrsaí fostaíochta sa tír seo?

Freagra: Tá feabhas ag teacht ar chúrsaí fostaíochta sa tír le cúpla bliain anuas. Tá an rialtas ag iarraidh comhlachtaí móra idirnáisiúnta a mhealladh chuig an tír seo chun fostaíocht a chruthú. Cé go bhfuil níos mó daoine ag obair anois, tá an costas maireachtála ag dul in airde agus leis sin, bíonn daoine fós ag streachailt le fadhbanna airgid.

feabhas	*improvement*	dífhostaíocht	*unemployment*
comhlachtaí	*companies*	a mhealladh	*to entice*
costas maireachtála	*cost of living*	ag dul in airde	*increasing*
ag streachailt	*struggling*	fadhbanna airgid	*money problems*

FACSS: Fadhbanna na Tíre Seo

Foghlaim na focail seo thíos agus scríobh amach i do chóipleabhar iad.

		Féach Abair Clúdaigh	Scríobh	Seiceáil
1	problem	fadhb		
2	problems	fadhbanna		
3	unemployment	dífhostaíocht		
4	the drugs problem	fadhb na ndrugaí		
5	the problem of drink	fadhb an óil		
6	pressure on young people	brú ar dhaoine óga		
7	the problem of rubbish	fadhb an bhruscair		
8	people suffer	fulaingíonn daoine		
9	poor people	daoine bochta		
10	investment	infheistíocht		
11	strategy is needed	tá straitéis ag teastáil		
12	the government	an rialtas		
13	a government minister	aire rialtais		
14	the poor areas	na ceantair bhochta		
15	north	tuaisceart		
16	there are many problems in this country	is iomaí fadhb atá sa tír seo		
17	local politicians	polaiteoirí áitiúla		
18	criticising	ag cáineadh		

Ceapadóireacht: Giota Leanúnach — Fadhbanna na Tíre

Léigh an giota leanúnach thíos agus freagair na ceisteanna a ghabhann leis.

Is iomaí fadhb atá againn sa tír seo. Tá fadhb na dífhostaíochta, fadhb na ndrugaí agus fadhb an óil go dona ar fud na tíre. Fulaingíonn daoine bochta níos mó ó na fadhbanna seo, i mo thuairim, ná daoine saibhre. Ní fhaigheann na daoine bochta na deiseanna céanna sa chóras oideachais agus mar sin bíonn sé an-deacair orthu poist mhaithe a fháil.

Thug an Taoiseach cuairt ar thuaisceart Bhaile Átha Cliath le déanaí. Dúirt sé go raibh an rialtas ag iarraidh straitéis a chur le chéile chun deiseanna fostaíochta a chruthú do na daoine sa cheantar. Ní raibh na polaiteoirí áitiúla sásta ar chor ar bith leis an ráta ard dífhostaíochta sa cheantar. Is léir nach bhfuil scileanna ná oideachas ag formhór na ndaoine chun poist a fháil.

1. Ainmnigh dhá fhadhb atá againn sa tír seo.
2. Cén fáth a mbíonn sé deacair ar dhaoine bochta poist mhaithe a fháil?
3. Cé a thug cuairt ar thuaisceart Bhaile Átha Cliath le déanaí?
4. Cén fáth nach raibh na polaiteoirí áitiúla sásta ar chor ar bith?

Ceapadóireacht: Giota Leanúnach — Brú ar Dhaoine Óga

❶ Scríobh giota leanúnach faoin mbrú a chuirtear ar dhaoine óga sa chóras oideachais.

❷ Meaitseáil na habairtí Béarla agus Gaeilge thíos.

1	Cuirtear an iomarca brú ar dhaoine óga sa lá atá inniu ann.	I don't agree with the points' race at all.	a
2	Ón gcéad lá sa bhunscoil cuirtear brú ar dhaltaí obair bhaile a dhéanamh.	When students continue on to secondary school there is more pressure on them.	b
3	Fiú sa bhunscoil bíonn ar na daltaí scrúduithe a dhéanamh gach seachtain.	Recognition should be given to students who have a talent in sport.	c
4	Ní chuirtear go leor béime ar spórt agus ar spraoi ar scoil.	Some students take ten subjects for the Junior Certificate examination.	d
5	Cén fáth a mbíonn orainn obair bhaile a dhéanamh sa bhunscoil?	There is a need for a new system.	e
6	Ba cheart go mbeadh ár gcuid laethanta scoile taitneamhach.	The education system in this country is old fashioned without a doubt.	f
7	Nuair a théann daltaí ar aghaidh chuig an meánscoil bíonn níos mó brú orthu.	From the first day in primary school pressure is put on students to do homework.	g
8	Déanann daltaí áirithe deich n-ábhar don Teastas Sóisearach.	The system should be changed soon.	h
9	Ní bhíonn seans againn taitneamh a bhaint as ár saol scoile.	Why do we have to do homework in primary school?	i
10	Ní aontaím le rás na bpointí ar chor ar bith.	It's an old-fashioned, faulty system.	j
11	Is córas seanfhaiseanta, lochtach é.	We don't have a chance to enjoy our school days.	k
12	Ba cheart aitheantas a thabhairt do dhaltaí a bhfuil tallann sa spórt acu.	Even in primary school the students have to do exams every week.	l
13	Tá gá le córas nua.	Too much pressure is put on young people today.	m
14	Tá an córas oideachais sa tír seo seanfhaisteanta gan dabht.	In school not enough emphasis is placed on sport and fun.	n
15	Ba cheart an córas a athrú go luath.	Our school days should be enjoyable.	o

1	2	3	4	5	6	7	8	9	10	11	12	13	14	15

Cleachtadh ag caint
❶ Léigh gach abairt thuas i do ghrúpa beag.
❷ Má aontaíonn tú leis an abairt cuir tic leis.
❸ Pléigh na habairtí os ard sa rang.

Cleachtadh ag scríobh
Scríobh litir chuig an Aire Oideachais faoin mbrú a bhíonn ar dhaoine óga.

An Ghéarchéim Eacnamaíochta

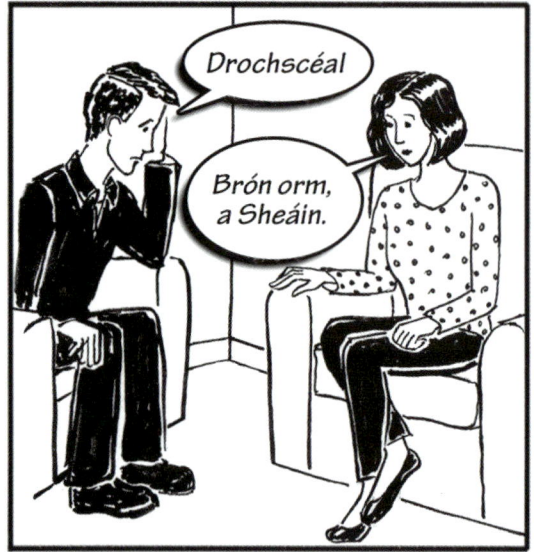

Sraith Pictiúr

An Ghéarchéim Eacnamaíochta

1 Bhí na fir ag obair sa mhonarcha. I rith an chúlú eacnamaíochta chaill siad a gcuid post. Shiúil siad abhaile go gruama. Bhí an mhonarcha le feiceáil taobh thiar díobh. Bhí deatach ag teacht as simléir na monarchan. Ní raibh siad sásta ar chor ar bith gur chaill siad a gcuid post de bharr na gciorruithe.

2 Bhí ar an bhfear an drochscéal a insint dá bhean chéile. Shuigh an bheirt acu sa seomra suí agus d'inis an fear di gur chaill sé a phost sa mhonarcha. Bhí an-bhrón ar an mbean nuair a chuala sí an drochnuacht. Phléigh an bheirt acu an fhadhb ansin.

3 Ina dhiaidh sin shuigh an fear os comhair an ríomhaire agus chuir sé iarratais isteach ar phoist. Bhí sé ag déanamh a dhíchill post a fháil. Chomh maith leis sin chuaigh sé ó áit go háit ag labhairt le bainisteoirí éagsúla ag iarraidh post a fháil. Níor éirigh leis, áfach.

4 Bhí ar an bhfear cúnamh dífhostaíochta a bhailiú in Oifig an Phoist gach seachtain. D'fhan sé i scuaine fhada taobh amuigh d'oifig an phoist. Ba léir ón líon daoine a bhí ag bailiú a gcúnamh dífhostaíochta go raibh fadhb na dífhostaíochta go dona sa tír. Bhí idir fhir agus mhná le feiceáil taobh amuigh d'oifig an phoist.

5 D'fhéach an lánúin ar an nuacht ar an teilifís agus chonaic siad mír nuachta faoi fhadhb na dífhostaíochta. Dúradh ar an gclár go raibh ceithre chéad caoga míle duine dífhostaithe sa tír. Ba léir nach raibh an lánúin sásta ar chor ar bith nuair a chuala siad na figiúirí. Chuir an fear an milleán ar an rialtas. Cheap sé nach raibh siad ag déanamh a ndóthain chun an fhadhb a shárú.

6 Bhí ar an bhfear dul ar imirce go Meiriceá ar thóir oibre. D'fhág an fear slán ag a bhean chéile go brónach ag Aerfort na Sionainne. Ní raibh sé sásta ar chor ar bith go raibh air an tír a fhágáil. Ba léir go raibh an cúlú eacnamaíochta ag dul in olcas.

Ciorcal oibre: beirt nó triúr le chéile ag plé, ag léamh agus ag scríobh

1 Scríobh na briathra san Aimsir Chaite as an tsraith thuas i do chóipleabhar.

2 Scríobh abairtí simplí leis na briathra agus glaoigh amach na habairtí sa rang.

3 Cum sraith de cheisteanna bunaithe ar na pictiúir agus ansin pléigh na ceisteanna sa rang.

4 Cuir na ceisteanna atá cumtha ag do ghrúpa ar na daltaí i ngrúpa eile.

FACSS: Fadhb an Bhruscair

Foghlaim na focail seo thíos agus scríobh amach i do chóipleabhar iad.

		Féach Abair Clúdaigh	Scríobh	Seiceáil
1	rubbish	bruscar		
2	recycling	athchúrsáil		
3	tin cans	cannaí stáin		
4	plastic bags	málaí plaisteacha		
5	rubbish bins	boscaí bruscair		
6	dumping site	ionad dumpála		
7	filthy dirty	lofa salach		
8	pollution	truailliú		
9	to destroy the area	an ceantar a lot		
10	Tidy Towns Competition	Comórtas na mBailte Slachtmhara		
11	proud	bródúil		
12	to preserve the beauty of the country	áilleacht na tíre a chaomhnú		
13	to encourage people	daoine a spreagadh		
14	to give a good example to young children	dea-shampla a thabhairt do pháistí óga		
15	solar panels	painéil ghréine		
16	well	tobar		
17	coal	gual		
18	windmills	muilte gaoithe		
19	waste	dramhaíl		
20	shower	cith		

Suirbhé

Déan an suirbhé thíos sa rang agus pléigh na freagraí.

1. An bhfuil painéil ghréine agaibh sa teach?
2. An bhfaigheann sibh uisce ó thobar?
3. An bhfuil tine ghuail nó tine mhóna agaibh sa teach?
4. An gcuireann sibh cannaí stáin agus málaí plaisteacha sa bhruscar athchúrsála?
5. An múchann sibh na soilse go léir sa teach i rith na hoíche?
6. An bhfuil muilte gaoithe i do cheantar?
7. An dtagann tú ar scoil sa charr?
8. An bhfaigheann tú bus scoile?
9. An rothaíonn tú nó an siúlann tú ar scoil?
10. An gceannaíonn sibh málaí plaisteacha san ollmhargadh?
11. An gcuireann tú do lón i mála plaisteach nó i mbosca lóin?
12. An scagann sibh an dramhaíl sa bhaile?
13. An nglacann tú cith nó folcadh?

An Timpeallacht

Cleachtadh ag caint   Cleachtadh ag scríobh

Léigh na ceisteanna agus na freagraí samplacha thíos. Scríobh do chuid freagraí féin i do chóipleabhar agus léigh amach os ard sa rang iad.

1 **Ceist:**   An bhfuil fadhb bruscair i do cheantar?

Freagra: Níl fadhb bruscair i mo cheantar. Is ceantar deas glan é. Tá boscaí bruscair timpeall an cheantair agus cuireann daoine a mbruscar sna boscaí bruscair. Tá gach duine bródúil as an áit.

2 **Ceist:**   An nglacann do cheantar páirt i gComórtas na mBailte Slachtmhara?

Freagra: Chonaic mé fógraí timpeall an bhaile faoi Chomórtas na mBailte Slachtmhara. Caithfidh mé a rá nach bhfuil mórán ar eolas agam ina thaobh.

3 **Ceist:**   Céard atá ar eolas agat faoi thruailliú na timpeallachta?

Freagra: Bhuel, is ábhar fíorthábhachtach dúinn go léir in Éirinn agus ar fud an domhain é sin sa lá atá inniu ann. Tá poll sa tsraith ózóin de bharr gásanna nimhneacha san aer agus tá na caidhpeanna oighir ag leá. Dá bharr seo tá leibhéal na bhfarraigí ag ardú timpeall an domhain. Tá athrú an-mhór tagtha ar an aimsir le caoga bliain anuas. Deir saineolaithe go bhfuil muid go léir i mbaol agus go gcaithimid iarracht a dhéanamh an timpeallacht a chaomhnú.

fíorthábhachtach	*very important*	sa tsraith ózóin	*in the ozone layer*
gásanna nimhneacha	*poisonous gases*	caidhpeanna oighir	*ice caps*
leibhéal na bhfarraigí	*the level of the seas*	saineolaithe	*experts*
i mbaol	*in danger*	a chaomhnú	*to preserve*

4 **Ceist:**   Céard a dhéanann do theaghlach chun an timpeallacht a chaomhnú?

Freagra: Déanaimid iarracht na soilse a mhúchadh nuair a fhágaimid seomra sa teach agus ní úsáidimid málaí plaisteacha sa bhaile. Déanaimid iarracht ár gcuid bruscair a scagadh óna chéile freisin. Tá painéil ghréine againn ar an díon freisin.

5 **Ceist:**   An bhfuil coiste glas sa scoil?

Freagra: Cinnte, tá coiste glas sa scoil seo agus táim féin ar an gcoiste. Buailimid le chéile uair sa tseachtain ag am lóin. Eagraímid comórtas póstaeir do na daltaí sa chéad bhliain agus bíonn díospóireachtaí ag na daltaí sa dara agus sa tríú bliain. Déanaimid iarracht na daltaí a spreagadh a gcuid bruscair a scagadh óna chéile. Iarraimid orthu na soilse a mhúchadh agus gan málaí plaisteacha a thabhairt isteach sa scoil.

bruscar a scagadh	*to separate rubbish*	soilse a mhúchadh	*to turn off lights*

Ceapadóireacht: Comhrá — Duais don Bhaile i gComórtas na mBailte Slachtmhara

Tá Nuala agus Eoin ina gcónaí i gCill Dalua. Bhuaigh an baile duais i gComórtas na mBailte Slachtmhara. Léigh an comhrá agus freagair na ceisteanna thíos.

Nuala: Tá dea-scéala agam duit. Tá Cill Dalua tar éis duais a bhuachan i gComórtas na mBailte Slachtmhara. An gcreidfeá é! An sráidbhaile is áille agus is deise in Éirinn.

Eoin: Sin iontach, a Nuala. Níor chuala mé an scéal sin. Beidh áthas an domhain ar mo thuismitheoirí.

Nuala: An raibh do thuismitheoirí ar an gcoiste?

Eoin: Bhí mo Dhaid ar an gcoiste. Bhí sé i gceannas ar na prócaí agus ar na boscaí bláthanna. An bhfaca tú iad? Ag an gcrosbhóthar agus ar an bpríomhshráid.

Nuala: Chonaic mé iad. Bhí siad go hálainn. Cathain a tháinig an coiste le chéile?

Eoin: Tháinig siad le chéile gach Satharn ar a deich a chlog. Scuab siad na cosáin agus d'fholmhaigh siad na boscaí bruscair timpeall an tsráidbhaile.

Nuala: Cathain a thug na moltóirí cuairt ar an mbaile?

Eoin: Tháinig siad i mí Iúil agus bhí an t-ádh linn an lá sin. Bhí an ghrian ag scoilteadh na gcloch agus bhí an baile lán le turasóirí. Bhí atmaisféar beomhar ann an lá sin.

Nuala: Cá mbeidh bronnadh na nduaiseanna ar siúl?

Eoin: Beidh bronnadh na nduaiseanna ar siúl i gCaisleán Bhaile Átha Cliath i mí Mheán Fómhair. Tá mo Dhaid ag tnúth leis an lá sin.

Nuala: Lá mór a bheidh ann gan amhras ar bith.

an sráidbhaile is áille agus is deise	the most beautiful and the nicest village	na prócaí	the pots
crosbhóthar	crossroad	príomhshráid	mainstreet
bronnadh na nduaiseanna	awarding of the prizes	Caisleán Bhaile Átha Cliath	Dublin Castle

1 Cén duais a bhuaigh Cill Dalua?
2 Dúirt Eoin go raibh a Dhaid ag obair ar an gcoiste; céard a rinne sé?
3 Cathain a tháinig na moltóirí chuig Cill Dalua?
4 Conas mar a bhí an aimsir an lá sin?
5 Cá mbeidh bronnadh na nduaiseanna ar siúl?

Ceapadóireacht: Litir nó Ríomhphost

Seol litir nó ríomhphost chuig do chara agus inis dó nó di gur bhuaigh do bhaile duais i gComórtas na mBailte Slachtmhara.

An Scrúdú Cainte

1 Scrúdaitheoir: Céard í an fhadhb is mó atá in Éirinn sa lá atá inniu ann?

Dalta: Is í fadhb an bhochtanais an fhadhb is mó atá in Éirinn sa lá atá inniu ann. Tá daoine, idir óg agus aosta, ina gcónaí ar na sráideanna agus ní féidir leo poist a aimsiú. Go minic casann siad i dtreo na ndrugaí nó na coiriúlachta chun éalú óna gcuid fadhbanna. Is fáinne fí é an bochtanas i mo thuairim.

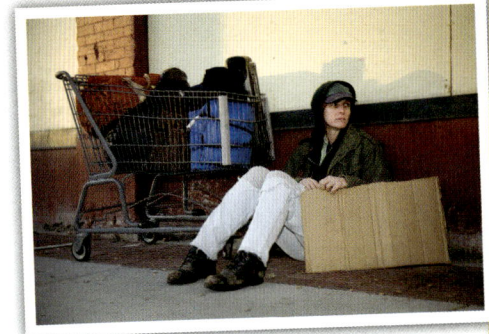

fadhb an bhochtanais	*the problem of poverty*	casann siad	*they turn*
i dtreo na ndrugaí	*in the direction of drugs*	éalú	*to escape*
óna gcuid fadhbanna	*from their problems*	fáinne fí	*vicious circle*

2 Scrúdaitheoir: Céard ba chóir don rialtas a dhéanamh chun fadhb an bhochtanais a shárú?

Dalta: Ba cheart don rialtas cabhair a thabhairt do dhaoine óga oideachas maith a fháil. Ba cheart níos mó clubanna bricfeasta a eagrú i scoileanna sna ceantair bhochta. Tá scoláireachtaí ag teastáil ó dhaltaí freisin. Dá mbeadh cabhair airgid ar fáil, ní bheadh orthu dul amach ag obair tar éis na scoile agus ag an deireadh seachtaine. Tá straitéis ag teastáil freisin chun fostaíocht a chruthú do dhaoine bochta. Tá sé thar a bheith deacair dóibh poist a aimsiú.

clubanna bricfeasta	*breakfast clubs*	a eagrú	*to organise*
scoláireachtaí	*scholarships*	cabhair airgid	*financial assistance*
fostaíocht	*employment*	a chruthú	*to create*

Bain triail as anois!

Bain úsáid as na nathanna cainte thuas chun cur síos a dhéanamh ar an bhfadhb is mó in Éirinn sa lá atá inniu ann. Léigh an giota os ard don rang nuair atá sé scríofa agat.

Nótaí

Aonad a Naoi
Léamhthuiscint

Clár

Foirmeacha Ceisteacha

Déan staidéar ar na foirmeacha ceisteacha agus na téarmaí úsáideacha thíos. Bain triail as na léamhthuiscintí breise ansin, mar chleachtadh don scrúdú.

Nóta: Úsáidtear na foirmeacha ceisteacha céanna don chluastuiscint.

Ainmnigh	*Name*	Cé leis	*With whom*
Breac síos	*Note down*	Cé mhéad	*How much/how many*
Cá	*Where*	Cén aidhm	*What aim*
Cá fhad	*How long*	Cén áit	*Where*
Cá háit	*Where*	Cén chaoi	*How*
Cad	*What*	Cén chuid	*Which part*
Cad a bhuaigh X	*What did X win*	Cén cineál	*What kind*
Cad a cheap X	*What did X think*	Cén contae	*Which county*
Cad a dhéanann X	*What does X do*	Cén costas	*What price*
Cad a dhéanfaidh X	*What will X do*	Cén cúrsa	*Which course*
Cad a dúirt X	*What did X say*	Cén dáta	*What date*
Cad a rinne X	*What did X do*	Cén deis	*What opportunity*
Cad a tharla	*What happened*	Cén duine	*Which person*
Cad atá le feiceáil	*What can be seen*	Cén fáth	*Why*
Cad é	*What is*	Cén lá	*Which day*
Cad iad	*What are*	Cén obair	*What work*
Cad is brí le X	*What does X mean*	Cén pháirt	*What part*
Cad is ceart	*What is right (What has to)*	Cén post	*What job*
Cad is ceart a dhéanamh	*What has to be done*	Cén praghas	*What price*
Cad is cúis le	*What is the reason for*	Cén ról	*Which role*
Cad is féidir	*What can*	Cén rud is mó	*What is the main thing*
Cár	*Where (aimsir chaite)*	Cén saghas	*What type*

Cathain	*When*	Cén seans	*What chance*
Cé (hé/hí)	*Who (is)*	Cén sórt	*What sort*
Cén stíl	*Which style*	Cén uair	*When*
Cén t-ábhar	*Which subject*	Cérbh é/í	*Who was*
Cén táille	*What fee*	Conas	*How*
Cén t-ainm	*Which name*	Conas atá a fhios againn	*How do we know*
Cén t-am	*What time*	Luaigh	*Mention*
Cén t-eolas	*What information*	Scríobh síos	*Write down*
Cén tuarastal	*What salary*	Tabhair	*Give*

Téarmaí Coitianta Eile a Úsáidtear i gCeisteanna Léamhthuisceana

aidhm	*aim*	éacht	*achievement, feat*
athrú	*change*	gaisce	*achievement, feat*
baint	*connection, association*	fáth	*reason*
baol	*danger*	gné	*aspect*
bealach	*way*	gradam	*award*
bua	*win/achievement*	grúpa	*group*
buntáiste	*advantage*	míbhuntáiste	*disadvantage*
cosúlacht	*similarity*	píosa eolais	*piece of information*
cúis	*reason*	rud	*thing*
cúrsa	*course*	sampla	*example*
difríocht	*difference*	slí	*way*
dochar	*damage, harm*	tábhacht	*importance*
dream	*group*	tionchar	*influence, impact*
drochrud	*bad thing*	toradh	*result*
duais	*prize*	úsáid	*use*

Léamhthuiscintí Breise

Léamhthuiscint A

Léigh an sliocht seo a leanas agus freagair na ceisteanna **ar fad** a ghabhann leis.

Kellie Harrington: Laoch nua an chró dornálaíochta

1. Maidin Dé Domhnaigh, 8 Lúnasa 2021, rinne Kellie Harrington éacht ar son na hÉireann i gcró na dornálaíochta i dTóiceo. Bhuaigh sí bonn óir Oilimpeach i rannóg éadrom-mheáchan na mban in Airéine Ryōgoku Kokugikan nuair a d'éirigh léi an lámh in uachtar a fháil ar an mBrasaíleach Beatriz Ferreira. Chuaigh cumhacht agus scileanna Kellie i bhfeidhm ar mhuintir na hÉireann ar ndóigh, agus na mílte Éireannach fud fad na cruinne ag amharc ar a cuid troideanna le linn na gCluichí. Ach níorbh é a cumas sa dornálaíocht an rud ba mhó a sheas amach dá lucht leanúna. Labhair sí óna croí amach i ngach agallamh a rinne sí agus chuaigh a nádúrthacht agus a macántacht go mór i gcion ar an lucht féachana.

2. Rugadh agus tógadh Kellie Harrington i lár chathair Bhaile Átha Cliath. Tá cónaí uirthi san ardchathair fós, lena páirtí Mandy agus a dá mhadra. Níor thaitin an scoil léi agus í ina déagóir óg agus admhaíonn sí nach raibh sí ag dul sa treo ceart ina saol ag an am. Tháinig feabhas ar chúrsaí, áfach, nuair a thosaigh sí ag freastal ar ionad Ógtheagmhála. Tugann Ógtheaghmháil deis do dhaoine óga a fhágann an scoil gan cháilíochtaí foirmeálta cur lena mbunoideachas. Tugann sé seans dóibh scileanna oibre a fhorbairt chomh maith. Thaitin an clár oideachais ann go mór le Kellie agus d'éirigh léi an Teastas Sóisearach a bhaint amach. Ina dhiaidh sin, thug Kellie aghaidh ar Choláiste Íde, áit a ndearna sí staidéar ar bhainistíocht an spóirt agus na fóillíochta.

3. Rud eile a chabhraigh go mór le Kellie agus í sna déaga ná an dornálaíocht. Bheartaigh sí tabhairt faoin dornálaíocht cé nach raibh mórán spéise aici sa spórt. Ach thaitin an spiorad pobail sa chlub léi agus mhothaigh sí ar a compord ann. Bhíodh sí i gcónaí ag moladh do chailíní eile triail a bhaint aisti. Tá ardmheas ag Kellie anois ar ról na gcóitseálaithe sna clubanna dornálaíochta. Is múinteoirí de shaghas iad, ag múineadh scileanna saoil do dhaoine óga i bpobail ionchathracha, go háirithe dóibh siúd atá imithe ar bhealach na haimhleasa.

4. Chuaigh Kellie Harrington ó neart go neart agus tá go leor gaiscí déanta aici sa chró dornalaíochta ó shin. Bhuaigh sí bonn airgid i gCraobh na hEorpa sa bhliain 2017 agus bonn cré-umha sa chomórtas céanna an bhliain dár gcionn. D'éirigh léi dhá bhonn a bhuachan i gCraobh an Domhain freisin – bonn airgid in 2016 agus bonn óir sa bhliain 2018. Cé go raibh an dianghlasáil ag bagairt uirthi sa bhliain 2020, lean sí uirthi ag ullmhú do na Cluichí Oilimpeacha nuair a cuireadh siar bliain iad de bharr na paindéime. Roghnaíodh Kellie mar iompróir brataí ag an searmanas oscailte nuair a cuireadh tús leis na Cluichí faoi dheireadh ar an 23 Iúil 2021.

5. Oibríonn Kellie mar ghlantóir in Ospidéal Naomh Uinseann, Fionnradharc. B'ábhar iontais é, áfach, gur fhill sí ar an obair i ndiaidh di an bonn óir a bhuachan i dTóiceo. Cheapfaí go ndíreodh sí a haird ar an dornálaíocht ghairmiúil, agus í i mbarr a réime, ach shocraigh sí cloí leis an dornálaíocht amaitéarach. Tá sí breá sásta leis an tacaíocht a thugann Spórt Éireann di agus b'fhearr léi an strus a bhaineann leis an spórt gairmiúil a sheachaint. Tá seans ann mar sin go bhfeicfear an laoch clúiteach seo ag dul san iomaíocht i bPáras in 2024. Beidh le feiceáil …

Ceisteanna

1. (a) Cén t-éacht a rinne Kellie Harrington i mí Lúnasa 2021? (Alt 1)
   (b) Céard é an rud ba mhó a sheas amach do lucht leanúna Kellie le linn na gCluichí Oilimpeacha? (Alt 1)

   (10 marc)

2. (a) Cé a chónaíonn in éineacht le Kellie anois? (Alt 2)
   (b) Scríobh síos **dhá** cheann de na deiseanna a thugann Ógtheagmháil do dhaoine óga. (Alt 2)

   (10 marc)

3. (a) Tabhair **dhá** phíosa eolais a léiríonn gur thaitin an club dornálaíochta le Kellie. (Alt 3)
   (b) Cén fáth a bhfuil meas ag Kellie ar na cóitseálaithe sna clubanna dornálaíochta? (Alt 3)

   (10 marc)

4. (a) Luaigh **dhá** ghaisce atá déanta ag Kellie sa chró dornálaíochta. (Alt 4)
   (b) Cén ról a bhí ag Kellie ag searmanas oscailte na gCluichí Oilimpeacha? (Alt 4)

   (10 marc)

5. (a) Cén fáth ar ábhar iontais é gur fhill Kellie ar a post in Ospidéal Naomh Uinseann, Fionnradharc tar éis na gCluichí? (Alt 5)
   (b) Scríobh síos **dhá** chúis nár thug Kellie faoin dornálaíocht ghairmiúil. (Alt 5)

   (10 marc)

Léamhthuiscint B

Léigh an sliocht seo a leanas agus freagair na ceisteanna **ar fad** a ghabhann leis.

Bród na hÉireann

1. Cuireadh paráid na féile Bróid ar ceal i mí an Mheithimh 2021 don dara bliain as a chéile. Bhí srianta COVID fós i bhfeidhm, rud a chuir bac ar imeachtaí móra poiblí. Ach cé nár ceadaíodh an pharáid dhathúil trí lár na hardchathrach, cuireadh neart ócáidí ar siúl ar líne leis an bhféile a cheiliúradh. Ba é 'Pobal' téama na féile 2021 agus cuireadh béim ar ábhair éagsúla eile le linn na míosa freisin: cultúr, sláinte agus folláine ina measc. Bhí sé mar aidhm ag an bhféile tacaíocht a thabhairt d'eagraíochtaí agus do sheirbhísí LADTA+ agus an obair riachtanach a dhéanann siad a chur chun cinn.

2. Is sraith bhliantúil imeachtaí í Féile Bhróid Bhaile Átha Cliath a dhéanann ceiliúradh ar an saol Leispiach, Aerach, Déghnéasach, Trasinscneach agus Aiteach agus is í an fhéile LADTA+ is mó ar oileán na hÉireann í. Is í an pharáid an chuid dheireanach den cheiliúradh, agus buaicphointe na féile. Tá forbairt mhór tagtha ar Bhród Bhaile Átha Cliath ó bhunú na féile, agus í ag méadú in aghaidh na bliana ó shin. Ní raibh ach lá amháin i gceist leis an gcéad fhéile sa bhliain 1974 ach mhair féile na bliana 2021 ar feadh ceithre seachtaine.

3. Is cuid ríthábhachtach de chultúr comhaimseartha na tíre seo í an fhéile Bhróid. Is minic a dhéantar leithcheal ar bhonn claonadh gnéis nó féiniúlacht inscne ar an bpobal LADTA+, fiú sa lá atá inniu ann, ach déanann an fhéile an pobal céanna a chumasú. Tugann imeachtaí na féile deis do mhuintir an phobail a mbród a léiriú agus an chumhacht a fháil ar ais ina saol féin. Baineann Bród le teacht le chéile agus comhionannas ach cuireann sé le tuiscint an phobail i gcoitinne ar na deacrachtaí agus na dúshláin a bhíonn roimh an bpobal LADTA+ chomh maith.

4. Tá iarrachtaí ar bun ag eagraíochtaí éagsúla cur chuige oscailte ionchuimsitheach a fhorbairt agus a chur i bhfeidhm ina gcuid gnó – An Post ina measc. D'eisigh An Post dhá stampa nua ildaite, le bratach mhórtais an bhogha ceatha orthu, le féile 2021 a cheiliúradh. 'Tá an-áthas orainn Bród agus gluaiseacht Bhróid na hÉireann a cheiliúradh lenár bhfoireann agus ár gcustaiméirí,' a dúirt Príomhfheidhmeannach An Post, David McRedmond. D'oibrigh An Post i ndlúthchomhar le hionadaithe ón bpobal LADTA+ i bpleanáil agus i ndearadh na stampaí siombalacha seo agus cuireadh leagan Béarla agus leagan Gaeilge de na stampaí ar fáil. Is féidir na stampaí nua a cheannach i bpríomhoifigí poist na tíre nó ar líne ar an suíomh gréasáin de chuid An Post. Tá táirgí eile Bróid ar díol ar líne chomh maith: t-léinte, biorán ar dhearadh an stampa nua agus an dá stampa nua i bhfráma. Téann aon bhrabús a dhéantar ar na táirgí seo chun leasa *BeLonG To* agus *LGBT Ireland*, dhá eagraíocht a thugann tacaíocht don phobal LADTA+.

5. Tá ról lárnach ag na meáin shóisialta i normalú agus i gcur chun cinn na gluaiseachta freisin, go háirithe i measc an aosa óig. Tá neart cuntas ar Instagram, TikTok agus a leithéid a bhfuil baint acu leis an gcultúr aiteach. Tá Cian Ó Gríofa, nó *Gaylgeoirí* mar is fearr aithne air, i measc na gcuntas sin. Tagann an cultúr Gaelach agus an cultúr aerach le chéile ar a phróifílí sóisialta. Roinneann sé grianghraif, físeáin agus méimeanna greannmhara Gaeilge bunaithe ar chúrsaí aeracha go príomha agus tá an-tóir ar an ábhar a chruthaíonn sé. Is cinnte go bhfuil an ghluaiseacht Bhróid go mór i mbéal an phobail faoi láthair agus go bhfuil sí ag dul ó neart go neart.

Ceisteanna

1 **(a)** Cén fáth ar cuireadh paráid na féile Bróid ar ceal i mí an Mheithimh 2021? (Alt 1)

(b) Cén aidhm a bhí ag an bhféile? (Alt 1)

(10 marc)

2 **(a)** Tabhair **dhá** phíosa eolais faoi pharáid na féile. (Alt 2)

(b) Conas atá a fhios againn go bhfuil an fhéile ag méadú in aghaidh na bliana? (Alt 2)

(10 marc)

3 **(a)** Scríobh síos **dhá** chúis a ndéantar leithcheal ar an bpobal LADTA+. (Alt 3)

(b) Cén **dá** rud a léiríonn an fhéile Bhróid do mhuintir an phobail i gcoitinne? (Alt 3)

(10 marc)

4 **(a)** Cé leis ar oibrigh An Post i bpleanáil agus i ndearadh na stampaí Bróid? (Alt 4)

(b) Seachas na stampaí, cad eile is féidir a cheannach ar an suíomh gréasáin de chuid An Post? (Alt 4)

(10 marc)

5 **(a)** Cén ról atá ag na meáin shóisialta sa ghluaiseacht Bhróid? (Alt 5)

(b) Cén sórt ábhair a chruthaíonn *Gaylgeoirí* ar a phróifílí sóisialta? (Alt 5)

(10 marc)

Léamhthuiscint C

Léigh an sliocht seo a leanas agus freagair na ceisteanna **ar fad** a ghabhann leis.

An Rí Risteard agus na deirfiúracha Williams

1. Eisíodh an scannán beathaisnéise *King Richard*, dráma bunaithe ar shaol Richard Williams, i mí na Samhna 2021. Tá aithne ag an saol mór ar Richard mar athair na ndeirfiúracha cáiliúla Venus agus Serena. Bhí idir phobal na leadóige agus lucht leanúna na scannán ag súil go mór le heisiúint an scannáin seo, agus níor cuireadh díomá orthu. Mhol na léirmheastóirí agus an lucht féachana araon é, go háirithe taispeántas an aisteora mór le rá Will Smith agus é sa phríomhról. Faoin am ar eisíodh an scannán sa phictiúrlann, bhí an chaint ar fad ar na gradaim Oscar, agus na saineolaithe ag tuar go n-ainmneofaí Smith don aisteoir ab fhearr, ceann de na catagóirí is mó ag an Acadamh. Tháinig an tuar faoin tairngreacht agus bhuaigh Smith an gradam ag an 94ú searmanas Oscar in Amharclann Dolby in Hollywood i mí an Mhárta 2022.

2. Tugtar léargas sa scannán seo ar an ról a d'imir Williams i bhforbairt agus múnlú na mbanimreoirí leadóige is rathúla ar domhan. Léirítear mar dhuine tiománta spreagtha é agus cé nach raibh mórán taithí ag Williams ar an leadóg, bhí fís aige agus d'éirigh leis an fhís sin a chur i gcrích. Tá cumhacht an teaghlaigh mar théama sa scannán freisin, chomh maith le tábhacht na buanseasmhachta agus na féinmhuiníne.

3. Bhuail Richard Williams lena chéad bhean, Betty Johnson, nuair a bhog sé ó Chicago go California. Pósadh iad agus rugadh cúigear clainne dóibh. I ndiaidh dóibh colscaradh a fháil, phós Williams den dara huair sa bhliain 1980. Bhí triúr iníonacha ag Oracene, a dara bean chéile, ó phósadh roimhe sin. Rugadh beirt iníonacha dóibh le chéile, Venus agus Serena. Níor chóitseálaí leadóige gairmiúil é Richard Williams ach bhí plean beartaithe aige don bheirt, plean a chuir sé i bhfeidhm ar dtús ar chúirteanna leadóige poiblí nuair a bhí an bheirt fós faoi dheich mbliana d'aois.

4. Bhog Richard a theaghlach go Compton ansin le gur féidir leis na cailíní freastal ar acadamh leadóige ann. Ghlac siad páirt i gcomórtais shóisearacha ar dtús ach tar éis tamaill bheartaigh a n-athair Richard gan iad a chur san iomaíocht ag na comórtais seo a thuilleadh ar chúiseanna éagsúla. Ba é Richard príomhchóitseálaí na gcailíní faoin am sin ach mar athair, ba mhaith leis go mbeadh an deis acu taitneamh a bhaint as an óige agus díriú ar a gcuid obair scoile ag an am céanna. Bhí sé buartha freisin faoin gcaint chiníoch a chuala sé idir tuismitheoirí geala ag na comórtais náisiúnta seo agus bhí sé ag iarraidh a iníonacha a chosaint.

5. Mar is eol do chách, chuaigh Venus agus Serena leis an leadóg go gairmiúil. Bhí tionchar nach beag acu beirt ar chluiche na mban, faoi stiúir a n-athar. Bhí siad ní ba mhó, ní b'aclaí agus ní ba chumhachtaí ná gach imreoir eile nuair a tháinig siad ar an bhfód. D'athraigh siad an cluiche ó bhun go barr. Bhí an lámh in uachtar acu ar na mná eile ar fad ar feadh na mblianta.

Tá trí ollchomórtas is fiche buaite ag Serena agus seacht gcinn díobh buaite ag Venus. Tá go leor craobh buaite acu sa chluiche dúbailte freisin, agus naoi mbonn Oilimpeacha eatarthu. Tá Venus sna daichidí anois agus imríonn sí fós ag comórtais mhóra anois is arís. Cé gur éirigh Serena as an leadóg go hoifigiúil ag Craobh Oscailte Leadóige na Stát Aontaithe 2022, tamaillín ina dhiaidh sin gheall sí nach raibh sí críochnaithe leis an gcluiche fós. Tá seans maith ann, mar sin, go bhfuil níos mó arís le teacht ó na deirfiúracha eisceachtúla seo. Is léir gan amhras gur fíoraíodh brionglóid Richard.

Ceisteanna

1 **(a)** Conas atá aithne ag an saol mór ar Richard Williams? (Alt 1)

(b) Cén ghné den scannán *King Richard* a mhol na léirmheastóirí agus an lucht féachana araon? (Alt 1)

(10 marc)

2 **(a)** Cén sórt duine é Richard? (Alt 2)

(b) Scríobh síos **dhá** théama de chuid an scannáin. (Alt 2)

(10 marc)

3 **(a)** Cé mhéad duine clainne a bhí ag Richard óna chéad phósadh? (Alt 3)

(b) Cén áit ar chuir Richard a phlean leadóige i bhfeidhm ar dtús? (Alt 3)

(10 marc)

4 **(a)** Cén fáth ar bhog an teaghlach go Compton? (Alt 4)

(b) Scríobh síos **dhá** chúis ar bheartaigh Richard gan Venus agus Serena a chur san iomaíocht ag na comórtais shóisearacha a thuilleadh. (Alt 4)

(10 marc)

5 **(a)** Cén fáth a raibh tionchar nach beag ag Venus agus Serena ar chluiche na mban? (Alt 5)

(b) Tabhair **dhá** phíosa eolais a léiríonn go bhfuil seans ann go bhfuil níos mó arís le teacht ó Venus agus Serena. (Alt 5)

(10 marc)

Léamhthuiscint D

Léigh an sliocht seo a leanas agus freagair na ceisteanna **ar fad** a ghabhann leis.

Joe Biden – an 46ú Uachtarán ar Stáit Aontaithe Mheiriceá

1. Insealbhaíodh Joe Biden mar an 46ú Uachtarán ar Stáit Aontaithe Mheiriceá Dé Céadaoin 20 Eanáir 2021. Chuir tús a uachtaránachta deireadh le ré chonspóideach an Uachtaráin a bhí ann díreach roimhe, Donald Trump. Cé nár luaigh sé ainm a réamhtheachtaí ina chéad óráid mar Uachtarán, rinne Biden tagairt indíreach dó nuair a dúirt sé go raibh 'an lá leis an daonlathas' agus gur 'lá dóchais' é. Phléigh sé tábhacht, leochaileacht agus luach an daonlathais agus dúirt sé go raibh cinneadh déanta ag muintir Mheiriceá ar a shon. Dúirt sé go raibh an tír ag ceiliúradh bua an daonlathais, ní bua iarrthóra, agus é ina sheasamh san áit chéanna inar thug léirseoirí ruathar faoin gCaipeatól coicís roimhe sin.

2. Agus an tír ag dul i ngleic le paindéim COVID-19, gearradh siar go mór ar shearmanas oirnithe an Uachtaráin, ar mhaithe le bac a chur ar scaipeadh an ghalair. Bhí bagairt an fhoréigin ann freisin agus bheartaigh an lucht eagraithe an liosta aíonna a laghdú go suntasach. Bhí Iar-Uachtaráin agus Iar-Leas Uachtaráin, idir Phoblachtánach agus Dhaonlathach, i láthair ag an searmanas: Barack Obama, George Bush agus Bill Clinton ina measc. Dhiúltaigh Donald Trump freastal ar an ócáid, áfach, i ndiaidh dó an Teach Bán a fhágáil go luath an mhaidin sin.

3. Ba é Joe Biden an tUachtarán ba shine ar Mheiriceá nuair a cuireadh faoi mhionn na huachtaránachta é, ach b'ócáid stairiúil é an t-insealbhú don Leas-Uachtarán nuatofa freisin. Is í Kamala Harris an chéad bhean riamh a toghadh ina Leas-Uachtarán ar an tír. Is í an chéad bhean Mheiriceánach-Afracach í, chomh maith leis an gcéad bhean de bhunadh na

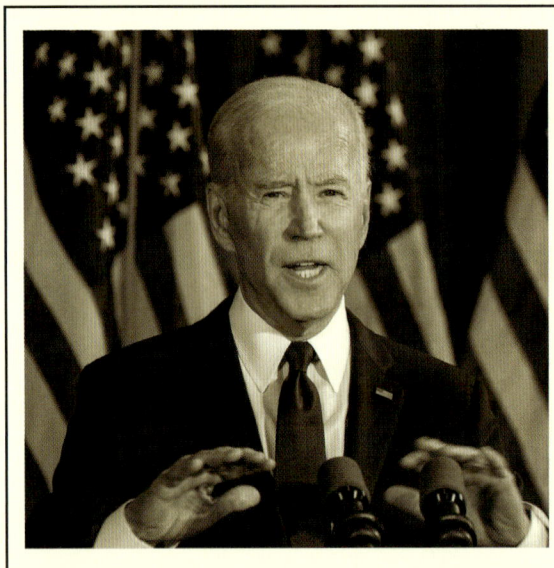

hÁise, a chuaigh i mbun na hoifige. Lorg Harris an t-ainmniúchán Daonlathach don Uachtaránacht ag tús na bliana 2020, ach chuir sí a feachtas uachtaránachta ar ceal ina dhiaidh sin, de bharr easpa maoinithe. Mhol Harris Joe Biden mar iarrthóir don Uachtaránacht go luath ina dhiaidh sin agus faoi mhí Lúnasa 2020, roghnaíodh í mar chomhiarrthóir leis.

4. Rugadh agus tógadh Biden in Pennsylvania agus bhog a theaghlach go Delaware sa bhliain 1953 nuair a bhí sé deich mbliana d'aois. Is de bhunadh na hÉireann é, áfach, ar thaobh a mháthar, agus tá sé an-mhórtasach as a dhúchas Éireannach. Thug sé cuairt oifigiúil ar Éirinn i mí an Mheithimh 2016, agus é ina Leas-Uachtarán ar Mheiriceá ag an am. Ar theacht go hÉirinn dó, bhuail Taoiseach na linne, Éanna Ó Coinnigh, leis, ag Tithe an Rialtais, áit a raibh cruinniú déthaobhach acu. Bhronn an Taoiseach camán agus sliotar air tar éis na cainte agus chuaigh sé siar go Maigh Eo leis ina dhiaidh sin, chun cuairt a thabhairt ar cheantar dúchais a mhuintire. Bhuail Biden le hUachtarán na hÉireann,

Micheál D. Ó hUiginn, le linn na cuairte freisin agus bronnadh céim oinigh air ó Choláiste na Tríonóide chomh maith. Agus é ag labhairt ag searmanas bhronnadh na gcéimeanna sa Choláiste, dúirt sé gur cuireadh fáilte chroíúil roimhe in Éirinn agus go ndeachaigh muintir na tíre go mór i bhfeidhm air.

5. Bhí na blianta fada de thaithí ag Joe Biden i réimse na polaitíochta sular bhain sé an Uachtaránacht amach. Chaith sé dhá théarma ina Leas-Uachtarán, ocht mbliana san iomlán, faoi riarachán Obama. Roimhe sin, rinne sé ionadaíocht ar Delaware mar sheanadóir sinsearach i Seanad na Stát Aontaithe ón mbliain 1973 go 2009. Níor éirigh leis rás na hUachtaránachta a bhuachan ar a chéad iarracht, áfach. Cé gur sheas sé don ainmniúchán Daonlathach sa bhliain 1988 agus arís in 2008, níor ainmníodh é go dtí a tríú hiarracht in 2020. Nuair a bhuaigh sé toghchán na huachtaránachta i Samhain na bliana sin, d'éirigh le Biden an cuspóir ba mhó a bhí aige riamh a bhaint amach.

Ceisteanna

1. **(a)** Cérbh é réamhtheachtaí Joe Biden? (Alt 1)

   (b) Scríobh síos **dhá** rud a dúirt Joe Biden faoin daonlathas sa chéad óráid a thug sé mar Uachtarán ar Mheiriceá. (Alt 1)

   (10 marc)

2. **(a)** Tabhair an **dá** fháth ar gearradh siar go mór ar shearmanas oirnithe an Uachtaráin. (Alt 2)

   (b) Ainmnigh Iar-Uachtarán nach raibh i láthair ag an searmanas oirnithe. (Alt 2)

   (10 marc)

3. **(a)** Tabhair **dhá** chúis arbh ócáid stáiriúil é an t-insealbhú don Leas-Uachtarán? (Alt 3)

   (b) Cén fáth ar chuir Harris a feachtas uachtaránachta ar ceal ag tús na bliana 2020? (Alt 3)

   (10 marc)

4. **(a)** Cén ról a bhí ag Joe Biden nuair a thug sé cuairt oifigiúil ar Éirinn sa bhliain 2016? (Alt 4)

   (b) Cad a dúirt Joe Biden faoi mhuintir na hÉireann ag searmanas bhronnadh na gcéimeanna i gColáiste na Tríonóide? (Alt 4)

   (10 marc)

5. **(a)** Seachas an Uachtaránacht, luaigh **dhá** rud eile atá bainte amach ag Joe Biden i réimse na polaitíochta. (Alt 5)

   (b) Cathain a bhuaigh Joe Biden toghchán na huachtaránachta? (Alt 5)

   (10 marc)

Léamhthuiscint E

Léigh an sliocht seo a leanas agus freagair na ceisteanna **ar fad** a ghabhann leis.

Cultúr an chaife

1. Ní féidir a shéanadh ach go bhfuil cultúr an chaife faoi lán seoil in Éirinn. De réir na staitisticí, ólann 70% de mhuintir na tíre níos mó ná cupán amháin in aghaidh an lae, agus níl roinnt mhaith díobh ag brath ar chaife ar an toirt déanta sa bhaile ach an oiread. Ceannaíonn duine as triúr cupán caife amháin ar a laghad sa lá, méadú 10% ar ráta na bliana seo caite, agus meastar go bhfuil an figiúr sin ag dul in airde ó thit an phaindéim amach. Léiríonn torthaí an tsuirbhé a rinneadh thar ceann UCC Coffee Ireland go bhfuil daoine a ólann caife sásta níos mó ná €3 a chaitheamh ar chupán caife maith, agus bheadh duine as deichniúr sásta níos mó ná €10 a íoc as aon chupán amháin!

2. Más rud é gur sheas Nescafe agus Kenco don chéad bhabhta de chultúr an chaife, bhain an dara babhta le sraitheanna móra siopaí caife ar nós Starbucks agus Costa Coffee. Bunaíodh Starbucks sa bhliain 1971 in Seattle, an chathair is mó in Washington, stát atá suite in iarthuaisceart na Stát Aontaithe. Tá cáil idirnáisiúnta ar an tsraith agus breis agus 32,000 siopa caife acu ar fud an domhain agus cuireann sí rogha leathan deochanna ar fáil, idir the agus fhuar. Tá an-éileamh ar na deochanna séasúracha a dhíolann siad chomh maith, go háirithe an latte spíosrach puimcín a bhíonn ar fáil i rith an fhómhair.

3. Osclaíodh an chéad siopa Starbucks de chuid na hÉireann sa bhliain 2005, le linn an Tíogair Cheiltigh. Bhí aithne mhaith ag muintir na hÉireann ar an siopa ó na meáin agus ó bheith ag taisteal thar lear. Níorbh aon ionadh é, mar sin, gur éirigh go maith leis an gcéad siopa in ionad siopadóireachta Dhún Droma agus tá an

tsraith ag méadú ó shin. Faoi dheireadh na bliana 2021 bhí 73 siopa caife oscailte ag Starbucks in Éirinn. Is í an tríú sraith siopaí caife is mó atá ag feidhmiú sa tír, i ndiaidh

Insomnia agus Costa Coffee.

4. Chuir na meáin go mór le forbairt agus dul chun cinn an chultúir freisin. Creidtear go forleathan gur spreag an dráma grinn suímh *Friends* fás an tsiopa caife buíochas leis an ról lárnach a bhí ag *Central Perk* ann. Nuair a luaitear an clár, smaoiníonn daoine ar an seisear cairde ag ól caife agus ag comhrá le chéile, iad ina suí ar tholg compordach teolaí i lár na cathrach is cáiliúla ar domhan; Nua-Eabhrac. Chabhraigh an clár le margaíocht na cathrach cinnte, ach chruthaigh sé íomhá dhearfach de chultúr taitneamhach an chaife chomh maith.

5. Agus an tríú babhta de chultúr an chaife buailte linn, tá tóir anois ar shainchaife ó shiopaí caife neamhspleácha. D'éirigh go geal leis na siopaí seo nuair a cuireadh an tír faoi dhianghlasáil le linn na paindéime. Bhí cead ag siopaí caife fanacht ar

oscailt agus bhí ról sóisialta suntasach acu i measc an phobail. Buaicphointe an lae a bhí sa chuairt ar an siopa caife dóibh siúd a bhí ag obair ón mbaile chun espresso láidir nó báinín déanta as bainne neamhdhéiríochta a cheannach ón mbarista áitiúil – ní dhéanfaidh caife scagaire nó cappuccino meaisíndéanta an beart a thuilleadh! Déanann na saineolaithe seo trácht ar na pónairí caife a úsáideann siopaí áirithe agus léiríonn siad spéis i bpróiseas an rósta fiú! Tá caife ar ardchaighdeán uathu, agus tá an boladh chomh tábhachtach leis an mblas. Cultúr atá ann, gan amhras, agus tá lucht leanúna dílis aige.

Ceisteanna

1 **(a)** Tabhair **dhá** phíosa eolais a léiríonn go bhfuil cultúr an chaife faoi lán seoil in Éirinn. (Alt 1)

(b) Cé mhéad duine a bheadh sásta níos mó ná €10 a íoc ar cupán caife? (Alt 1)

(10 marc)

2 **(a)** Cár bunaíodh an tsraith siopaí caife Starbucks? (Alt 2)

(b) Cathain a bhíonn latte spíosrach puimcín ar fáil in Starbucks? (Alt 2)

(10 marc)

3 **(a)** Conas a bhí aithne ag muintir na hÉireann ar Starbucks sular osclaíodh an chéad siopa i nDún Droma? (Alt 3)

(b) Ainmnigh an **dá** shraith siopaí caife is mó in Éirinn. (Alt 3)

(10 marc)

4 **(a)** Cén fáth ar spreag an clár teilifíse *Friends* fás an tsiopa caife? (Alt 4)

(b) Cén sórt íomhá a chruthaigh *Friends* de chultúr an chaife? (Alt 4)

(10 marc)

5 **(a)** Scríobh síos **dhá** fháth ar éirigh go geal le siopaí caife neamhspleácha le linn na paindéime. (Alt 5)

(b) Luaigh **dhá** rud atá tábhachtach do na saineolaithe caife. (Alt 5)

(10 marc)

Léamhthuiscint F

Léigh an sliocht seo a leanas agus freagair na ceisteanna **ar fad** a ghabhann leis.

Tionscal na scannánaíochta Gaeilge

1. Tá stair na scannánaíochta in Éirinn ag dul siar beagnach céad bliain anois. Osclaíodh an chéad phictiúrlann in Éirinn in 1909, an Volta Electric Theatre i Sráid Mhuire i mBaile Átha Cliath agus bhí An Seoigheach féin, James Joyce, ina bhainisteoir air. Taispeánadh a lán scannán as an bhFrainc agus as an Iodáil ann ach ní raibh mórán suime ag muintir na cathrach iontu. Scannáin i mBéarla amháin a bhí uathu. Chuir sé seo isteach ar an Seoigheach agus d'fhág sé Éire agus d'fhill sé ar mhór-roinn na hEorpa ina dhiaidh sin.

2. Ceaptar gurb é *Oidhche Sheanchais* an chéad scannán riamh a rinneadh agus an Ghaeilge mar theanga chumarsáide ann. Sa bhliain 1934 rinne an Meiriceánach Robert Flaherty an scannán *Man of Aran* faoin saol a bhí ag muintir Árann, scannán a léirigh cruatan an tsaoil sin. Ní raibh aon chaint sa scannán sin ach Gaeilgeoirí ar fad a bhí sna daoine a bhí le feiceáil ar an scáileán. Nuair a bhí foireann an scannáin ag taifeadadh fuaim iarsinc don scannán i Londain, rinne Flaherty scannán 11 nóiméad dar teideal *Oidhche Sheanchais*. Séard a bhí ann ná na daoine a bhí sa scannán *Man of Aran* – Colmán 'Tiger' King, Michael Dirrane agus Patch Rua – ag suí timpeall ar theallach ag éisteacht leis an seanchaí cáiliúil as Inis Mór, Seáinín Tom Ó Dioráin, ag insint scéil dóibh. Ba é an chéad scannán fuaime Gaeilge a rinneadh riamh.

3. Le fada an lá bhí scannánóirí na hÉireann ag déanamh scannáin Ghaeilge ach lucht féachana beag a bhí acu. Ansin ag tús an chéid seo, thug Bord Scannán na hÉireann agus TG4 maoiniú chun gearrscannáin as Gaeilge a dhéanamh. Ansin, in 2017 bunaíodh Cine 4. Is comhpháirtíocht é le TG4, Scáileán na hÉireann agus Údarás Craolacháin na hÉireann agus é mar aidhm aige scannáin lánfhada úrnua Ghaeilge a fhorbairt. Gealltar go gcuirfear maoiniú ar fáil do dhá scannán lánfhada gach bliain agus go dtabharfar tacaíocht do scannáin eile ag an gcéim fhorbartha. I measc na scannán a fuair tacaíocht ón scéim tá na scannáin *Foscadh*, *An Cailín Ciúin* agus *Arracht*. Ag Gradaim Scannán agus Teilifíse na hÉireann 2022 ba é an scannán *An Cailín Ciúin* (scannán a rinneadh i nGaeilge le fotheidil Bhéarla) a bhuaigh ocht ngradam; ceann amháin don scannán ab fhearr agus ceann eile don aisteoir ab fhearr – ba í sin Catherine Clinch a raibh páirt an chailín chiúin aici. Bhuaigh scannán Gaeilge eile *Róise & Frank* gradam an lucht féachana ag Féile Scannán Idirnáisiúnta Santa Barbara i SAM sa bhliain chéanna. Tá na scannáin Ghaeilge *Arracht*, *Foscadh* agus *Song of Granite* go mór i mbéal an phobail faoi láthair agus tóir ag lucht féachana scannán orthu.

4. An bhfuil cúiseanna eile leis an bhfás seo i dtionscal na scannánaíochta Gaeilge? Dar le léiritheoir an scannáin *An Cailín Ciúin*, Cleona Ní Chrualaoi, Gaeilgeoir as Dún na nGall, tá baint ag fotheidil agus

seirbhísí srutha leis an bhfás. Le roinnt blianta anuas, tá daoine imithe i dtaithí ar a bheith ag féachaint ar chláir agus ar scannáin nach bhfuil i mBéarla, leithéidí *Squid Game* agus *Call My Agent*. Bhí uair ann agus ní raibh daoine sásta breathnú ar aon chlár ná ar aon scannán a raibh fotheidil leo ach a bhuí leis na seirbhísí srutha ar nós Netflix agus Prime Video tá taithí ag daoine ar a bheith ag féachaint ar chláir ó gach cuid den domhan agus ag éisteacht le teangacha an domhain gan an dara smaoineamh a thabhairt. Má táimid ag breathnú ar scannáin ón nGearmáin, ón tSeapáin, ón gCóiré agus ón gCríoch Lochlann, luíonn sé le réasún go mbeadh daoine ar fud an domhain, agus in Éirinn, sásta breathnú ar scannáin Ghaeilge.

5. Tá lucht déanta scannáin Ghaeilge an-dearfach faoin todhchaí agus faoin nGaeilge. Tá lucht féachana domhanda ann anois do scannáin Ghaeilge agus ní fada anois go nglacfar leis an nGaeilge mar ghnáth-theanga scannán, díreach mar a ghlactar leis an mBéarla agus le haon teanga eile. Agus ainmniúchán do ghradam Oscar faighte ag An Cailín Ciúin cheana féin, tá tionscal na scannánaíochta ag dul ó neart go neart. Nach mbeadh sé go hiontach scannán Gaeilge a fheiceáil ar Netflix agus b'fhéidir ag buachan ghradam Oscar amach anseo?

Ceisteanna

1. **(a)** Tabhair **dhá** phointe eolais faoin gcéad phictiúrlann in Éirinn. (Alt 1)

   (b) Scríobh síos **dhá** fháth nach raibh muintir na cathrach sásta leis na scannáin a taispeánadh. (Alt 1)

   (10 marc)

2. **(a)** Tabhair **dhá** phíosa eolais faoin scannán *Man of Aran*. (Alt 2)

   (b) Cá fhad a mhaireann an scannán *Oidhche Sheanchais*? (Alt 2)

   (10 marc)

3. **(a)** Breac síos **dhá** phíosa eolais faoi Cine 4. (Alt 3)

   (b) Cé mhéad gradam a bhuaigh an scannán *An Cailín Ciúin* ag Gradaim Scannán agus Teilifíse na hÉireann 2022? (Alt 3)

   (10 marc)

4. **(a)** Cé hí Cleona Ní Chrualaoi? (Alt 4)

   (b) Scríobh síos **dhá** thír a luaitear in alt 4. (Alt 4)

   (10 marc)

5. **(a)** Luaigh **dhá** chúis a bhfuil lucht déanta scannáin Ghaeilge dearfach faoin todhchaí. (Alt 5)

   (b) Cad a bheadh go hiontach, dar leis an údar?

   (10 marc)

Aonad a Deich
An Scrúdú Cainte

Clár

An Bhéaltriail

Leagan amach na béaltrialach

- 240 marc ar an iomlán.
- Intreoir (5 mharc) – 5 cheist le freagairt.
- Léamh na filíochta (35 mharc) – dán amháin, nó cuid de, le léamh (as cúig dhán ainmnithe – *Géibheann*, *Colscaradh*, *Mo Ghrá-sa (idir Lúibíní)*, *An Spailpín Fánach* agus *An tEarrach Thiar*.
- An Comhrá (120 marc) – comhrá bunaithe ar thopaicí éagsúla a bhaineann le saol an dalta (féach ar cheisteanna agus ar fhreagraí samplacha thíos).
- An tSraith Pictiúr (80 marc) – cur síos le déanamh ar shraith pictiúr amháin (as liosta de shraitheanna pictiúr) agus trí cheist le cur agus trí cheist le freagairt ar an tsraith pictiúr chéanna.

An Intreoir (5 mharc)

Ceist 1: Cad is ainm duit?

Freagra samplach: (Mar is eol duit) Molly is ainm dom.

Ceist 2: Cén aois thú?

Freagra samplach: Tá mé sé **b**liana déag d'aois; tá mé seacht **m**bliana déag d'aois; tá mé ocht **m**bliana déag d'aois; tá mé naoi **m**bliana déag daois.

Ceist 3: Cad é do dháta breithe?

Freagra samplach:
- Rugadh ar an tríú lá de mhí na Bealtaine, 2006 (dhá mhíle is a sé) mé.
- Rugadh ar an gcúigiú lá is fiche de mhí Iúil, 2005 (dhá mhíle is a cúig) mé.
- Rugadh ar an gcéad lá de mhí Mheán Fómhair, 2004 (dhá mhíle is a ceathair) mé.
- Rugadh ar an gceathrú lá déag de mhí na Nollag, 2003 (dhá mhíle is a trí) mé.

Ceist 4: Cad é do sheoladh baile?

Freagra samplach: Tá mé i mo chónaí in uimhir a trí, Ascaill an Fhuaráin, Bóthar na Trá, Co. na Gaillimhe.

Ceist 5: Cad í d'uimhir scrúdaithe?

Freagra samplach: Is í 22389557 an uimhir scrúdaithe atá agam/Is í 2210389557 m'uimhir scrúdaithe.

An Fhilíocht (35 mharc)

Roghnóidh an scrúdaitheoir dán amháin (ó liosta na ndánta ainmnithe do pháipéar a dó) agus iarrfar ar an dalta an dán sin, nó cuid de, a léamh.

Géibheann le Caitlín Maude	an dán ar fad
Colscaradh le Pádraig Mac Suibhne	an dán ar fad
Mo Ghrá-sa (Idir Lúibíní) le Nuala Ní Dhomhnaill	trí véarsa ar bith (as a chéile)
An Spailpín Fánach (ní fios cé a chum an dán seo)	dhá véarsa ar bith (as a chéile)
An tEarrach Thiar le Máirtín Ó Direáin	dhá véarsa ar bith (as a chéile)

NB: Tá seans maith ann go mbeidh tú neirbhíseach agus tú ag léamh an dáin. Nuair a bhímid neirbhíseach, labhraímid níos tapúla. Déan iarracht tú féin a shocrú síos agus léigh an dán **go mall** agus **go soiléir**.

An Comhrá (120 mharc)

Seicliosta ábhar don Chomhrá

Déan cinnte go bhfuil freagraí ullmhaithe agat ar na hábhair seo a leanas. Cuir tic (✔) in aice leis na hábhair atá ullmhaithe agat.

a. Mé féin, mo theaghlach, mo shaol sa bhaile	
b. Mo cheantar	
c. Mo chaithimh aimsire	
d. An scoil agus cúrsaí oideachais	
e. An todhchaí/An ollscoil	
f. An deireadh seachtaine/An samhradh	
g. Fadhbanna i saol an duine óig, cúrsaí reatha, fadhbanna náisiúnta/ idirnáisiúnta*	

* De ghnáth, ní chuirtear ceisteanna casta ar dhaltaí maidir le cúrsaí reatha ach sa chás go léiríonn siad spéis ar leith sa réimse sin, nó má léiríonn siad cumas agus ardchaighdeán sa Ghaeilge.

Ceisteanna Samplacha don Chomhrá

A.   Mé féin, mo theaghlach agus an saol sa bhaile

1 Inis dom fút féin. (Déan cur síos ort féin – cur síos fisiciúil agus cur síos ar do thréithe pearsanta.)

2 Cé atá sa bhaile leat?

3 An bhfuil deartháireacha nó deirfiúracha agat?

4 Cad is ainm dóibh?

5 Cén aois iad?

6 An réitíonn tú go maith leis/léi/leo? Cén fáth?

7 An bhfuil peata agat sa bhaile?

8 An bhfuil rialacha sa bhaile? Cad iad?

9 An ndéanann tú cúraimí tí?

10 An bhfaigheann tú airgead póca?

11 An bhfuil post páirtaimseartha agat?

12 Cad iad na dualgais atá ort sa phost seo?

13 Conas a chaitheann tú an t-airgead póca/an pá a thuilleann tú?

B.   Mo theach agus mo cheantar

1 Cén saghas tí atá agat?

2 Déan cur síos ar an teach. (Cad iad na seomraí atá ann?)

3 Cá bhfuil an teach suite?

4 Inis dom faoi do cheantar.

5 Cén saghas ceantair é?

6 An bhfuil mórán áiseanna ann (do dhaoine óga)?

7 An bhfuil fadhbanna sa cheantar?

8 An bhfuil córas iompair phoiblí ar fáil ann?

9 An maith leat an ceantar? Cén fáth?

C. Mo chaithimh aimsire

1 Inis dom faoi do chaithimh aimsire.

2 An imríonn tú spórt?

3 Cé mhéad lá sa tseachtain a bhíonn tú ag traenáil?

4 An mbíonn cluichí agat go minic?

5 An bhfuil tú i do bhall de chlub spóirt?

6 An dtéann tú go dtí an spórtlann/an t-ionad aclaíochta?

7 An bhfuil sé tábhachtach spórt a imirt/aclaíocht a dhéanamh, dar leat?

8 Ar fhreastail tú ar ócáid mhór spóirt riamh? Déan cur síos uirthi.

9 An seinneann tú ceol?

10 Cén uirlis cheoil a sheinneann tú?

11 An bhfuil tú i ngrúpa ceoil/i gcór na scoile?

12 An maith leat a bheith ag éisteacht le ceol?

13 Cén stíl cheoil is fearr leat?

14 Cad é an grúpa ceoil/Cé hé an t-amhránaí is fearr leat?

15 Ar fhreastail tú ar cheolchoirm riamh? Déan cur síos ar an ócáid.

16 An bhféachann tú ar an teilifís go minic?

17 Cad é an clár teilifíse/Cad í an tsraith theilifíse is fearr leat? Inis dom faoin gclár/tsraith.

18 An dtéann tú go dtí an phictiúrlann go minic?

19 Cad é an scannán is fearr leat?/Ar fhéach tú ar aon scannán maith le déanaí? Déan cur síos air.

20 An bhfuil aon chaitheamh aimsire eile agat? (An rith, an snámh, aon spórt eile, an léitheoireacht …?)

21 An gceapann tú go bhfuil sé tábhachtach do dhaltaí na hArdteiste caitheamh aimsire a bheith acu?

D. An scoil agus cúrsaí oideachais

1. Inis dom faoin scoil seo/Cá bhfuil tú ag freastal ar scoil?

2. Cén sórt scoile í?

3. Cá bhfuil an scoil suite?

4. Conas a théann tú ar scoil gach lá?

5. Cé mhéad ama a thógann an turas?

6. Cén saghas atmaisféir atá sa scoil?

7. Déan cur síos ar na háiseanna sa scoil.

8. Conas atá na múinteoirí? An réitíonn tú leo?

9. Cad iad na hábhair a dhéanann tú ar scoil?

10. Cad é an t-ábhar is fearr leat ar scoil? Cén fáth?

11. An bhfuil aon ábhar ann nach maith leat? Cén fáth?

12. An bhfuil mórán rialacha sa scoil seo?

13. Cad a tharlaíonn má sharaíonn (bhriseann) tú na rialacha?

14. Céard a dhéanfá dá mbeifeá i do phríomhoide ar an scoil seo?

15. Déan cur síos ar an éide scoile. An maith leat í?

16. An gceapann tú gur maith an rud é éide scoile a chaitheamh?

17. An ndearna tú an idirbhliain? Déan cur síos ar imeachtaí na bliana sin. (Ceoldráma, turais, modúil, srl.)

18. An ndearna tú taithí oibre le linn na bliana? Cá raibh tú ag obair? Cén sórt dualgas a bhí ort?

19. Ar thaitin an idirbhliain leat? Ar bhliain fhiúntach í?

20. Déan cur síos ar ghnáthlá scoile duit.

21. Cad í do thuairim faoin nGaeilge?

22. An bhfuil sé tábhachtach teanga eile a fhoghlaim, dar leat?

23. Cad í do thuairim faoin gcóras oideachais/ar chóras na bpointí?

24. Cad a dhéanfá dá mbeifeá i d'Aire Oideachais?

E. An ollscoil/An todhchaí

1. Ar mhaith leat freastal ar an ollscoil?

2. Cén cúrsa ba mhaith leat a dhéanamh san ollscoil?

3. Cé mhéad pointe atá ag teastáil uait don chúrsa sin?

4. Cén fáth ar roghnaigh tú an cúrsa sin?/Cén fáth ar chuir tú spéis sa chúrsa/sa choláiste/sa réimse sin?

5. Cé mhéad bliain atá i gceist leis an gcúrsa sin?

6. An bhfuil tú ag tnúth le saol na hollscoile? Cén fáth?

7. Cén post ba mhaith leat a bheith agat sa todhchaí?

8. An gceapann tú go bhfuil sé tábhachtach oideachas tríú léibhéal a fháil/céim ollscoile a bhaint amach? Cén fáth?

F. An deireadh seachtaine/An samhradh

1. Cad a dhéanann tú ag an deireadh seachtaine, de ghnáth?

2. Conas a chaith tú an deireadh seachtaine seo caite?

3. Cad a dhéanfaidh tú an deireadh seachtaine seo chugainn?

4. Cad a dhéanfaidh tú tar éis na scrúduithe/na hArdteiste?

5. Cad a dhéanfaidh tú an samhradh seo chugainn?/An bhfuil plean agat don samhradh seo chugainn?

6. An rachaidh tú ar laethanta saoire?

7. An bhfaighidh tú post páirtaimseartha?

G. Fadhbanna i saol an duine óig, cúrsaí reatha, fadhbanna náisiúnta/idirnáisiúnta

1. Cad í an fhadhb is mó i saol an duine óig sa lá atá inniu ann?

2. An bhfuil fadhb mhór ag daoine óga le drugaí agus alcól sa lá atá inniu ann, dar leat?

3. An gcaitheann mórán daoine óga tobac/toitíní sa lá atá inniu ann?

4. Cén fáth a gcaitheann daoine óga tobac/drugaí, dar leat?

5. Cén fáth a n-ólann daoine óga alcól faoi aois, dar leat?/Cén fáth a dtéann daoine óga ar ragús óil?

6. An bhfuil réiteach ar an bhfadhb seo? Cad í?

7. Cad í an fhadhb is mó atá againn sa tír seo i láthair na huaire?

8. An bhfuil tú buartha faoin athrú aeráide?

9. Cad iad na fadhbanna is mó atá ag dul i bhfeidhm ar an tír seo/ar shaol an lae inniu?

10. An bhfuil spéis agat i gcúrsaí polaitíochta?

Ceisteanna agus Freagraí Samplacha don Chomhrá

A. Mé féin, mo theaghlach agus an saol sa bhaile

Ceist shamplach: Inis dom fút féin.

Freagra samplach: Mar is eol duit, Stiofán is ainm dom. Táim seacht mbliana déag d'aois agus is duine spórtúil mé. Is breá liom a bheith ag imirt peile agus iománaíochta agus téim ag snámh anois 's arís mar chaitheamh aimsire.

Ceist shamplach: An bhfuil deartháireacha nó deirfiúracha agat?

Freagra samplach: Tá beirt deartháireacha agus deirfiúr amháin agam. Tá Rachel dhá bhliain déag d'aois. Tá Mícheál cúig bliana déag d'aois agus tá Seán sé bliana déag d'aois. Is mise an duine is sine (*eldest*) sa chlann. Réitím go maith leis an triúr eile (*I get on well with the other three*) an chuid is mó den am ach bímid ag spochadh as a chéile (*slagging each other*) ó am go ham. Cuireann mo dheirfiúr isteach orm nuair a chaitheann sí mo chuid éadaí gan chead. Imrímid ar fad leadóg ag an deireadh seachtaine agus is bealach maith é sin lenár bhfadhbanna a réiteach!

Ceist shamplach: An bhfuil peata agaibh sa bhaile?

Freagra samplach: Tá dhá mhadra againn sa bhaile. Angel agus Koda is ainm dóibh. Fuaireamar ó charthanacht mhadraí (*dog charity*) iad. Is madra mór é Koda. Tá sé trí bliana d'aois agus tá cóta dubh agus bán air. Bíonn sé lán le fuinneamh agus is aoibhinn leis a bheith ag rith thart ag spraoi le madraí eile. Is madra beag í Angel agus tá sí ocht mbliana d'aois. Tá sí cairdiúil ach cantalach (*cranky*) anois 's arís. Chomh maith leis sin, tá cúpla iasc againn sa bhaile. Is gá domsa bia a thabhairt dóibh gach lá agus glanaim an t-umar éisc (*fish tank*) uair sa tseachtain.

Ceist shamplach: An bhfuil rialacha sa bhaile? Cad iad?

Freagra samplach: Tá go leor rialacha againn sa bhaile. Tá jabanna difriúla agam féin agus ag mo dheartháireacha agus is gá dúinn iad a dhéanamh nó beimid i dtrioblóid! Is gá dom an dinnéar a ullmhú uair sa tseachtain – déanaim curaí sicín agus bíonn sé an-bhlasta. Glanaim mo sheomra leapa agus an seomra folctha gach seachtain. Déanaim an folúsghlantóireacht (*hoovering*) agus téim amach ag siúl leis an madra. Chomh maith leis sin, tá riail dhaingean (*firm rule*) faoin am is gá dúinn a bheith sa bhaile ag an deireadh seachtaine. Níl cead againn a bheith amuigh níos déanaí ná 11 a chlog istoíche agus sin sin!

Ceist shamplach: An bhfuil post páirtaimseartha agat?

Freagra samplach: Tá post páirtaimseartha agam. Oibrím i gcaifé síos an bóthar ón teach/i lár na cathrach. Is post dúshlánach (*challenging*) é agus bím i mo sheasamh an t-am ar fad. Is gá dom tae agus caife a dhéanamh do na custaiméirí, glanaim na boird agus cabhraím leis an mbia a ullmhú. Bíonn na custaiméirí an-chairdiúil agus tugann siad airgead breise dom ó am go chéile. Uaireanta, bíonn custaiméirí drochbhéasacha (*rude*) ann agus cuireann siad isteach go mór orm. Is duine cabhrach deas é an bainisteoir (*manager*) agus tugann sé tacaíocht (*support*) dom nuair a bhíonn custaiméirí gránna (*mean*) ann. Faighim íocaíocht mhaith (*good pay*) ón bpost páirtaimseartha agus is féidir liom dul amach le mo chairde ag an deireadh seachtaine leis an airgead. Is maith liom a bheith freagrach asam féin (*responsible for myself*).

B. Mo theach agus mo cheantar

Ceist shamplach: Déan cur síos ar an teach. (Cad iad na seomraí atá ann?)

Freagra samplach: Tá cónaí orm i dteach leathscoite. Tá seomra suite agus cistin dheas ann. Cabhraím leis an dinnéar a ullmhú sa chistin. Tá trí sheomra leapa thuas staighre sa teach. Roinnim seomra le mo dheirfiúr. Is maith liom é seo mar go réitímid go maith lena chéile. Tá deasc agam sa seomra codlata/leapa agus déanaim m'obair bhaile anseo. Tá gairdín breá againn ar chúl an tí agus bím ag spraoi leis na madraí nuair a bhíonn an aimsir go deas. Chomh maith leis sin, tá dhá sheomra folctha, áiléar agus garáiste sa teach. Cabhraím le mo thuismitheoirí an teach a ghlanadh anois is arís.

Ceist shamplach: Inis dom faoi do cheantar.

Freagra samplach: Tá cónaí orm faoin tuath/ar imeall a bhaile mhóir/i lár na cathrach. Is ceantar álainn é agus tá cónaí orm an-ghar do mo chairde scoile. Tá go leor siopaí agus áiseanna maithe sa cheantar. Téim go dtí an phictiúrlann ó am go chéile. Chuaigh mé ann an tseachtain seo caite agus chonaic mé *Dungeons and Dragons*. Thaitin sé go mór liom! Chomh maith leis sin, tá ionad pobail in aice leis an séipéal agus tá clubanna spóirt de gach saghas sa cheantar. Tá club rugbaí, peile agus leadóige sa cheantar. Is aoibhinn liom galf a imirt ach faraor (*alas*), níl club gailf sa cheantar.

Ceist shamplach: An bhfuil mórán áiseanna ann (do dhaoine óga)?

Freagra samplach: Tá go leor áiseanna iontacha sa cheantar do dhaoine óga. Bíonn club óige ar siúl do dhéagóirí an cheantair gach Aoine sa chlub peile áitiúil. Téann mo dheartháir agus a chairde go dtí an club óige go rialta (*regularly*). Is maith liom féin dul go dtí na siopaí sa cheantar. Tá ionad siopadóireachta mór sa cheantar agus tá bialanna blasta, siopaí éadaí, gruagaire, siopa fón, agus pictiúrlann ann. Caithim m'airgead póca ag ceannach éadaí agus ag dul go dtí an phictiúrlann, de ghnáth.

Ceist shamplach: An bhfuil fadhbanna sa cheantar?

Freagra samplach: Tá roinnt fadhbanna sa cheantar. Bíonn déagóirí ag ól sna páirceanna poiblí istoíche agus cuireann an torann (*noise*) agus an bruscar isteach ar mhuintir na háite. Ceapaim féin go bhfuil níos mó boscaí bruscair ag teastáil sa cheantar – feicim málaí le salachar madraí (*dog dirt*) ar fud an cheantair – tá sé náireach!

Ceist shamplach: An bhfuil córas iompair phoiblí ar fáil?

Freagra samplach: Tá córas iompair phoiblí ar fáil sa cheantar – tá an t-ádh linn (*we're lucky*). Tagaim ar scoil ar an mbus agus is féidir liom an traein a fháil chomh maith. Níl sé thar mholadh beirte, áfach (*it's not very good, however*). Má chailleann tú an bus, beidh tú ag fanacht uair an chloig eile go dtí go dtagann an chéad cheann eile. Mar sin, bíonn a lán daoine ag tiomáint sa cheantar – rud nach gcabhraíonn leis an timpeallacht!

C. Mo chaitheamh aimsire

Ceist shamplach: An imríonn tú spórt?

Freagra samplach: Imrím spórt. Is duine spórtúil mé. Is bréa liom a bheith ag imirt spóirt. Imrím peil ar scoil agus don chlub áitiúil. D'éirigh le foireann peile na scoile an chraobh a bhaint amach i mbliana. Is leatosaí mé, mar sin scórálaim go leor cúl agus pointí go minic. Bímid ag traenáil gach Luan agus Déardaoin. Chomh maith leis sin, is maith liom a bheith ag snámh. Tá foireann snámha ar scoil agus ghlacamar páirt i gcomórtas snámha na meánscoile le déanaí. Níor éirigh linn an bua a fháil ach bhí mé an-bhródúil asam féin agus as an bhfoireann.

Ceist shamplach: An seinneann tú ceol?

Freagra samplach: Seinnim ceol. Is duine ceolmhar mé. Seinnim an veidhlín agus an giotár. Thosaigh mé ag seinnt an veidhlín nuair a bhí mé ocht mbliana d'aois. Seinnim mar chuid de cheolfhoireann na scoile (*school orchestra*). Bímid ag seinnt ag ócáidí scoile (*school events*). Sheinneamar ag an aifreann ag tús na bliana agus ag an tseirbhís charúl ag an Nollaig. Bímid ag cleachtadh (*practising*) dhá lá in aghaidh na seachtaine. Seinnim an giotár i mbanna ceoil le mo dhearthair agus a chairde. Seinneann sé na drumaí, mar sin déanaimid an cleachtadh inár dteach an t-am ar fad – ní bhíonn mo thuismitheoirí ná na comharsana róshásta leis an torann!

Ceist shamplach: Ar fhreastail tú ar cheolchoirm riamh? Déan cur síos ar an ócáid.

Freagra samplach: Is bréa liomsa ceolchoirmeacha! D'fhreastail mé ar cheolchoirm Lewis Capaldi an samhradh seo caite. Oíche den scoth a bhí ann! Bhí sé ar siúl i mBaile Átha Cliath sa 3Arena. Thaistil mé féin agus mo chairde go Baile Átha Cliath don cheolchoirm agus bhailigh mo thuismitheoirí ina dhiaidh sin muid. Bhí atmaisféar leictreach (*electric*) ann. Slua mór a bhí ann agus bhí gach duine i ndea-ghiúmar. Chanamar amach go hard nuair a bhí Lewis Capaldi ag canadh 'Someone You Loved' agus an t-amhrán nua 'Forget Me'. Is duine an-ghreanmhar é Lewis Capaldi agus bhí sé ag magadh (*joking*) leis an slua – bhí gach duine sna trithí ag gáire (*in stitches laughing*)! Ba bhreá liom freastal ar Electric Pinic an bhliain seo chugainn agus tá súil agam ticéad a fháil do mo bhreithlá.

Ceist shamplach: Cad é an clár teilifíse/cad í an tsraith theilifíse is fearr leat? Inis dom faoin gclár/tsraith.

Freagra samplach: Is bréa liom an tsraith theilifíse *The Crown*. Déantar cur síos ar an saol a bhí (agus atá) ag teaghlach ríoga na Breataine ann. Deirtear go bhfuil na scéalta bunaithe ar an bhfíorshaol (*real life*) ach measaim go bhfuil go leor ficsin (*fiction*) i gceist. De réir dealraimh (*apparently*), bhí an teaghlach ríoga ar buile (*very angry*) faoin gclár. Is maith liomsa foghlaim faoi na heachtraí stairiúla (*historical events*) a tharla thar na blianta. Bhí mé an-tógtha le Claire Foy mar an bhanríon ach níor thaitin Olivia Colman liom. Is aisteoirí maithe iad ar fad agus is bréa liomsa féachaint orthu.

Ceist shamplach:	An bhfuil aon chaitheamh aimsire eile agat?
Freagra samplach:	Is aoibhinn/breá/maith liom a bheith ag léamh agus a bheith ag cócaireacht. Táim i mo bhall *(a member of)* den chlub leabhar ar scoil. Roghnaíonn duine amháin leabhar agus is gá do gach duine é a léamh. Buailimid le chéile uair sa mhí agus pléimid na leabhair. Roghnaigh mé an leabhar *The Fault in Our Stars* le John Green. Is leabhar grá é seo. Thaitin an scéal go mór liom ach tá sé an-bhrónach. Chomh maith leis sin, is breá liom a bheith ag cócaireacht agus ag bácáil. Déanaim an dinnéar go rialta sa bhaile mar chleachtadh. Is é *lasange* an béile is fearr liom. Bácálaim donnóga blasta *(tasty brownies)* – iarrann mo chairde orm an t-am ar fad iad a bhácáil nuair a bhuailimid le chéile ag an deireadh seachtaine. Is cleachtadh maith é. Seans go rachaidh mé ar *Bake Off* amach anseo!

D. An scoil agus cúrsaí oideachais

Ceist shamplach: Inis dom faoin scoil seo.

Freagra samplach: Is scoil mhór í seo. Tá breis is míle dalta ag freastal ar (*attending*) an scoil. Tá an scoil suite i lár an bhaile. Is maith liom an scoil seo mar gur scoil mheasctha (*mixed school*) í. Cónaím an-ghar don scoil agus siúlaim nó rothaím ar scoil gach lá, ach amháin má bhíonn sé ag cur báistí – tugaim mo mham síob (*lift*) dom ansin. Tá múinteoirí deasa sa scoil seo agus ní bhíonn siad ródhian orainn.

Ceist shamplach: Déan cur síos ar na háiseanna sa scoil.

Freagra samplach: Tá áiseanna iontacha sa scoil. Tá páirceanna peile, iománaíochta/camógaíochta, cúirteanna cispheile agus leadóige, linn snámha, halla spóirt mór, agus ceaintín ann. Chomh maith leis sin, tá trí shaotharlann (*laboratories*) agus seomra adhmadóireachta (*woodwork*) ann. Bíonn na ranganna tís/eacnamaíocht bhaile ar siúl i gcistin mhór. Tá leabharlann bhreá sa scoil chomh maith agus déanann an fhoireann fichille (*chess team*) cleachtadh anseo.

Ceist shamplach: Cad é an t-ábhar is fearr leat ar scoil? Cén fáth?

Freagra samplach: Déanaim seacht n-ábhar ar an iomlán agus is é an staidéar gnó an t-ábhar is fearr liom. Is ábhar suimiúil é, dar liom agus cabhraíonn an múinteoir go mór liom. Tugann sí nótaí maithe dúinn agus tá sí an-ghreannmhar chomh maith. Ba mhaith liomsa cúrsa gnó a dhéanamh an bhliain seo chugainn san ollscoil. Chomh maith leis sin, déanaim Béarla, Gaeilge, mata gnáthleibhéal, Gearmáinis, stair agus grafaic theicniúil.

Ceist shamplach: Déan cur síos ar an éide scoile. An maith leat í?

Freagra samplach: Níl mé róthógtha leis an éide scoile (*I'm not too keen on the school uniform*)/Is maith liom an éide scoile. Caitheann na buachaillí bríste liath, léine bhán, carbhat dearg agus geansaí dubhghorm. Caitheann na cailíní sciorta liath, blús bán agus geansaí dubhghorm. Tá an rogha ag na cailíní bríste a chaitheamh anois, rud atá go maith mar go dtugann sé níos mó saoirse (*freedom*) dóibh/dúinn. Níl cead againn bróga reatha (*runners*) a chaitheamh leis an éide scoile agus is gá dúinn seaicéad na scoile a chaitheamh seachas (*instead of*) ár gcinn féin.

Ceist shamplach: Déan cur síos ar ghnáthlá scoile duit féin.

Freagra samplach: Faighim an bus in éineacht le mo chairde (*along with my friends*) agus sroichimid an scoil ag 8.30 (leathuair tar éis a hocht) gach maidin. Bíonn tionól na maidine (*morning assembly*) ar siúl ansin ar feadh deich nóiméad. Tosaíonn an chéad rang ag 8.40 (fiche chun a naoi). Bíonn trí rang/thréimhse ann agus ansin bíonn lón beag againn ag 10.40 (fiche chun a haon déag). Bíonn dhá rang eile ann agus ansin tosaíonn lón mór ag a 12.10 (deich tar éis a dó dhéag). Críochnaíonn an rang deireanach ag 3.30 (leathuair tar éis a trí). Fanaim siar tar éis scoile do thraenáil peile ar an Luan agus ar an Déardaoin. Bíonn leathlá (*half-day*) againn ar an Aoine – is breá liom an Aoine! Críochnaímid ag a 1 (a haon) a chlog. De ghnáth téim go dtí an chathair le mo chairde ar an Aoine. Crochaimid timpeall na siopaí agus téimid go dtí McDonald's!

E. An ollscoil/An todhchaí

Ceist shamplach: Ar mhaith leat freastal ar an ollscoil?

Freagra samplach: Ba mhaith liom freastal ar an ollscoil. Freastalaíonn mo dheartháir agus mo dheirfiúr ar an ollscoil agus baineann siad an-taitneamh as. Tá cónaí orm i bhfad ó na hollscoileanna móra, mar sin, bheadh orm lóistín *(accommodation)* a fháil ar champas na hollscoile. Bheinn neirbhíseach a bheith i mo chónaí i bhfad ón mbaile *(far from home)* ach bheadh sceitimíní orm ag an am céanna. Tá pointí na gcúrsaí an-ard faoi láthair, áfach, agus níl a fhios agam an éireoidh liom an cúrsa atá uaim a fháil.

Ceist shamplach: Cén cúrsa ba mhaith leat a dhéanamh san ollscoil?

Freagra samplach: Ba mhaith liom cúrsa cuntasaíochta *(accounting course)* a dhéanamh san ollscoil. D'fhreastail mé ar *Higher Options* i mBaile Átha Cliath ag tús na scoilbhliana agus bhain mé an-tairbhe as *(I found it very beneficial)*. Labhair mé le daoine ó na coláistí éagsúla agus thaitin an cúrsa cuntasaíochta sa Choláiste Ollscoile, Baile Átha Cliath go mór liom, chomh maith leis an gcúrsa cuntasaíochta agus airgeadais *(finance)* in Ollscoil Mhá Nuad. Tá súil agam go mbeidh dóthain pointí *(enough points)* agam!

Ceist shamplach: Cén fáth ar roghnaigh tú an cúrsa sin?

Freagra samplach: Roghnaigh mé an cúrsa sin mar is breá liom a bheith ag obair le firicí, staitisticí agus le huimhreacha *(figures, statistics and numbers)*. D'fhreastail mé ar Lá Oscailte an choláiste agus spreag *(inspired)* an léachtóir go mór mé. Bhí sé an-phaiseanta *(passionate)* faoina phost agus ceapaim go mbeidh an-suim agam sa chúrsa seo.

Ceist shamplach: An bhfuil tú ag tnúth le *(looking forward to)* saol na hollscoile? Cén fáth?

Freagra samplach: Táim ag tnúth go mór le saol na hollscoile. Tá mé bréan den scoil *(I'm sick of school)*! Ba mhaith liom go mbeadh saoirse *(freedom)* agus neamhspleáchas *(independence)* agam. Tá mé ag tnúth go mór le hábhair nua a dhéanamh chomh maith. Ba mhaith liom modúl scannánaíochta *(film module)* a dhéanamh san ollscoil – beidh mé in ann aistí a scríobh ar scannáin a thaitníonn liom, an gcreideann tú é sin? Tá a lán cumainn dhifriúla *(different societies)* san ollscoil chomh maith. Ba mhaith liom a bheith i mo bhall den chumann díospóireachta, den chumann dreapadóireachta *(hiking)* agus cloisim go bhfuil cumann Quidditch ann chomh maith. Táim ar bís *(excited)* le tosú!

Ceist shamplach: Cén post ba mhaith leat a bheith agat sa todhchaí *(in the future)*?

Freagra samplach: Ba mhaith liom post mar Gharda a bheith agam sa todhchaí. Is post an-tábhachtach é seo, dar liom. Tugann na Gardaí Síochána cosaint *(protection)* don phobal agus is post deacair dúshlánach *(challenging)* é seo. Is Garda é m'uncail agus spreagann sé i gcónaí mé lena scéalta ón bpost. Tá traenáil dhian ag teastáil le bheith i do Gharda ach is breá liom aclaíocht *(exercise)* a dhéanamh. Is duine díograiseach *(diligent)* mé agus is breá liom a bheith ghnóthach *(busy)*. Mar sin ceapaim go mbeidh mé an-mhaith mar Gharda amach anseo.

F. An deireadh seachtaine/An samhradh

Ceist shamplach: Cad a dhéanann tú ag an deireadh seachtaine, de ghnáth?

Freagra samplach: Bím an-ghnóthach (*very busy*) ag an deireadh seachtaine, de ghnáth. Éirím go luath ar an Satharn mar go bhfuil post páirtaimseartha agam mar réiteoir (*referee*) peile. Tosaíonn an cluiche ag a naoi a chlog agus is gá dom an bus a fháil roimh ré. Ina dhiaidh sin, téim go dtí an leabharlann áitiúil ar feadh cúpla uair an chloig agus déanaim staidéar. Buailim le mo chairde oíche Shathairn. Téimid go dtí an phictiúrlann nó go dtí dioscó, de ghnáth. Fanaim déanach sa leaba maidin Domhnaigh. Téann an teaghlach ar cuairt chuig teach mo sheantuismitheoirí agus bíonn lón blasta againn le chéile. Críochnaím m'obair bhaile an tráthnóna sin agus réitím m'éide scoile agus mo lón don lá dar gcionn. Bím traochta (*tired*) ag deireadh an lae agus téim go dtí an leaba ag a deich a chlog (cé go mbím (*even though*) ar TikTok ar feadh leathuair an chloig!)

Ceist shamplach: Conas a chaith tú an deireadh seachtaine seo caite?

Freagra samplach: Chuaigh mé go dtí cóisir mo chairde an deireadh seachtaine seo caite. Bhí Áine agus Séamas ocht mbliana déag d'aois ar an lá céanna, mar sin, bheartaigh siad (*they decided*) cóisir a phleanáil le chéile. Bhí sé ar siúl i dteach Shéamais. Bhí slua (*crowd*) mór ann. Cheannaigh tuismitheoirí Áine cáca seacláide blasta agus d'ullmhaigh tuismitheoirí Shéamais bia dúinn go léir – bhí sceallóga, ispíní, sicín agus curaí ann. Cheannaigh mé féin agus mo chairde ticéid cheolchoirme don bheirt dá mbreithlá agus bhí áthas an domhain orthu. Bhí DJ ann níos déanaí san oíche agus bhíomar ar fad ag damhsa ar feadh na hoíche. Shroich mé an baile ag a trí a chlog an oíche sin – cóisir den scoth (*brilliant*) a bhí ann.

Ceist shamplach: Cad a dhéanfaidh tú an deireadh seachtaine seo chugainn?

Freagra samplach: Rachaidh mé ag dreapadóireacht (*hiking*) an deireadh seachtaine seo chugainn. Rachaidh mé féin agus mo theaghlach go dtí An Chorr (*The Sugarloaf*) i gContae Chill Mhantáin. Tabharfaimid ceapairí agus tae linn mar go mbeimid imithe ar feadh cúpla uair an chloig. Fágfaimid an teach ag a deich a chlog ar maidin agus tá súil againn a bheith ansin ag meánlae (*midday*). Caithfidh mé cóta báistí agus buataisí siúil. Íosfaimid an lón nuair a shroichfimid barr an chnoic. Tá súil agam nach mbeidh sé ag cur báistí. Ar an tslí abhaile, stopfaimid i mbialann dheas agus ceannóidh mo thuismitheoirí dinnéar blasta dúinn. Táim ag súil go mór leis an tsiúlóid!

Ceist shamplach: Cad a dhéanfaidh tú an samhradh seo chugainn?/An bhfuil plean agat don samhradh seo chugainn?

Freagra samplach: Ligfidh mé mo scíth tar éis na hArdteiste. Ansin i mí lúil beidh mé féin agus mo theaghlach ag dul go dtí Sligeach ar feadh coicíse. Rachaidh mé féin agus mo chairde go dtí an Ghréig ar feadh seachtaine i mí Lúnasa. Táim ag súil go mór leis an samhradh.

Ceist shamplach: An bhfaighidh tú post páirtaimseartha?

Freagra samplach: Gheobhaidh mé post páirtaimseartha an samhradh seo, go cinnte. Beidh airgead ag teastáil uaim le dul ag taisteal (*travelling*). Rinne mé taithí oibre (*work experience*) i mbialann san idirbhliain. Labhair mé le bainisteoir na bialainne le déanaí agus dúirt sí gur féidir liom cur isteach ar an bpost arís tar éis na hArdteiste. Beidh mé ag obair cúpla lá in aghaidh na seachtaine. Sábhálfaidh mé mo dhóthain airgid (*enough money*) agus cuirfidh mé i dtreo mo chuid laethanta saoire é. Leanfaidh mé leis an bpost páirtaimseartha agus mé san ollscoil mar go mbeidh airgead ag teastáil uaim do shaol sóisialta na hollscoile!

G. Fadhbanna i saol an duine óig, cúrsaí reatha, fadhbanna náisiúnta/ idirnáisiúnta.

Ceist shamplach: Cad í an fhadhb is mó atá i saol an duine óig sa lá atá inniu ann?

Freagra samplach: Measaim go bhfuil fadhb mhór ag daoine óga le drugaí sa lá atá inniu ann. Bíonn drugaí á nglacadh ag déagóirí i gclubanna oíche, ag cóisirí tí nó fiú sna páirceanna ag an deireadh seachtaine. Ní théim féin ná mo chairde in aice le drugaí ach cuireann sé eagla orm go mbíonn siad le fáil chomh héasca sin. Ní dóigh liom go dtuigeann daoine go bhfuil siad an-dainséarach agus gur féidir leo saol duine a scriosadh *(destroy)*.

Ceist shamplach: An gcaitheann daoine óga tobac/toitíní sa lá atá inniu ann?

Freagra samplach: Ceapaim go mbíonn daoine óga ag caitheamh tobac/toitíní fós ach bíonn níos mó daoine óga ag vápáil *(vaping)* anois. Tá sé an-éasca do dhaoine iad a cheannach agus tá siad i bhfad níos saoire agus níos deise ná toitíní. Is féidir iad a ordú ar líne fiú – agus tá cárta Revolut ag an-chuid daoine óga, mar sin is féidir leo an galtoitín a fháil go tapa agus go héasca. Ceapann daoine óga go bhfuil siad i bhfad níos sábháilte ná toitíní ach tá dochtúirí ag rá go bhfuil siad an-dainséarach. Ceapaim gur fadhb ollmhór í seo i measc daoine óga agus tá an fhadhb ag fás.

Ceist shamplach: An bhfuil fadhb mhór ag daoine óga le halcól sa lá atá inniu ann, dar leat?

Freagra samplach: Tá fadhb ag daoine óga áirithe *(some young people)* le halcól sa lá atá inniu ann, dar liom. Tá aithne agam ar dhaoine agus ólann siad deoch nó dhó agus is leor sin *(that's enough)*. Bíonn siad go breá. Ach tá daoine eile ann a théann thar fóir *(over the top)* leis an alcól. Ólann siad i bhfad an iomarca *(far too much)* agus bíonn sé dainséarach. Éiríonn daoine an-chrosta agus iad ag ól agus tosaíonn siad ag troid. Bíonn daoine áirithe a ólann an méid sin gur gá dóibh dul go dtí an t-ospidéal mar gheall ar nimhiú ó alcól *(alochol poisoning)*. Is fadhb mhór í seo, gan dabht.

Ceist shamplach: An bhfuil tú buartha faoin athrú aeráide *(climate change)*?

Freagra samplach: Táim an-bhuartha faoin athrú aeráide. Chonaic mé clár faisnéise *(documentary)* cúpla bliain ó shin le Leonardo DiCaprio, *Before the Flood* an t-ainm a bhí air. Rinne an clár cur síos ar na fadhbanna móra atá ag tíortha mar gheall ar an athrú aeráide. Chuir sé eagla orm. Déanaim cinnte athchúrsáil *(recycle)* a dhéanamh mé féin, úsáidim an rothar agus mé ag taisteal agus déanaim iarracht gan plaisteach a úsáid go rómhinic. Tá mé buartha faoi na stoirmeacha uafásacha agus na falscaithe *(wildfires)* dainséaracha atá ag tarlú níos minice anois. Tá siad scanrúil *(they are scary)*.

Ceist shamplach: Cad iad na fadhbanna is mó atá ag cur isteach ar an tír seo/ar shaol an lae inniu?

Freagra samplach: Is iad fadhbanna easpa dídine *(homelessness)* agus tithíochta *(housing)* na cinn is mó atá ag cur isteach ar an tír seo, dar liom. Níl lá dá dtéann thart *(not a day goes by)* nach bhfuil scéal ar an nuacht faoi phraghas na dtithe in Éirinn. Táim ocht mbliana déag d'aois anois, ach níl a fhios agam conas a bheidh mé in ann teach a cheannach sa todhchaí. Tá na tithe i bhfad róchostasach. Beidh mé i mo chónaí le mo thuismitheoirí ar feadh na mblianta!

An tSraith Pictiúr (80 marc)

Treoracha agus briathra úsáideacha don tSraith Pictiúr

- Is leor ceithre/cúig phointe eolais do gach ceann de na pictiúir sa tsraith.
- Cloígh le haimsir amháin den bhriathar ó thús deireadh na sraithe. (Tá sé níos éasca an aimsir chaite a úsáid.)
- Is féidir roinnt de na briathra san aimsir chaite sa liosta thíos a úsáid mar chabhair duit agus tú ag ullmhú don tSraith Pictiúr.

Ba mhaith leis/léi/leo	He/she/they wanted	D'ól sé/sí	He/she drank
Bhailigh sé/sí/siad	He/she/they collected	Dhúisigh sé/sí	He/she woke up
Bhain sé/sí taitneamh as	He/she enjoyed	Dúirt sé/sí (go raibh)	He/she said (that)
Bhí sé/Ní raibh sé	He was/He was not	Fuair sé/sí	He/she got
Bhris sé/sí	He/she broke	Ghlac sé/sí páirt (i/sa)	He/she took part (in)
Bhuaigh sé/sí	He/she won	Labhair sé/sí (faoi)	He/she spoke (about)
Bhuail sé/sí	He/she hit	Léigh sé/sí	He/she read
Bhuail sé/sí **le**	He/she met	Mhothaigh sé/sí	He/she felt
Cheannaigh sé/sí	He/she bought	Phléigh siad	They discussed
Chonaic sé/sí	He/she saw	Rinne sé/sí	He/she made/did
Chríochnaigh sé/sí	He/she finished	Sheinn sé/sí (ceol)	He/she played (music)
Chuaigh sé/sí	He/she went	Sheol sé/sí (téacs)	He/she sent (a text)
Chuardaigh sé/sí	He/she searched (for)	Smaoinigh sé/sí (ar)	He/she thought (about)
Chuir sé/sí	He/she put	Thaispeáin sé/sí	He/she showed
D'éirigh sé/sí	He/she got up/ He/she became	Thit sé/sí	He/she fell
D'éirigh leis/léi	He/she succeeded	Thóg sé/sí	He/she took
D'fhéach sé/sí **ar**	He/she watched	Thosaigh sé/sí	He/she started
D'fhoghlaim sé/sí	He/she learned	Thug sé/sí	He/she gave
D'imir sé/sí (spórt)	He/she played (sport)	Thug sé/sí cuairt **ar**	He/she visited
D'ith sé/sí	He/she ate	Thuig sé/sí	He/she knew/understood

Ceisteanna úsáideacha ginearálta don tSraith Pictiúr

Bain úsáid as na ceisteanna simplí céanna, mar atá thíos, do gach sraith pictiúr.
(Ní gá ach trí cheist a chur ar an scrúdaitheoir.)

NB: Cuirfidh tú na trí cheist ar an scrúdaitheoir ar dtús, agus cuirfidh sé/sí trí cheist ortsa ansin.

1. Cé mhéad duine atá i bpictiúr a haon/a dó/a trí/a ceathair/a cúig/a sé?
2. Cad a dúirt sé/sí i bpictiúr a ...?
3. Cad a phléigh siad i bpictiúr a ...?
4. Conas a mhothaigh sé/sí i bpictiúr ...?
5. Cá bhfuil sé/sí/siad i bpictiúr a ...?
6. Cad a tharla i bpictiúr a ...?
7. Déan cur síos ar an duine/ar an aimsir (srl.) i bpictiúr a ...
8. Cad a chonaic sé/sí i bpictiúr a ...?
9. Cén t-ainm a bhí ar an duine/ar an bhfoirgneamh (srl.) i bpictiúr a ...?
10. Cá ndeachaigh sé/sí i bpictiúr a ...?

Aonad a hAon Déag
Cluastuiscint

Clár

Aonad 3 — An Dalta agus a Thimpeallacht

An Chluastuiscint — Triail a hAon

Cuid A 🔊 Rian 11.01

Cloisfidh tú **dhá** fhógra raidió sa chuid seo. Cloisfidh tú gach fógra díobh **faoi dhó**. Beidh sos ann leis na freagraí a scríobh tar éis na chéad éisteachta **agus** tar éis an dara héisteacht.

Fógra a hAon 🔊 Rian 11.02

Bí ag faire amach do na focail seo agus léigh os ard iad sula n-éisteann tú leis an gcluastuiscint.

feighlí leanaí	childminder	lánúin	couple	iarratais	applications

Líon isteach an t-eolas atá á lorg sa ghreille anseo.

Cén t-ainm ata ar an glár?	
Cé mhéad páiste atá ag an lánúin?	
Ainmnigh jab amháin a bheidh le déanamh ag an duine i rith an lae.	
Cad é an dáta deireanach do na hiarratais?	

Fógra a Dó 🔊 Rian 11.03

Bí ag faire amach do na focail seo agus léigh os ard iad sula n-éisteann tú leis an gcluastuiscint.

ócáid	occasion	leabharlannaí	librarian
cuireadh	invitation	aitheanta	well-known

1 **(a)** Céard a osclaíodh i Ráth Chairn inné?

_____

(b) Cén t-am a dhúnfaidh an leabharlann gach tráthnóna?

_____

2 **(a)** Cathain a bheidh Nuala Ní Dhomhnaill ag teacht chuig an leabharlann?

_____

(b) Céard a dhéanfaidh Nuala Ní Dhomhnaill sa leabharlann?

_____

Cuid B 🔊 Rian 11.04

Cloisfidh tú *dhá* chomhrá sa chuid seo. Cloisfidh tú gach comhrá díobh **faoi dhó**. Cloisfidh tú an comhrá ó thosach deireadh an chéad uair. Ansin cloisfidh tú ina *dhá* mhír é. Beidh sos ann leis na freagraí a scríobh tar éis gach míre díobh.

Comhrá a hAon 🔊 Rian 11.05

Bí ag faire amach do na focail seo agus léigh os ard iad sula n-éisteann tú leis an gcluastuiscint.

moill	*delay*	cealú	*cancellation*	bagáiste caillte	*lost luggage*
eitilt	*flight*	scuainí	*queues*	slándáil	*security*
ar ceal	*cancelled*	bainis	*wedding*	ar iarraidh	*lost*
strusmhar	*stressful*	cíos	*rent*	saint	*greed*

An Chéad Mhír

1 Cén fáth a raibh Seán agus a mhuintir ag dul go dtí an Ghearmáin?

_____

2 Luaigh fáth amháin a raibh máthair Sheáin trína chéile.

_____

An Dara Mír

1 Cá ndeachaigh Máire ar saoire?

_____

2 Luaigh rud amháin a thaispeánann go raibh an tsaoire an-chostasach.

_____

Comhrá a Dó 🔊 Rian 11.06

Bí ag faire amach do na focail seo agus léigh os ard iad sula n-éisteann tú leis an gcluastuiscint.

comhlánaigh	*fill in*	scannánaíocht	*film*	corraithe	*moved*
ag plé le	*dealing with*	earnáil	*sector*	tréidlia	*vet*
scanraigh	*frighten*	airdeallach	*alert*	laonna á mbreith	*calving*

An Chéad Mhír

1 Cad é an chéad rogha a bhí ag Sorcha?

_____

2 Cad a dhéanfaidh Sorcha sa choláiste anois?

_____

An Dara Mír

1 Luaigh bealach amháin ar chuir Cillian suim sa tréidliacht.

_____

2 Cad a cheapann Sorcha faoin obair a dhéanfaidh Cillian?

_____

Cuid C 🔊 Rian 11.07

Cloisfidh tú **dhá** phíosa nuachta sa chuid seo. Cloisfidh tú gach píosa díobh **faoi dhó**. Beidh sos ann leis na freagraí a scríobh tar éis na chéad éisteachta **agus** tar éis an dara héisteacht.

Píosa a hAon 🔊 Rian 11.08

Bí ag faire amach do na focail seo agus léigh os ard iad sula n-éisteann tú leis an gcluastuiscint.

comhlacht	company	dea-scéal	good news	oifigiúil	official

1 Cé mhéad post a bheidh ar fáil sna siopaí?

_____

2 Cathain a osclófar na siopaí?

_____

Píosa a Dó 🔊 Rian 11.09

Bí ag faire amach do na focail seo agus léigh os ard iad sula n-éisteann tú leis an gcluastuiscint.

i láthair	present	ócáid	occasion	iompar	transport

1 Céard a d'oscail an Taoiseach inné?

_____

2 Cá raibh an dinnéar speisialta ar siúl?

_____

Aonad 4 — Cúrsaí Scoile agus Oibre

An Chluastuiscint — Triail a Dó

Cuid A 🔊 Rian 11.10

Cloisfidh tú *dhá* fhógra raidió sa chuid seo. Cloisfidh tú gach fógra díobh **faoi dhó**. Beidh sos ann leis na freagraí a scríobh tar éis na chéad éisteachta *agus* tar éis an dara héisteacht.

Fógra a hAon 🔊 Rian 11.11

Bí ag faire amach do na focail seo agus léigh os ard iad sula n-éisteann tú leis an gcluastuiscint.

iarratais	*applications*	nua-aimseartha	*modern*	ceannaireacht	*leadership*

Líon isteach an t-eolas atá á lorg sa ghreille anseo.

Cén post atá á fhógairt sa scoil seo?	
Cé mhéad dalta atá ag freastal ar an scoil?	
Cathain a tógadh an scoil?	
Cathain a bheidh na hagallaimh ar siúl?	

Fógra a Dó 🔊 Rian 11.12

Bí ag faire amach do na focail seo agus léigh os ard iad sula n-éisteann tú leis an gcluastuiscint.

campas	*campus*	árasáin	*apartments*	ceiliúradh	*celebrate*

1 (a) Cá raibh an Taoiseach inné?

_____

(b) Céard a d'oscail sé?

_____

2 (a) Ainmnigh dhá áis atá ar an gcampas.

_____

(b) Céard a bhí ar siúl ag deireadh an lae?

_____

Cuid B 🔊 Rian 11.13

Cloisfidh tú **dhá** chomhrá sa chuid seo. Cloisfidh tú gach comhrá díobh **faoi dhó**. Cloisfidh tú an comhrá ó thosach deireadh an chéad uair. Ansin cloisfidh tú ina **dhá** mhír é. Beidh sos ann leis na freagraí a scríobh tar éis gach míre díobh.

Comhrá a hAon 🔊 Rian 11.14

Bí ag faire amach do na focail seo agus léigh os ard iad sula n-éisteann tú leis an gcluastuiscint.

páirtaimseartha	*part time*	folmhaigh	*empty*	dochreidte	*unbelievable*

An Chéad Mhír

❶ Cá bhfuil Máire ag obair?

_____

❷ Céard a bhí á dhéanamh aici tar éis lóin?

_____

An Dara Mír

❶ Cá bhfuair Antaine post páirtaimseartha?

_____

❷ Cé a bhíonn san oifig gach maidin óna naoi a chlog go dtí a haon a chlog?

_____

Comhrá a Dó 🔊 Rian 11.15

Bí ag faire amach do na focail seo agus léigh os ard iad sula n-éisteann tú leis an gcluastuiscint.

tionscadal	*project*	sciob	*snatch*	cóip	*copy*
pionós	*punishment*	cuir ar fionraí	*suspend*	ródhian	*too strict*

An Chéad Mhír

❶ Céard a chríochnaigh Niamh?

_____

❷ Céard a rinne Pól sa scrúdú mata?

_____

An Dara Mír

❶ Céard a d'inis an príomhoide do Dhaid?

_____

❷ Cá ndeachaigh Tomás agus na buachaillí eile?

_____

Cuid C 🔊 Rian 11.16

Cloisfidh tú **dhá** phíosa nuachta sa chuid seo. Cloisfidh tú gach píosa díobh **faoi dhó**. Beidh sos ann leis na freagraí a scríobh tar éis na chéad éisteachta **agus** tar éis an dara héisteacht.

Píosa a hAon 🔊 Rian 11.17

Bí ag faire amach do na focail seo agus léigh os ard iad sula n-éisteann tú leis an gcluastuiscint.

i láthair	present	ar son	on behalf of	bord bainistíochta	board of management
cóip	copy	ar intinn ag	intend to	todhchaí	future

❶ Cá raibh an slua bailithe?

_____

❷ Ainmnigh rud amháin a tugadh do Thomás an oíche sin.

_____

Píosa a Dó 🔊 Rian 11.18

Bí ag faire amach do na focail seo agus léigh os ard iad sula n-éisteann tú leis an gcluastuiscint.

damáiste	damage	obair dheisiúcháin	repair work

❶ Céard a bheidh á dhéanamh ag na déagóirí san ollmhargadh?

_____

❷ Cathain a dhéanfar an obair dheisiúcháin?

_____

Aonad 5 — Saol an Duine Óig

An Chluastuiscint — Triail a Trí

Cuid A 🔊 **Rian 11.19**

Cloisfidh tú **dhá** fhógra raidió sa chuid seo. Cloisfidh tú gach fógra díobh **faoi dhó**. Beidh sos ann leis na freagraí a scríobh tar éis na chéad éisteachta **agus** tar éis an dara héisteacht.

Fógra a hAon 🔊 Rian 11.20

Bí ag faire amach do na focail seo agus léigh os ard iad sula n-éisteann tú leis an gcluastuiscint.

iarratais	*applications*	foireann sóisir	*junior team*	foireann sinsir	*senior team*
séisiúin traenála	*training sessions*	bainisteoireacht	*managership*	riachtanach	*essential*

Líon isteach an t-eolas atá á lorg sa ghreille anseo.

Cén post atá ar fáil?	
Cathain a bhíonn traenáil ag an bhfoireann sóisir?	
Cá mbíonn na seisiúin traenála ar siúl?	
Cad é an dáta deireanach do na hiarratais?	

Fógra a Dó 🔊 Rian 11.21

Bí ag faire amach do na focail seo agus léigh os ard iad sula n-éisteann tú leis an gcluastuiscint.

láithreoir	*presenter*	ag díriú	*focussing*	taifeadadh	*recording*

❶ (a) Cathain a chuirfear tús leis an gclár nua?

_____

(b) Cén t-ainm atá ar an gclár?

_____

❷ (a) Ainmnigh banna ceoil amháin a bheidh ag seinm ar an gcéad chlár.

_____

(b) Conas is féidir ticéid a fháil don chlár?

_____

Cuid B 🔊 Rian 11.22

Cloisfidh tú *dhá* chomhrá sa chuid seo. Cloisfidh tú gach comhrá díobh **faoi dhó**. Cloisfidh tú an comhrá ó thosach deireadh an chéad uair. Ansin cloisfidh tú ina *dhá* mhír é. Beidh sos ann leis na freagraí a scríobh tar éis gach míre díobh.

Comhrá a hAon 🔊 Rian 11.23

Bí ag faire amach do na focail seo agus léigh os ard iad sula n-éisteann tú leis an gcluastuiscint.

ag amharc	*watching*	lánchúlaí	*fullback*	fisiceach	*physical*
colainn	*body*	comhtholgadh	*concussion*	bainistíocht	*management*
láithreach bonn	*immediately*	buillí cinn	*headers*	dornálaithe	*boxers*
éigeantach	*compulsory*	clogad	*helmet*		

An Chéad Mhír

1 Cad a bhí stairiúil faoin gcluiche?

_____

2 Cén scór a bhí ann?

_____

An Dara Mír

1 Luaigh rud amháin faoi Johnny Sexton.

_____

2 Luaigh spórt eile a ndéantar dochar don chloigeann ann.

_____

Comhrá a Dó 🔊 Rian 11.24

Bí ag faire amach do na focail seo agus léigh os ard iad sula n-éisteann tú leis an gcluastuiscint.

turas scoile	*school trip*	i dtaisce	*saved*	costasach	*expensive*
lóistín	*accommodation*	scuaine	*queue*	puball	*tent*

An Chéad Mhír

1 Cén fáth nach bhfuil Ailbhe ag dul ar an turas scoile?

_____

2 Cá mbeidh Ruairí agus Éamonn ag dul i mí an Mheithimh?

_____

An Dara Mír

1 Cá bhfuil aintín Ruairí ina cónaí?

_____

2 Cén fáth a bhfuil a aintín sa Spáinn faoi láthair?

_____

Cuid C 🔊 Rian 11.25

Cloisfidh tú **dhá** phíosa nuachta sa chuid seo. Cloisfidh tú gach píosa díobh **faoi dhó**. Beidh sos ann leis na freagraí a scríobh tar éis na chéad éisteachta **agus** tar éis an dara héisteacht.

Píosa a hAon 🔊 Rian 11.26

Bí ag faire amach do na focail seo agus léigh os ard iad sula n-éisteann tú leis an gcluastuiscint.

fostófar	will be employed	áiseanna	facilities	meall	attract

1 Cén t-ainm atá ar an óstán?

_____

2 Céard a osclóidh úinéirí an óstáin an samhradh seo chugainn?

_____

Píosa a Dó 🔊 Rian 11.27

Bí ag faire amach do na focail seo agus léigh os ard iad sula n-éisteann tú leis an gcluastuiscint.

Uíbh Eachach	Iveagh	folláine	wellness	gan dídean	homeless
i gcomhpháirt le	in conjunction with	paindéim	pandemic	fíorúil	virtual
dochtúirí na gcos	chiropodists	siamsaíocht	entertainment	ióga	yoga

1 Cathain a bheidh an fhéile ar siúl?

_____

2 Luaigh rud amháin a bhíonn ar siúl ag an bhféile.

_____

Aonad 6 — An Ghaeilge Timpeall Orainn

An Chluastuiscint — Triail a Ceathair

Cuid A 🔊 Rian 11.28

Cloisfidh tú *dhá* fhógra raidió sa chuid seo. Cloisfidh tú gach fógra díobh **faoi dhó**. Beidh sos ann leis na freagraí a scríobh tar éis na chéad éisteachta *agus* tar éis an dara héisteacht.

Fógra a hAon 🔊 Rian 11.29

Bí ag faire amach do na focail seo agus léigh os ard iad sula n-éisteann tú leis an gcluastuiscint.

láithreoir	*presenter*	léiritheoir	*producer*	craol	*broadcast*

Líon isteach an t-eolas atá á lorg sa ghreille anseo.

Cén stáisiún raidió atá i gceist anseo?	
Cé mhéad láithreoir atá ag teastáil?	
Cén t-ainm atá ar an gclár nua?	
Conas is féidir tuilleadh eolais a fháil?	

Fógra a Dó 🔊 Rian 11.30

Bí ag faire amach do na focail seo agus léigh os ard iad sula n-éisteann tú leis an gcluastuiscint.

seoladh	*was launched*	draíocht	*magic*	i bhfeidhm ar	*affect*

❶ **(a)** Cathain a seoladh an leabhar nua?

_____

(b) Cén t-ainm atá ar an leabhar?

_____

❷ **(a)** Cathain a bheidh an leabhar sna siopaí?

_____

(b) Cén praghas a bheidh ar an leabhar?

_____

Cuid B 🔊 Rian 11.31

Cloisfidh tú *dhá* chomhrá sa chuid seo. Cloisfidh tú gach comhrá díobh **faoi dhó**. Cloisfidh tú an comhrá ó thosach deireadh an chéad uair. Ansin cloisfidh tú ina *dhá* mhír é. Beidh sos ann leis na freagraí a scríobh tar éis gach míre díobh.

Comhrá a hAon 🔊 Rian 11.32

Bí ag faire amach do na focail seo agus léigh os ard iad sula n-éisteann tú leis an gcluastuiscint.

cinnire	*prefect*	tuisceanach	*understanding*	éalaigh	*escape*
rí rá	*commotion*	náirithe	*ashamed*		

An Chéad Mhír

❶ Cá raibh Eoin i mí an Mheithimh sa Ghaeltacht?

_____

❷ Conas mar a bhí an aimsir i gColáiste Chamuis?

_____

An Dara Mír

❶ Céard a chuala bean an tí?

_____

❷ Cá raibh na buachaillí?

_____

Comhrá a Dó 🔊 Rian 11.33

Bí ag faire amach do na focail seo agus léigh os ard iad sula n-éisteann tú leis an gcluastuiscint.

béaloideas	*folklore*	Fiannaíocht	*Fenian (stories)*	draíochtúil	*magical*

An Chéad Mhír

❶ Cén clár a chonaic Áine ar TG4?

_____

❷ Cén obair bhaile atá le déanamh acu don Luan seo chugainn?

_____

An Dara Mír

❶ Cathain a d'fhág Máirtín Ó Direáin an t-oileán?

_____

❷ Céard a cheapann Áine faoin dán 'An tEarrach Thiar'?

_____

Cuid C ◀)) Rian 11.34

Cloisfidh tú **dhá** phíosa nuachta sa chuid seo. Cloisfidh tú gach píosa díobh **faoi dhó**. Beidh sos ann leis na freagraí a scríobh tar éis na chéad éisteachta **agus** tar éis an dara héisteacht.

Píosa a hAon ◀)) Rian 11.35

Bí ag faire amach do na focail seo agus léigh os ard iad sula n-éisteann tú leis an gcluastuiscint.

babhla seamróg	_bowl of shamrock_	mar is gnáth	_as usual_
cuireadh	_invitation_	ócáid	_occasion_

❶ Cá ndeachaigh an Taoiseach i rith Fhéile Naomh Pádraig?

_____

❷ Céard a bhí ar siúl an oíche sin?

_____

Píosa a Dó ◀)) Rian 11.36

Bí ag faire amach do na focail seo agus léigh os ard iad sula n-éisteann tú leis an gcluastuiscint.

stairiúil	_historical_	gaisce	_achievement_	gradam	_award_

❶ Luaigh dhá rud stairiúla faoin scannán.

(a) _____

(b) _____

Aonad 7 — Na Meáin Chumarsáide

An Chluastuiscint — Triail a Cúig

Cuid A 🔊 Rian 11.37

Cloisfidh tú **dhá** fhógra raidió sa chuid seo. Cloisfidh tú gach fógra díobh **faoi dhó**. Beidh sos ann leis na freagraí a scríobh tar éis na chéad éisteachta **agus** tar éis an dara héisteacht.

Fógra a hAon 🔊 Rian 11.38

Bí ag faire amach do na focail seo agus léigh os ard iad sula n-éisteann tú leis an gcluastuiscint.

Sráid Fhearchair	Harcourt Street	líofa	fluent	ag cuidiú	helping

Líon isteach an t-eolas atá á lorg sa ghreille anseo.

Cé mhéad post atá ar fáil?	
Ainmnigh an siopa seo.	
Luaigh rud amháin a bheidh le déanamh sa phost.	
Cé hí Niamh Nic Giolla Bhríde?	

Fógra a Dó 🔊 Rian 11.39

Bí ag faire amach do na focail seo agus léigh os ard iad sula n-éisteann tú leis an gcluastuiscint.

láithreoir	presenter	aoi	guest	stiúideo	studio

❶ (a) Cén stáisiún raidió atá i gceist anseo?

_____

(b) Cathain a thosóidh an clár nua?

_____

❷ (a) Cén t-ainm atá ar an gclár nua?

_____

(b) Cé a bheidh sa stiúideo le Síle don chéad chlár?

_____

Cuid B 🔊 Rian 11.40

Cloisfidh tú **dhá** chomhrá sa chuid seo. Cloisfidh tú gach comhrá díobh **faoi dhó**. Cloisfidh tú an comhrá ó thosach deireadh an chéad uair. Ansin cloisfidh tú ina **dhá** mhír é. Beidh sos ann leis na freagraí a scríobh tar éis gach míre díobh.

Comhrá a hAon 🔊 Rian 11.41

Bí ag faire amach do na focail seo agus léigh os ard iad sula n-éisteann tú leis an gcluastuiscint.

ar deargbhuile	*furious*	ag seoladh	*sending*	maitheas	*good*
fanacht siar	*stay behind*	a aimsiú	*find*	cuardaigh	*search*
seilf	*shelf*	go géar	*closely*	óinseach	*fool*

An Chéad Mhír

❶ Céard a chaill Aisling?

_____

❷ Cén fáth a raibh ar Nollaig Ó Domhnaill fanacht siar tar éis scoile Dé hAoine seo caite?

_____

An Dara Mír

❶ Cén t-am a chríochnóidh an rang staire?

_____

❷ Cá mbuailfidh Aisling agus Daithí le chéile?

_____

Comhrá a Dó 🔊 Rian 11.42

Bí ag faire amach do na focail seo agus léigh os ard iad sula n-éisteann tú leis an gcluastuiscint.

comhghairdeas	*congratulations*	galánta	*posh*	láithreoir	*presenter*
iris	*magazine*	craol	*broadcast*	clár faisnéise	*documentary*

An Chéad Mhír

❶ Cá raibh an comórtas ar siúl?

_____

❷ Cén iris idirlín Ghaeilge a d'ainmnigh Pól?

_____

An Dara Mír

❶ Cé atá ina cónaí in aice le cathair Oxford?

_____

❷ Ainmnigh rud amháin a rinne Pól i Londain.

_____

Cuid C 🔊 Rian 11.43

Cloisfidh tú **dhá** phíosa nuachta sa chuid seo. Cloisfidh tú gach píosa díobh **faoi dhó**. Beidh sos ann leis na freagraí a scríobh tar éis na chéad éisteachta **agus** tar éis an dara héisteacht.

Píosa a hAon 🔊 Rian 11.44

Bí ag faire amach do na focail seo agus léigh os ard iad sula n-éisteann tú leis an gcluastuiscint.

cáiliúil	_famous_	ag moladh	_praising_	beomhar	_lively_

❶ Céard a sheol na daltaí i rang a trí chuig Gabriel Rosenstock?

_____

❷ Céard a scríobhann Gabriel Rosenstock?

_____

Píosa a Dó 🔊 Rian 11.45

Bí ag faire amach do na focail seo agus léigh os ard iad sula n-éisteann tú leis an gcluastuiscint.

loitiméireacht	_vandalism_	páirc imeartha	_playing pitch_	áitiúil	_local_
ag spraoithiomáint	_joyriding_	lorg rothaí	_tyre tracks_	coiste	_committee_

❶ Luaigh rud amháin faoin eachtra a tharla.

_____

❷ Cé mhéad airgid a chaith an coiste le déanaí?

_____

Aonad 8 — Ábhair eile a gCuirim Spéis Iontu

An Chluastuiscint — Triail a Sé

Cuid A 🔊 Rian 11.46

Cloisfidh tú *dhá* fhógra raidió sa chuid seo. Cloisfidh tú gach fógra díobh **faoi dhó**. Beidh sos ann leis na freagraí a scríobh tar éis na chéad éisteachta *agus* tar éis an dara héisteacht.

Fógra a hAon 🔊 Rian 11.47

Bí ag faire amach do na focail seo agus léigh os ard iad sula n-éisteann tú leis an gcluastuiscint.

Cearnóg Mhuirfean	*Merrion Square*	rás rothaíochta	*bike race*	urraithe	*sponsored*
rothaithe	*cyclists*	bronnadh	*was presented*	corn	*cup*

Líon isteach an t-eolas atá á lorg sa ghreille anseo.

Cathain a bhí an rás rothaíochta urraithe ar siúl?	
Cé a chuir tús leis an rás?	
Cá fhad an rás?	
Céard a bronnadh ar an mbuaiteoir i dteach an Ardmhéara?	

Fógra a Dó 🔊 Rian 11.48

Bí ag faire amach do na focail seo agus léigh os ard iad sula n-éisteann tú leis an gcluastuiscint.

scoláireacht	*scholarship*	printíseacht	*apprenticeship*	ceirdeanna	*trades*
pluiméireacht	*plumbing*	siúinéireacht	*woodwork*	meicneoireacht	*mechanics*
réimse na nuálaíochta	*innovation field*	innealtóireacht	*engineering*	ríomhaireacht	*computing*

❶ Cé atá ag cur na scoláireachtaí ar fáil?

_____

❷ Luaigh dhá rud faoi na scoláireachtaí.

(a) _____

(b) _____

❸ Luaigh grúpa amháin atá ábalta cur isteach ar na scoláireachtaí.

_____

Cuid B 🔊 Rian 11.49

Cloisfidh tú *dhá* chomhrá sa chuid seo. Cloisfidh tú gach comhrá díobh **faoi dhó**. Cloisfidh tú an comhrá ó thosach deireadh an chéad uair. Ansin cloisfidh tú ina *dhá* mhír é. Beidh sos ann leis na freagraí a scríobh tar éis gach míre díobh.

Comhrá a hAon 🔊 Rian 11.50

Bí ag faire amach do na focail seo agus léigh os ard iad sula n-éisteann tú leis an gcluastuiscint.

ag feitheamh	*waiting*	an iomarca	*too much*	monarcha	*factory*
lonnaithe	*based*	imeall	*edge*	tuilleadh	*extra*

An Chéad Mhír

❶ Cathain a bheidh Ríona ag déanamh an scrúdú cainte sa Ghaeilge?

_____

❷ Céard a dhéanann Ríona gach tráthnóna ag ullmhú don scrúdú cainte?

_____

An Dara Mír

❶ Cé a bheidh ag teacht chun cabhrú le Tomás sa scrúdú cainte sa Fhraincis?

_____

❷ Céard atá le déanamh ag Ríona anocht?

_____

Comhrá a Dó 🔊 Rian 11.51

Bí ag faire amach do na focail seo agus léigh os ard iad sula n-éisteann tú leis an gcluastuiscint.

scrúdú tiomána	*driving test*	ar an drochuair	*unfortunately*	cancrach	*cranky*
sleamhain	*slippy*	coscáin	*breaks*	liosta feithimh	*waiting list*
ionad tástála	*test centre*	foighneach	*patient*	cineálta	*kind*

An Chéad Mhír

❶ Cathain a rinne Úna an scrúdú tiomána?

_____

❷ Cé mhéad ceacht tiomána a rinne Úna sa samhradh?

_____

An Dara Mír

1 Conas mar a bhí an aimsir i rith an scrúdaithe?

_____

2 Cén sórt duine é athair Úna?

_____

Cuid C 🔊 Rian 11.52

Cloisfidh tú **dhá** phíosa nuachta sa chuid seo. Cloisfidh tú gach píosa díobh **faoi dhó**. Beidh sos ann leis na freagraí a scríobh tar éis na chéad éisteachta **agus** tar éis an dara héisteacht.

Píosa a hAon 🔊 Rian 11.53

Bí ag faire amach do na focail seo agus léigh os ard iad sula n-éisteann tú leis an gcluastuiscint.

seirbhís nuachta	*news service*	ar an bhfód	*in existence*	cúrsaí reatha	*current affairs*
ar leith	*special*	ardluas	*highspeed*	leathanbhanda	*broadband*

1 Cad atá á cheiliúradh ag tuairisc.ie?

_____

2 Cén fáth a bhfuil na hoifigí suite i mBearna?

_____

Píosa a Dó 🔊 Rian 11.54

Bí ag faire amach do na focail seo agus léigh os ard iad sula n-éisteann tú leis an gcluastuiscint.

altra	*nurse*	céim	*degree*	coinne	*appointment*

1 Cé mhéad ama a chaith Peadar ag obair i Meiriceá?

_____

2 Cé a bheidh ag obair mar altra san oifig fiaclóra?

_____

Aonad a Dó Dhéag
Ag Ullmhú don Scrúdú

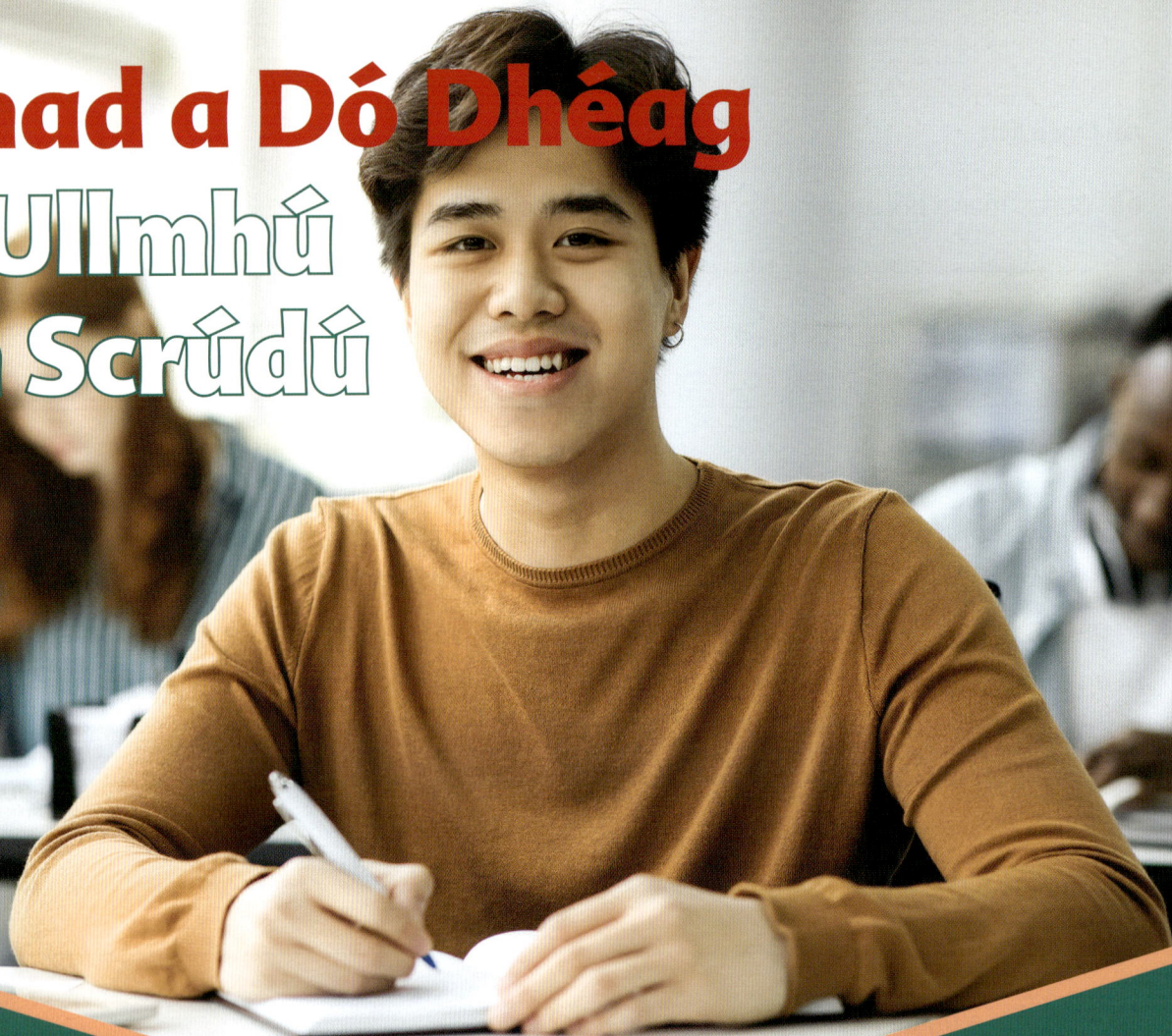

Clár

Páipéar a hAon   1 uair 50 nóiméad

❶ Cluastuiscint   60 marc

❷ Ceapadóireacht   100 marc

Ceapadóireacht

- **Freagair do rogha dhá cheann de A, B, C, D thíos.**

- **Scríobh leathleathanach i do fhreagra.**

A	Giota Leanúnach **nó** Blag	(50 marc)
B	Scéal	(50 marc)
C	Litir **nó** Ríomhphost	(50 marc)
D	Comhrá	(50 marc)

Sula dtosaíonn tú ag scríobh:

- Déan plean i do chóipleabhar agus cuir tús, lár agus deireadh soiléir ann.
- Bain úsáid as réimse leathan briathra sa Scéal.
- Foghlaim laethanta na seachtaine/an t-am/míonna na bliana.
- Foghlaim nathanna cainte chun mothúcháin a nochtadh.
- Foghlaim liosta aidiachtaí agus léigh scéalta samplacha.
- Léigh an cheist go cúramach agus déan plean i do chóipleabhar.
- Fág cúpla nóiméad ag an deireadh chun an scéal a athléamh agus na botúin a cheartú.

An Chluastuiscint
Ceisteanna

Déan staidéar ar na nathanna cainte thíos:

Cén t-ainm a bheidh ar an gclár nua?	*What is the name of the new programme?*
Cá fhad a leanfaidh an clár?	*How long will the programme last?*
Cén saghas ceoil a chasfar ar an gclár?	*What type of music will be played on the programme?*
Cá mbronnfar na duaiseanna?	*Where will the prizes be awarded?*
Luaigh dhá dhuais a bhronnfar.	*Mention two prizes that will be awarded.*
Cén costas a bheidh ar an gcúrsa?	*What will be the cost of the course?*
Cá raibh an chlann sa samhradh?	*Where were the family in the summer?*
Cathain a d'fhill siad abhaile?	*When did they return home?*
Cé a bhunaigh an coiste sa scoil?	*Who established the committee at school?*

Cé mhéad dalta a bhí ar Chomhairle na nDaltaí?	How many students were on the Students' Council?
Céard a d'eagraigh an coiste?	What did the committee organise?
Ar theip uirthi sa scrúdú?	Did she fail the exam?
Ar éirigh léi sa scrudú?	Did she succeed in the exam?
Cad iad na huaireanta a bhíonn an teach ar oscailt?	What are the opening hours of the house?
Cén mhí a thosaigh an tseirbhís?	In what month did the service begin?
Cá mbeidh an tsiúlóid ag tosú?	Where will the walk begin?
Cén dáta a thosóidh an tsiúlóid?	On what date will the walk begin?
Cá mbeidh na cártaí urraíochta le fáil?	Where will the sponsorship cards be available?
Céard a bheidh ar siúl i gCaisleán Bhaile Átha Cliath anocht?	What will take place in Dublin Castle tonight?
Céard a eiseofar ag an ócáid?	What will be released at the occasion?
Cén uimhir fóin atá ag an eagraíocht seo?	What is the phone number of this organisation?
Cathain a bheidh an scéim scoláireachta ag tosú?	When will the scholarship scheme begin?
Cén bhliain ar cuireadh tús leis an scéim?	In what year did the scheme begin?
Cén chathair ina bhfuil an bhialann seo?	In what city is this restaurant?
Cathain a osclófar an bhialann?	When will the restaurant open?
Cé dóibh na hirisí?	Who are the magazines for?
Cé mhéad a d'íoc siad ar na ticéid?	How much did they pay for the tickets?
Cá mbeidh na déagóirí ag dul?	Where will the teenagers go?
Cad a bheidh á sheoladh in oifigí Ghael-Linn anocht?	What launch will take place in the offices of Gael-Linn tonight?
Cé a bheidh i láthair don ócáid?	Who will be present for the occasion?
Luaigh buntáiste amháin a bhaineann leis an áit.	Mention one advantage associated with the place.
Luaigh míbhuntáiste amháin a bhaineann leis an áit.	Mention one disadvantage associated with the place.
Cathain a sheolfar an leabhar?	When will the book be launched?
Cé a thug moladh mór don leabhar?	Who praised/recommended the book?
Cén post ata fógartha anseo?	What job is advertised here?
Céard iad na cáilíochtaí atá riachtanach don phost?	What qualifications are necessary for the job?
Cén dáta deiridh atá luaite leis na hiarratais?	What is the latest date for the applications?
Céard iad na bunscileanna atá riachtanach don phost seo?	What basic skills are necessary for this job?
Cé mhéad airgid a bailíodh?	How much money was collected?
Cathain a bheidh an ócáid chuimhneacháin ar siúl?	When will the commemoration occasion take place?
Luaigh dhá cheann de na háiseanna a bheidh ar fáil sa phictiúrlann nua.	Mention two facilities that will be available in the new cinema.
Cén t-eolas a thugann na leabhair dúinn?	What information do the books give us?
Cé mhéad duine atá ag obair sa chomhlacht?	How many people are working in the company?
Cén tseirbhís a chuirfear ar fáil sa scoil?	What service will the school provide?

Briathra Rialta — An Aimsir Chaite
Foghlaim na briathra thíos san Aimsir Chaite:

Dhúisigh mé	I woke up	Cheangail mé	I tied
Rith mé	I ran	D'ullmhaigh mé	I prepared
D'oscail mé	I opened	D'imir mé	I played
Bhuail mé le	I met with	D'inis mé	I told
D'fhan mé	I stayed	Ghuigh mé	I prayed
D'fhág mé	I left	Ghlan mé	I cleaned
Bhraith mé	I felt	Chuidigh mé	I helped
Scread mé	I screamed	D'éirigh mé	I got up
Ghlaoigh mé	I called	D'oibrigh mé	I worked
Luigh mé	I lay	Bhrostaigh mé	I hurried
Chodail mé	I slept	Cheannaigh mé	I bought
Líon mé	I filled	Shiúil mé	I walked
Nigh mé	I washed	Ghortaigh mé	I injured
D'fhéach mé	I watched	Ghearr mé	I cut
Thosaigh mé	I started	Leag mé	I set
Dhún mé	I closed	D'fhiosraigh mé	I investigated
Shleamhnaigh mé	I slipped	Ghoid mé	I stole
Labhair mé	I spoke	D'éist mé	I listened
Chríochnaigh mé	I finished	Throid mé	I fought
Scríobh mé	I wrote	Léim mé	I jumped
Bhris mé	I broke	Chuir mé	I put
Chaill mé	I lost	D'fhill mé	I returned
Gheall mé	I promised	Thóg mé	I took

Na Briathra Neamhrialta — An Aimsir Chaite
Foghlaim na briathra thíos san Aimsir Chaite:

Bhí mé	I was	Fuair mé	I got
Thug mé	I gave	Rinne mé	I made
Rug mé	I grabbed/I caught	Chuala mé	I heard
Dúirt mé	I said	D'ith mé	I ate
Chonaic mé	I saw	Tháinig mé	I came
Chuaigh mé	I went		

Briathra Rialta   An Aimsir Láithreach

Foghlaim na briathra thíos san Aimsir Láithreach:

Dúisím	I wake up	Ceanglaím	I tie
Rithim	I run	Ullmhaím	I prepare
Osclaím	I open	Imrím	I play
Buailim le	I meet with	Insím	I tell
Fanaim	I stay	Guím	I pray
Fágaim	I leave	Glanaim	I clean
Braithim	I feel	Cuidím	I help
Screadaim	I scream	Éirím	I get up
Glaoim	I call	Oibrím	I work
Luím	I lie	Brostaím	I hurry
Codlaím	I sleep	Ceannaím	I buy
Líonaim	I fill	Siúlaim	I walk
Ním	I wash	Gortaím	I injure
Féachaim	I watch	Gearraim	I cut
Tosaím	I start	Leagaim	I set
Dúnaim	I close	Fiosraím	I investigate
Sleamhnaím	I slip	Goidim	I steal
Labhraím le	I speak with	Éistim	I listen
Críochnaím	I finish	Troidim	I fight
Scríobhaim	I write	Léimim	I jump
Brisim	I break	Cuirim	I put
Caillim	I lose	Fillim	I return
Geallaim	I promise	Tógaim	I take

Na Briathra Neamhrialta   An Aimsir Láithreach

Foghlaim na briathra thíos san Aimsir Láithreach:

Bím/táim	I am	Faighim	I get
Tugaim	I give	Déanaim	I make
Beirim	I grab / catch	Cloisim	I hear
Deirim	I say	Ithim	I eat
Feicim	I see	Tagaim	I come
Téim	I go		

Plean agus Cabhair don Scríbhneoireacht

Ag scríobh blag, comhrá, litreach nó scéil tá sé tábhachtach creatlach (framework) a bheith agat.

1. Cathain a tharla nó a tharlóidh an eachtra?
2. Cá raibh tú? Cén lá, dáta nó mhí a bhí ann?
3. Conas mar a bhí an aimsir an lá sin?
4. Conas a bhraith tú an lá sin? (*How did you feel?*)
5. Céard a tharla ina dhiaidh sin? Cá ndeachaigh tú agus céard a rinne tú?
6. Conas a bhraith tú ag deireadh an lae?

inné	*yesterday*	anocht	*tonight*
arú inné	*the day before yesterday*	aréir	*last night*
anocht	*tonight*	amárach	*tomorrow*
an tseachtain seo caite	*last week*	an samhradh seo caite	*last summer*
cúpla lá ó shin	*a few days ago*	go moch ar maidin	*early this morning*

Laethanta na seachtaine	Míonna na bliana	An t-am	
Dé Luain	Eanáir	1.00	a haon a chlog
Dé Máirt	Feabhra	2.15	ceathrú tar éis a dó
Dé Céadaoin	Márta	3.30	leathuair tar éis a trí
Déardaoin	Aibreán	4.45	ceathrú chun a cúig
Dé hAoine	Bealtaine	5.00	a cúig a chlog
Dé Sathairn	Meitheamh	6.45	ceathrú chun a seacht
Dé Domhnaigh	Iúil	7.00	a seacht a chlog
	Lúnasa	8.15	ceathrú tar éis a hocht
	Meán Fómhair	9.30	leathuair tar éis a naoi
	Deireadh Fómhair	10.45	ceathrú chun a haon déag
	Samhain	11.00	a haon déag a chlog
	Nollaig	12.15	ceathrú tar éis a dó dhéag

An Aimsir

Scéal	Blag	Litir	Ríomhphost	Comhrá

Dea-aimsir

Bhí an ghrian ag scoilteadh na gcloch.	*The sun was splitting the rocks.*
Lá te, grianmhar a bhí ann.	*It was a hot, sunny day.*
Bhí an ghrian ag spalpadh anuas orainn.	*The sun was beating down on us.*
Bhí gaoth dheas bhog ag séideadh ón iarthar.	*A nice soft wind was blowing from the west.*
Lá álainn a bhí ann.	*It was a beautiful day.*
Bhí teas sa ghrian an lá sin.	*There was heat in the sun that day.*

Báisteach

Bhí sé ag stealladh báistí an lá sin.	*It was lashing rain that day.*
Bhí locháin uisce ar fud na háite.	*There were puddles of water everywhere.*
Bhí mé fliuch go craiceann.	*I was soaked to the skin.*
Thit báisteach throm anuas orainn.	*Heavy rain fell on us.*
Thosaigh sé ag cur báisítí go trom.	*It started raining heavily.*
Bhí ceathanna báistí againn i rith an lae.	*There were rain showers during the day.*

Aimsir stoirmiúil

Bhí stoirm fhíochmhar ann lasmuigh.	*There was a fierce storm outside.*
Bhí gaoth gharbh ag séideadh.	*A rough wind was blowing.*
Lá stoirmiúil a bhí ann.	*It was a stormy day.*
D'éirigh sé scamallach agus dorcha.	*It became cloudy and dark.*
Chualamar tintreach agus chonaiceamar toirneach lasmuigh.	*We heard thunder and saw lightning outside.*
Oíche fhuar gheimhridh a bhí ann.	*It was a cold winter's night.*

Conas a Bhraith tú an Lá Sin?

Scéal	Blag	Litir		Ríomhphost	Comhrá
áthasach	*happy*	neirbhíseach	*nervous*	imníoch	*worried*
brónach	*sad*	feargach	*angry*	áiféalach	*regretful*
sceimhlithe	*terrified*	sceitimíneach	*excited*	sona	*happy*
bríomhar	*lively*	cancrach	*cranky*	mífhoighneach	*impatient*

Áthas

Bhí mé ar mhuin na muice an lá sin.	*I was delighted on that day.*
Níor chreid mé mo shúile an lá sin.	*I didn't believe my eyes that day.*
Bhí mé sceitimíneach an lá sin.	*I was excited that day.*
Bhí mé ag tnúth go mór leis an lá sin.	*I was really looking forward to that day.*

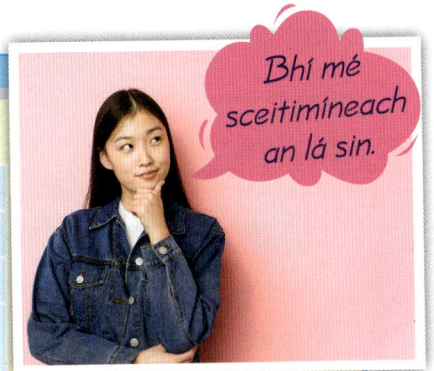

Bhí mé sceitimíneach an lá sin.

Eagla

Bhí mé sceimhlithe i mo bheatha.	*I was terrified.*
Bhí mo cheann ina roithleán.	*My head was spinning.*
Ba bheag nár thit mé i laige.	*I almost collapsed.*
Ní raibh gíog ná míog asam.	*I did not make a sound.*

Tuirse

Bhí mé tuirseach traochta an oíche sin.	*I was exhausted that night.*
Bhí mé spíonta amach an oíche sin.	*I was worn out that night.*
Is ar éigean a bhí mé in ann siúl abhaile.	*I was barely able to walk home.*
Thit mo chodladh orm go luath an oíche sin.	*I fell asleep early that night.*

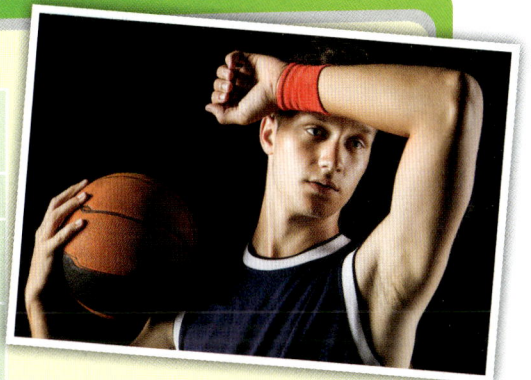

Ceapadóireacht: Scéal/Blag/Comhrá a scríobh

Tús

Scéal / Blag / Comhrá	Comhrá
Is cuimhin liom go maith an lá sin.	I remember that day well.
Ní raibh cíos, cás ná cathú orm an lá sin.	I hadn't a care in the world that day.
D'éirigh mé go luath agus bhí gliondar i mo chroí.	I got up early with joy in my heart.
Ar ámharaí an tsaoil	As luck would have it
Maidin samhraidh a bhí ann.	It was a summer's morning.

Críoch

Scéal / Blag / Comhrá	Comhrá
Beidh cuimhne orm go deo ar an lá sin.	I will remember that day forever.
Fanfaidh an eachtra sin i mo chuimhne go deo.	That event will stay in my memory forever.
Ní gá dom a rá go raibh áthas orm a bheith sa bhaile arís.	Needless to say that I was happy to be home again.
Lig mé osna faoisimh nuair a shroich mé an baile.	I sighed with relief when I reached home.
Rug mé barróg ar mo thuismitheoirí an oíche sin.	I hugged my parents that night.

Ceisteanna san Aimsir Chaite

Litir	Ríomhphost	Comhrá	
An bhfaca tú?	Did you see?	An raibh tú?	Were you?
An ndeachaigh tú?	Did you go?	Ar chuala tú?	Did you hear?
Ar tháinig tú?	Did you come?	Ar éirigh leat?	Did you succeed?
Ar theip ort?	Did you fail?	Ar thug tú?	Did you give?
Ar thóg tú?	Did you take?	Ar ghlac tú páirt?	Did you take part?
Ar thuill tú?	Did you earn?	Ar cheannaigh tú?	Did you buy?
Ar bhuail tú le?	Did you meet with?	Ar shiúil tú?	Did you walk?
Ar thaistil tú?	Did you travel?	Ar imir tú?	Did you play?
Ar oibrigh tú?	Did you work?	An ndearna tú?	Did you do?

Ceapadóireacht: Litir/Ríomhphost/Comhrá a scríobh
Tuairimí

Litir	Ríomhphost	Comhrá	
Measaim	*I think*	Ceapaim	*I think*
Is é mo thuairim	*it is my opinion*	Is dóigh liom	*I think*
Ní dóigh liom	*I don't think*	Aontaím	*I agree*
Ní aontaím	*I don't agree*	Creidim	*I believe*

Beannú

Litir Ríomhphost	Comhrá
Míle buíochas as an ríomhphost a sheol tú chugam ar maidin.	*Thank you for the email that you sent me this morning.*
Fan go gcloise tú an nuacht atá agam!	*Wait until you hear the news that I have!*
Ní bhfuair mé ríomhphost uait le fada.	*I have not received an email from you for a long time.*
Beannachtaí ó chontae na Gaillimhe.	*Greetings from County Galway.*
Abair le do theaghlach go raibh mé ag cur a dtuairisce.	*Tell your family that I was asking for them.*

Críoch

Litir Ríomhphost	Comhrá
Caithfidh mé imeacht. Tá deifir orm.	*I have to go. I am in a hurry.*
Caithfidh mé slán a fhágáil leat anois.	*I have to say goodbye now.*
Cuir glao orm go luath.	*Call me soon.*
Feicfidh mé go luath thú.	*I will see you soon.*
Ba bhreá liom cloisteáil uait.	*I would love to hear from you.*

An Modh Ordaitheach

Litir	Ríomhphost	Comhrá	
Tar linn	*Come with us*	Glaoigh orm	*Call me*
Cabhraigh liom	*Help me*	Buail liom	*Meet with me*
Déan deifir!	*Hurry up!*	Éist!	*Listen!*

Aonad a Trí Déag
Gramadach

Clár

1 An Aimsir Chaite 📄 PowerPoint

inné, aréir, an tseachtain seo caite, anuraidh

An chéad réimniú

Caith	Féach	Éist
Chaith mé/tú/sé/sí	D'fhéach mé/tú/sé/sí	D'éist mé/tú/sé/sí
Chaitheamar (nó chaith muid)	D'fhéachamar (nó d'fhéach muid)	D'éisteamar (nó d'éist muid)
Chaith sibh/siad	D'fhéach sibh/siad	D'éist sibh/siad
Caitheadh	Féachadh	Éisteadh
Níor chaith mé	Níor fhéach mé	Níor éist mé
Ar chaitheamar?	Ar fhéachamar?	Ar éisteamar?

Cleachtaí ag scríobh

A Cuir na briathra seo san Aimsir Chaite (mar atá déanta thuas):

1 fás   2 bris   3 fág   4 díol   5 íoc

B Cuir na briathra seo san Aimsir Chaite (mar atá déanta thuas):

1 tóg   2 buail   3 bain   4 geall   5 sroich

C Scríobh na habairtí seo a leanas san Aimsir Chaite:

1 (Fág: mé) _____ an teach ag a hocht aréir.
2 (Glan: siad) _____ an teach arú inné.
3 (Fill: mé) _____ ar mo theach ag a naoi aréir.
4 (Sroich) _____ sí an scoil roimh an múinteoir inné.
5 (Féach: sé) _____ ar an gclár sin Dé Luain seo caite.

D Scríobh na habairtí seo a leanas san Aimsir Chaite:

1 (Coimeád) _____ an múinteoir na daltaí dána siar Dé hAoine seo caite.
2 (Siúil: mé) _____ ar scoil inné.
3 (Buail: mé) _____ le mo chairde Dé Sathairn seo caite.
4 (Goid) _____ na buachaillí úlla sa ghairdín sin an samhradh seo caite agus (caith) _____ siad go léir san abhainn iad.
5 (Tuill) _____ sé a lán airgid an samhradh seo caite.

An dara réimniú

Cuimhnigh	Ullmhaigh	Freagair
Chuimhnigh mé/tú/sé/sí	D'ullmhaigh mé/tú/sé/sí	D'fhreagair mé/tú/sé/sí
Chuimhníomar (nó chuimhnigh muid)	D'ullmhaíomar (nó d'ullmhaigh muid)	D'fhreagraíomar (nó d'fhreagair muid)
Chuimhnigh sibh/siad	D'ullmhaigh sibh/siad	D'fhreagair sibh/siad
Cuimhníodh	Ullmhaíodh	Freagraíodh
Níor chuimhnigh mé	Níor ullmhaigh mé	Níor fhreagair mé
Ar chuimhnigh mé?	Ar ullmhaigh mé?	Ar fhreagair mé?

Cleachtaí ag scríobh

A **Scríobh na briathra seo san Aimsir Chaite (mar atá déanta thuas):**

1. bailigh
2. cabhraigh
3. oibrigh
4. gortaigh
5. bagair

B **Scríobh na briathra seo san Aimsir Chaite (mar atá déanta thuas):**

1. impigh
2. mothaigh
3. codail
4. éirigh
5. críochnaigh

C **Scríobh na habairtí seo a leanas san Aimsir Chaite:**

1. (Bailigh) _____ an múinteoir na cóipleabhair inné agus (ceartaigh) _____ sí aréir iad.
2. (Cuardaigh) _____ na gardaí an áit an tseachtain seo caite agus (aimsigh) _____ an t-airgead a bhí goidte.
3. (Oibrigh) _____ siad óna deich go dtí a cúig an deireadh seachtaine seo caite agus (tuill) _____ siad céad euro.
4. (Cóirigh) _____ sí an leaba ar maidin agus (glan) _____ sí an seomra.
5. (Fiosraigh) _____ na gardaí an suíomh mar bhí tine san áit.

D **Scríobh na habairtí seo a leanas san Aimsir Chaite:**

1. (Codail: mé) _____ go sámh an deireadh seachtaine seo caite agus (dúisigh mé) _____ ag meán lae.
2. (Freagair) _____ sí na ceisteanna go léir don rang inné.
3. (Imir) _____ siad go maith sa chluiche Dé Domhnaigh seo caite.
4. (Oibrigh) _____ sé go dian agus (éirigh) _____ go maith leis sa scrúdú.
5. (Sleamhnaigh) _____ an carr ar an leac oighir agus (buail) _____ sé i gcoinne an bhalla.

An Aimsir Chaite — Na Briathra Neamhrialta

Bí	Abair
Bhí mé/Ní raibh mé	Dúirt mé/Ní dúirt mé
Bhí tú/sé/sí	Dúirt tú/sé/sí
Bhíomar/An rabhamar?	Dúramar/An ndúramar?
Bhí sibh/siad	Dúirt sibh/siad
Bhíothas/Ní rabhthas	Dúradh/Ní dúradh

Feic	Faigh
Chonaic mé/tú/sé/sí/Ní fhaca mé	Fuair mé/tú/sé/sí/Ní bhfuair mé
Chonaiceamar/An bhfacamar?	Fuaireamar/An bhfuaireamar?
Chonaic sibh/siad	Fuair sibh/siad
Chonacthas/Ní fhacthas	Fuarthas/Ní bhfuarthas

Téigh	Déan
Chuaigh mé/tú/sé/sí/Ní dheachaigh mé	Rinne mé/tú/sé/sí/Ní dhearna mé
Chuamar/An ndeachamar?	Rinneamar/An ndearnamar?
Chuaigh sibh/siad	Rinne sibh/siad
Chuathas/Ní dheachthas	Rinneadh/Ní dhearnadh

Tabhair	Ith
Thug mé/tú/sé/sí/Níor thug mé	D'ith mé/tú/sé/sí/Níor ith mé
Thugamar/Ar thugamar?	D'itheamar/Ar itheamar?
Thug sibh/siad	D'ith sibh/siad
Tugadh/Níor tugadh	Itheadh/Níor itheadh

Tar	Beir
Tháinig mé/tú/sé/sí/Níor tháinig mé	Rug mé/tú/sé/sí/Níor rug mé
Thángamar/Ar thángamar?	Rugamar/Ar rugamar?
Tháinig sibh/siad	Rug sibh/siad
Thángthas/Níor thángthas	Rugadh/Níor rugadh

Clois
Chuala mé/tú/sé/sí/Níor chuala mé
Chualamar/Ar chualamar?
Chuala sibh/siad
Chualathas/Níor chualathas

Cleachtadh: Líon na bearnaí

Athscríobh an sliocht seo a leanas san Aimsir Chaite i do chóipleabhar.

Maidin inné (clois) _____ sí an clog ag bualadh. (Dúisigh) _____ sí agus (éirigh) _____ sí óna leaba. (Téigh) _____ sí isteach sa seomra folctha agus (nigh) _____ sí í féin. (Tar) _____ sí ar ais go dtí a seomra leapa agus (cuardaigh) _____ sí a cuid éadaigh. (Bí) _____ siad ar fud na háite. (Feic) _____ sí a cuid éadaigh scoile faoin leaba. (Beir) _____ sí ar na héadaí agus (cuir) _____ sí uirthi iad. (Glaoigh) _____ a máthair uirthi. (Abair) _____ sí léi dul síos an staighre. (Téigh) _____ sí síos an staighre agus (ith) _____ sí a bricfeasta. (Déan) _____ sí a lón agus (faigh) _____ sí airgead óna hathair don bhus. (Tabhair) _____ sí póg dá tuismitheoirí agus (imigh) _____ sí.

2 An Aimsir Láithreach

PowerPoint

inniu, gach seachtain, gach bliain, gach samhradh

An chéad réimniú

Féach	Caith	Éist
Féachaim	Caithim	Éistim
Féachann tú/sé/sí	Caitheann tú/sé/sí	Éisteann tú/sé/sí
Féachaimid	Caithimid	Éistimid
Féachann sibh/siad	Caitheann sibh/siad	Éisteann sibh/siad
Féachtar	Caitear	Éistear
Ní fhéachaim	Ní chaithim	Ní éistim
An bhféachaimid?	An gcaithimid?	An éistimid?

Cleachtaí ag scríobh

A Cuir na briathra seo a leanas amach san Aimsir Láithreach (mar atá déanta thuas):

1 fás   2 bris   3 fág   4 díol   5 íoc

B Cuir na briathra seo a leanas amach san Aimsir Láithreach (mar atá déanta thuas):

1 tóg   2 buail   3 bain   4 geall   5 sroich

C Scríobh na habairtí seo a leanas san Aimsir Láithreach:

1 (Fág: mé) _____ an teach ag a hocht gach maidin.
2 (Glan: siad) _____ an teach gach Satharn.
3 (Fill: tú) _____ ar do theach ag a naoi gach oíche.
4 (Sroich) _____ sí an scoil roimh an múinteoir de ghnáth.
5 (Féach: sé) _____ ar an gclár sin gach Luan.

D Scríobh na habairtí seo a leanas san Aimsir Láithreach:

1 (Siúil: mé) _____ ar scoil gach maidin.
2 (Buail: mé) _____ le mo chairde gach Satharn.
3 (Goid) _____ na buachaillí úlla sa ghairdín sin gach aon samhradh agus (caith) _____ siad go léir san abhainn iad.
4 (Tuill) _____ sé a lán airgid sa samhradh.
5 (Coimeád) _____ an múinteoir na daltaí dána siar gach Aoine.

An dara réimniú

Ullmhaigh	Cuimhnigh	Freagair
Ullmhaím	Cuimhním	Freagraím
Ullmhaíonn tú/sé/sí	Cuimhníonn tú/sé/sí	Freagraíonn tú/sé/sí
Ullmhaímid	Cuimhnímid	Freagraímid
Ullmhaíonn sibh/siad	Cuimhníonn sibh/siad	Freagraíonn sibh/siad
Ullmhaítear	Cuimhnítear	Freagraítear
Ní ullmhaím	Ní chuimhním	Ní fhreagraím
An ullmhaímid?	An gcuimhnímid?	An bhfreagraímid?

Cleachtaí ag scríobh

A Cuir na briathra seo san Aimsir Láithreach (mar atá déanta thuas):

1 bailigh   2 cabhraigh   3 oibrigh   4 gortaigh   5 bagair

B Cuir na briathra seo san Aimsir Láithreach (mar atá déanta thuas):

1 impigh   2 mothaigh   3 codail   4 éirigh   5 críochnaigh

C Scríobh na habairtí seo a leanas san Aimsir Láithreach:

1 (Bailigh) _____ an múinteoir na cóipleabhair gach lá agus (ceartaigh) _____ sí ansin iad.

2 (Cuardaigh) _____ na gardaí an áit go cúramach agus (aimsigh) _____ an t-airgead a bhí goidte.

3 (Oibrigh) _____ siad óna deich go dtí a cúig gach deireadh seachtaine agus (tuill) _____ siad céad euro.

4 (Cóirigh) _____ sí an leaba ar maidin agus (glan) _____ sí an seomra.

5 (Fiosraigh) _____ na gardaí an suíomh aon uair a bhíonn tine san áit.

D Scríobh na habairtí seo a leanas san Aimsir Láithreach:

1 (Codail: mé) _____ go sámh gach deireadh seachtaine agus (dúisigh: mé) _____ ag meán lae.

2 (Freagair) _____ sí na ceisteanna go léir don rang anois.

3 (Imir) _____ siad go maith sa chluiche gach Domhnach.

4 (Oibrigh) _____ sé go dian agus (éirigh) _____ go maith leis sa scrúdú.

5 (Sleamhnaigh) _____ an carr ar an leac oighir agus (buail) _____ sé i gcoinne an bhalla.

An Aimsir Láithreach — Na Briathra Neamhrialta

Bí	Abair
Táim/Nílim	Deirim/Ní deirim
Tá tú/sé/sí/Níl tú	Deir tú/sé/sí/Ní deir tú
Táimid/An bhfuilimid?	Deirimid/An ndeirimid?
Tá sibh/siad	Deir sibh/said
Táthar	Deirtear

Bí – An Aimsir Ghnáthláithreach	Feic
Bím/Ní bhím	Feicim/Ní fheicim
Bíonn tú/sé/sí/Ní bhíonn tú	Feiceann tú/sé/sí/Ní fheiceann tú
Bímid/An mbímid?	Feicimid/An bhfeicimid?
Bíonn sibh/siad	Feiceann sibh/siad
Bítear	Feictear

Faigh	Téigh
Faighim/Ní fhaighim	Téim/Ní théim
Faigheann tú/sé/sí/Ní fhaigheann tú	Téann tú/sé/sí/Ní théann tú
Faighimid/An bhfaighimid?	Téimid/An dtéimid?
Faigheann sibh/siad	Téann sibh/siad
Faightear	Téitear

Déan	Tabhair
Déanaim/Ní dhéanaim	Tugaim/Ní thugaim
Déanann tú/sé/sí/Ní dhéanann tú	Tugann tú/sé/sí/Ní thugann tú
Déanaimid/An ndéanaimid?	Tugaimid/An dtugaimid?
Déanann sibh/siad	Tugann sibh/siad
Déantar	Tugtar

Ith	Tar
Ithim/Ní ithim	Tagaim/Ní thagaim
Itheann tú/sé/sí/Ní itheann tú	Tagann tú/sé/sí/Ní thagann tú
Ithimid/An ithimid?	Tagaimid/An dtagaimid?
Itheann sibh/siad	Tagann sibh/siad
Itear	Tagtar

Beir	Clois
Beirim/Ní bheirim	Cloisim/Ní chloisim
Beireann tú/sé/sí/Ní bheireann tú	Cloiseann tú/sé/sí/Ní chloiseann tú
Beirimid/An mbeirimid?	Cloisimid/An gcloisimid?
Beireann sibh/siad	Cloiseann sibh/siad
Beirtear	Cloistear

Cleachtadh: Líon na bearnaí

Athscríobh an sliocht seo a leanas san Aimsir Láithreach.

Gach maidin (clois) _____ sí an clog ag bualadh. (Dúisigh) _____ sí agus (éirigh) _____ sí óna leaba. (Téigh) _____ sí isteach sa seomra folctha agus (nigh) _____ sí í féin. (Tar) _____ sí ar ais go dtí a seomra leapa agus (cuardaigh) _____ sí a cuid éadaigh. (Bí) _____ siad ar fud na háite. (Feic) _____ sí a chuid éadaigh scoile faoin leaba. (Beir) _____ sí ar na héadaí agus (cuir) _____ sí uirthi iad. (Glaoigh) _____ a máthair uirthi. (Abair) _____ sí léi dul síos an staighre. (Téigh) _____ sí síos an staighre agus (ith) _____ sí a bricfeasta. (Déan) _____ sí a lón agus (faigh) _____ sí airgead óna hathair don bhus. (Tabhair) _____ sí póg dá tuismitheoirí agus (imigh) _____ sí.

3 An Aimsir Fháistineach

PowerPoint

amárach, anocht, an bhliain seo chugainn, an tseachtain seo chugainn

An chéad réimniú

Féach	Bain	Éist
Féachfaidh mé/tú/sé/sí	Bainfidh mé/tú/sé/sí	Éistfidh mé/tú/sé/sí
Féachfaimid	Bainfimid	Éistfimid
Féachfaidh sibh/siad	Bainfidh sibh/siad	Éistfidh sibh/siad
Féachfar	Bainfear	Éistfear
Ní fhéachfaidh mé	Ní bhainfidh mé	Ní éistfidh mé
An bhféachfaimid?	An mbainfimid?	An éistfimid?

Cleachtaí ag scríobh

A Cuir na briathra seo san Aimsir Fháistineach (mar atá déanta thuas):

❶ fás   ❷ bris   ❸ fág   ❹ díol   ❺ íoc

B Cuir na briathra seo san Aimsir Fháistineach (mar atá déanta thuas):

❶ tóg   ❷ buail   ❸ bain   ❹ geall   ❺ sroich

C Scríobh na habairtí seo a leanas san Aimsir Fháistineach:

❶ (Fág: mé) _____ an teach ag a hocht maidin amárach.
❷ (Glan: siad) _____ an teach Dé Sathairn seo chugainn.
❸ (Fill: tú) _____ ar do theach ag a naoi san oíche amárach.
❹ (Sroich) _____ sí an scoil roimh an múinteoir amárach.
❺ (Féach: sé) _____ ar an gclár sin Dé Luain seo chugainn.

D Scríobh na habairtí seo a leanas san Aimsir Fháistineach:

❶ (Coimeád) _____ an múinteoir na daltaí dána siar Dé hAoine seo chugainn.
❷ (Siúil: mé) _____ ar scoil maidin amárach.
❸ (Buail: mé) _____ le mo chairde Dé Sathairn seo chugainn.
❹ (Goid) _____ na buachaillí úlla sa ghairdín sin an samhradh seo chugainn agus (caith) _____ siad go léir san abhainn iad.
❺ (Tuill) _____ sé a lán airgid an samhradh seo chugainn.

An dara réimniú

Ullmhaigh	Cuimhnigh	Freagair
Ullmhóidh mé/tú/sé/sí	Cuimhneoidh mé/tú/sé/sí	Freagróidh mé/tú/sé/sí
Ullmhóimid	Cuimhneoimid	Freagróimid
Ullmhóidh sibh/siad	Cuimhneoidh sibh/siad	Freagróidh sibh/siad
Ullmhófar	Cuimhneofar	Freagrófar
Ní ullmhóidh mé	Ní chuimhneoidh mé	Ní fhreagróidh mé
An ullmhóimid?	An gcuimhneoimid?	An bhfreagróimid?

Cleachtaí ag scríobh

A Cuir na briathra seo san Aimsir Fháistineach (mar atá déanta thuas):

1. bailigh
2. cabhraigh
3. oibrigh
4. gortaigh
5. bagair

B Cuir na briathra seo san Aimsir Fháistineach (mar atá déanta thuas):

1. impigh
2. mothaigh
3. codail
4. éirigh
5. críochnaigh

C Scríobh na habairtí seo a leanas san Aimsir Fháistineach:

1. (Bailigh) _____ an múinteoir na cóipleabhair amárach agus (ceartaigh) _____ sí ansin iad.
2. (Cuardaigh) _____ na gardaí an áit go cúramach agus (aimsigh) _____ an t-airgead a bhí goidte.
3. (Oibrigh) _____ siad óna deich go dtí a cúig an deireadh seachtaine seo chugainn agus (tuill) _____ siad céad euro.
4. (Cóirigh) _____ sí an leaba ar maidin agus (glan) _____ sí an seomra.
5. (Fiosraigh) _____ na gardaí an suíomh aon uair a bheidh tine san áit.

D Scríobh na habairtí seo a leanas san Aimsir Fháistineach:

1. (Codail: mé) _____ go sámh an deireadh seachtaine seo chugainn agus (dúisigh: mé) _____ ag meán lae.
2. (Freagair) _____ sí na ceisteanna go léir don rang amárach.
3. (Imir) _____ siad go maith sa chluiche Dé Domhnaigh seo chugainn.
4. (Oibrigh) _____ sé go dian agus (éirigh) _____ go maith leis sa scrúdú.
5. (Sleamhnaigh) _____ an carr ar an leac oighir agus (buail) _____ sé i gcoinne an bhalla.

An Aimsir Fháistineach — Na Briathra Neamhrialta

Bí	Abair
Beidh mé/tú/sé/sí/ ní bheidh mé	Déarfaidh mé/tú/sé/sí/Ní déarfaidh mé
Beimid/ an mbeimid?	Déarfaimid/An ndéarfaimid?
Beidh sibh/siad	Déarfaidh sibh/siad
Beifear/ní bheifear	Déarfar/Ní déarfar

Feic	Faigh
Feicfidh mé/tú/sé/sí/Ní fheicfidh mé	Gheobhaidh mé/tú/sé/sí/Ní bhfaighidh mé
Feicfimid/An bhfeicfimid?	Gheobhaimid/An bhfaighimid?
Feicfidh sibh/siad	Gheobhaidh sibh/siad
Feicfear/Ní fheicfear	Gheofar/Ní bhfaighfear

Téigh	Déan
Rachaidh mé/tú/sé/sí/Ní rachaidh mé	Déanfaidh mé/tú/sé/sí/Ní dhéanfaidh mé
Rachaimid/An rachaimid?	Déanfaimid/An ndéanfaimid?
Rachaidh sibh/siad	Déanfaidh sibh/siad
Rachfar/Ní rachfar	Déanfar/Ní dhéanfar

Tabhair	Ith
Tabharfaidh mé/tú/sé/sí/Ní thabharfaidh mé	Íosfaidh mé/tú/sé/sí/Ní íosfaidh mé
Tabharfaimid/An dtabharfaimid?	Íosfaimid/An íosfaimid?
Tabharfaidh sibh/siad	Íosfaidh sibh/siad
Tabharfar/Ní thabharfar	Íosfar/Ní íosfar

Tar	Beir
Tiocfaidh mé/tú/sé/sí/Ní thiocfaidh mé	Béarfaidh mé/tú/sé/sí/Ní bhéarfaidh mé
Tiocfaimid/An dtiocfaimid?	Béarfaimid/An mbéarfaimid?
Tiocfaidh sibh/siad	Béarfaidh sibh/siad
Tiocfar/Ní thiocfar	Béarfar/Ní bhéarfar

Clois
Cloisfidh mé/tú/sé/sí/Ní chloisfidh mé
Cloisfimid/An gcloisfimid?
Cloisfidh sibh/siad
Cloisfear/Ní chloisfear

Cleachtadh: Líon na bearnaí

Athscríobh an sliocht seo a leanas san Aimsir Fháistineach.

Maidin amárach (clois) _____ sí an clog ag bualadh. (Dúisigh) _____ sí agus (éirigh) _____ sí óna leaba. (Téigh) _____ sí isteach sa seomra folctha agus (nigh) _____ sí í féin. (Tar) _____ sí ar ais go dtí a seomra leapa agus (cuardaigh) _____ sí a cuid éadaigh. (Bí) _____ siad ar fud na háite. (Feic) _____ sí a cuid éadaigh scoile faoin leaba. (Beir) _____ sí ar na héadaí agus (cuir) _____ sí uirthi iad. (Glaoigh) _____ a máthair uirthi. (Abair) _____ sí léi dul síos an staighre. (Téigh) _____ sí síos an staighre agus (ith) _____ sí a bricfeasta. (Déan) _____ sí a lón agus (faigh) _____ sí airgead óna hathair don bhus. (Tabhair) _____ sí póg dá tuismitheoirí agus (imigh) _____ sí.

4 An Modh Coinníollach   PowerPoint

An chéad réimniú

Bain	Féach	Éist
Bhainfinn	D'fhéachfainn	D'éistfinn
Bhainfeá	D'fhéachfá	D'éistfeá
Bhainfeadh sé/sí	D'fhéachfadh sé/sí	D'éistfeadh sé/sí
Bhainfimis	D'fhéachfaimis	D'éistfimis
Bhainfeadh sibh	D'fhéachfadh sibh	D'éistfeadh sibh
Bhainfidís	D'fhéachfaidís	D'éistfidís
Bhainfí	D'fhéachfaí	D'éistfí
Ní bhainfinn	Ní fhéachfainn	Ní éistfinn
An mbainfimis?	An bhféachfaimis?	An éistfimis?
Dá mbainfinn	Dá bhféachfainn	Dá n-éistfinn

Cleachtaí ag scríobh

A Cuir na briathra seo sa Mhodh Coinníollach (mar atá déanta thuas):

❶ fás   ❷ bris   ❸ fág   ❹ díol   ❺ íoc

B Cuir na briathra seo sa Mhodh Coinníollach (mar atá déanta thuas):

❶ tóg   ❷ buail   ❸ bain   ❹ geall   ❺ sroich

C Scríobh na habairtí seo a leanas sa Mhodh Coinníollach:

❶ (Fág: mé) _____ an teach ag a hocht maidin amárach dá mbeadh scoil agam.

❷ (Glan: siad) _____ an teach Dé Sathairn seo chugainn dá mbeadh sé salach.

❸ (Fill: tú) _____ ar do theach ag a naoi san oíche amárach dá mbeadh ort.

❹ (Sroich) _____ sí an scoil roimh an múinteoir dá n-éireodh sí in am.

❺ (Féach: sé) _____ ar an gclár sin Dé Luain seo chugainn dá mbeadh teilifís aici.

425

D Scríobh na habairtí seo a leanas sa Mhodh Coinníollach:

❶ (Coimeád) _____ an múinteoir na daltaí siar Dé hAoine seo chugainn dá mbeidís dána.

❷ (Siúil: mé) _____ ar scoil maidin amárach mura mbeadh sé ag cur báistí.

❸ (Buail: mé) _____ le mo chairde Dé Sathairn seo chugainn dá mbeadh an t-am agam.

❹ Dá (goid) _____ na buachaillí úlla sa ghairdín sin an samhradh seo chugainn (caith: siad) _____ go léir san abhainn iad.

❺ (Tuill) _____ sé a lán airgid an samhradh seo chugainn dá mbeadh post aige.

An dara réimniú

Ullmhaigh	Cuimhnigh	Freagair
D'ullmhóinn	Chuimhneoinn	D'fhreagróinn
D'ullmhófá	Chuimhneofá	D'fhreagrófá
D'ullmhódh sé/sí	Chuimhneodh sé/sí	D'fhreagródh sé/sí
D'ullmhóimis	Chuimhneoimis	D'fhreagróimis
D'ullmhódh sibh	Chuimhneodh sibh	D'fhreagródh sibh
D'ullmhóidís	Chuimhneoidís	D'fhreagróidís
D'ullmhófaí	Chuimhneofaí	D'fhreagrófaí
Ní ullmhóinn	Ní chuimhneoinn	Ní fhreagróinn
An ullmhóimis?	An gcuimhneoimis?	An bhfreagóimis?
Dá/mura n-ullmhóinn	Dá/mura gcuimhneoinn	Dá/mura bhfreagróinn

Cleachtaí ag scríobh

A Cuir na briathra seo sa Mhodh Coinníollach (mar atá déanta thuas):

1 bailigh   2 cabhraigh   3 oibrigh   4 gortaigh   5 bagair

B Cuir na briathra seo sa Mhodh Coinníollach (mar atá déanta thuas):

1 impigh   2 mothaigh   3 codail   4 éirigh   5 críochnaigh

C Scríobh na habairtí seo a leanas sa Mhodh Coinníollach:

1 Dá (bailigh) _____ an múinteoir na cóipleabhair amárach (ceartaigh) _____ sí ansin iad.

2 Dá (cuardaigh) _____ na gardaí an áit go cúramach (aimsigh) _____ an t-airgead a bhí goidte.

3 (Tuill: siad) _____ céad euro dá (oibrigh siad) _____ óna deich go dtí a cúig an deireadh seachtaine seo chugainn.

4 (Cóirigh) _____ sí an leaba ar maidin agus (glan) _____ sí an seomra dá mbeadh gá leis.

5 (Fiosraigh) _____ na gardaí an suíomh dá mbeadh tine san áit.

D Scríobh na habairtí seo a leanas sa Mhodh Coinníollach:

1 Dá (codail: mé) _____ go sámh an deireadh seachtaine seo chugainn ní (dúisigh:mé) _____ go dtí meán lae.

2 (Freagair) _____ sí na ceisteanna go léir don rang amárach dá mbeadh sí ann.

3 (Imir: siad) _____ go maith sa chluiche Dé Domhnaigh seo chugainn dá mbeadh an aimsir go maith.

4 Dá (oibrigh) _____ sé go dian (éirigh) _____ go maith leis sa scrúdú.

5 Dá (sleamhnaigh) _____ an carr ar an leac oighir (buail) _____ sé i gcoinne an bhalla.

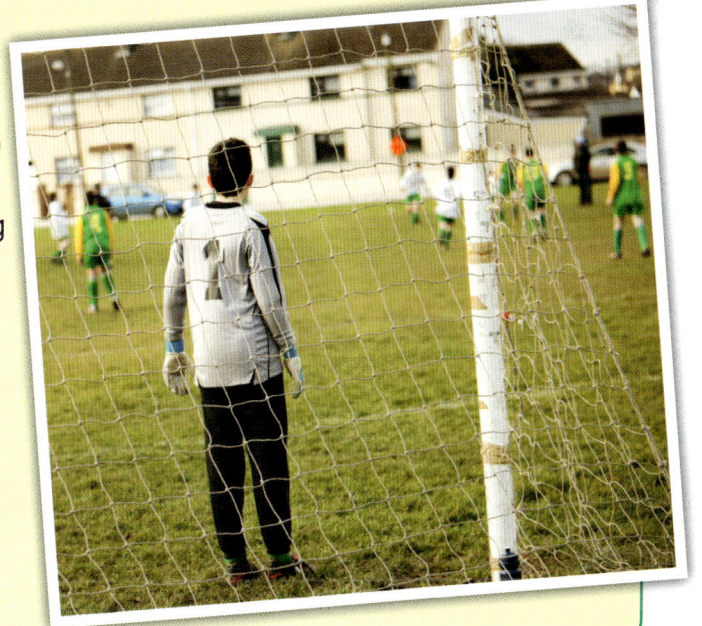

An Modh Coinníollach – Na Briathra Neamhrialta

Bí	Abair
Bheinn/Ní bheinn	Déarfainn/Ní déarfainn
Bheifeá	Déarfá
Bheadh sé/sí	Déarfadh sé/sí
Bheimis/An mbeimis?	Déarfaimis/An ndéarfaimis?
Bheadh sibh	Déarfadh sibh
Bheidís	Déarfaidís
Bheifí/Ní bheifí	Déarfaí/Ní déarfaí

Feic	Faigh
D'fheicfinn/Ní fheicfinn	Gheobhainn/Ní bhfaighinn
D'fheicfeá	Gheofá/Ní bhfaighfeá
D'fheicfeadh sé/sí	Gheobhadh sé/sí/Ní bhfaigheadh sé
D'fheicfimis/An bhfeicfimis?	Gheobhaimis/An bhfaighimis?
D'fheicfeadh sibh	Gheobhadh sibh/Ní bhfaigheadh sibh
D'fheicfidís	Gheobhaidís/Ní bhfaighidís
D'fheicfí/Ní fheicfí	Gheofaí/Ní bhfaighfí

Téigh	Déan
Rachainn/Ní rachainn	Dhéanfainn/Ní dhéanfainn
Rachfá	Dhéanfá
Rachadh sé/sí	Dhéanfadh sé/sí
Rachaimis/An rachaimis?	Dhéanfaimis/An ndéanfaimis?
Rachadh sibh	Dhéanfadh sibh
Rachaidís	Dhéanfaidís
Rachfaí/Ní rachfaí	Dhéanfaí/Ní dhéanfaí

Tabhair	Ith
Thabharfainn/Ní thabharfainn	D'íosfainn/Ní íosfainn
Thabharfá	D'íosfá
Thabharfadh sé/sí	D'íosfadh sé/sí
Thabharfaimis/An dtabharfaimis?	D'íosfaimis/An íosfaimis?
Thabharfadh sibh	D'íosfadh sibh
Thabharfaidís	D'íosfaidís
Thabharfaí/Ní thabharfaí	D'íosfaí/Ní íosfaí

Tar	Beir
Thiocfainn/Ní thiocfainn	Bhéarfainn/Ní bhéarfainn
Thiocfá	Bhéarfá
Thiocfadh sé/sí	Bhéarfadh sé/sí
Thiocfaimis/An dtiocfaimis?	Bhéarfaimis/An mbéarfaimis?
Thiocfadh sibh	Bhéarfadh sibh
Thiocfaidís	Bhéarfaidís
Thiocfaí/Ní thiocfaí	Bhéarfaí/nó bhéarfaí

Clois
Chloisfinn/Ní chloisfinn
Chloisfeá
Chloisfeadh sé/sí
Chloisfimis/An gcloisfimis?
Chloisfeadh sibh
Chloisfidís
Chloisfí/Ní chloisfí

Cleachtadh: Líon na bearnaí

Athscríobh an sliocht seo a leanas sa Mhodh Coinníollach.

Dá mbeadh sí ag baile (clois) _____ sí an clog ag bualadh. (Dúisigh) _____ sí agus (éirigh) _____ sí óna leaba. (Téigh) _____ sí isteach sa seomra folctha agus (nigh) _____ sí í féin. (Tar) _____ sí ar ais go dtí a seomra leapa agus (cuardaigh) _____ sí a cuid éadaigh. (Bí) _____ siad ar fud na háite. (Feic) _____ sí a cuid éadaigh scoile faoin leaba. (Beir) _____ sí ar na héadaí agus (cuir) _____ sí uirthi iad.

(Glaoigh) _____ a máthair uirthi. (Abair) _____ sí léi dul síos an staighre. (Téigh) _____ sí síos an staighre agus (ith) _____ sí a bricfeasta. (Déan) _____ sí a lón agus (faigh) _____ sí airgead óna hathair don bhus. (Tabhair) _____ sí póg dá tuismitheoirí agus (imigh) _____ sí.

5 An Aidiacht Shealbhach

PowerPoint

Roimh chonsan

mo + séimhiú *(my)*	mo chara	**mo dheartháir**	mo mháthair
do + séimhiú *(your)*	do chara	**do dheartháir**	do mháthair
a + séimhiú *(his)*	a chara	**a dheartháir**	a mháthair
a *(her)*	a cara	**a deartháir**	a máthair
ár + urú *(our)*	ár gcairde	**ár ndeartháireacha**	ár máthair
bhur + urú *(your)*	bhur gcairde	**bhur ndeartháireacha**	bhur máthair
a + urú *(their)*	a gcairde	**a ndeartháireacha**	a máthair

Cleachtaí ag scríobh

A Athscríobh na habairtí seo a leanas gan na lúibíní:

1. Chuaigh mé abhaile ón scoil le mo (deartháir) _____ inné.
2. Thit a (cóipleabhar) _____ ar an urlár agus phioc sé suas é.
3. Bhí a (máthair) _____ crosta léi mar nár thóg sí a (mála) _____ ar scoil.
4. D'itheamar ár (dinnéar) _____ go tapaidh mar bhí ocras orainn.
5. Tá mo (deirfiúr) _____ seacht mbliana d'aois.

B Athscríobh na habairtí seo a leanas gan na lúibíní:

1. Tá ár (teach) _____ suite faoin tuath agus is aoibhinn linn é.
2. Téim ar mo laethanta saoire gach samhradh le mo (muintir) _____ agus le mo (cara) _____ Úna.
3. Is aoibhinn léi a (múinteoir) _____ Gaeilge ach ní maith léi a (príomhoide) _____
4. 'Tá bhur (bróga) _____ agus bhur (cótaí) _____ in aice an dorais,' a dúirt Mam leis na páistí.
5. Thug siad a (cártaí) _____ don mhúinteoir um Nollaig.
6. Is maith liom Máirtín Ó Direáin agus a (cuid) _____ filíochta.

Roimh ghuta

m' *(my)*	m'athair
d' *(your)*	d'athair
a *(his)*	a athair
a *(her)* + h	a hathair
ár + n- *(our)*	ár n-athair
bhur + n- *(your)*	bhur n-athair
a + n- *(their)*	a n-athair

Cleachtaí ag scríobh

A Athscríobh na habairtí seo a leanas gan na lúibíní:

1. Scríobh sí a (ainm) _____ ar a (mála) _____ nua.
2. D'éirigh a (aghaidh) _____ an-dearg mar thit sé ar an talamh.
3. Chaill mé (mo uaireadóir) _____ ar mo (bealach) _____ ar scoil.
4. Bhí an cailín an-álainn agus thit an fear i ngrá lena (aghaidh) _____.
5. Léigh gach duine a (alt) _____ a scríobh siad sa pháipéar.
6. Cheannaigh a (uncail) _____ bronntanas dóibh ag an Nollaig.

B Athscríobh na habairtí seo a leanas gan na lúibíní:

1. Scríobhamar ár (aistí) _____ Béarla Dé Domhnaigh.
2. Mhill a (éad) _____ a (clann) _____ agus bhí brón uirthi ansin.
3. Is maith liom (mo eastát) _____ tithíochta mar tá sé an-deas.
4. Ní maith leo a (éide) _____ scoile mar tá dath dubh air.
5. Bhí fearg ar (mo athair) _____ nuair a briseadh isteach ina (siopa) _____.
6. Bhí mo (muintir) _____ go léir ann, mo (col ceathracha) _____ agus (mo aintín) _____ agus (mo uncail) _____ ach bhí díomá ar mo (máthair) _____ mar ní raibh a (aintíní) _____ ann.

Roimh ghuta

An aidiacht shealbhach le 'i'	An aidiacht shealbhach le 'le'	An aidiacht shealbhach le 'do'
Táim **i mo chónaí**	Bhí mé ag caint **le mo chara**	Thug mé an leabhar **do mo chara**
Tá tú **i do chónaí**	Bhí tú ag caint **le do chara**	Thug tú an leabhar **do do chara**
Tá sé **ina chónaí**	Bhí sé ag caint **lena chara**	Thug sé an leabhar **dá chara**
Tá sí **ina cónaí**	Bhí sí ag caint **lena cara**	Thug sí an leabhar **dá cara**
Táimid **inár gcónaí**	Bhíomar ag caint **lenár gcairde**	Thugamar an leabhar **dár gcairde**
Tá sibh **in bhur gcónaí**	Bhí sibh ag caint **le bhur gcairde**	Thug sibh an leabhar **do bhur gcairde**
Tá siad **ina gcónaí**	**Bhí siad ag caint lena gcairde**	Thug siad an leabhar **dá gcairde**

Cleachtaí ag scríobh

A Athscríobh na habairtí seo gan na lúibíní.

1. Bíonn Máire i gcónaí ag caint lena (cara) _____.
2. Thug an buachaill bronntanas dá (deartháir) _____ mar bhí a (breithlá) _____ ann.
3. Téann na cailíní amach lena (cairde) _____ gach deireadh seachtaine.
4. Is aoibhinn le mo (cara) _____ ceol agus thug mé ticéad don cheolchoirm dó dá (breithlá) _____.
5. Bhí Úna ag caint lena (athair) _____ sula ndeachaigh sí ar scoil ar maidin.
6. Tá mo Mhamó an-sean agus caitheann sí an lá ar fad ina (suí) _____ in aice na tine.

B Athscríobh na habairtí seo gan na lúibíní.

1. Uaireanta bíonn Iníon de Barra ina (seasamh) _____ agus uaireanta bíonn sí ina (suí) _____.
2. Is aoibhinn liom a bheith i mo (suí) _____ os comhair na teilifíse agus ag caint le mo (máthair) _____.
3. Feicim na daoine bochta ina (suí) _____ ar an talamh ag lorg déirce.
4. D'fhág ár (cairde) _____ an baile seo agus anois tá siad ina (cónaí) _____ faoin tuath.
5. Bhí sí neirbhíseach nuair a bhí sí ag fanacht lena (cuid) _____ torthaí.

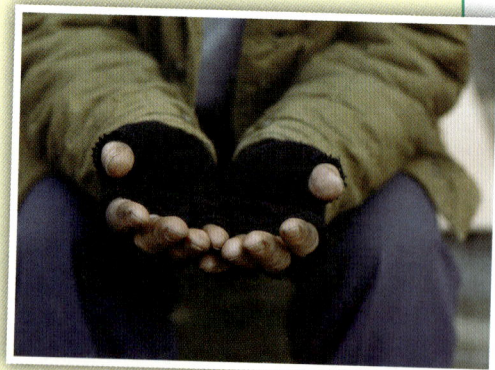

6 Séimhiú PowerPoint

Séimhiú

Leanann séimhiú na focail seo a leanas, má chuirtear roimh chonsan iad.

Ar – bhí áthas **ar Mh**áire **ach** ar bord loinge	**Roimh** – chuir mé fáilte **roimh Sh**eán	**Uimhreacha 1–6** aon bh**ád ach** aon duine
De – d'fhiafraigh mé **de Sh**eán	**Don** – **don ch**ailín	dhá bh**ád**
Do – **do Ph**ádraig	**Mo** – **mo ch**ara	trí bh**ád**
Faoi – ag caint **faoi Sh**eán	**Do** – **do mh**áthair	ceithre bh**ád**
Ó – saor **ó bh**uairt	**A(his)** – **a mh**áthair	cúig bh**ád**
Trí – chuaigh an teach **trí th**ine	**Ró** – **r**ómh**ór**	sé bh**ád**
Sa – **sa bh**aile ach sa teach	**An-** – **an-mh**aith	**Nuair a** – nuair a thagaim abhaile

Cleachtaí ag scríobh

A Athscríobh na habairtí thíos gan na lúibíní:

1. Nuair a (féachann) _____ Máire ar an teilifís bíonn áthas agus brón uirthi.

2. Chuir mé fáilte roimh (Pól) _____ nuair a tháinig sé abhaile ón Spáinn lena (muintir) _____.

3. Tá mo (cara) _____ an-(dána) _____ agus bhí uirthi fanacht siar sa (scoil) _____ Dé hAoine.

4. Nuair a (tar mé) _____ abhaile ón scoil athraím mo (cuid) _____ éadaigh.

5. Chuala mé ráfla faoi (Máire) _____ a dúirt gur bhuaigh a (athair) _____ an Crannchur.

B Athscríobh na habairtí thíos gan na lúibíní:

1. Chuaigh trí (teach) _____ trí (tine) _____ aréir sa (cathair) _____.

2. Thug mé an leabhar do (Ciara) _____ agus chuir sí ina (mála) _____ é.

3. Thug sí cúnamh don (múinteoir) _____ ach níor thug sí aon (cúnamh) _____ don (dochtúir) _____.

4. Bhí an rang ag magadh faoi (cailín) _____ nua a tháinig isteach agus bhí an múinteoir an-(feargach) _____ leis an rang.

5. Bhí mo (máthair) _____ ag caint lena (cara) _____ aréir.

7 Urú

📑 PowerPoint

Urú

Leanann urú na focail seo a leanas, má chuirtear roimh chonsan iad. I gcanúint Uladh, leanann séimhiú, seachas urú, na focail seo a leanas, má chuirtear roimh chonsan iad.

ag an – ag an gcailín	**ón** – ón bpáirc	
ar an – ar an gcailín	**tríd an** – tríd an bpost	**Uimhreacha 7–10**
as an – as an gcailín	**thar an** – thar an mballa	**seacht** gcapall
chuig an – chuig an mbord	**roimh an** – roimh an gcuairteoir	**ocht** gcapall
faoin – faoin mbord	**leis an** – leis an mbuachaill	**naoi** gcapall
ár – ár gcótaí		**deich** gcapall
bhur – bhur gcótaí		
a – a gcótaí	**i** – i gcónaí, i dtrioblóid,	

An t-urú

'm' roimh 'b' – ar an mbád	'n' roimh 'g' – roimh an ngarda
'g' roimh 'c' – ar an gcapall	'b' roimh 'p' – ar an bpáiste
'n' roimh 'd' – naoi ndoras	'd' roimh 't' – i dtír
'bh' roimh 'f' – ar an bhfarraige	

Cleachtaí ag scríobh

A Athscríobh na habairtí seo gan na lúibíní:

1. Bhí fearg ar an (bean) _____ nuair a goideadh a (mála) _____.

2. Beidh áthas an domhain ar an (fear) _____ nuair a gheobhaidh sé a (céad) _____ duais.

3. Bíonn Séamas i (cónaí) _____ ag caint sa rang agus bíonn sé i (trioblóid) _____ an t-am ar fad lena (múinteoir) _____.

4. D'éalaigh na gadaithe ón (príosún) _____ aréir agus d'fhág siad a (cótaí) _____ príosúin ina (diaidh) _____.

5. Is aoibhinn le mo (cara) _____ ainmhithe – tá seacht (cat), _____ trí (capall) _____ agus naoi (coinín) _____ aici.

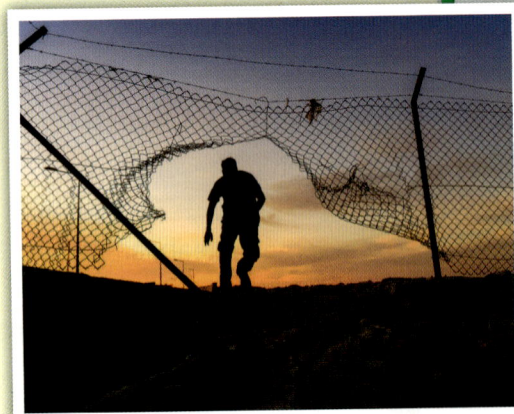

B Athscríobh na habairtí seo gan na lúibíní:

1. Nuair a chuaigh an teach trí (tine) _____ chuir an bhean glaoch ar an (briogáid) dóiteáin _____ ar an (fón) _____.

2. Bhí sé ag caint leis an (fiaclóir) _____ ach ní raibh sé ag éisteacht leis, bhí sé ag féachaint ar an (teilifís) _____.

3. Chuir an bhean fáilte roimh an (cuairteoir) _____ nuair a tháinig sé anseo ar cuairt ar a (teach) _____.

4. Nuair a bhíomar ag an (trá) _____ d'fhanamar ag féachaint ar an (farraige) _____ an lá ar fad.

5. Bhí fearg ar an (fear) _____ a bhí in aice leis an (fuinneog) _____.

C Athscríobh na habairtí seo a leanas gan na lúibíní:

1. D'iarr mé ar (Pádraig) _____ dul amach agus an bia a thabhairt don (bó) _____.

2. Tháinig sé abhaile ó (Baile) _____ Átha Cliath ina (carr) _____ agus bhí áthas ar a (máthair) _____ é a fheiceáil.

3. Thug sé an leabhar do (Siobhán) _____ agus scríobh sí a (ainm) _____ ar an (clúdach) _____.

4. Nuair a (féachaim) _____ ar an (clár) _____ sin bím i mo (suí) _____ ar an (cathaoir) _____.

5. Tá an rang snámha seo an-(maith) _____ ach ró(mór) _____.

D Athscríobh na habairtí seo a leanas gan na lúibíní:

1. Tá na páistí ró(cainteach) _____ agus tá a (athair) _____ an-(feargach) _____ leo.

2. Bhí náire ar (Bríd) _____ nuair a thit a (cuid) _____ fiacla _____ amach.

3. Ní (ceannaím) _____ a lán milseán mar lobhann siad (mo fiacla) _____ agus bíonn (mo fiaclóir) _____ an-(crosta) _____ liom.

4. Chuaigh Máire agus a (athair) _____ agus a (cara) _____ isteach sa (cathair) _____ agus cheannaigh siad bronntanais dá (cairde) _____.

5. Tá a lán daoine óga faoi (brú) _____ sa lá atá inniu ann, go háirithe óna (cairde) _____ agus óna (tuismitheoirí) _____.

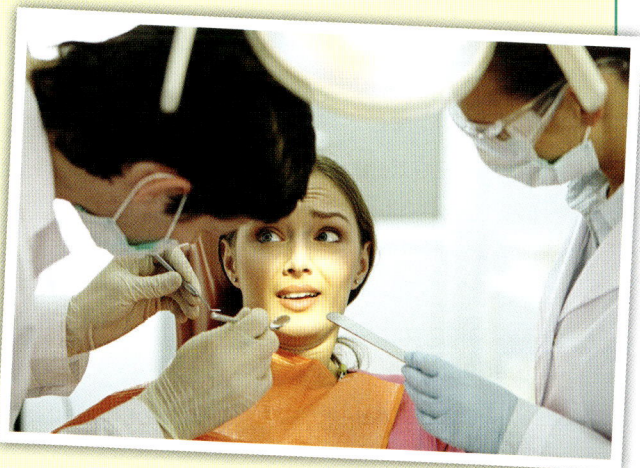

8 Na Réamhfhocail

PowerPoint

An Réamhfhocal — ar

ar + séimhiú		
orm	Tá tuirse orm.	Tá áthas **ar Mháire**.
ort	Tá eagla ort.	Tá díomá **ar Chian**.
air	Bhí ocras air.	Tá tart **ar an gcailín**.
uirthi	Tá slaghdán uirthi.	Tá dath dearg **ar an mbád**.
orainn	Bhí fearg orainn.	Tá uaigneas **ar na páistí**.
oraibh	Bhí brón oraibh.	Tá tinneas cinn **ar mo chara**.
orthu	Tá uaigneas orthu.	Tá éad **ar a chara**.

Cleachtaí ag scríobh

A Líon na bearnaí sna habairtí seo a leanas:

1. Táim ag freastal _____ phobalscoil an bhaile anois.
2. D'ól sé a lán uisce beatha agus bhí tinneas cinn _____.
3. Bhí uaigneas _____ an mbean mar ní raibh an fear i ngrá léi.
4. Theip _____ (sé) ina scrúdú agus bhí brón an domhain _____.
5. Ghlaoigh mé _____ mo chara aréir ar an (fón) _____.

B Líon na bearnaí sna habairtí seo a leanas:

1. Chuimhnigh sí _____ a (cara) _____ mar go raibh a breithlá ann.
2. Rinne mé dearmad _____ mo leabhar scoile ach chuimhnigh mé _____ nuair a bhí mé ar mo bhealach _____ scoil.
3. Bhí eagla _____ an gcailín beag nuair a chuaigh sí ar strae sa bhaile mór.
4. Bhuaigh mo mháthair a lán airgid agus roinn sí _____ an teaghlach é.
5. Rug na gardaí _____ an ngadaí nuair a bhí sé ag éalú ón (pictiúrlann) _____.

An Réamhfhocal – do

do + séimhiú		
dom	Gheall sé airgead dom.	Thug sé an leabhar nua **do Sheán**.
duit	D'inis mé bréag duit.	Thug sé an leabhar nua **don bhuachaill**.
dó	Thaispeáin mé an madra dó.	Thug sé an leabhar nua **do Chormac**.
di	Lig mé di dul amach.	Thug sé an leabhar nua **dá chara**.
dúinn	Thug sí airgead dúinn.	Thug sé an t-eolas **do na daoine**.
daoibh	Ghéill sí daoibh.	Thug mé an bronntanas **do mo chara**.
dóibh	Rinne mé an dinnéar dóibh.	Thug siad bronntanas **dá gcairde.**

Cleachtaí ag scríobh

A Líon na bearnaí sna habairtí seo a leanas:

1 Thug mé bronntanas _____ mo (máthair) _____ nuair a bhí a (breithlá) _____ ann.

2 Thaispeáin sé a charr nua _____ agus cheap mé go raibh sé an-(deas) _____.

3 Rinne mé an obair bhaile _____ mo dheartháir mar bhí sé tinn agus thug sé deich euro _____.

4 Thug an múinteoir íde béil _____ mar ní dhearna sí a (obair) _____ bhaile.

5 Thaispeáin a athair _____ conas carr a thiomáint.

B Líon na bearnaí sna habairtí seo a leanas:

1 Ní raibh na páistí ag obair _____ scoil agus thug an múinteoir a lán obair bhaile _____.

2 Thug an banc iasacht airgid _____ fheirmeoir nuair a theip _____ na barraí.

3 D'inis mo (máthair) _____ _____ gan bréag a insint.

4 Thug ár máthair céad euro _____ nuair a bhíomar ag dul _____ ár gcuid laethanta saoire.

5 Chuaigh na cuairteoirí ar strae san áit agus thaispeáin mé an bealach ceart _____.

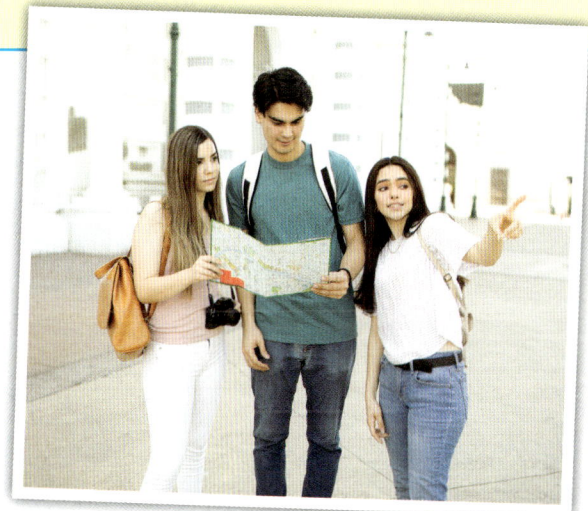

An Réamhfhocal — le

le		
liom	Is maith liom bainne.	Bhí sé ag caint **le Seán**.
leat	Beidh mé ag caint leat.	Bhí sé ag caint **le hAoife**.
leis	Bhí mé ag éisteacht leis.	Bhí sé ag caint **leis an mbuachaill**.
léi	An fearr léi an teilifís ná an raidió?	Bhí sé ag caint **leis**.
linn	Is fuath linn obair bhaile.	Bhí sé ag caint **lena chara**.
libh	An cuimhin libh an lá sin?	Bhí sí ag caint **lena cara**.
leo	Bhuail mé leo inné.	Bhí siad ag caint **lena gcairde**.

Cleachtaí ag scríobh

A Líon na bearnaí sna habairtí seo a leanas:

1. Is maith _____ (mé) Gaeilge ach is fuath _____ mata.
2. Ní féidir _____ (sí) leadóg a imirt mar níl aon raicéad _____.
3. Bhí mo mháthair feargach _____ mar chaill mé a fón póca nua a thug sí ar iasacht _____.
4. Chabhraigh sé _____ sheanmháthair nuair a bhí sí ag dul trasna an bhóthair.
5. Tá grá _____ do Phól agus tá súil _____ labhairt _____ ag an dioscó.

B Líon na bearnaí sna habairtí seo a leanas:

1. Bhí éad _____ Úna _____ hEoin mar d'éirigh _____ an chéad áit a fháil sa scrúdú.
2. Is fuath _____ cabáiste ach deir a mháthair _____ go gcaithfidh sé é a ithe.
3. Is fearr _____ stair ná aon ábhar eile agus tá an-suim agam inti.
4. Bhí mé ag caint _____ mo chara sa rang agus mar sin ní raibh aon eolas _____ ar an obair.
5. Tá Séamas lofa _____ hairgead agus is féidir _____ rudaí nua a cheannach gach lá.

An Réamhfhocal — ag

ag		
agam	Tá a lán cairde agam.	Tá airgead **ag Seán**.
agat	Tá an ceart agat.	Tá airgead **ag an mbuachaill**.
aige	Tá aithne aige ar Mháire.	Tá airgead **aige**.
aici	Tá a fhios aici cá bhfuil an seomra sin.	Tá airgead **ag a chara**.
againn	An bhfuil stair againn anois?	Tá airgead **ag a cara**.
agaibh	Tá trua agaibh do na bochtáin.	Tá airgead **ag a gcairde**.
acu	Tá meas acu ar a múinteoir.	Tá airgead **ag na buachaillí**.

Cleachtaí ag scríobh

A Líon na bearnaí sna habairtí seo a leanas.

1. Tá aithne _____ (mé) ar Liam agus mar sin ní maith _____ é.
2. Tá suim _____ Liam sa pheil agus féachann sé ____ an bpeil ____ an teilifís gach lá.
3. Tá súil _____ (mé) go mbeidh an lá amárach go maith mar ba mhaith _____ dul go dtí an trá.
4. Tá a fhios _____ go mbeidh Liam ann mar bhí mé ag caint _____ ar an bhfón.
5. Bhí trua _____ don fhear bocht agus thug sé airgead _____.

B Líon na bearnaí sna habairtí seo a leanas.

1. Níl a fhios _____ an bhfuil aon obair bhaile _____ mar ní raibh sé ag éisteacht _____ an múinteoir sa rang.
2. Tá eolas _____ (sinn) ar an áit ach níl aon aithne _____ ar mhuintir na háite.
3. Bhí Aoife in éad _____ Sorcha mar bhí rothar nua _____.
4. Níl aon mhuinín _____ as an mbuachaill sin agus ní thabharfainn leabhar ar iasacht _____ arís mar ghoid sé mo leabhar inné.
5. Tá súil _____ go gceannóidh mo chara bronntanas deas _____ ar mo bhreithlá.

Roimh, Faoi, Ó, I

Roimh

roimh	
romham	Chuir sé fáilte romham.
romhat	Cuirfear fáilte romhat.
roimhe	Bhí mé ann roimh an mbuachaill.
roimpi	Bhí eagla uirthi roimh an bhfear.
romhainn	Shiúil siad amach romhainn.
romhaibh	Tá fáilte romhaibh.
rompu	Díreach roimh an scoil.

Faoi

faoi	
fúm	Bhí sé ag magadh fúm.
fút	Bhí sé ag gáire fút.
faoi	Bhí sé ag cúlchaint faoi.
fúithi	Bhí sí ag caint faoin gclár sin.
fúinn	Bhíomar amuigh faoin spéir.
fúibh	Chuaigh an bád faoi uisce.
fúthu	Tá siad ag cur fúthu i Luimneach.

Ó

ó	
uaim	Tá airgead uaim.
uait	Tá cúnamh ag teastáil uait.
uaidh	Tá airgead ag teastáil ón bhfear sin.
uaithi	Tá cúnamh ag teastáil ón mbean sin.
uainn	Tá gar uainn.
uaibh	Tá an foireann ó Chiarraí.
uathu	An bhfuil cabhair uathu?

I

i	
ionam	Dalta atá ionam.
ionat	Ceoltóir iontach atá ionat.
ann	Múinteoir atá ann.
inti	Dochtúir atá inti.
ionainn	Táimid inár gcairde le fada.
ionaibh	Tá an príomhoide i bhfeighil na scoile.
iontu	Daltaí deasa atá iontu.

Cleachtaí ag scríobh

A Líon na bearnaí sna habairtí seo a leanas.

1. Bhí eagla _____ an bpáiste _____ an bhfathach a bhí sa sorcas.
2. Bhí náire _____ Mháire mar go raibh a fhios _____ go raibh gach duine ag cúlchaint _____.
3. Tá an chlann sin an-bhocht agus teastaíonn cabhair go géar _____.
4. Chuir mo mháthair fáilte _____ na cuairteoirí _____ Mheiriceá ach níor chuir m'athair fáilte _____ mar ní maith _____ iad.
5. Bhí an clár an-ghreannmhar agus bhíomar go léir ag gáire _____.

B Líon na bearnaí sna habairtí seo a leanas.

1. Ní maith _____ (mé) daoine a bhíonn ag magadh _____ dhaoine eile.
2. Baineadh geit an-mhór as an mbean nuair a d'fhéach sí _____ 'Crimeline' agus chonaic sí a (fear) _____ céile ann.
3. Tá Nóra in éad _____ Máire agus bíonn sí i gcónaí ag magadh _____.
4. D'éalaigh na príosúnaithe _____ bpríosún agus bhí eagla _____ mhuintir na háite _____.
5. Cairde maithe atá _____ gan amhras.

9 Na hUimhreacha PowerPoint

Ag comhaireamh rudaí ag tosú le consan

bád

1 – 6 + séimhiú	11 – 16 + séimhiú	21 – 26
1 bád – aon bhád amháin	11 aon bhád déag	21 bád is fiche
2 dhá bhád	12 dhá bhád déag	22 dhá bhád is fiche
3 trí bhád	13 trí bhád déag	23 trí bhád is fiche
4 ceithre bhád	14 ceithre bhád déag	24 ceithre bhád is fiche
5 cúig bhád	15 cúig bhád déag	25 cúig bhád is fiche
6 sé bhád	16 sé bhád déag	26 sé bhád is fiche
7 – 10 + urú	**17 – 19 + urú**	**27 – 30**
7 seacht mbád	17 seacht mbád déag	27 seacht mbád is fiche
8 ocht mbád	18 ocht mbád déag	28 ocht mbád is fiche
9 naoi mbád	19 naoi mbád déag	29 naoi mbád is fiche
10 deich mbád	20 fiche bád (gan séimhiú nó urú)	30 tríocha bád

Cleachtaí ag scríobh

A Athscríobh na leaganacha seo gan figiúirí a úsáid:

1 13 feirm _____
2 3 fadhb _____
3 8 tír _____
4 7 teanga _____
5 20 teach _____
6 12 bó _____
7 4 cathaoir _____
8 19 tír _____
9 10 seid _____
10 6 pictiúrlann _____

Bliain

1 bliain amháin	8 ocht mbliana	15 cúig bliana déag
2 dhá bhliain	9 naoi mbliana	16 sé bliana déag
3 trí bliana	10 deich mbliana	17 seacht mbliana déag
4 ceithre bliana	11 aon bhliain déag	18 ocht mbliana déag
5 cúig bliana	12 dhá bhliain déag	19 naoi mbliana déag
6 sé bliana	13 trí bliana déag	20 fiche bliain
7 seacht mbliana	14 ceithre bliana déag	

B Athscríobh na leaganacha seo gan figiúirí a úsáid:

1. 12 (capall) _____
2. 6 (teach) _____
3. 8 (dán) _____
4. 3 (bliain) _____
5. 17 (bliain) _____
6. 15 (carr) _____
7. 14 (cat) _____
8. 21 (bliain) _____
9. 10 (post) _____
10. 25 (tír) _____
11. 7 (ticéad) _____

Ag comhaireamh daoine

1	duine	6	seisear dochtúirí
2	beirt fhear	7	seachtar Gardaí
3	triúr buachaillí	8	ochtar múinteoirí
4	ceathrar filí	9	naonúr dlíodóirí
5	cúigear cailíní	10	deichniúr sagart

11	aon duine dhéag	16	sé fhile dhéag
12	dháréag	17	seacht ndochtúir déag
13	trí chara dhéag	18	ocht ngarda dhéag
14	ceithre bhuachaill déag	19	naoi ndlíodóir déag
15	cúig chailín déag	20	fiche múinteoir

Cleachtaí ag scríobh

A Athscríobh na habairtí seo a leanas gan figiúirí a úsáid:

1. 4 buachaill _____
2. 7 múinteoir _____
3. 20 sagart _____
4. 8 file _____
5. 4 altra _____
6. 17 amadán _____
7. 3 údar _____
8. 6 imreoir _____
9. 2 cailín _____
10. 9 dalta _____

B Athscríobh na habairtí seo a leanas gan figiúirí a úsáid:

1. 20 páiste _____
2. 2 príomhoide _____
3. 5 cara _____
4. 6 feirmeoir _____
5. 3 iascaire _____
6. 8 deartháir _____
7. 3 deirfiúr _____
8. 4 comharsa _____
9. 6 aintín _____
10. 8 ceoltóir _____

10 Céimeanna Comparáide na hAidiachta 🖥 PowerPoint

Tá trí chéim den aidiacht ann: bunchéim, breischéim agus sárchéim.

Bunchéim	Breischéim	Sárchéim
leadránach	níos leadránaí	is leadránaí
tábhachtach	níos tábhachtaí	is tábhachtaí
uaigneach	níos uaigní	is uaigní
cáiliúil	níos cáiliúla	is cáiliúla
sláintiúil	níos sláintiúla	is sláintiúla
ciallmhar	níos ciallmhaire	is ciallmhaire
láidir	níos láidre	is láidre
saibhir	níos saibhre	is saibhre
bocht	níos boichte	is boichte
deas	níos deise	is deise
sean	níos sine	is sine
óg	níos óige	is óige

Céimeanna Neamhrialta

Bunchéim	Breischéim	Sárchéim
beag	níos lú	is lú
fada	níos faide	is faide
maith	níos fearr	is fearr
mór	níos mó	is mó
olc	níos measa	is measa
te	níos teo	is teo

Cleachtaí ag scríobh

A Líon an tábla seo tú féin anois!

Bunchéim	Breischéim	Sárchéim
feargach	níos	is feargaí
brónach	níos brónaí	is
flaithiúil	níos	is flaithiúla
	níos misniúla	is
ciallmhar	níos	is ciallmhaire
saibhir	níos saibhre	is
ciúin	níos ciúine	is
mór	níos	is mó

B Athscríobh gan na lúibíní:

1. Is é seo an rang is (leadránach) _____ a bhí agam riamh.
2. Is é Colin Farrell an t-aisteoir Éireannach is (cáiliúil) _____ anois.
3. Ní hé Conor McGregor an fear is (láidir) _____ ar domhan.
4. Is í Éire an tír is (maith) _____ ar fad.
5. Tá mo mháthair trí bliana níos (óg) _____ ná m'athair.

C Athscríobh gan na lúibíní:

1. Tá an madra ar an bpeata is (grámhar) _____ amuigh.
2. Is é rang a trí an rang is (ciúin) _____ sa scoil.
3. Tá Mór-Roinn na hAfraice i bhfad níos (bocht) _____ ná an Eoraip.
4. Is í mo mháthair an duine is (feargach) _____ de mo thuismitheoirí.
5. Tá an Spáinn i bhfad níos (te) _____ ná Éire.

Nótaí

Nótaí

Nótaí

Creidiúintí

Íomhánna

An Roinn Oideachais as na tSraith Pictiúir (Aonad 3–8), Bord Scannán na hÉireann agus Breakout Pictures as *An Cailín Ciúin* (lch 364), Cló Iar-Chonnacht as *An Bád sa Chuan* (lch 301), Comhaltas Ceoltóirí Éireann (lch 279), Conradh na Gaeilge (lch 273), Eastát Chaitlín Maude/Cathal Ó Luain (lch 5), Eastát Phádraig Mhic Suibhne/Róisín Sweeney (lch 13, 151), Foras na Gaeilge as *Léann Bran an t-am* agus *Eilifint Óg agus an Folcadán* (lch 301), Freepik (lch 368, 371) Gill – *Tom Crean: An Illustrated Life* (lch 301), Igloo Productions as *Cáca Milis* (lch 135–138, 232), *Irish Independent* (lch 300), Portráidí na Scríbhneoirí Gaeilge (lch 21, 59, 232), Raidió Fáilte (lch 294), RTÉ (lch 256, 292, 294), RTÉ Photographic archive (lch 39, 271), Steve O'Connor (lch 289), TG4 (lch 256, 270, 315).

Alamy: Adam Davy, Allstar Picture Library, Brightspark Photos/WENN.com, David Robertson, Design Pics Inc, Gary Mitchell, GMP Media, George Carter, George Munday, Michael Cullen, Michael Stephens, Peter SPURRIER, Richard Wayman.

iStockPhoto: 123photo, 4x6, aamrand, Ababsolutum, ACMPhoto, alantobey, alessandroguerriero, Alina Bitta, alxpin, andeva, andresr, Antonio_Diaz, arnau2098, Arsty, BAKillgoar, Bilgehan Tuzcuc, Bill Oxford, blackjake, Byelikova_Oksana, CapturedNuance, Catlane, Cay-Uwe, cdwheatley, champja, charge, ChiccoDodiFC, ChrisHepburn, cmnphoto, creisinger, cristianl, czekma13, deepblue4you, Dejan_Dundjerski, Dejan-Deko, delihayat, DelmotteVivian, Derick Hudson, diegobib, egdigital, esolla, FangXiaNuo, FatCamera, FG Trade, fiorigianluigi, fotoVoyager, gerenme, GiorgioMaginic, gpointstudio, groveb, hadynyah, Halfpoint, HelenL100, holgs, IakovKalinin, Image Source, Instants, Irishka1, JackF, jacquesvandinteren, Jodie Johnson, JoeGough, JohnnyGreig, joruba, Jostaphot, Jsabel, kali9, Kampus Hotels, kupicoo, lisandrotrarbach, Lorado, mammoth, mari_art, mediaphotos, MediaProduction, momcilog, NinaHenry, Orbon Alija, ozgurdonmaz, paulprescott72, Pawel Gaul, pcphotos, pepifoto, PhotoTalk, PLAINVIEW, princessdlaf, ra-photos, RAUSINPHOTO, RichLegg, Ron Bailey, Rossella De Bertic, saturar, SDI Productions, shironosov, Shutter2U |, Solstock, stock visual, stocknroll, sturti, Szepy, t:Zinkevych, tetmc, theasis, THEPALMER HOTELS, Tim UR, Veni, vesnaandjic, Wavebreak, whitemay, YinYang.

Shutterstock: 2xSamara.com, ABO PHOTOGRAPHY, AboutLife, aerogondo2, Africa Studio, Aimpix, Air Images, AJR_photo, Alex Koloskov, Alexander Image, Alexander Raths, AlexandraPopova, Alexandre Arocas, ALPA PROD, Andrei Nekrassov, aniad, Anton Havelaar, Anton27, Antonio Guillem, Arkadiusz Sokol, ARLOU_ANDREI, Artem Skopin, AshTproductions, Asier Romero, Atlaspix, baranq, BAZA Production, B-D-S Piotr Marcinski, BearFotos, Ben Houdijk, bibiphoto, BLACKDAY, Boonkung Hotels, Bragapictures, Brian Friedman, Bucchi Francesco, carballo, CarlosDavid, cath5, ClassicVector, Cookie Studio, D. Ribeiro, d13, Dean Drobot, Debby Wong, Denis Kuvaev, DFree, DGLimages, Dirk Hudson, DisobeyArt, Dmytro Zinkevych, DorisM, Dorofieiev, dotshock, Dragon Images, Ebtikar, Elena Veselova, Eoghan McNally, ESB Professional, Evgenyrychko, Ewelina W, F8 Studio, FashionStock.com, Fernanda_Reyes, fizkes, Fly Of Swallow Studio, Four Oaks, Fresnel, Gelpi, George Wirt, Golden Pixels LLC, goodluz, Gorgev, gpoint studio, Ground Picture, Grzegorz Placzek, gvictoria, Hans Kim, Happy Together, helloijan, iLight photo, ilozavr, Inara Prusakova, InnerVisionPRO, iofoto, IvaPhoto, Jiri Hera, John Rigg, Kaesler Media, Kathy Hutchins, Konstantin Chagin, KOSTAS TSEK, Krakenimages.com, Kues, Laboo Studio, larisa Stefanjuk, lazyllama, Leah-Anne Thompson, lenetstan, lev radin, LightField Studios, Lipik Stock Media, littlenySTOCK, Lopolo, lunamarina, Makistock, MarinaPoli, massimofusaro, Master 1305, Max Topchii, Maya Kruchankova, Medvid.com, michaeljung, Michal Ludwiczak, Miguel Angel Lopez Rojas, Miriyan Panteleev, Mladen Mitrinovic, Monkey Business Images, Mr Doomits, Nella, New Africa, Nikolaeva, Odua Images, Olena Yakobchuk, oliveromg, Patryk Kosmider, Paul Maguire, Pavel L Photo and Video, PeopleImages, Perfect Wave, Photographee.eu, PhotographyByMK, Pixel-Shot, Prostock Studio, Quality Stock Arts, r.classen, Rawpixel.com, Red Stock, Retan, Rido, rnl, Rob Crandall, rospoint, rweisswald, S.Borisov, S.Dashkevych, Sabrina Bracher, Samuel Borges Photography, Sean Locke Photography, SeventyFour, SHUSTIKOVA INESSA, shutterupeire, sirtravelalot, Smileus, SofikoS, SpeedKingz, Stephen Kiernan, Stock-Asso, stockfour, stockyimages, Syda Productions, Tinseltown, Tinseltown Airport, Tom Rose, Twin Design, UfaBizPhoto, UK Studio, Vgstockstudio, VH-studio, victorsaboya, Vincent MacNamara, wavebreakmedia, Wessel du Plooy, WHYFRAME, William Perugini, wong yu liang, Zerbor, zkbld.